Knowledge House & Walnut Tree Publishing

Knowledge House & Walnut Tree Publishing

圖解中國古代兵器

楊泓　李力 著

前言

童年時對中國古代兵器的印象，來自年畫。當時北京的老宅子是在住房內前簷設炕，我和姊姊一人睡一邊，過年時大人會買來年畫貼在兩側牆上，一般是四扇屏式的立幅，女孩一側牆上通常是「四美圖」之類，西施、王嬙等向人展示沉魚落雁的容顏；男孩這一側牆上的四扇屏年畫，則是三國故事，如劉關張桃園三結義、虎牢關三英戰呂布、趙子龍單騎救主、關雲長刮骨療毒，等等。

大人高興時，會照著年畫的圖畫給小孩子講三國故事，於是我幼小的頭腦裡開始有了年畫上畫的各種兵器：關雲長的青龍偃月刀、張翼德的丈八蛇矛、劉玄德的雙股劍、呂奉先的方天畫戟等等。又由於那時的年畫人物是按京戲場景繪製的，所以畫出的兵器也都是京戲中道具兵器的寫生。我那時候確實相信古代兵器就是年畫上畫出的模樣。等上了小學以後，對古代兵器的「知識」，也不外來自年畫、煙畫和小人書上畫的，以及戲台上演員拿的，還有評書演員說的，以為古人用的兵器真就是那個模樣。

真正對中國古代的兵器有了初步的正確認識，是一九五三年到北京大學歷史系「考古專門化」（相當於後來的考古專業）讀書後的事。當時郭寶鈞先生主講殷周考古，向我們講述了安陽殷墟發掘和浚縣辛村西周墓出土的有關殷周青銅兵器的考古標本，分析了有關這些標本的類型學特徵，這才使我對青銅時代的兵器有了正確的認識。

一九五七年，我們班十五個學考古的同學，在蘇秉琦和宿白兩位先生帶領下到河北邯鄲地區開展田野考古實習，入冬後住在邯鄲城內進行室內整理。那時的邯鄲城還保留著古老的十字街的格局，鄰近十字路口兩側，一邊有一處不大的影劇院，另一邊有城內最大的新華書店。我們借住的水利單位院落不大，同學們沒有可活動的場地，每天晚飯後，只有結伴到街上散步，走到十字街口，就只有去逛書店。當時書店好像營業到晚上七點左右，三開間的門面，晚上一般沒什麼顧客，我們同學一去，自然頓時熱鬧起來。開始書店營業員很歡迎這群學生，可是我們天天去翻書看書卻並不買書，且總是看到他們準備打烊時才離去，於是我們逐漸就不受歡迎了。終於有一天，女營業員「客氣」地問我們到底想不想買書，這使得這些從北京來的學生感覺頗為丟份兒，於是我決定要把店裡最貴的一本書買回來，那就是三聯書店一九五七年七月出版的周緯著《中國兵器史稿》。

那時的書價比現在便宜得多，一般一冊只有幾毛錢，如《隋唐制度淵源略論稿》只售六毛錢，超過一兩元就算貴的，而《中國兵器史稿》因為附有九十二個圖版，又是精裝本，定價高達五塊四毛錢。因為是新出版的書而且書價太貴，全店只進了一本，所以被放在書架上層顧客很不

容易取到的地方，我最初想翻看時，營業員就很不情願，曾再三叮囑別弄髒了。所以當第二天我帶上幾個月省下的全部積蓄，把這本《中國兵器史稿》買下來時，女營業員驚訝得瞪大了眼睛。據我在該書扉頁所記的購書日期，為一九五七年十一月十六日。從那天起，直到我們結束實習離開邯鄲為止，我一直是這家書店最受歡迎的顧客。

周緯先生的這本《中國兵器史稿》，應被視為近代中國學者對中國古代兵器史研究的開山之作，可惜完成書稿後沒有來得及修改，作者就去世了。該書後來是經郭寶鈞先生審閱並酌予刪削才得以出版的。閱讀周緯的書，看到他在去世前除一些傳世品外，只知道二十世紀四〇年代以前發掘資料中很少一部份考古標本，因此存有極大的局限性。而進入五〇年代，隨著中國考古文物事業的蓬勃發展，僅就有關古代兵器的考古標本來講，那本書早已過時。同時自北京解放後，年輕人一直接受唯物史觀教育，也懂得了「戰爭是政治的繼續」的道理，而兵器的產生與戰爭自然是聯繫在一起的，所以把猿人使用的舊石器說成「兵器史」的源起，也是頗為乖謬之論。至於簡單地僅僅依據兵器的材質來劃分兵器發展的歷史階段，更遠遠不夠了。這表明隨著時代的發展和學術的進步，對中國古代兵器史進行新的認真的研究，應該提到日程上來了。凡此種種，也就進一步引起我對與兵器有關的考古標本的興趣。

我開始嘗試寫與中國古代兵器有關的文章，已是從北大畢業後被分配到中國科學院考古研究所（現為中國社會科學院考古研究所）工作以後的事。一九五九年，我寫了討論北朝時期「鎧馬騎俑」（現在知道應稱為「甲騎具裝俑」）的小文章，發表在《考古》月刊上，可算是我對古兵器研究的第一次嘗試。那篇文章問題很多，特別是對馬具的論述，引來陝西武伯綸先生的指責。武先生舉西漢霍去病墓石雕中石牛身上線刻的鐙為例，說明漢代已有馬鐙。武先生是我尊敬的前輩，本不擬回答，但是我們所長夏作銘先生認為學術討論不必考慮年齡和輩分，還是應予答覆。他支持我提出的長沙西晉永寧二年墓騎俑所塑馬鐙為目前考古資料中發現的最早馬鐙的意見，並告訴我霍去病墓石牛身上的鐙為後人偽刻，且「牛鐙」又非馬鐙，鼓勵我應該回答武先生。因此我又寫了〈關於鐵甲、馬鎧和馬鐙問題〉，指明西漢時尚無馬鐙，長沙西晉永寧二年墓出土的馬鐙是已知年代最早的，同時改正了上一篇短文中對漢代鎧甲論述的錯誤。

但是我在上世紀六〇年代初對中國古代鎧甲和馬具研究的這些初步探索，由於十年動亂的降臨而匆匆結束。

「文革」期間的一九七一年，我隨考古研究所絕大部份人員去了位於河南息縣的「五七幹校」，艱苦的勞作之餘，我的腦子裡還時不時地浮現一些考古問題的遐想。後來發生的一個偶然事件，再次點燃了我探討兵器考古的火花，那是在一次批判所謂「五・一六」分子的會上，蘇秉

琦先生不知為何打破他一貫的沉寂發言說：「五・一六」分子是鋌而走險，鋌而走險意味著已臨失敗的前夕，鋌是短的匕首小刀子類兵器，到使用短的匕首類兵器時，正是戰鬥到最後沒有辦法的時候了。

當時我想，鋌似乎不能釋為匕首，或許老蘇公把鋋誤為鋌，即短柄矛了。所以想找時間和他討論一下，雖然當時我和先生的床緊靠在一起，卻沒能談成。因為蘇先生的發言竟招致「左派」同志認為是反動權威不老實考慮自己的問題而大加批判，如果我再去和他討論「鋌」的涵義，自會被視為階級鬥爭新動向。雖然如此，我的頭腦中卻又不斷思考起有關兵器的考古資料。

從幹校返京後，我們一些被審查未「解放」的人，都集中在「編南室」中，終日無事，大家就各自找點自己有興趣的事幹幹，於是我就蒐集整理有關古代兵器的文獻與考古學資料。又由於其中文獻與實物標本都相對較少，易於蒐集，前人又較少研究的是甲冑，因此就由甲冑研究開始，用了近兩年的時間，寫成《中國古代甲冑》的初稿。當時僅屬習作性質，並沒有考慮會有機會發表。這時夏作銘先生知道我在寫有關甲冑的文稿，當時他有空，就索要去看。出乎我的意料，夏先生對文稿詳加批示，並指出我的文字過於龐雜，把所能尋到的資料全都羅列進去，只算是個「長編」，他說寫文章要寫成「資治通鑑」，而不能是「資治通鑑長編」。所以必須認真剪裁取捨，重新精練改寫。

遼寧出土的新石器時代紅山文化細石器石鏃

河南閻村出土的仰韶文化陶缸上彩繪石斧圖像

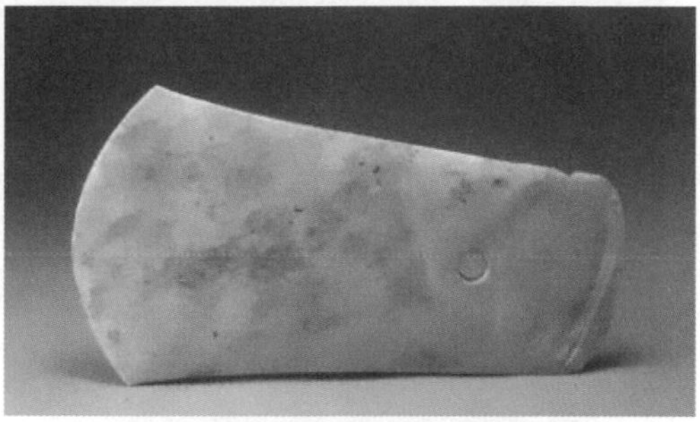

上：安徽含山凌家灘出土的玉鉞

下：江蘇金壇三星村出土的七孔石刀

江蘇金壇三星村出土的石鉞復原（木柄為後配）

安陽殷墟一〇〇四號大墓出土的銅胄

河南偃師二里頭出土的銅鉞

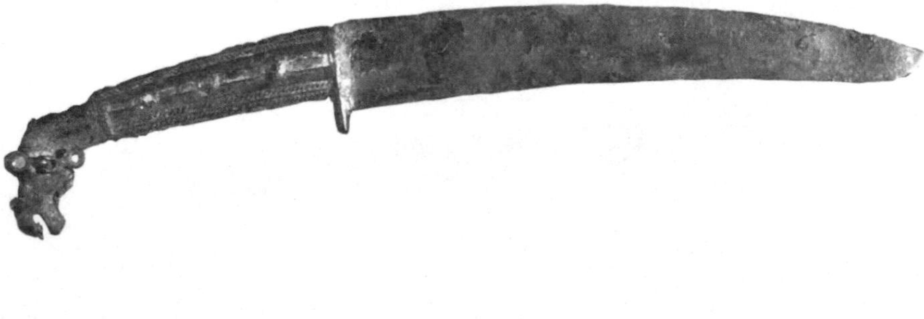

河南安陽殷墟出土的獸首柄銅短刀

湖北隋州戰國曾侯乙墓漆棺畫持戟神怪畫像

湖北包山楚墓出土的革盾彩繪摹本

戰國裝銅甲戰車復原示意圖

山西北趙晉侯墓地一號車馬坑

山西北趙晉侯墓地車馬坑中裝銅甲的木車

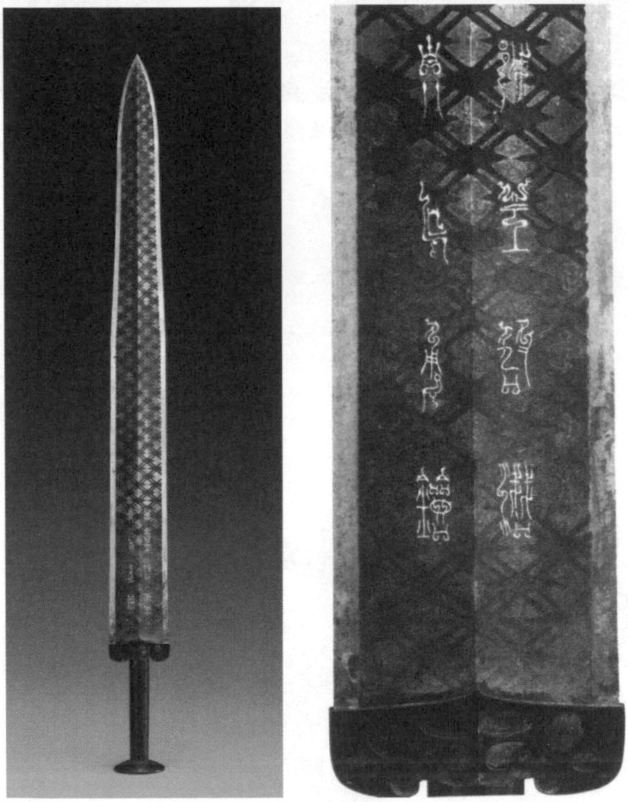

湖北江陵楚墓出土的銅越王勾踐劍（左：越王勾踐劍 右：越王勾踐劍錯金銘文）

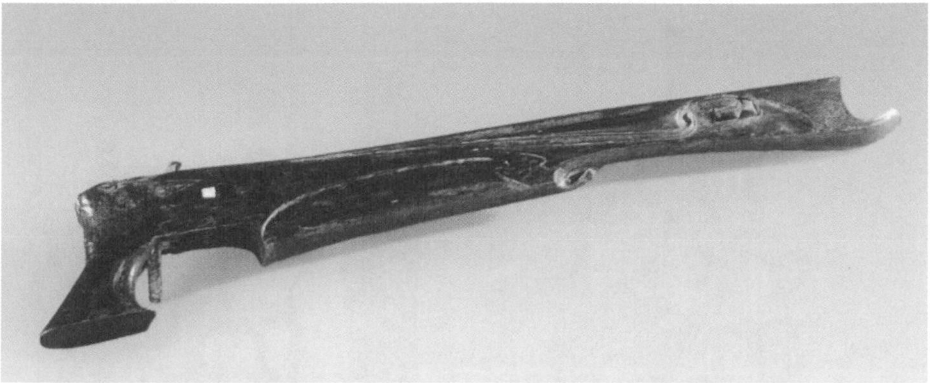

湖南長沙馬王堆三號西漢墓出土的木弩模型

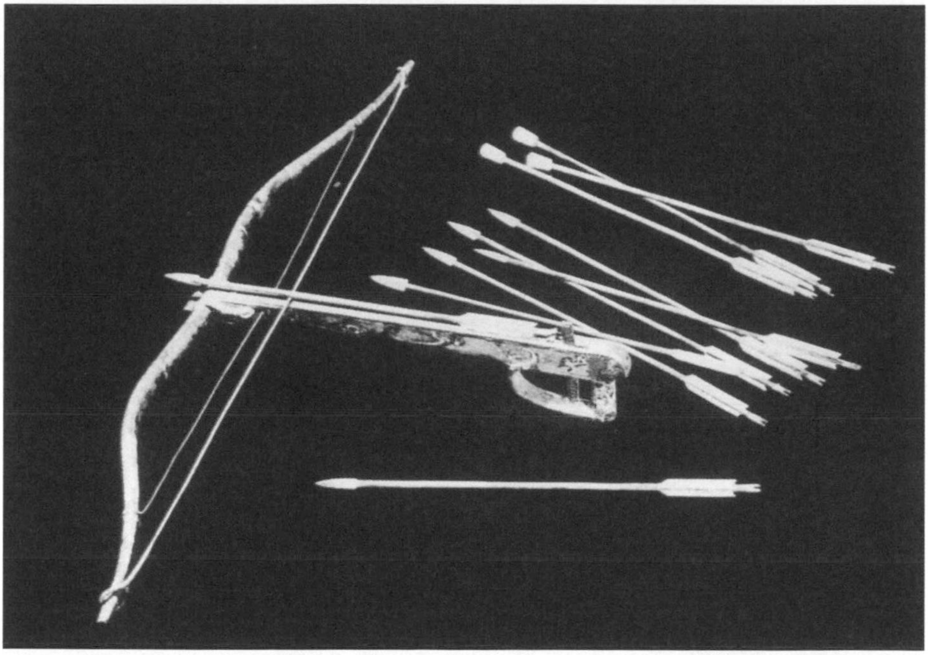

陝西臨潼秦始皇陵一號銅車所附銅弩及箭模型

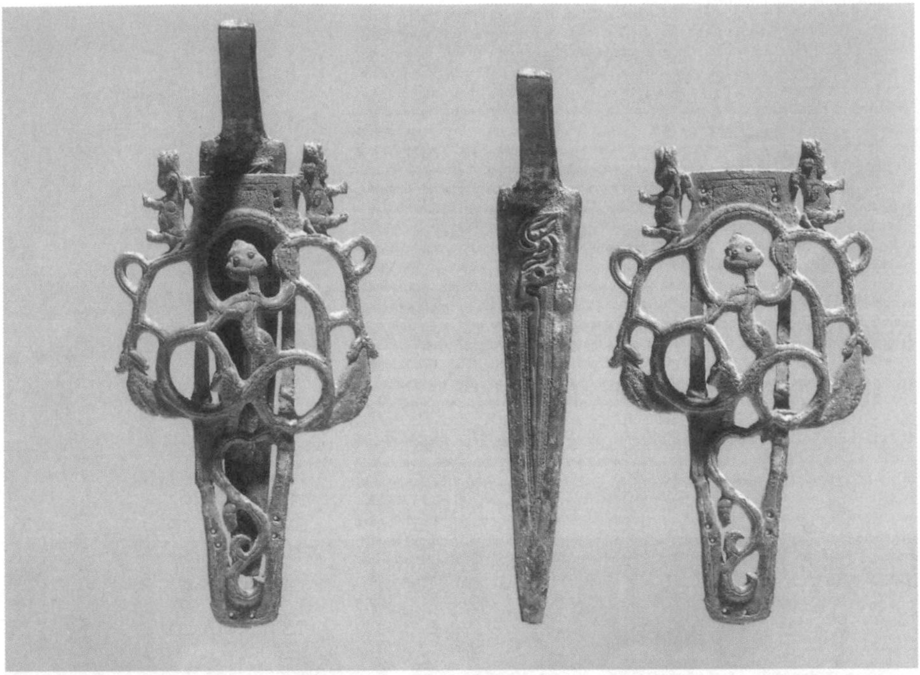

甘肅靈台白草坡西周墓出土的帶鞘銅短劍

陜西臨潼秦始皇陵陶俑坑出土的銅弩機

陝西臨潼秦始皇陵一號兵馬俑坑局部

秦俑坑出土的陶跪射俑

秦俑坑出土的保留有原敷色彩的陶跪射俑

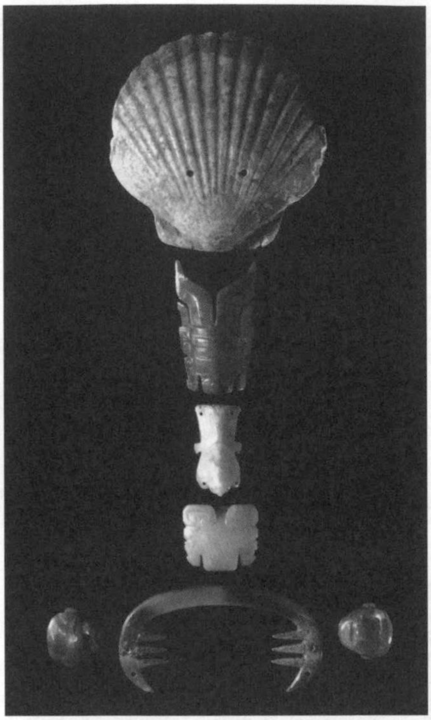

河南安陽殷墟「騎士墓」出土的馬具

陝西臨潼秦始皇陵秦俑坑出土的陶
高級軍吏俑

河北邯鄲趙王陵出土的戰國銅馬

陝西咸陽楊家灣西漢墓出土的陶騎兵俑坑

江蘇泗水王墓出土的木持刀、盾步兵俑

江蘇泗水王墓出土的木持矛步兵俑

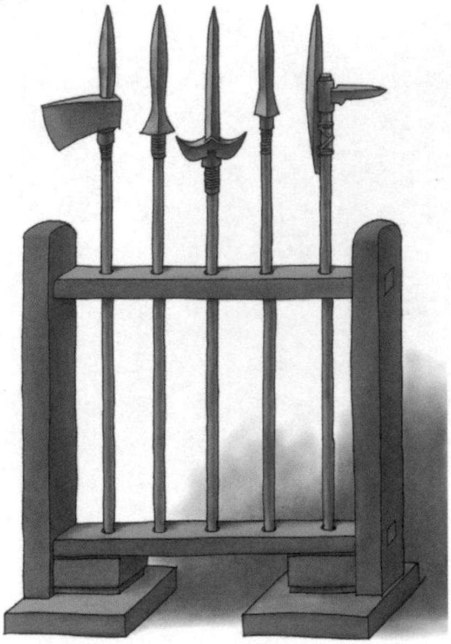

插置漢代鐵兵器的兵蘭復原示意圖

河北燕下都出土的戰國鐵兜鍪

河北滿城西漢中山靖王劉勝墓出土的鐵鎧復原模型（正面）

河北磁縣孟莊東魏墓出土的陶披鎧鎮墓俑

河北磁縣灣漳北齊墓出土的陶披鎧鎮墓俑

湖北鄂州三國孫吳墓出土的鐵矛

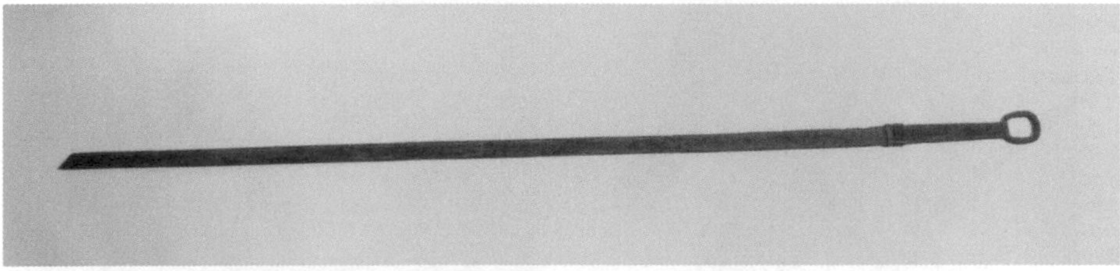

湖北鄂州三國孫吳墓出土的鐵刀

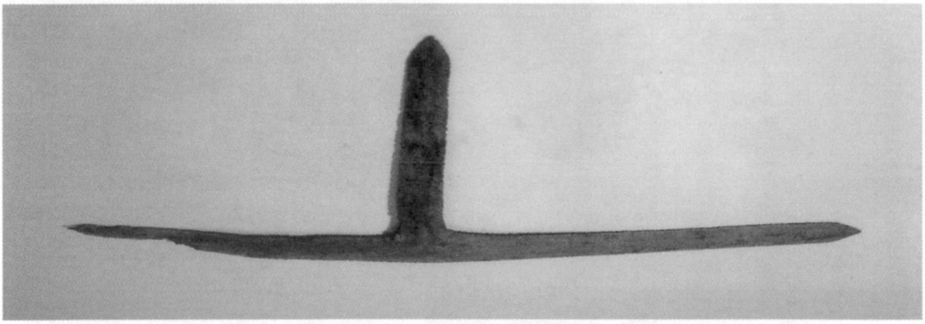

湖北鄂州三國孫吳墓出土的鐵戟

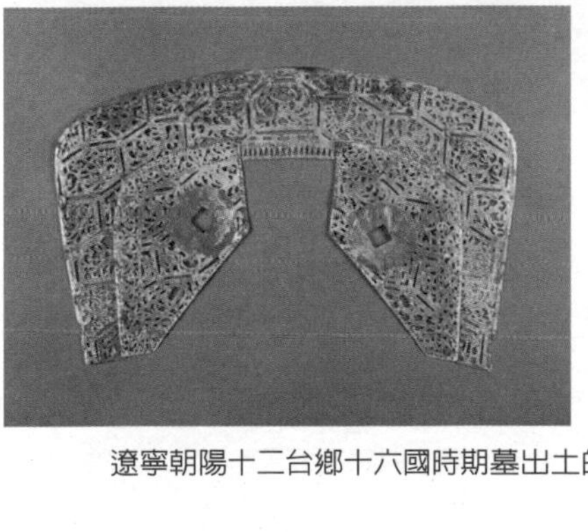

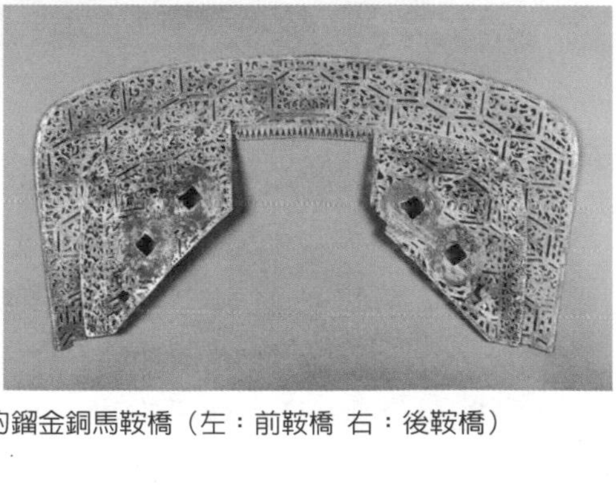

遼寧朝陽十二台鄉十六國時期墓出土的鎏金銅馬鞍橋（左：前鞍橋　右：後鞍橋）

北宋披鎧武士復原示意圖

河南偃師杏園西晉墓出土的陶披鎧武士俑

陝西西安十六國時期墓出土的陶具裝馬

江蘇南京象山東晉墓出土的陶馬

唐長安大明宮三清殿遺址出土的鎏金銅雙龍頂珠刀環

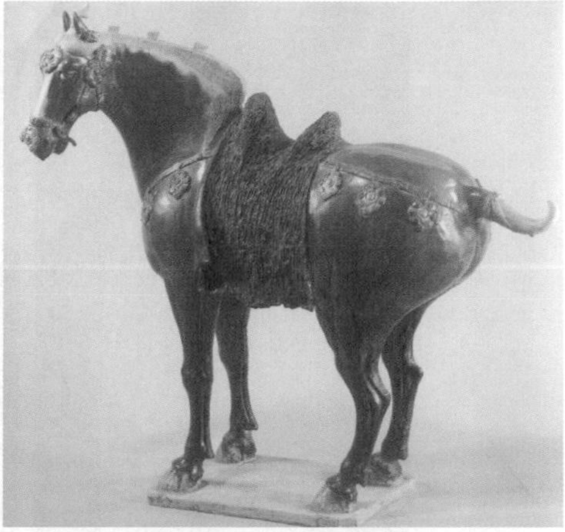

唐懿德太子墓出土的鬃剪三花飾三彩馬

甘肅嘉峪關魏晉墓壁畫中的輕裝騎兵圖像

唐楊思墓出土的石武士俑

廣州西漢南越王墓出土錯金銅虎符節

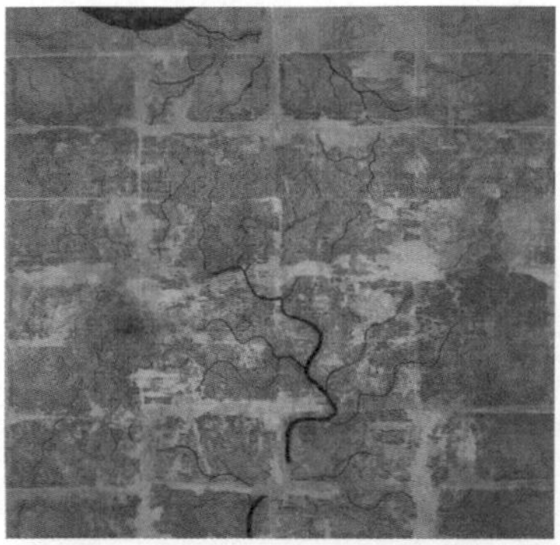

湖南長沙馬王堆三號西漢墓出土的帛地形圖

唐長樂公主墓壁畫中的披鎧衛士圖像

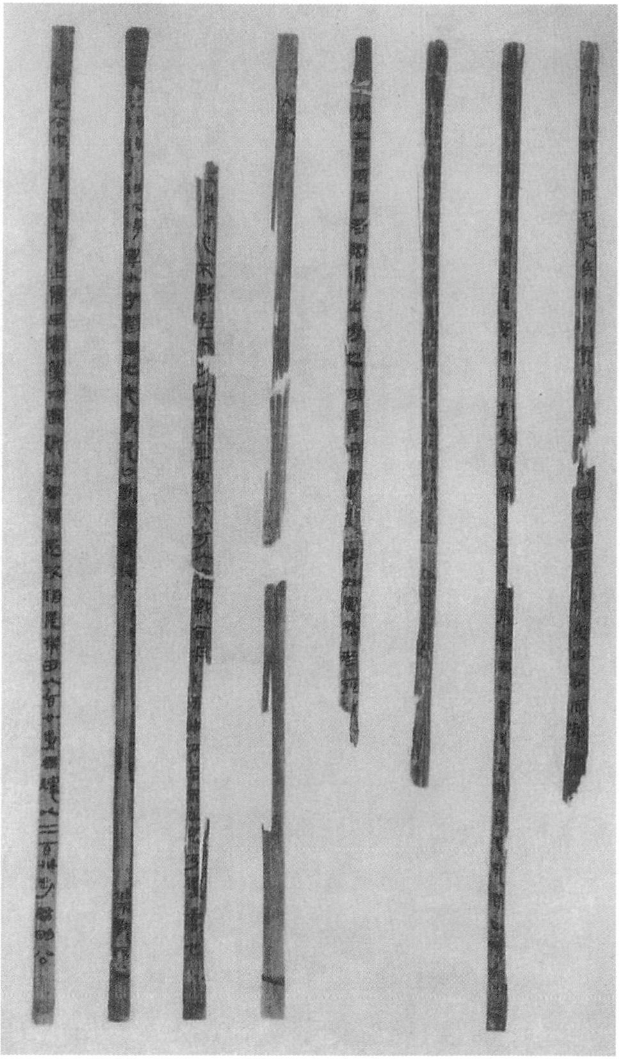

山東臨沂銀雀山西漢墓出土的竹簡《孫子兵法》

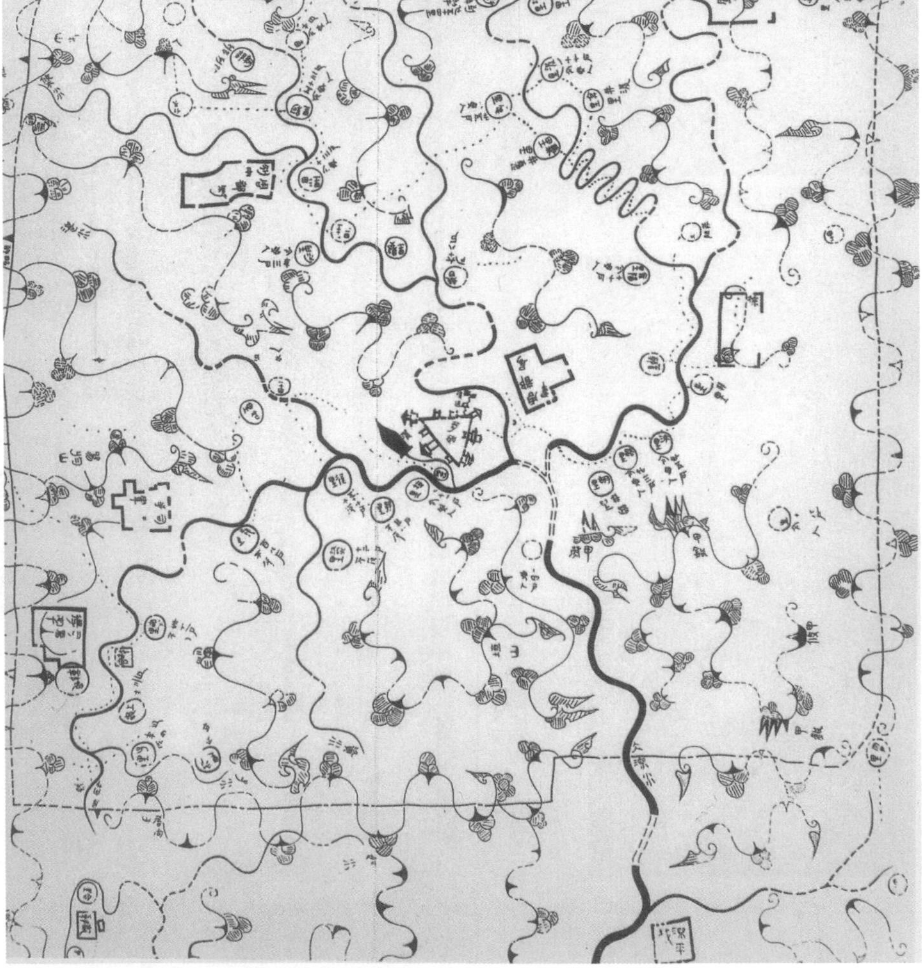

湖南長沙馬王堆三號西漢墓出土的帛駐軍圖復原圖

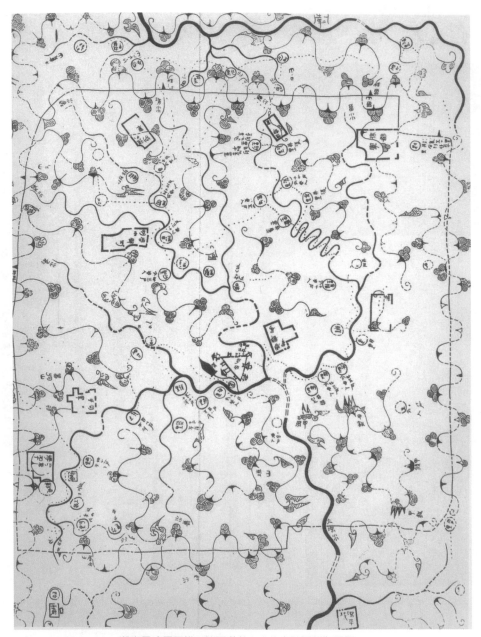

當我按夏先生意見改寫完成《中國古代甲冑》後，時間已是一九七五年底，那時由於安志敏先生的幫助，我回到考古研究所編輯室原來的工作崗位。當時因《考古學報》缺稿，就讓我對此稿再加修改，分為上、下兩篇，分別刊登於《考古學報》一九七六年第一期和第二期。此後，大家都認為我在研究古代兵器，招致《文物》月刊編輯部沈玉成兄不斷催促我為月刊寫中國古代軍事裝備札記，從此一發不可收拾，自《文物》一九七七年第五期開始，到一九七九年第三期，我先後撰寫發表了《戰車與車戰》、《騎兵和甲騎具裝》、《甲和鎧》、《水軍和戰船》等多篇文章。一九八〇年，又將它們與《中國古代甲冑》等文集結成《中國古兵器論叢》一書，由文物出版社出版（該書又於一九八六年出版了「增訂本」）。該書出版前，還由夏先生代我請王天木先生題寫了書名。

此後，我又應邀參加了《中國大百科全書・軍事》卷有關中國古代兵器條目的編寫，並在《中國軍事百科全書（第一版）》編寫時被聘請為《古代兵器》學科主編，從而與古代兵器的研究結下不解之緣。

通過幾十年對中國古代兵器的研究，深知應將有關知識準確而通俗地介紹給廣大群眾的重要，約三十年前也曾寫過一本科普讀物《古代兵器史話》（上海科學技術出版社，一九八八年），但

早已絕版，且部份內容已過時。目前坊間多見各種通俗介紹中國古代兵器的圖冊，但良莠不齊，多對介紹的古兵器圖片不注明來源和準確訊息。更有甚者，圖片說明錯誤百出，如有一個很著名的書局於二〇一一年九月出版的《中國兵器甲冑圖典》中，將山東青州出土的亞丑銅鉞誤為殷墟婦好銅鉞，將寧夏固原北周李賢墓出土陶俑誤為吐谷渾兵馬俑，等等，草草翻閱，即發現幾十處錯誤。這表明將準確的古代兵器知識介紹給大眾，已屬刻不容緩。因此與在《文物》月刊從事多年編輯工作的李力女士共同撰寫成《圖解中國古代兵器》，奉獻給讀者。

為了有助於大家閱讀這本《圖解中國古代兵器》，我還想先介紹一下關於古兵的基本概念，以及在探究中國古代兵器產生和發展演進的歷史時應著重注意的一些問題。

首先要介紹兩個關於中國古代兵器的基本概念：

第一，古兵——中國古代兵器一詞，是指中國古代從原始社會晚期開始到專制社會終結為止，歷代戰爭中，軍隊在實戰中使用的兵器和裝備的總稱。也就如今日所說是軍隊的制式裝備，至於儀仗用具雖多華美，頗具文物鑑賞價值，但非兵器考古研究重點。至於武術器械等一般不列為研究內容。

第二，關於「兵器」與「武器」二詞的使用。在先秦文獻中，「兵」字本義即為兵器。《說文》：「兵，械也。從廾持斤，併力之貌。」後來推衍為用兵械的人也稱為兵，《說文》段注說得更為清楚：「械者，器之總名。器曰兵，用器之人亦曰兵。」同時，使用兵械作戰也稱兵，用兵械殺人也稱兵。漢代文獻用「兵器」，《後漢書・百官志》武庫令「主兵器」，或仍稱為「兵」，劉熙《釋名》卷七解釋兵器的篇目仍名《釋兵》。又可稱「兵械」（《史記・律書》），或稱「兵杖」（《漢書・文三王傳》）。

武器一詞晚出，武，通稱軍事、技擊、強力之事，古無兵械涵義，至近現代權威性辭書《辭源》亦如此說，其一九七九年修訂版武字注有八義，均無兵械之義。在現代社會，「武器」一詞又多與「武器系統」關聯，典型的武器系統包括三要素，即殺傷手段、投擲或運載工具（武器運載平台）、指揮器材（于錫濤：《中國軍事百科全書・武器系統》）。至於「武器裝備」一詞，一般包括戰鬥裝備和保障裝備，其三要素分別是火力、機動性、通訊能力。根據上述定義，在古代的遺物中，勉強可以視為原始武器系統的只有駕馬的戰車，其餘均以稱兵器為宜，因此在《中國軍事百科全書》中是以「古代兵器」為名設立分支學科的。

說明以上兩點後，再要說明的是我在探研中國古代兵器時，首先是依據考古學的類型學和年代學的基本方法，保證了所依據的實物標本的可靠和科學性，分析兵器發展演變的序列。同時對有關的文獻史料，同樣要認真考辨，去偽存真，然後再與實物標本相結合，進行深入探研。在此基礎上，摒棄僅以器類分型為目的的舊模式，從注重出土兵器的組合關係，考慮到不同組合的兵器

與使用者的聯繫，進而推導其與兵種、戰法的聯繫與制約的關係。在探研中國古代兵器產生和發展演進的歷史時，應著重注意以下問題：

一、對中國兵器的發展階段的分析，必須摒棄落伍的石兵、銅兵、鐵兵的分期法，而以人類社會物質文化的發展階段，工具、用具和兵器的主要材質和製作技術等綜合考慮，採取考古學以石器時代、青銅時代和鐵器時代的分期，再以火藥用於製作兵器作為冷兵器階段結束的標誌，進行古代兵器發展階段的研究。

二、注重工藝技術發展與兵器的演變的關係，從古代到現代，都是將當時最先進的工藝技術用於軍事，以製作最精良的兵器。當金屬兵器出現以後，特別要注意出土金屬兵器的金相鑑定研究，將其成果應用於古代兵器研究（參閱韓汝玢：《古代金屬兵器製作技術》）。

三、注意探索兵器的發展與作戰方式方法變化的關係，作戰方法的變化是和社會制度的變化相聯繫的，反映著當時政治、經濟、文化的發展，同時受到當時社會生產力的制約。不同的作戰方法對軍隊的組成、訓練和所使用的兵器，都有不同的要求。而兵器本身的變化和發展，反過來也影響著作戰方法的變化。這些變化的基礎，在於社會生產和經濟的進步。

四、注意防護裝具與進攻性兵器發展的辯證關係，也就是盾與矛相互發展的辯證關係，「古代戰爭，用矛用盾：矛是進攻的，為了消滅敵人；盾是防禦的，為了保存自己。直到今天的武器，還是這二者的繼續」（毛澤東：《論持久戰》）。當新的精銳的進攻性兵器裝備軍隊後，更新防護裝具就提到日程上來了，防護裝具的更新又促使進攻性兵器進一步改進性能。

五、火藥兵器的出現，具有劃時代的意義，引起兵器生產的革命性變革。但是也應注意到新興的工藝技術與陳舊的社會關係的矛盾，當火藥兵器西傳以後，在歐洲引致翻天覆地的變化，資本主義的興起使火器發揮了革命的作用，最終導致「市民的槍彈射穿了騎士的盔甲，貴族的統治跟身披鎧甲的貴族騎兵隊同歸於盡了」（恩格斯：《反杜林論》）。資本主義制度的勝利，更促進了槍砲的改進和擴大生產。反觀火藥兵器的故鄉——中國，長期陷於發展遲緩狀態的傳統經濟，以及最高統治集團的禁海鎖國政策，使火器的研製和生產停滯不前，在歐美列強面前，從落後到挨打，最終使國家淪落到悲慘的境地。

基於以上考慮，得出中國古代兵器的如下歷史分期：

一、中國古代兵器，是指從史前時期兵器出現開始，直到專制社會終結，即清王朝的閉關政策在一八四〇年鴉片戰爭後被帝國主義列強打破為止，裝備中國軍隊用於實戰的兵器和裝備的總稱。其歷史以火藥開始用於製作兵器為分界線，分為前後兩大階段。北宋初編著的《武經總要》是明確記載火藥兵器最早的史籍，因此北宋正是前後兩大階段的轉折期，從史前直到北宋是冷兵器時代，北宋開始為火藥兵器和冷兵器並用時代。

二、冷兵器時代，與人類社會生產力的發展相適應，依據主要兵器的質地和工藝特點，區分為三個連續發展的階段，即石器時代的兵器、青銅時代的兵器和鐵器時代的兵器，也正是中國古代冷兵器的產生階段、發展階段和成熟階段。

三、火器與冷兵器並用時代，依火器的創製和發展分為三個階段，即火器的創製、火銃的發明及發展、槍砲在外來技術影響下的發展，也就是中國火器產生、發展和改進的歷程。

下面的《圖解中國古代兵器》，就是依照上面的歷史分期規律加以敘述的。

此外，在分析中國古代兵器時，也必須要注意中國古代戰爭的一些不同於其他古代民族、國家的特點，及其對古代兵器的影響。

一、先秦時各國的國君和貴族均認為「國之大事，在祀與戎」（《左傳・成公十三年》），所以都極力將當時所能掌握的最先進的工藝技術，優先用於兵器製作。

二、中國古代兵法中《孫子・謀攻》強調「百戰百勝，非善之善者也；不戰而屈人之兵，善之善者也」，「故上兵伐謀，其次伐交，其次伐兵，其下攻城」，因此對戰法和兵器裝備都有深遠影響。

三、兵與禮俗，特別在先秦時期，禮俗對戰爭有很大約束力，常出現今人難以理解的情況，如《左傳》宣公十二年（前五九七年）記晉楚邲之戰時，楚許伯致晉師，「晉人逐之，左右角之。樂伯左射馬而右射人，角不能進。矢一而已。麋興於前，射麋麗龜。晉鮑癸當其後，使攝叔奉麋獻焉，曰：以歲之非時，獻禽之未至，敢膳諸從者。鮑癸止之曰，其左善射，其右有辭，君子也。既免」。同是泌之戰中，晉魏錡請戰楚後遭潘黨追擊，也是射麋回顧獻給潘黨，因而被放還，免於淪為俘虜的厄運。這些都是在其他國家或民族中不會出現的事。

因此許多古代禮俗對戰爭和兵器的使用有著特殊的影響。

四、軍隊的兵種和裝備與民族的關係亦不容忽視，最常見的如游牧民族軍隊一般以騎兵為主力兵種，匈奴、鮮卑、契丹、蒙古等皆如此，且各族騎兵裝備又各有特點，如南北朝時鮮卑騎兵人馬都披鎧甲的甲騎具裝，而其後突厥騎兵則重人披鎧甲，戰馬不披具裝的輕騎。這些都對兵器裝備和馬具的發展演變有深遠影響。

五、兵器的民族特徵也應予以充分的注意，例如中國青銅時代的兵器中，最具民族特色的是句兵中的戈，它被李濟喻為「百分之百的中國貨」，「看不出一點一滴的輸入成份」。再如一些生活在邊疆的古代少數民族，如西南的滇人，使用的青銅兵器中有大量裝飾動物圖像的啄和異形戈，為其他各族青銅兵器中所不見。

只有注意到以上所述諸問題，大家再來閱讀我們這本書，大約可以對中國古兵有概括的瞭解。

如果大家閱讀了我們這本書後，對中國古兵產生興趣，還想進一步瞭解研究，建議去查閱以下

十本書：

楊泓：《中國古兵器論叢》（增訂本），文物出版社，一九八六年版。
楊泓：《古代兵器通論》，紫禁城出版社，二〇〇五年版。
楊泓：《中國古兵與美術考古論集》，文物出版社，二〇〇七年版。
鍾少異：《中國古代軍事工程技術史（上古至五代）》，山西教育出版社，二〇〇八年版。
王兆春：《中國古代軍事工程技術史（宋元明清）》，山西教育出版社，二〇〇七年版。
王兆春：《中國科學技術史・軍事技術卷》，科學出版社，一九九八年版。
王兆春：《世界火器史》，軍事科學出版社，二〇〇七年版。
白榮金、鍾少異：《甲胄復原》，大象出版社，二〇〇八年版。
楊泓主編：《中國軍事百科全書・古代兵器分冊》，軍事科學出版社，一九九一年版。
成東、鍾少異：《中國古代兵器圖集》，解放軍出版社，一九九〇年版。

楊泓

二〇一二年元旦

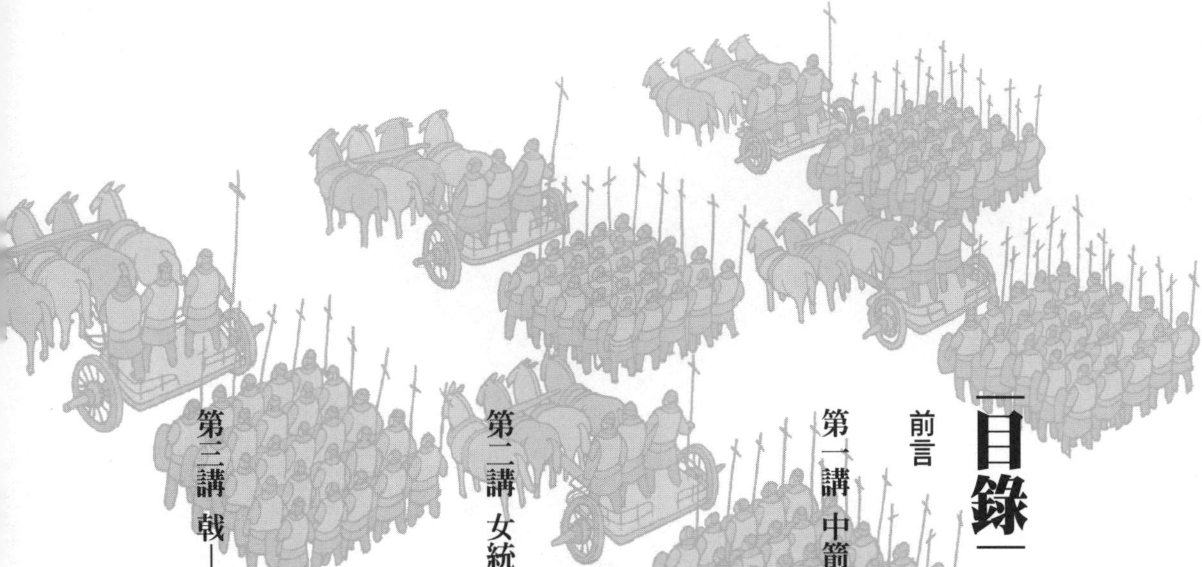

目錄

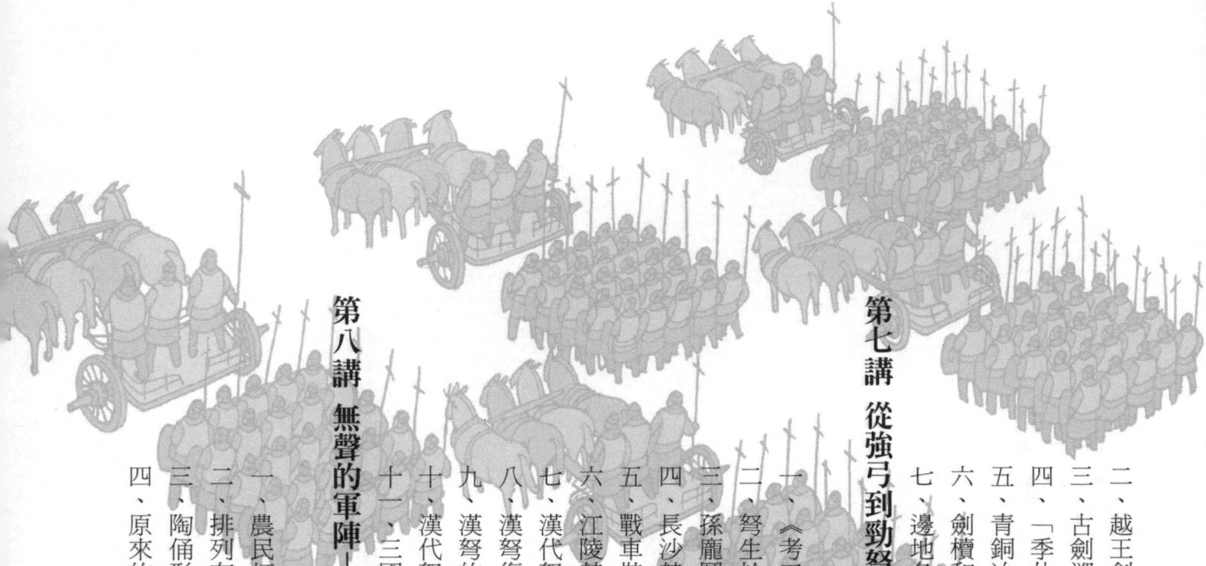

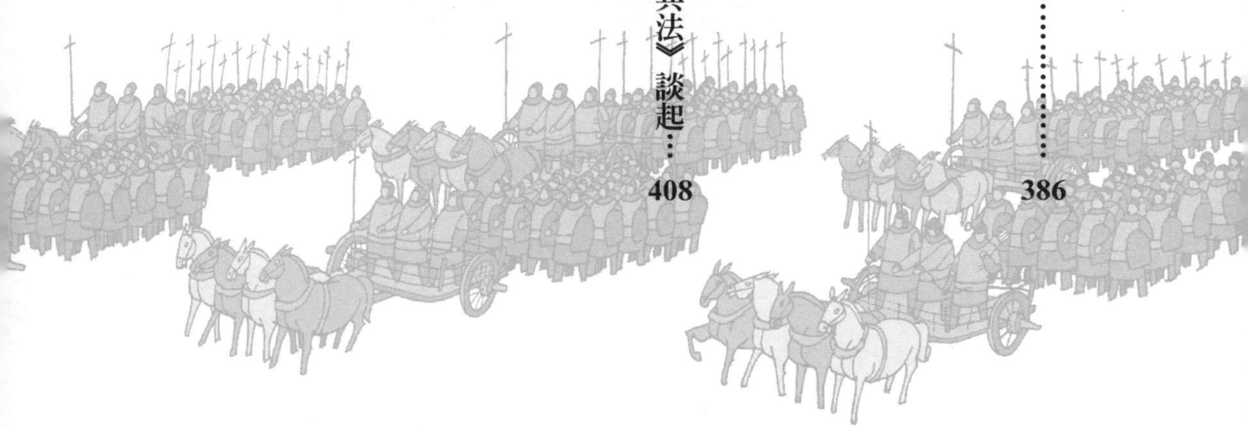

第一講

中箭骷髏引出的話題——史前兵器

中國史前的兵器都是與遠古人的狩獵工具和生活、生產工具息息相關的，在新石器時代晚期，最早由狩獵工具轉化為兵器的就是遠射的弓箭。考古出土的一具保留著箭鏃的史前人遺骨說明，當時的弓箭已被用作殺傷人類的兵器，而且裝有骨鏃的箭殺傷能力相當強，能透過肌肉射入人的骨頭。

史前工具中，石斧是人們最早認識到能用小力發大力的尖劈功能用具，在有關史前聚落遺址和墓葬發掘中，獲得的數量最多的石質工具就是石斧。由於石斧是當時男子隨身的工具，所以在發生爭鬥時，它也就首先被用於劈砍傷害對方，因此它也可能是最早轉化成兵器的一種帶鋒刃的工具。矛是最原始的刺兵，匕首是貼身搏鬥時的衛體兵器。

為了抗禦原始兵器的攻擊，當時的人們也採用各種材料製作護身的裝具。本世紀初，蘭嶼達悟族以籐條和籐皮編成的籐甲，可以視為原始甲冑的標本。還有以皮革為原料製作護甲，開始可能就是把整張的獸皮披裹在身上，後來逐漸懂得把皮革加以裁製加工，使它更有效地保護軀體的主要部位。民族學的資料也提供有這類原始皮甲的標本。

一九六六年春天，南京博物院的考古學家在江蘇邳縣一個叫大墩子的新石器時代遺址中，發掘了一座編為第三一六號的墓穴，穴內埋葬的一具男性骷髏屍骨引起發掘者們的極大興趣。骨骼情況顯示，死者是一位中年男性，身高一米六四，他的右手手骨處握著一把骨質匕首，左肱骨下放置一把石斧，看來死者生前是一名武士。最令人驚奇的是，在他的左腿股骨間，完好地保留著一枚骨質的三角形箭鏃（即箭頭），可見若干年前，他被一枚利箭射入腿部，鋒利的箭首骨鏃深入股骨達二．七公分，所以至今還深深嵌在他的遺骨之中。

這一墓葬發掘報告的人骨鑑定結論認為，此枚嵌留於死者體內的骨質箭鏃，「是由（他的）後下方穿透臀大肌下端進入股骨，並於生前折斷於皮下」。並且，由於「股骨傷口周圍未見有中箭之後炎症症狀，說明死者是中箭後不久就死亡的。但箭傷處非致命部位，若不是帶毒箭頭尚不足以致死，可能還有另外的致命的創傷」。

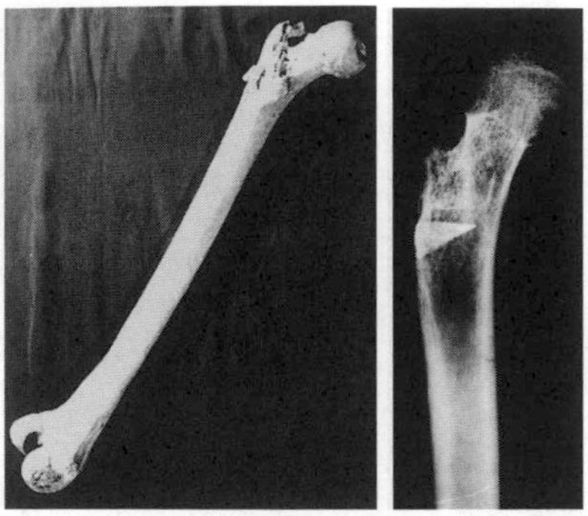
江蘇邳縣大墩子中箭人骨（左：中箭人骨 右：中箭人骨X光透視）

這個墓葬所屬的邳縣大墩子遺址，經過放射性碳定年法測定年代，樹輪紀年校正（dendrochronology）為西元前四四九四±三〇〇年。也就是說，該遺址屬於距今約六千年前的原始社會晚期。死者體內留存的箭鏃說明，當時的弓箭已被用作殺傷人類的兵器，而且裝有骨鏃的箭殺傷能力相當強，能透過肌肉射入人的骨頭。

這是迄今所知年代最早的殺人兵器——弓箭。

其實，證明弓箭殺人的考古資料還有很多，一九七二至一九七三年，雲南元謀大墩子一處新石器時代遺址的發掘中，清理了十九座墓葬，其中有八座（M3、M4、M7—M11、M17。「M」為考古學墓葬的代號，後同）所埋葬的死者，生前身上都中過箭，被射中的部位多是在胸部或腹部，常常是被密集地射中了十多箭。例如M3埋葬了一具年輕的男子屍骨，年齡約在二十歲至二十五歲之間，他的胸部和腹部至少中過十二箭，頭部和臀部也中過箭，大多數箭上的石鏃（石質箭頭）僅射入肌肉，也有幾箭穿透肌肉而射入骨頭，至今還有兩枚石鏃分別嵌留在右顴骨和尾椎骨上。以上現象清楚地說明，這個青年是死於亂箭之下的。

在M8中埋葬的屍骨是一個女青年，從人骨鑑定她的年齡只有二十二歲到二十六歲左右。從她那不自然地向前拱合在一起的雙手，可以看出她死前是被捆綁著的，她的胸部和腹部被射中過十幾箭。看來她生前是被捆綁起來以後，慘遭亂箭攢射而死的。

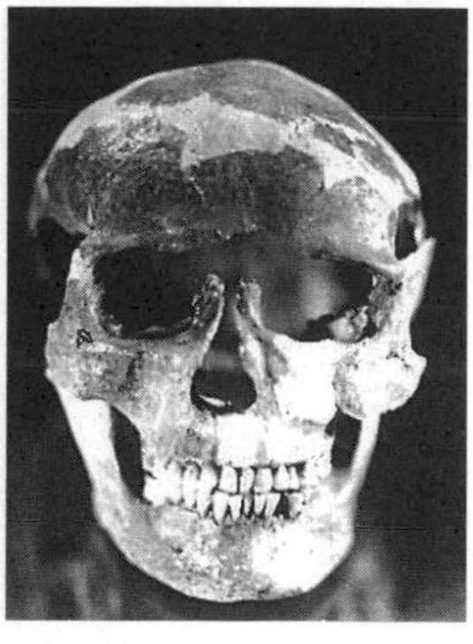

雲南元謀大墩子中箭人骨（左：中箭人骨 右：中箭人頭骨）

元謀大墩子遺址測定的數據，為西元前一二六〇±九〇年，距今約三千多年，時代比邳縣大墩子遺址偏晚，此時中原地區已是商代，但在邊遠的西南元謀當地，還應處於原始社會晚期階段。推測那些被亂箭射死的人們，應該是氏族部落戰爭的犧牲品，他們的死因或許是由於報復或仇殺。

上面的兩個實例，完全可以證明，在原始社會晚期，弓箭已經被作為兵器，用來殺人了。

一、遠射兵器——弓箭

其實，中國史前的兵器都是與遠古人的狩獵工具和生活、生產工具息息相關的。

在新石器時代晚期，最早由狩獵工具轉化為兵器的就是遠射的弓箭。

弓箭是古代一項重要發明，也是人類懂得利用通過機械儲存起來的能量的最早實例之一。弓身選用有彈性的木材，能彎曲變形但不折斷，再以堅韌的弦把它牽緊，當用力拉弦時，就迫使弓身改變形狀，同時也就把能量儲存了進去。當把弦猛然鬆開時，被壓迫變形的弓身得到復原的機會，就在它急速復原的同時，也就把剛才儲存的能量釋放了出來，這釋放的過程是極其迅速而猛烈的，能夠把扣在弦上的利箭有力地彈射到遠方。

弓箭的發明和它的普遍應用，對於以狩獵和畜牧經濟為主的原始氏族部落，具有極大的意義。因此恩格斯說過：「弓箭對於蒙昧時代，正如鐵劍對於野蠻時代和火器對於文明時代一樣，乃是決定性的武器。」

弓箭最原始的形態，是所謂「弦木為弧，剡木為矢」。最原始的弓，僅是用單片的木材或竹片彎曲製成，箭則僅僅是削尖了的木棍或竹竿。

後來為了增強弓體的彈力，由單體弓發展成複合弓。又為了增強箭的殺傷力，在前端加裝更為堅硬銳利的箭頭——鏃，通常用獸骨、石材等製作。又為增強箭的穩定性，在箭的尾部加裝箭羽。但是製作弓箭的木竹等材料極易腐朽，所以很難保留下遺跡。因此在史前遺址的考古發掘中，一般只能獲得箭上裝的骨、石等製作的箭頭——鏃。我們一般也只能通過鏃，來考察弓箭發展的歷史。

據目前獲得的考古發掘資料，至遲在約距今三萬年前，生活在今山西境內的原始人群，已經懂得用石材打製箭鏃。一九六三年，在山西朔縣峙峪村附近，發現了舊石器時代晚期的遺址，其中獲得一枚石鏃，它應是現在所知中國最早的石鏃之一。經放射性碳素測定，峙峪遺址的年代為距今二八九四五±一三七〇年。

山西峙峪舊石器時代石鏃

遼寧出土的新石器時代紅山文化細石器石鏃

這枚石鏃長約二・八公分，用薄燧石長石片製成，加工精細，前鋒銳利。看來遠古人們最初懂得使用弓箭的年代，要比能夠製造峙峪石鏃這種製工已較精細的石鏃的時代，還要早得多，至少也是距現在三萬年以前的事。在比峙峪時代遲的山西沁水下川遺址，發現了數量更多的以黑燧石打製的石鏃。但是當時石鏃還是很罕見的物品，並沒有被普遍使用，在峙峪的遺物中石鏃只有一枚。下川遺址調查獲得的大量石器中，鏃的數量僅約為百分之〇・七。箭鏃的大量使用，還是遲至新石器時代的事。

弓箭在新石器時代有了進一步發展，主要表現在箭鏃的選材加工和形制變化兩方面。大致可以分為兩個階段，前一階段主要選用易於加工的獸骨為原料，後一階段隨著石器磨製技術日趨成熟，開始大量使用磨製的石鏃。前一階段從較早的磁山文化和裴李崗文化到仰韶文化時期，在河北武安磁山遺址和河南新鄭裴李崗遺址發現的多是骨鏃。在到更遲的仰韶文化半坡類型和廟底溝類型的遺址中，大量出土的還是骨鏃，石鏃還是較稀有的。在山東地區，大汶口文化墓葬中獲得的箭鏃也多是骨鏃。浙江河姆渡文化遺址中，也是大量發現骨鏃。

新石器時代骨鏃形態，也有一個演變過程，大略可分三個階段：先是扁體三角形鏃，也就是簡單使用三角形骨片，磨出銳利的側刃和前鋒；然後是圓錐形鏃；最後發展到有鋌的圓錐形鏃，鋒尖磨成三刃。

後來到了龍山文化時期，磨製石鏃開始大量使用。石鏃形態的演變，先是扁體的三角形或葉狀有鋌鏃；然後是圓錐形有鋌鏃，鋒端磨出三個刃稜，再前聚成銳鋒。

從箭鏃質料的變化，到鏃體形態的發展，約略可以反映出新石器時代弓箭製造工藝發展的概貌，也與弓箭從狩獵工具向殺人兵器的轉化相關聯，當穿透力殺傷力更強的圓錐形有鋌石鏃普遍使用的時期，已經是臨近文明門檻的龍山時期，也正是古代兵器產生的關鍵時期。

二、格鬥兵器——斧鉞、矛

史前工具中，石斧可以算是萬能的工具，它是那時人們最早認識到，能用小力發大力的尖劈功能用具。在簡單機械方面的發明，採伐林木、原始耕作乃至狩獵活動，都離不開這種帶有鋒刃的工具，因此在有關史前聚落遺址和墓葬發掘中，獲得的數量最多的石質工具就是石斧。它是當時成年男子從事生產活動不可或缺的工具，也是當時男女社會分工的標誌。

正因為如此，當成年男子死後，下葬時石斧也是不可缺少的隨葬品。

作為工具的石斧，一般斧體厚重，剖面多呈扁橢圓形，由兩面斜磨成斧刃。與石斧同樣廣泛使用的，還有只由一面磨成斜刃的石錛，在

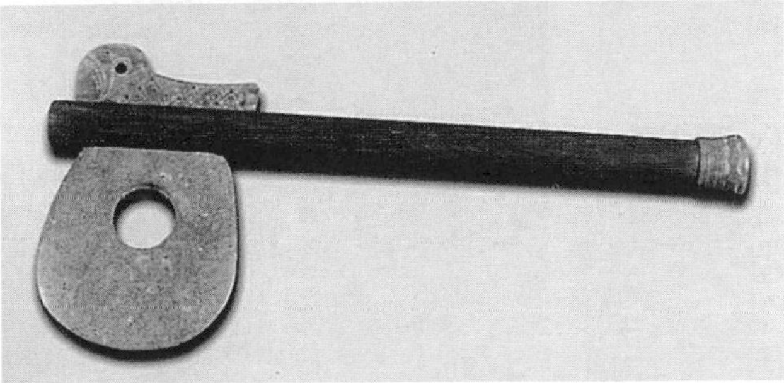

江蘇金壇三星村出土的石鉞復原（木柄為後配）

東南地區的一些原始文化中，不使用石斧而只用石錛。

石斧使用時要安裝木柄，通常是在柄端鑿出近長方形的槽或透孔，將石斧上端垂直嵌進槽或孔內，再以繩索等縛緊。江蘇金壇三星村遺址出土一件有柄穿孔石斧，很清楚地表明了斧的裝柄方法。由江蘇安青墩出土陶斧模型柄長與斧身長的比例為三比一，由山東莒縣陶文和河南臨汝閻村陶缸上畫像，斧柄長和斧身長的比例也大致相近，可知新石器時代的石斧裝柄後，正好可以讓人用一隻手操持使用。

河南閻村出土的仰韶文化陶缸上彩繪石斧圖像

由於石斧是當時男子隨身的工具，所以在發生爭鬥時，它也就首先被用於劈砍傷害對方，因此它也可能是最早轉化成兵器的一種帶鋒刃的工具。厚體的石斧便於勞作，但並不適於劈砍殺人，所以在轉化為兵器以後，就要在形體和功能方面加以改進。改進主要有兩方面，第一是由厚體改為薄體；第二是加大鋒刃面，為了盡量加闊刃面，就使兩側尖端上翹，形成更闊的弧刃。

經過這樣的改進以後，外貌和功能都有改變的斧就改稱為鉞。這類石鉞，在大汶口文化、龍山文化遺址多有發現，特別是在江南的良渚文化等遺址中，還出土了製工精美的玉鉞。

矛是最原始的刺兵，最原始的形態是削尖前端的木棒，到新石器時代，開始安裝了更堅硬的矛頭，有的用硬木製作，更多的是骨質或石質的矛頭，以增強扎刺的效能，是狩獵時的利器。在考古發掘中獲得的石矛或骨矛的數量不多，製作形制也缺乏一致，大致是長身扁體，有銳利的前鋒，有的居中有縱脊，或在兩側磨出側刃。也有的與石鏃箭頭形體相近，只因為形體較碩大就定名為矛。在山東鄒縣野店大汶口文化墓葬中，還出土過長二十八・一公分的長體三角形的骨矛和長三十六・二公分的圓錐形的象牙矛，多被放置在男性死者手旁。

此外，如粗大的木棒，也是原始人與猛獸搏鬥的重要工具，在原始戰爭中也是有用的兵器。為了增加砸擊的效能，又在棒端加綁石塊。

後來將石塊打製得更加規整，又在中心穿孔以更牢靠地安裝在棒端；為增強砸擊效能，又把石頭周緣製出尖凸的齒刃，在吉林西團山遺址曾有出土，通常稱之為「棍棒頭」或「多頭石斧」。

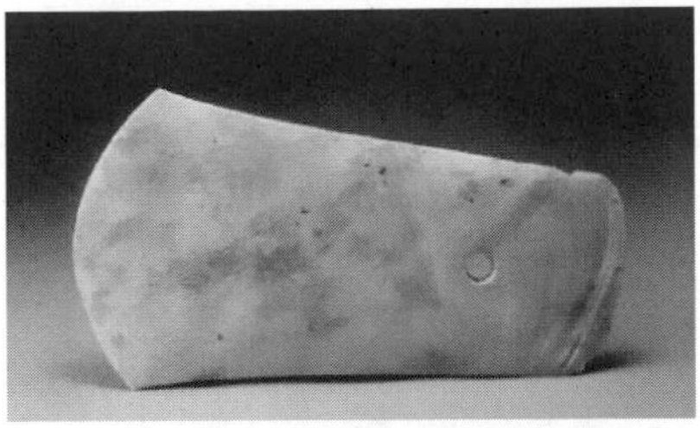

上：安徽含山凌家灘出土的玉鉞

下：江蘇金壇三星村出土的七孔石刀

還有一些石器，如在江蘇的一些遺址中發現過長條形的多孔石刀，北陰陽營出土的一件花崗岩刀，刃長二十二・六公分，長脊上有七個穿孔，可安長柄。看來這種石刀不似農具，或許是一種用於砍斬的原始兵器。

三、衛體兵器——匕首

作為貼身搏鬥時的衛體兵器，主要是匕首。

在大汶口文化墓葬中出土過製工精緻的骨匕首，長十八公分，體呈扁平的三角形，一面中央有凸起的脊稜，兩側磨出利刃，前端聚成尖鋒，後端鏤有一個大的長方形透孔，便於握持。同樣的匕首在江蘇邳縣的劉林、大墩子等遺址也有出土，大墩子M97墓中出土的石匕首長二十一公分，墓內埋葬的是一位壯年男子。在甘肅的馬家窯文化遺址出土的匕首，常是在骨柄上鑲嵌小石片為刃。在永昌鴛鴦池墓地出土的骨柄石刃匕首，有的上下兩側對稱嵌石刃，長三十三·五公分；有的只在一側嵌石刃，長四十六公分。

全副武裝的蘭嶼達悟族戰士

除匕首外，在大汶口墓地還出土過手握的骨矛，用獸肢骨劈去半邊磨製而成，便於手握。前有尖鋒，末端有穿孔，長度約十・七至十五・六公分，其中M109中埋葬的是成年男性，骨矛握於右手。其餘墓中，有的骨矛握於手中，也有的放在腰間。

四、防護裝具——甲冑、盾

為了抗禦原始兵器的攻擊，史前的戰士必須設法保護自己，或許是從有些動物用堅厚的甲殼保護身體得到啟示，也就採用各種材料防護自己的軀體，製作出原始甲冑。但是原始甲冑都是用易於腐朽的材料製作的，所以很難在考古發掘中找到它們的遺跡，目前只能參考有關的民族學資料。

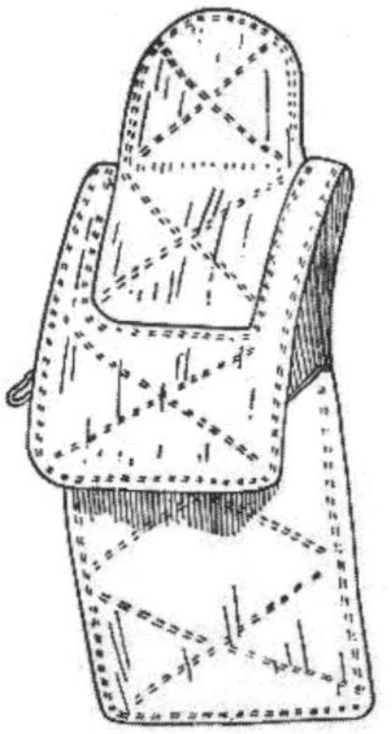

雲南傈僳族皮甲

上世紀初，蘭嶼達悟族使用的籐甲，可以視為原始甲冑的標本：都是以籐條和籐皮編成，籐甲後背編成整體，以縱橫各三根籐條作框架，然後用約三十根纏著籐皮的較細籐條，由上向下橫編在框架上，形成大約高五十公分、肩寬三十七・五公分的略呈長方形的背甲。前胸是開身的，分成左右兩部份，編成後從兩側肩上與背甲編聯

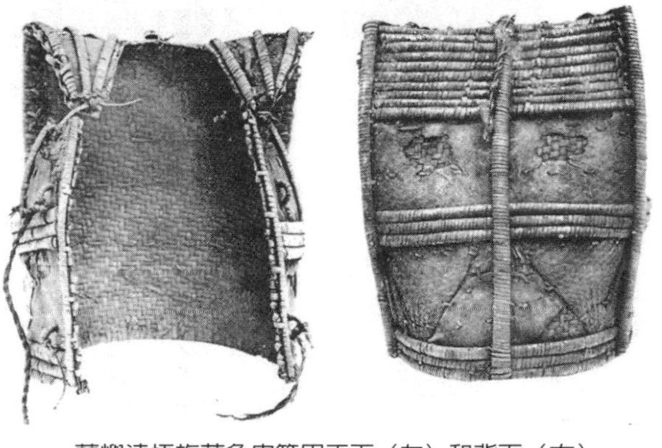

蘭嶼達悟族蒙魚皮籐甲正面（左）和背面（右）

在一起，然後留出臂孔，並把腋下部份與背甲編聯成一體。頭上還有籐編的尖頂籐胄，有的胄頂還有漂亮的羽毛飾。

這種籐甲，實際也就是在戰士赤裸的身軀上套了一件僅及腰部的短籐背心，從腹臍以下到雙足依然是赤裸著。儘管如此，頭部再戴上籐胄，籐製甲胄就已經保護了人體最重要的部份，即頭和胸、背，避免了原始進攻兵器的傷害。為了增強籐甲的防護能力，有時還在甲的表面蒙上一層魨魚的硬皮。

除了籐木等材料外，許多原始民族常以皮革為原料製作護甲，開始可能就是把整張的獸皮披裹在身上，後來在戰鬥實踐中逐漸懂得把皮革加以裁製加工，使它更合身，更能有效地保護軀體的主要部位，於是出現了具有一定形制的整片的皮甲。民族學的資料也提供有這類原始皮甲的標本。

以前傈僳族使用的一種整片的牛皮甲，就是很好的例子。傈僳族皮甲是用兩張長約一公尺的生牛皮縫在一起，然後在其上開一個舌形的縫，沿縫將切開的皮革掀起來，形成領孔，戰士穿甲時就從領孔把頭套出去，掀起的舌形皮革正護住後脖頸。

全副武裝的蘭嶼達悟族戰士

在領孔前的一小半皮革垂在前面護胸，領孔後另一大半皮革垂在背後護背，在腋下把前後兩片用繩結牢，使皮甲貼緊身軀。

整片的皮甲穿用不便，為了增強防護效能，所以逐漸按照護衛的身體部位的不同，將皮革裁製成大小不同的革片，然後再聯綴成甲，往往在前胸和後背，仍舊使用大片的厚皮防護，而在肩臂、腰胯等處，使用較小的革片編綴而成，便於活動。這種形式的皮甲，直到南宋時在雲南大理地區還保留著，在范成大的《桂海虞衡志》裡曾有記錄。後來彝族使用的皮甲，也還保留著早期皮甲的一些特點。

除了穿著於身上的防護裝具外，以手握持的是盾牌。原始的盾牌，也多由籐木皮革製作，自然難於在古代遺存中保留下來，也只有依據民族學資料來作參考。蘭嶼達悟族使用過的籐盾牌，用粗籐條編成，較小的用十四根長約四十公分的籐條與五根約長三十公分的橫籐條綁在一起，從而編成一面長方形盾牌，面積約有一千兩百平方公分。在盾牌背面居中處，縱縛一個木質的把手。較大的籐盾，製法和原材料相同，有的籐盾高八十五公分、寬近五十公分，可以有效地掩護戰士的半個身軀。

除籐牌外，更多的是用木板製作盾牌，例如台灣原住民過去使用的原始木盾，盾面呈長方形，上面繪有各種圖案花紋。以後，又在木盾面上再蒙上堅韌的獸皮，以增強防護能力。

五、作為權威象徵的兵器——玉鉞

在浙江新石器時代良渚文化墳墓中，還隨葬有一種精工製作的玉鉞，它們與專供用於戰鬥的石鉞不同，而是選用軟玉製作，琢磨得極為精美。在反山墓地共出土有五件玉鉞，在鉞柄的頂端和尾端還裝有玉質的冠飾和端飾，多握舉於死者左手中（只有一例在右側），鉞體約在死者肩部位置。以M14號墓的玉鉞連柄的遺痕較清晰，從冠飾到端飾全長七十餘公分，在木柄的朽痕處保留有原塗柄上的硃砂痕跡，還有原嵌粘在木柄上的長三至八公釐、寬兩公釐的小玉顆粒，共有九十六粒之多。最值得注意是在M12中出土的青玉鉞，鉞長十七・九公分、刃寬十六・八公分，配有白玉的冠飾和端飾。特別是在鉞的弧刃上角線雕的神人獸面的「神徽」紋飾，下角又線雕神鳥。更進一步表明這些玉鉞並不是供實戰用的兵器。它的持有者，可能是軍事首領或專司祭祀的巫師，為高踞於一般氏族成員之上的具有權威的領袖人物。那些雕有「神徽」的玉鉞，是一種特殊的權威的象徵物。

六、古史傳說中兵器的製造者——戰神「兵主」蚩尤

史前的兵器固然是與遠古人的狩獵工具和生活、生產工具相關的，但在古史傳說中，它們的出現和產生，卻充滿著神秘和浪漫的色彩。

在世界各古代民族中，都有自己民族的神話傳說，各種神中都有專司戰爭的戰神，例如古希臘奧林匹斯諸神中的阿瑞斯（Ares），象徵著殘殺性的戰爭。在古羅馬宗教中戰神和農神同為瑪爾斯

（Mars）。過去人們很少注意在中國古代是否也有類似的神祇，其實古史傳說時代也產生過中國的戰神，他就是「兵主」蚩尤。因此傳說中還將各種兵器都說成是蚩尤所造。

「兵主」蚩尤，源出於古史傳說中最慘烈的一次戰爭——涿鹿之戰。與世界歷史上許多民族關於其古代戰爭的史詩和傳說一樣，古史記載中的涿鹿之戰充滿了神奇的色彩，也是一場神怪和英雄一起參加的戰爭。

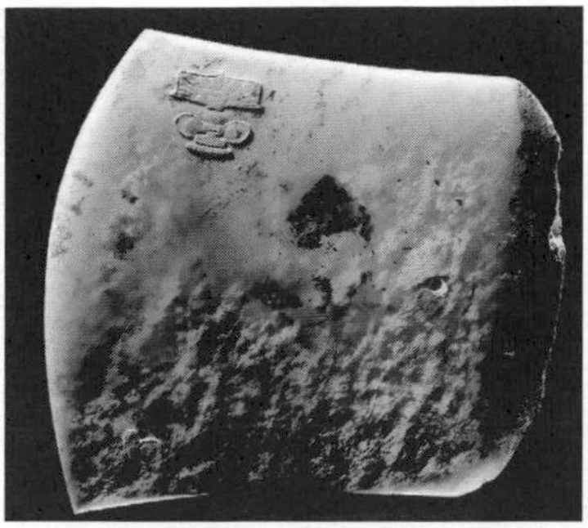

浙江反山出土的良渚文化玉鉞

良渚文化玉器上的神人獸面圖像

良渚文化玉鉞復原（木柄為後配）

那傳說是這樣的：北方華夏族的代表黃帝率領的軍隊，和南方苗黎族首領蚩尤的軍隊，在涿鹿之野遭遇後，蚩尤首先散播了濃霧。黃帝和他的部下被籠罩在漫天濃霧之中，難辨方向，他指揮部下四下探尋，但是無法擺脫濃霧的困擾，一籌莫展。加之那些銅頭鐵額、頭上生角的蚩尤兄弟，不時從霧中突然殺出，更令黃帝防不勝防，連吃敗仗。

幸而他的臣子中有一位智慧非凡的風后，趕忙用鬼斧神功的本領造出「指南車」，才得以辨明方向，將黃帝的部下從迷霧的困擾中解脫出來。不過前景尚難樂觀，因為蚩尤不僅悍勇異常，而且還是出色的發明家，甚至掌握了金屬的性能，創製了各種銳利的新式兵器。因之他的部下兵器精良，還得到魑魅魍魎等妖魔鬼怪的幫助，使黃帝難於對付。為了取勝，黃帝請來了水神應龍。而蚩尤早有準備，請來了風伯雨師，一時天昏地暗，雷電交作，衝破了應龍的水陣。幸而黃帝還有後援，到天上請來了天女名「魃」，這位旱女魃作法，於是狂風暴雨頓時消失，天氣放晴，可是旱女魃雖然幫助黃帝取勝，卻再也無法回到天上去了，只得永留人間，成為日後不時釀成旱災的根源。經過反覆較量，這場大戰終於以黃帝取得最後勝利而告結束，蚩尤被擒獲，黃帝命應龍將他殺死於「凶黎之谷」。

在一些古史傳說中，各種兵器的發明權被歸功於失敗了的英雄蚩尤，甚至認為他已懂得用金屬製作兵器。《世本・作篇》中，就說蚩尤發明了「五兵」，包括戈、矛、戟、殳等青銅時代最普遍使用的兵器，於是

山東沂南漢畫像石蚩尤像拓本

蘭嶼達悟族戰士

在漢代畫像中出現的蚩尤圖像，就都是似人非人的神獸形狀，他的雙手和兩足都持有不同的兵器，頭上也頂著兵器，也有的圖像中，他的兩足沒有兵器，但左右脅下各佩帶一件兵器，總數都是五件，以合「五兵」之數目。這些當然都是出於後世的附會，但是表明涿鹿大戰中失敗的英雄，在漢代還保持著相當深遠的影響。漢代，命將出兵要祭兵主蚩尤，蚩尤已經成為了軍神。

由於蚩尤主兵，所以許多與兵事、戰爭有關的事物，都以蚩尤命名。例如天象中拖著一條長長尾巴的彗星，古人認為那種奇異的形態，酷似軍隊的旗幟，想像它的出現與軍事有關，是戰事將起的不祥之兆。因此還有稱彗星為「蚩尤旗」的說法。

第二講

女統帥的「地下武庫」——商周青銅兵器的輝煌

目前田野考古發掘中獲得年代最早的青銅兵器，是二里頭文化（夏代）的遺物，主要發現於河南偃師二里頭遺址的晚期遺存中，有戈、戚和鏃，分屬於進攻性兵器中的主要類型有格鬥兵器和遠射兵器。在河南安陽殷墟、山東滕州前掌大、青州（原益都）蘇埠屯、湖北黃陂盤龍城、江西新幹大洋洲等各處的商代墓葬中，都發現有隨葬的大量青銅兵器，表明了商殷時期已經進入中國歷史上青銅兵器的黃金時代。

商周時期最具代表性的青銅兵器是戈，它也是當時進攻性兵器中的主要單兵格鬥兵器，也可以說是每個戰士必備的標準兵器；與戈相配合使用的防護裝具是盾牌——干。由於干和戈是當時每個戰士必備的標準兵器，所以「干戈」一詞在古代經典中被作為兵器的總稱。

手執干戈保衛國家的勇士，在古代是受人尊敬的。遠射兵器是弓箭，箭端裝有銅鏃（石、骨質的鏃也還在使用）。到商代晚期，青銅矛的使用已日漸普遍。

商周時期青銅兵器黃金時代的基礎，在於當時青銅冶鑄工藝的發展。

中國古代的青銅文化，到商代達到一個高峰。從考古發現和對青銅器的分析研究，可知商代冶煉工藝已超越由礦石混合冶鑄的低級階段，發展到由純銅、錫和鉛來冶鑄的較高水準。鑄造青銅器的作坊也具有較大的規模。

一、安陽殷墟婦好墓的發現

一九七六年春天，河南安陽西北郊小屯村農民開始備耕平整土地時，涉及到村北面一處高出地面約八十公分的崗地。由於小屯村正好坐落在商代後期都城——殷墟（殷的廢墟）的中心地區，西元前十四世紀到西元前十一世紀的兩百七十三年間，殷墟一直是晚商的都城，所以小屯村一帶的地下，埋藏著豐富的殷商時期的文化遺存。農民要平整的這片崗地，恰好位於二十世紀三〇年代考古學家們在殷墟發現商宮殿宗廟遺址的東南側，所以有關單位首先在當地進行了全面的考古勘查，果然發現了新的重要遺存。

經過清理發掘，先是發現了一座平面接近方形的建築基址，接著又發現這座建築下面壓有一座墓葬。在長方豎井形墓壙內，安葬有木質棺槨，可惜這座墓的墓口距現在地表深九·五公尺，在地下水的水線以下，所以泡在水中的木槨和木棺均已腐朽。雖然這是安陽殷墟發掘以來發現的唯一一座沒被盜擾的王室墓，但限於當時的條件，發掘者並沒有認真將水抽乾再仔細清理，只是取出了墓中隨葬的遺物。從出土遺物的種類、數量和製造工藝的精美程度，表明這是一座極值得重視的殷商墓葬，因為僅青銅器一類器物，

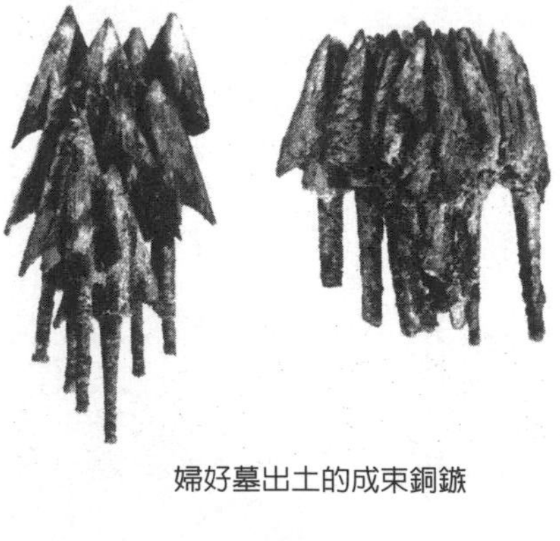

婦好墓出土的成束銅鏃

就出土有四百六十八件之多，還沒有計入一百零九個小銅泡，估算出土青銅器的總重量可能達到一千六百二十五公斤左右。

依據墓中出土青銅器銘文中的「婦好」和「司母辛」字樣，學者考定這座墓中所埋葬的死者，乃是商王武丁的妻子之一，名為「婦好」，「辛」乃是她死後的廟號。因為以往殷墟出土的甲骨卜辭中，曾經多次出現過這位叫「婦好」的王妃名號，記述她生前地位顯赫，甚至經常代表商王主持祭祀，還多次統率大軍四處征戰，征伐過夷方、土方和羌等。在一次伐羌的戰事中，婦好統帥的部隊多達一萬三千人。正因為她生前是一位頗有權威的女統帥，所以在她墓內隨葬有數量眾多的兵器。據統計有青銅兵器一百三十四件，包括四件鉞、九十一件戈、三十七件又兩束（每束十件）鏃（金屬箭頭）和一件鏟形器，還有六件弭（弓形器）。既有格鬥兵器，又有遠射兵器，還有御馬用的弭。特別是出土的兩件大銅鉞，分別長三十九．五公分和三十九．三公分，各重九公斤和八．五公斤，紋飾華美，其中一件飾有雙虎夾噬人首圖像，兩件鉞上均鑄有「婦好」銘文。它們如此重大，顯然裝柄後無法用於格鬥，只能是商王武丁配偶婦好的軍事統帥身份和權威的象徵。

安陽殷墟郭家莊一六〇號墓出土器物分佈情況，可以看出有大量銅兵器

墓中隨葬有如此眾多的兵器，宛如一座地下武器庫。

一九九〇年，安陽殷墟又發掘了一座郭家莊一六〇號墓，雖然規模比「婦好」墓小，但所埋死者也是一位地位顯赫的貴族「亞址」，也是較高級別的武將，由青銅禮器上的銘文，可知他應是止族的首領。墓中隨葬的青銅兵器更是多達兩百三十二件，可能因埋葬的時間比婦好墓晚，兵器的品種較婦好墓更豐富。計有三件鉞、一百一十九件戈、九十七件矛、兩件大刀、九百零六件鏃和一件鐏，還有一件弭。也可以說是一座「地下武庫」。更值得注意的是，郭家莊一六〇號墓旁還有隨葬的兩座車馬坑，埋有雙馬拖駕的單轅雙輪木車，車上還置有青銅戈、鏃等兵器，應該是可以參戰的戰車。

安陽殷墟一〇〇四號大墓出土的銅胄

在安陽殷墟，除了如婦好墓、郭家莊一六〇號墓等沒有被盜擾的大型豎穴土坑墓出土有大量青銅兵器外，那些曾遭盜擾的殷商王陵中，也常殘留有原來隨葬的青銅兵器和防護裝具。例如一〇〇四號墓曾出土成束的青銅矛數百件，還有一百四十一件青銅胄（頭盔）。

除了安陽殷墟以外，山東滕州前掌大、青州（原益都）蘇埠屯，湖北黃陂盤龍城，江西新幹大洋洲等各處的商代墓葬中，也都發現有隨葬的大量青銅兵器，還常伴有顯示權威身份的大型青銅鉞。通過各地發現的這一座座「地下武庫」，充分表明殷商時期已經進入中國歷史上青銅兵器的黃金時代。

二、最早的青銅兵器

殷商時期青銅兵器已經步入黃金時代，它發展的源頭又在何方？

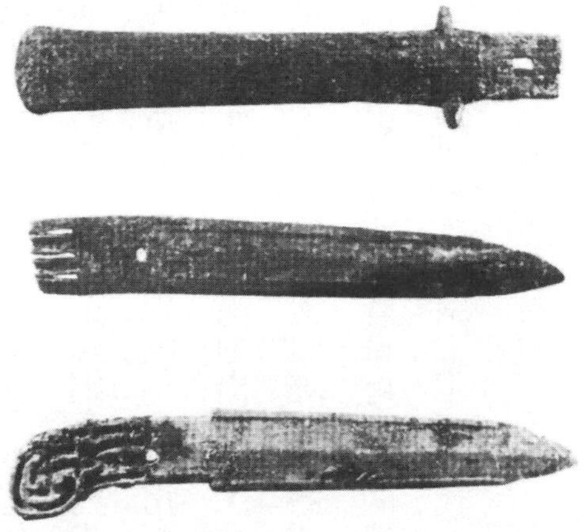

河南偃師二里頭出土的銅戈（中、下）和銅戚（上）

在認識中國古代青銅兵器以前，先要追溯中國古代使用銅器的歷史。通過近半個世紀的田野考古調查和發掘，目前所知年代最早的銅器，要屬陝西臨潼姜寨仰韶文化半坡類型遺址出土的銅片，是含鋅百分之二十五・六的黃銅，應是距今六千一百至五千六百年間的遺物。在甘肅東鄉林家馬家窯遺址出土的青銅小刀，經鑑定含錫百分之六至百分之十，是目前發現的最早的青銅器。

比姜寨標本年代遲的標本，現已發現過馬家窯文化、龍山文化的一些小件銅器，經檢驗其中有紅銅、黃銅及青銅，表明中國古代在真正步入青銅時代門檻以前，人們很早已對金屬銅有了初步認識。馬家窯遺址出土的青銅小刀是用兩塊範閉合澆鑄而成，一塊範刻出刀形，一塊範是平範，刀鑄成後，刃口經過戧磨或鍛打。又在甘肅永登連城蔣家坪出土的殘銅刀，也是青銅器。馬家窯文化的年代，據放射性碳十四測定為西元前三千三百至西元前兩千零五十年。因此可以認為，中國古代懂得製作青銅器的時間，至遲在西元前三千年左右。對年代較遲的龍山文化遺跡所作的考古發掘，所獲得的銅器標本，有青銅，也有黃銅。

一九七四年，山東膠縣三里河龍山文化遺址出土的銅錐是含鉛黃銅鑄造的；牟平照格莊龍山文化銅錐，為青銅製品。在鄭州牛寨龍山文化遺址，出土有銅渣塊和熔爐壁殘塊；特別是在河南登封王城崗出土的容器殘片，是銅錫合金，是目前保存的時代最早最大的青銅容器殘片中之最大者。

河南偃師二里頭出土的銅鉞

迄今為止，從仰韶文化、馬家窯文化、龍山文化諸遺跡中獲得的銅器，除日用品和容器殘片外，只有少量小件的工具，其中的小刀多長僅十餘公分。但這些小工具既難以改變社會生產面貌，更缺乏實戰價值，根本無法作兵器使用，因此在銅器開始萌發的早期，還缺乏以其製作兵器的能力。

目前在田野考古發掘中獲得的年代最早的青銅兵器，是二里頭文化的遺物，主要發現於河南偃師二里頭遺址的晚期遺存中。一九七五年在河南偃師二里頭遺址的灰坑（75YLVIK3）出土的戈和戚，是二里頭文化青銅格鬥兵器的典型。考古報告在發表上述兩件青銅兵器時，還發表了另一件採集的青銅戈。此前已發表過在二里頭遺址出土的一些青銅鏃，表明遠射兵器也已用青銅製作。近年來又在二里頭遺址發現青銅鉞。

戈是二里頭文化主要的青銅進攻性格鬥兵器，上述偃師二里頭灰坑K3出土的那件銅戈，合範鑄製，援、內的區分明顯，援有中脊，上下刃鋒利；內的末端向下彎曲，上有一圓穿，穿後部份鑄有凸起的雲紋，紋間凹槽內可能鑲嵌過綠松石，製作頗精緻。通長三十二・五公分。在援和穿間留有裝柲遺痕，可看出柲的直徑約四公分。另一件採集的銅戈，還明顯地保留著這種兵器的原始形態，全形近似鐮刀，上下兩緣都有刃，前鋒聚成銳利的尖鋒。援、內之間沒有明顯的分界，方內末端帶有四個齒槽，內上有一方穿，長二十三・五公分。可以看出，戈作為中國古代獨有的具有鮮明民族風格的兵器，在這一時期的形體基本特徵已經成形。

二里頭出土的另一種青銅進攻性格鬥兵器是銅戚，應由斧類工具演變而成，戚體窄長，戚刃圓弧狀，後接方內，在戚體與戚內之間有凸起的闌。

二里頭出土的遠射兵器，只有裝於箭端的青銅鏃。鏃體的呈現扁平狀，後面帶有插接箭桿的鋌。有的形狀不很規範，但也有的是形狀相當規範的雙翼有脊的形制，雙翼向後伸展成倒刺，向前聚成尖鋒，長約六・七五公分，以鉛錫青銅鑄成。這正是後來商代銅鏃的標準形態。同時，在二里頭遺址還發掘到化銅爐的殘壁、銅渣和殘碎的陶範，反映出當時冶銅技術已有一定程度的發展，所以能用青銅鑄製消耗性很大的箭鏃。

綜觀上述青銅兵器，可以看出以下幾點：首先，表明當時人們已能頗為熟練地製作青銅兵器，主要是進攻性兵器，包括遠射兵器和格鬥兵器。其次，二里頭文化的冶銅技術已有一定程度的發展，青銅兵器的製作工藝已有相當水準，表明它們絕不是第一代的青銅兵器，而是經歷了相當長的發展階段的產品，所以青銅兵器在中國出現的時間，應該比目前從二里頭遺址獲得的這些青銅兵器還要早得多。最後，中國古代的青銅兵器，從開始出現時起，其主要的格鬥兵器如戈，就具有與世界其他古代文明不同的面貌，具有民族的特徵。所以二里頭遺址出土的青銅戈、戚、鏃、鉞，作為中國目前發現的時間最早的青銅兵器，在中國古代兵器史研究中佔有重要位置，應是彌足珍貴的。

二里頭遺址出土銅戈和銅戚的灰坑K3，據分析屬於二里頭文化第三期，即與已發掘的宮殿遺址同時。不論認為二里頭宮殿遺址的時代屬早商或夏，都不影響我們得出如下推論，中國古代開始使用青銅兵器，應在古史傳說中的夏朝。有的古籍中說禹「以銅為兵」，當反映了歷史的真實情景。因此可以認為在古史傳說中的夏代，即西元前二十一至前十六世紀，中國的軍隊中已經裝備了頗為完備的青銅兵器。

比之略遲，在邊遠地區如甘肅玉門火燒溝遺址（西元前十六世紀），也出土有數量較多的青銅器，其中可用於兵器的有箭鏃，也許還有匕首和斧。其中一件柄端彎曲成鉤狀的匕首，經鑑定是熱鍛錫青銅製品。銅鏃經鑑定的有十一件，其中六件為鉛青銅，一件為鉛錫青銅，其餘四件為紅銅。這一遺址還出土一塊鑄箭鏃的泥質砂岩石範，耐火度較高，不太堅硬，便於刻製鑄型。該範一次可鑄兩件銅鏃，範面有多次使用過的痕跡，表明曾不斷用於鑄造，可能已進行大量生產。但從目前發表的資料，尚不清楚有沒有形制成熟的格鬥兵器。

三、執干戈以衛社稷

二里頭文化遺址出土的青銅兵器，最重要的是戈，它是進攻性兵器中的主要格鬥兵器。今天一般人可能不清楚戈的式樣，但提起「戈」字，人們並不陌生。因為今日通行的漢字中，凡與戰爭和武力有關的字，幾乎都有「戈」作為偏旁部首，除「戰」、「武」外，如戎、戍、戒、威、戩、戡、戮、鹹、戳，等等。

早在東漢許慎撰、宋徐鉉校定的《說文解字》中，解「武」字時注引「楚莊王曰：夫武定功戢兵，故止戈為武」。

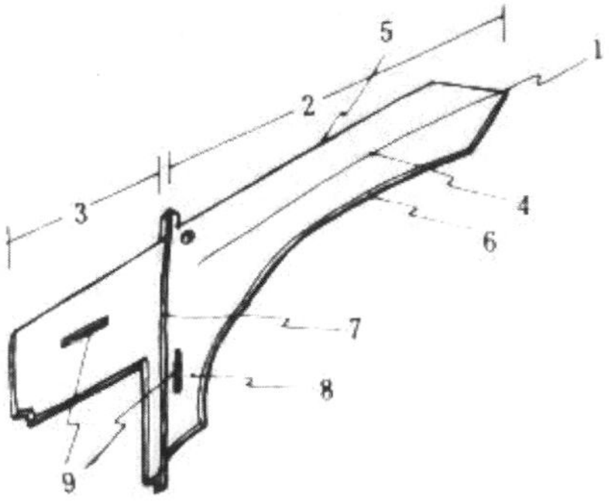

銅戈各部位名稱〔1.鋒 2.援 3.內 4.脊 5.上刃 6.下刃 7.闌（欄）8. 胡 9.穿〕

其實將武字分解成「戈」和「止」是對的，但「止」並非「停止」或「終止」之意，「止」字象形是一隻行走狀的人足，上面畫出兵器戈的象形，象徵一個持著戈行走的人，也就是拿著兵器向前攻擊的戰士，以表示動武的本義。在「戰」、「武」等字選用戈這種兵器的象形圖樣，就是因為它自誕生的夏代直到商周時期，一直是軍隊中單兵必備的標準格鬥兵器。

由於干戈是當時每個戰士必備的標準兵器，所以「干戈」一詞，還進而成為戰爭的代名詞，出現了「大動干戈」等成語。《左傳》「哀公十一年」（西元前四八四年），記述了魯國未成年的童子汪錡在抗禦齊軍時為國戰死的故事。因為他未成年，能不能享受與成人一樣的葬禮，人們就去請教最有學問的孔夫子。孔子回答說可以，因為汪錡雖未成年，但「能執干戈以衛社稷」，值得尊敬。

如上所述，戈是商周時期進攻性兵器中的主要單兵格鬥兵器。在商代軍隊中，也可以說是每個戰士必備的兵器。在各地出土的商代青銅兵器中，也以戈最常見。在安陽殷墟，依截至一九八六年的並不完全的統計，即發掘出土戈七百餘件，比較集中發表的一批是一九六九至一九七七年在殷墟西區墓地發掘中所獲得的。在已發掘的九百三十九座墓中，出土青銅（鉛）兵器的有一百六十六座，約佔六分之一，墓內死者均男性，散見於各墓區的各個小墓群中，這些墓大約都是各個家族中的戰士的墳墓。墓中共出土青銅戈兩百二十四件，還有六件援呈等腰三角形的戈（或稱「戣」、「戣」一）。如果將僅出土有箭鏃的墓不計入，除了不到十座僅出土銅矛的墓外，其餘超過一百座中都有戈，其中三分之二的墓中僅隨葬戈，只有約三分之一的墓中是戈、矛共出。墓內隨葬的銅戈通常是一件，也有的墓內多達四件。由此可以反映出，戈確為當時格鬥兵器中最主要的類型。在其他地區，銅戈也在數量上佔有較大比例，例如在河北藁城台西的商墓中，出土銅戈十件，只有矛一件，還有一件以戈和矛聯裝的戟。但是南方的情況有些不同，例如江西新幹大洋洲商墓出土的兵器中，矛的形制多樣，達三十五件；戈共二十八件，數量略遜於矛，或顯示出地方特色。

商代青銅戈的形制演變，大致可分為二里崗和殷墟兩大階段。二里崗階段的戈，明顯是由二里頭文化的戈發展而來的。二里頭的銅戈，分為直援直內和直援曲內兩種，形體都較瘦長，沒有上下闌，援、內區分不明顯，形態較原始，還保留有由鐮演化而來的遺痕。至二里崗階段，銅戈的形體仍瘦長，援的上下緣對稱，內稍長，有直內和圓首曲內兩種，但上下闌已很明顯。到殷墟階段，還使用直內戈和曲內戈，但其整個形體顯得寬短一些，援上下緣已不對稱，上緣為前低後高的弧形，下緣則較平直，內的長度也逐漸變短，有上下闌。先是直內戈使用較多，後來逐漸為曲內（圓首或歧冠式）所取代，晚期有胡帶穿戈逐漸出現，甚至個別銅戈已採用長胡四

河南滎陽小胡村出土的商銅戈（上：直內戈 中：曲內戈 下： 銎內戈）

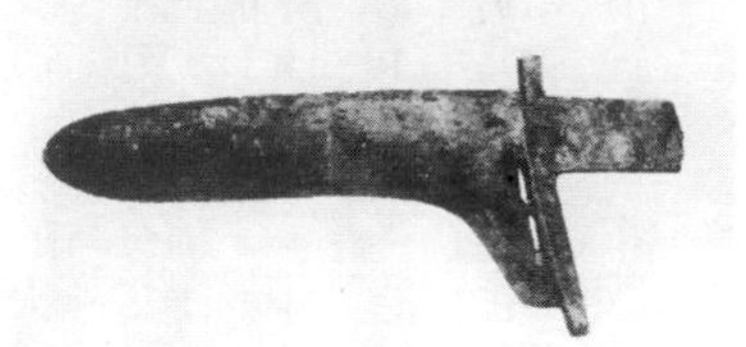

安陽殷墟郭家莊出土的銅短胡一穿戈

穿。而且戈柲與戈援下緣的夾角，已由大致是直角逐漸改成鈍角，有的戈援、柲夾角已達一百零二度。同時在這一階段又出現了以銎安柲的戈，不僅有帶銎的直內戈，而且晚期也有帶銎的有胡戈和帶銎曲內戈，不過以銎裝柲看來並不能達到更牢固地將戈頭與柲結合的目的，所以後來這種戈就消失了。延

金文中持戈圖像

續到周代的是直內有闌設胡加穿的形制。

商代青銅戈所裝柲的長度，因木質易朽，故發現不多。在殷墟西北崗第一〇〇四號墓發現的銎式戈，柲長為一公尺。一九六二年發掘的大司空村M21中發現的中胡二穿戈，木柲長度也是一公尺。在河北藁城台西M7墓中，死者右側放一柲長八十七公分的銎內戈，左側放一柲長六十四公分的戈、矛聯裝戟。由以上資料，大致可以推知商代青銅戈裝柲後，全戈長約〇・八至一公尺。這也可以從商代金文得到佐證，金文中常可看到手執戈、盾的步兵形象，或為族徽，右手握戈，左手持盾，也有的只右手

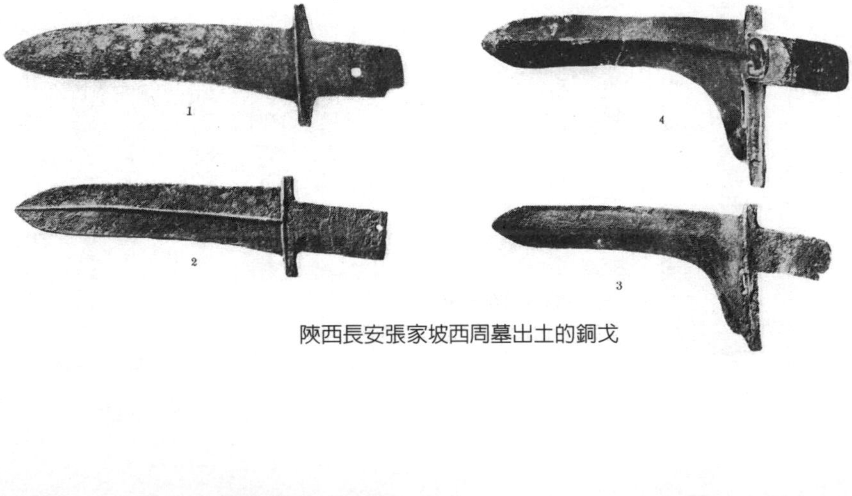

陝西長安張家坡西周墓出土的銅戈

持戈或把戈扛在肩上。從文字形象看，戈柲都畫得比人身高要短得多，僅及人體高的二分之一至三分之二。這些資料都表明，僅長〇・八至一公尺的戈，是只適於步戰的格鬥兵器。

商代以後，西周時期仍使用直內戈，或有短胡。到西周末至春秋時期，流行戈鋒呈圭首的短胡直內戈。春秋以後直到戰國時期，則大量使用戈援上翹的長胡多穿戈，有時還在長胡的前緣鑄出孑刺，或將直內後尾製成利刃。至於戈柲的長度，從商代直到戰國時期並無大變化，在湖北江陵雨台山楚墓出土戈柲中，有兩件髹黑漆木柲保存完好，一件長一百一十五公分，另一件長一百四十二公分。湖北隨州曾侯乙墓大約下葬於西元前四三三至西元前四〇〇年之間，墓中出土銅戈六十六件，戈柲保存完好的有五十二件，完整的戈一般長一百二十七至一百三十三公分，最長的

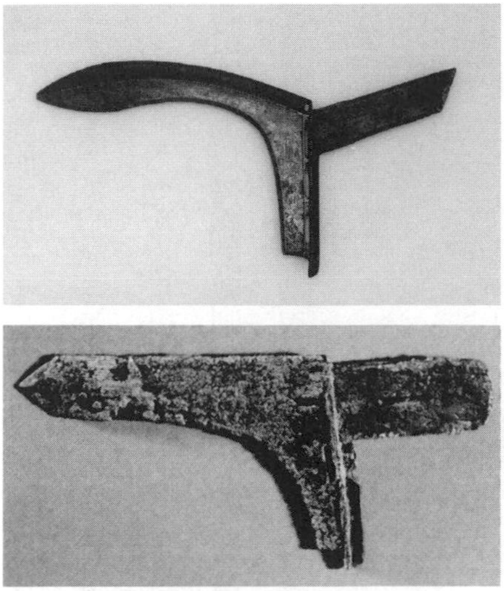

上：河南三門峽虢國墓出土的銅戈
下：湖北隨州戰國曾侯乙墓出土的銅戈

不超過一百四十公分。湖北荊門包山二號楚墓，下葬時間約為西元前三一八至西元前二九八年之間，出土有戈柲保存完好的銅戈八件，全戈最長的為一百四十九・六公分，最短的為九十五・二公分，一般在一百二十至一百四十五公分之間。從上述諸例，已可大略看出遲至東周時期，戈的長度雖然較商戈略長，但其高度仍比一般人體高度低得多（以人高為一百六十九公分計），其使用方式也仍沿襲

著商戈，戰士以一手握執，另一手或執盾。河南汲縣山彪鎮出土的水陸攻戰紋銅鑑的圖像中，凡戰士執戈者，均以一手握執，另一手或執著盾牌；而執戟者則多是雙手握執（因其柄長的緣故）。綜上所述，自商至東周時，戈一直是近距離格鬥，主要是步戰格鬥時才能發揮威力的兵器。雖然東周時出現了以柲聯裝戟刺與戟體的長戟，更適於車戰，也適於騎兵作戰使用，戈在格鬥兵器中的地位逐漸降低，但還常被視為步兵裝備的標準兵器。在《荀子・議兵》記載，魏國步卒的標準裝備就是戈和弩、劍、盾。

四、又一位女將——北京昌平白浮西周墓兵器

一九七五年，在北京昌平東南的白浮村附近，發掘了三座西周時期的土坑豎穴木槨墓，其中的二號墓所葬死者為一位中年女性，但在墓中除青銅禮器、陶器、玉飾和卜甲外，隨葬有數量眾多的青銅兵器，多放置於死者兩側。出土青銅兵器包括十八件完整的戈、一件矛、七件戟、兩件短劍、六件盾飾、一件胄和一百二十五枚甲泡。從死者擁有這樣多的兵器，既有各類進攻性的格鬥兵器，還有衛體兵器如短劍，以及製工精美的銅胄、護腿的大量甲泡和盾飾等防護裝具，可以推

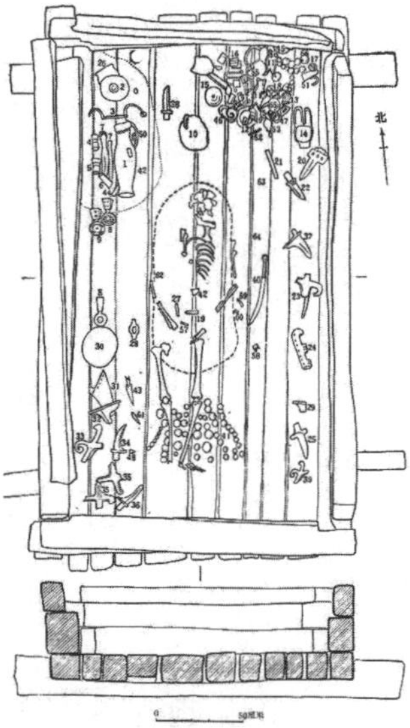

北京昌平白浮西周墓平、剖面圖，可以看清墓中隨葬的兵器

知死者身份雖不如殷代的女統帥婦好，但生前也應是一位在疆場上叱吒風雲的女將。

這表明商殷時期在王室貴族乃至一般戰士死後，在他們的墓葬中隨葬兵器的習俗，到西周時期仍然盛行，由當時邊遠的燕地這座女將墓中隨葬的大量兵器可見一斑。

到東周時期，一些國君以及貴族的大型墓葬中隨葬的兵器，與殷墟婦好墓相比，數量更大、品類更多，例如在湖北隨州發掘的戰國初期曾侯乙墓中，出土的兵器多達四千七百七十七件，其中絕大多數是以青銅製成的，也有皮、木等製的甲冑、弓和盾牌。可以說每發掘一座沒被盜擾的大型墓葬，同樣可以算是發現了一座「地下武庫」。

商周時期青銅兵器黃金時代的基礎，在於當時青銅冶鑄工藝的發展。中國古代的青銅文化，到商代達到一個高峰。從考古發現和對青銅器的分析研究，可知商代冶煉工藝已超越由礦石混合冶鑄的低級階段，發展到由純銅、錫和鉛來冶鑄的較高水準。鑄造青銅器的作坊也具有較大的規模，如鄭州南關外的商代中期煉銅遺址，面積已達一千多平方公尺。殷墟小屯東南的苗圃北地商代晚期鑄銅遺址，推測面積至少在一萬平方公尺以上，已發掘出數以千計的各類陶範及大量坩堝殘片等。當時已能大量生產各種類型的青銅器，僅以殷墟婦好墓為例，這一座墓內即隨葬各種青銅器四百六十餘件，總重量估計超過一千六百二十五公斤。至於目前所知商殷青銅器中最重的司母戊鼎（也稱「后母戊鼎」），重達八百七十五公斤之多。商代青銅冶鑄技術的發達和生產的規模，自然為生產精銳的青銅兵器奠定了堅實的物質基礎。而商王朝對內鎮壓和對外征伐，日益要求得到更多和更銳利的青銅兵器裝備軍隊。

到西周至春秋時期，青銅兵器進入成熟期，品質和產量都較商代有較大提高，主要也是基於青銅冶鑄業的進一步發展。春秋時期，銅礦的開採和礦石的冶煉，都達到空前的規模。以湖北銅綠山古銅礦為例，在古礦井附近發現有古煉爐遺存，還有總量估計達四十萬噸的廢爐渣，據此推算至少已累積提煉出約四萬噸的紅銅，運往各地去冶鑄青銅器。這樣自然為擴大青銅器的產量提供了雄厚的物質基礎。如與前引殷墟婦好墓比較，該墓隨葬銅器總重超過一千六百二十五公斤，這在商代是很可觀的數目；而在戰國早期的湖北隨州曾侯乙墓中，隨葬銅器總重一萬零四百九十八・六〇八公斤，即約達十噸，婦好墓不及其五分之一。如此懸殊的差別，正是青銅產量在這一段歷史時期內擴大的縮影。同時，東周列國紛爭中，國家為求生存，政府都極注重提高青銅兵器製作技術，形成地域性的優勢，如吳越的鑄劍工藝、燕地的甲胄製作等。戰國時各國都設立了專產兵器的官營作坊，在成批生產的兵器上鑄刻製造機構、監造官吏及工匠姓名，目的是確保兵器的品質。新鄭「鄭韓故城」出土的大量有銘兵器可資證明。

在製造工藝方面，東周時期還總結出適於不同器類和不同兵器的合金比例配方，即《考工記》中的「六齊」，其中四項即「戈戟之齊」、「大刃之齊」、「削殺矢之齊」和「斧斤之齊」，都與兵器的製造有關。雖然目前對古代青銅兵器化學分析的結果與六齊所載並不完全一致，但「六齊」的出現，表明當時人們對合金成份、性能和用途之間的關係已經有所認識。基於這種認識，人們注重統一規範配比標準，自然確保了兵器生產品質的穩定性。隨著工藝技術的提高，對青銅合金成份配製有了更深刻的認識，能夠製作劍脊和劍刃含錫量不同的複合劍。複合劍是兩次鑄成，先鑄劍莖和劍脊，後鑄劍刃。劍脊含錫量較低，約百分之十，質韌不易折斷；劍刃含錫量較高，約百分之二十，質堅利於磨銳。這種外堅內韌的複合劍，可提高殺傷力，在製作技術上是明顯的進步。

在產量和品質日益提高的基礎上，東周時期青銅兵器達到歷史上的新高峰。

五、殷周兵器組合

經由對殷周時期墓葬的田野考古發掘，揭示出當時作戰使用的兵器，包括進攻性兵器（格鬥兵器、遠射兵器、衛體兵器）和防護裝具的組合關係。

商代單兵的標準裝備是干戈，也就是短兵相接時防護裝具是手持的盾牌、進攻性格鬥兵器是青銅戈。遠射兵器是弓箭，箭端裝有銅鏃（石、骨質的鏃也還在使用）。到商代晚期，青銅矛的使用日漸普遍，一部份戰士同時裝備有青銅戈和青銅矛，形成組合。此外，格鬥兵器還有劈砍用的斧鉞和大刀，還有防身衛體的青銅短劍、短刀，但出

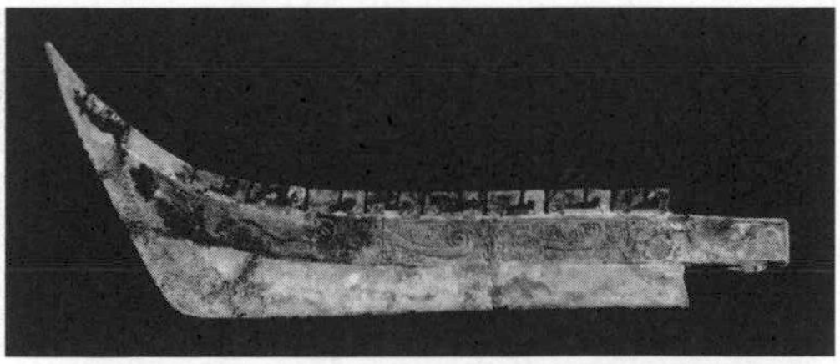

上：河南輝縣琉璃閣出土的商銅刀
下：陝西子洲尚家溝出土的商銅三銎刀

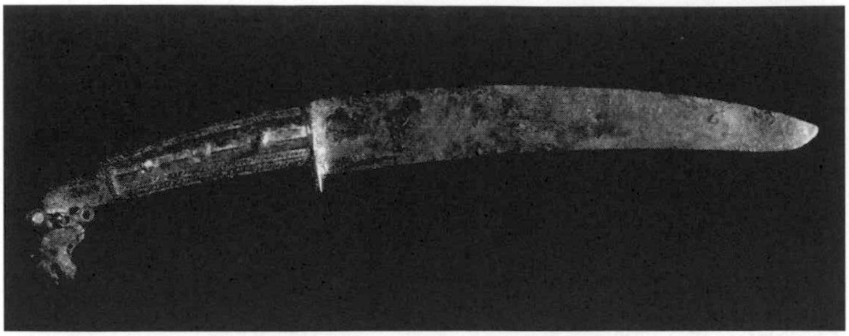
河南安陽殷墟出土的獸首柄銅短刀

土數量遠無法與戈、矛相比，表明並不是軍隊中戰士的主要裝備。特別是青銅鉞中那些製工精美的大型鉞，如前引有婦好銘文的大鉞，並不是用於實戰的兵器，而是身份和權威的象徵物。帝王的「王」字的象形就是鉞的形狀。防護裝具也出現了青銅冑和皮甲，在殷墟青銅冑只集中出土於王陵中，應該只是禁衛殷王的部隊才能擁有的特殊裝備。

周代青銅兵器的性能和品種都不斷發生新變化，創製了新型的兵器，如戟、劍和弩機。傳統的兵器鏃、戈、矛等的外形也都有改進，提高了殺敵效能。防護裝具也發現了青銅甲片和數量頗多的皮甲冑。

到東周晚期，隨著戰爭規模的擴大和軍隊組成的變化，青銅兵器的製作和使用達到其歷史的最繁榮的階段。一個典型的實例就是前已提及的戰國初期曾侯乙墓的發掘，在那座墓葬大型木槨的北室，滿儲兵器，數量多達三千三百零四件，佔全墓出土兵器總數四千七百七十七件的四分之三左右。在這座「武庫」裡原來可能安置有木質結構的兵器架子——兵蘭（亦作兵闌、兵欄），因早已朽毀，所以原放的兵器都散亂滿地。發掘時見到的情況是：長柄的戟、矛、殳等格鬥兵器均貼近室內北壁和東壁的底部，戈多貼近於西壁底部，中部主要有遠射兵器的弓矢和防護裝具的盾牌等，上面疊壓著許多皮甲冑。其餘一千四百七十三件兵器出土於東室，其中沒有戟等長柄的格鬥兵器，除一件短矛外，都是弓矢和盾牌。四千七百七十七件兵器中有六十六件戈、三十件戟（內有三件三果帶刺戟、九件三果無刺戟、十八件雙果無刺戟）、四十九件矛（內有一件為短柄，餘皆長柄）、七件殳、十四件晉殳、四千五百零七件鏃。以上為青銅兵器，佔出土兵器總數的百分之九十七。還有五十五件弓和四十九件盾牌。此外，隨葬有大量的皮甲冑和皮馬甲，經仔細剝揭清理，還剝出人甲十三件和不完整的馬甲兩件。

曾侯乙墓中出土的兵器，基本上可以代表東周兵器的主要類型，只是青銅兵器中缺少劍和新興的弩機。總體來看，東周時期各國軍隊裝備的兵器組合如下：

進攻性兵器：格鬥兵器主要有長柄的戟、矛和殳，短柄的戈和短矛，手握柄的劍；遠射兵器主要有弓箭和弩；衛體兵器有短劍、匕首。

防護裝具：手執的盾牌和身披的甲冑，以皮甲為主。從兩周時期墓中都發現過銅甲片，但使用尚不普遍。

以上的兵器組合又因為國別的不同、地域的差異、兵種的區別，具體類型有所側重或增減。

北京昌平白浮西周墓出土的銅冑

北京昌平白浮西周墓出土的銅冑

第三講

戟——一種先秦至漢晉的制式兵器

戟是自先秦至秦漢魏晉時期，軍隊中裝備的主要格鬥兵器，換成今日的軍事術語，即所謂制式裝備，使用前後延續將近八個世紀之久。戟綜合了戈與矛的殺傷效能，所以逐漸取代了商和西周的青銅戈，自春秋至戰國時期，各諸侯國的軍隊普遍使用這種矛戈聯裝的銅戟，既用於車戰，被列為車戰「五兵」之一，也用於騎兵和步兵戰鬥，還用於水戰。其使用延續將近八個世紀之久。在這段漫長的歷史中，戟的材質和形貌不斷變化演進，春秋戰國是青銅戟使用的高峰時期，秦至漢初，新型的鋼鐵戟逐漸將青銅戟排擠出戰爭舞臺，成為軍隊中步兵和騎兵普遍裝備的格鬥兵器。

由於時代的變遷，特別又經過了材質由青銅轉化為鋼鐵的巨大變化，包括戟在內的一些兵器已在歷史上消失，有些雖然名稱與前代相同，但形貌有了極大的差異。到清朝諸儒研讀經典時，就已經弄不清古戟的形貌了，戴震《考工記圖》中所繪戈、戟圖像中，戈被繪成在直鋒旁加一向外彎曲的月牙形，這自然與前一講中所述殷周時青銅戈沒有一點相像之處；而將戟畫成在直鋒兩側各有磬折向上和向下的尖鋒，也只是繼續了東漢鄭注和賈疏的某種想像。清代學者尚且如此，一般民眾就更不知先秦古戟的形貌了，都認為是古典小說或戲曲中所謂「方天畫戟」的樣子。

一、「方天畫戟」和「轅門射戟」

話說《水滸傳》第三十五回「石將軍村店寄書 小李廣梁山射雁」敘宋江、花榮等離青州投奔梁山，途經對影山，卻見兩個年少壯士相鬥，一人一身紅，騎一匹赤馬；另一人一身白，騎一匹白馬。宋江和花榮勒住馬看時，果然是一對好廝殺：「當時兩個壯士，各使方天畫戟，鬥到三十餘合，不分勝負。花榮和宋江兩個在馬上看了喝采。花榮一步步趲馬向前看時，只見那兩個壯士鬥到深澗裡，這兩枝戟上，一枝是金錢豹子尾，一枝是金錢五色幡，卻攪做一團，上面絨條結住了，哪裡分拆得開。花榮在馬上看見了，便把馬帶住，左手去飛魚袋內取弓，右手向走獸壺中拔箭，搭上箭，拽滿弓，覷著豹尾絨條較親處，颼的一箭，恰好正把絨條射斷。只見兩枝畫戟分開做兩下，那二百餘人一齊喝聲采。」

放過花榮神射不表，那兩位使戟的年少壯士中，白衣白馬的喚郭盛，人稱「賽仁貴」；紅衣赤馬的叫呂方，綽號「小溫侯」。兩人的綽號均出自古代使戟的名

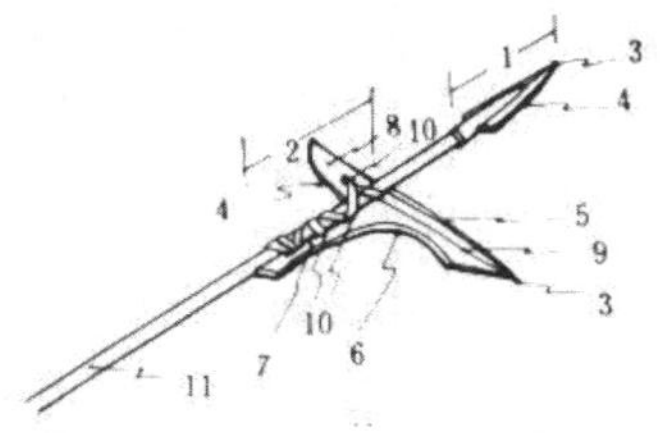

銅戟各部位名稱（1.戟刺 2.戟體 3.鋒 4.刃 5.上刃 6.下刃 7.胡 8.內 9.脊 10.穿 11.柲）

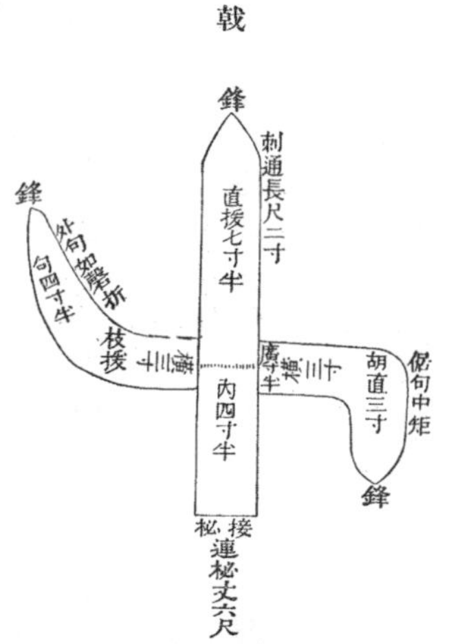

清代學者想像的先秦銅戟，引自戴震《考工記圖》

將，「賽仁貴」指賽過唐朝初年「三箭定天山」的名將薛仁貴；至於「小溫侯」，則因呂方「平昔愛學呂布為人」，所以習學方天畫戟，也得「小溫侯」的綽號。談到呂布為人似無可取，但他一生中有一件事使人難忘，就是文獻中記載的「轅門射戟」。

故事發生於西元一九六年，袁術派遣大將紀靈統軍三萬進攻駐於小沛的劉備，面對優勢的敵軍，劉備只好向呂布求救。呂布憑藉自己高超的武藝，以在轅門射戟中的為約，化解了雙方的敵意。據《後漢書》和《三國志》等史書，呂布確為勇將。他「便弓馬，膂力過人，號為飛將」。但記他張弓射戟外，明確使用兵器的只有兩則，都是矛而非戟，一次是殺董卓時，先由騎都尉李肅以戟刺卓，因其身穿重甲只傷臂墜於車下，於是董卓急找呂布救助，「顧大呼曰：『呂布何在！』布曰：『有詔討賊臣。』卓大罵曰：『庸狗敢如是耶？』布應聲持矛刺卓，趣兵斬之」。另一次是董卓死後，卓將李傕、郭汜率兵攻長安，呂布出戰時，「汜、布乃獨共對戰，布以矛刺中汜，汜後騎遂前救汜，汜、布遂各兩罷」。

既然呂布習用矛，又為何有他在營門射戟的記載呢?原來自先秦至秦漢三國時，戟一直是軍隊中士兵裝備的主要格鬥兵器，並且自戰國時人們就常用「持戟」一詞作為士兵的同義詞，例如《史記・平原君列傳》中記毛遂說楚王時就說「今楚地方五千里，持戟百萬，此霸王之資也」。在呂布生活的東漢末年，戟更是步卒和騎兵都使用的兵器，所以呂布讓下屬隨意舉一枝來射，自然是很平常的事。

比較羅貫中《三國演義》第十六回「呂奉先射戟轅門　曹孟德敗師淯水」的描述：「酒行數巡，布曰：『你兩家看我面上，俱各罷兵。』……這邊紀靈不忿，那邊張飛只要廝殺。布大怒，教左右：『取我戟來。』布提畫戟在手，紀靈、玄德盡皆失色。布曰：『我勸你兩家不要廝殺，盡在天命。』令左右接過畫戟，去轅門外遠遠插定，乃回顧紀靈、玄德曰：『轅門離中軍一百五十步，吾若一箭射中戟上小枝，你兩家罷兵；如射不中時，各自回營，安排廝殺，有不從吾言者，併力拒之。』……布教取弓箭來。玄德暗祝曰：『只願他射得中便好。』只見呂布挽起袍袖，搭上箭，扯滿弓，叫一聲：『著！』正是：弓開如秋月行天，箭去似流星落地。一箭正中畫戟小枝。帳上帳下，將校齊聲喝采。」於是歷史上本來隨意所舉軍中常用的戟，在小說家筆下變成呂布自己專用的「方天畫戟」。

據《三國演義》故事雕刻的虎牢關三英戰呂布圖像，呂布執「方天畫戟」

可見因小說家的筆法太過精彩，呂布的「方天畫戟」和「轅門射戟」的故事遂深入人心，又經過年畫、戲曲的形象描繪，所謂「方天畫戟」竟為普通百姓所熟知，誤認漢魏三國時軍中實用兵器戟，形貌與舞臺上呂布所持的道具戟一樣了。

二、古戟溯源

戟雖是自先秦至秦漢魏晉軍中裝備的主要格鬥兵器，換成今日的軍語即所謂制式裝備，前後延續將近八個世紀之久。但在這段漫長的歷史中，它的材質和形貌不斷變化演進，概要說是經歷了青銅時代和鐵器時代兩大階段。探尋戟的源起，至少可追溯到商代。在發掘河北藁城台西的商代遺址時所獲得的青銅兵器中，發現一件用木柲（柄）把一件戈和一件矛聯裝在一起的特殊兵器，柄長約六十四公分，是當時適合步兵格鬥的短兵器。不過這僅是孤例，在各地眾多商代遺存的發掘中，再沒有發現相同的標本，表明當時或許只是有人試圖改進兵器效能的一次嘗試，既沒有形成定制，更沒被廣泛採用，但它還應視為日後「戟」的雛形。

到西周時期，出現了另一種以青銅鑄製的戟，與台西商戟不同，不是用木柄聯裝戈、矛而成，而是整體合鑄，從形體特點又可看出分為兩種。出土數量較多的一種，是以「戈」為主體，在一件長「胡」的戈「援」的後尾近「闌」處，鑄出一前伸的鋒刺，也有的把鋒端鑄成反捲的鉤狀。另一種出土數量很少，是以「矛」為主體，在有圓銎的矛體一側，聯鑄出垂直旁伸的尖刺，只在河南浚縣辛村西周墓中發現過。不論哪一種，看來當時設計者的想法，都是企圖把戈和矛的功能結合在一件兵器上面，藉以增強對敵人的

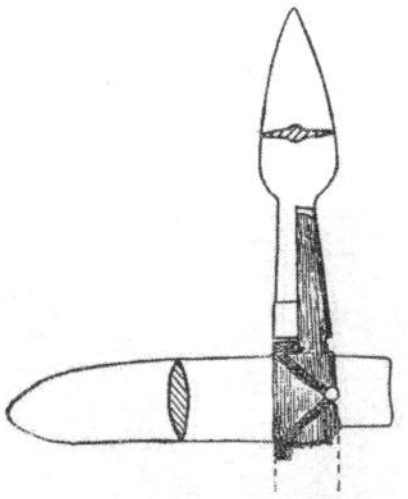

河北藁城商墓出土的由戈與矛結合而成的銅戟復原示意圖

北京琉璃河西周墓出土的銅戟

殺傷力。西周時這種整體合鑄的青銅戟，前有援，尾有內，上有刺，下有胡，總體是「十」字形狀，本身不夠牢固，鑄造時工藝水準又要求得較高，所以在當時很難推廣而普遍裝備軍隊。從已出土的這類青銅戟看，其中大多是體薄而輕的儀仗用品，只有三分之一可能是實戰的兵器，所以在西周以後這類青銅戟就不再使用了。

河南浚縣辛村出土西周銅戟

三、東周青銅戟

東周時期，頂替合鑄為一體的「十」字形青銅戟而出現的，是分製成戟體（如戈的形狀）和戟刺（如矛的形狀）然後用木柲（柄）聯裝在一起的青銅戟。——看來人們的思路又回到台西商戟初創的辦法，俗稱為矛戈聯裝戟，並成為東周時期軍中裝備的主要格鬥兵器。但是由於竹木製作的戟柲易朽，致使出土時戟體和戟刺分離，長期以來被金石家誤為戈和矛，所以到清末乃至民國初年，學者還弄不清古戟的形貌，直到二十世紀三〇年代郭沫若等學者的考證開始明確了戟體和戟刺以柲聯裝戟的形貌，郭寶鈞更利用考古發掘成果，闡述了兩周青銅戟的演變等問題，從而明確了東周以柲聯裝銅戟的形制。二十世紀下半葉，在考古發掘中不斷獲得戟柲保存較完好的標本，如江蘇六合程橋春秋墓出土銅戟，戟體長胡二穿，戟刺長骹窄葉，髹漆木柲遺痕尚存，長一百七十九公分，柲尾端裝平底橢圓筒形銅鐓，全戟總長兩百二十七公分。後來在湖北和湖南發掘的戰國墓中，不斷獲得戟柲保存完好的青銅戟。在湖北隨州曾侯乙墓中出土有三十件戟，多為髹漆木芯積竹柲，斷面呈前寬後窄的杏核形，長三百二十至三百四十公分，徑二・三至二・八公分。湖北包山二號墓出土的三件戟，亦為積竹柲，並束飾羽毛，全長三百七十公分。在曾侯乙墓出土銅戟中，除了通常的戟體和戟刺以柲聯裝的戟外，還有在戟體下再加裝一至兩件戟體，使戟體增為二至三重，以增強戟的殺傷力，同墓簡文中稱為「二果」或「三果」戟。以N139號戟為例，三件戟體自上而下援長依次減短，分別為十八・三、十七、十五・七公分，且只有最上一件有內，餘兩件無內。它們裝在柲上的距離，第一和第二件間距五・五公分，第二和第三件間距五・三公分。此外，還有的戟是平頭形狀，僅以柲聯裝二至三重戟體，但前端不裝戟刺。

同時在該墓漆棺的畫像中，也有手執二聯裝的平頭戟的神怪畫像。此外，為了增強殺傷能力，從春秋末期開始，還採取加大戟體戈形和柲的夾角、在內和胡上作出利刃等辦法，來增強戟的殺傷能力。

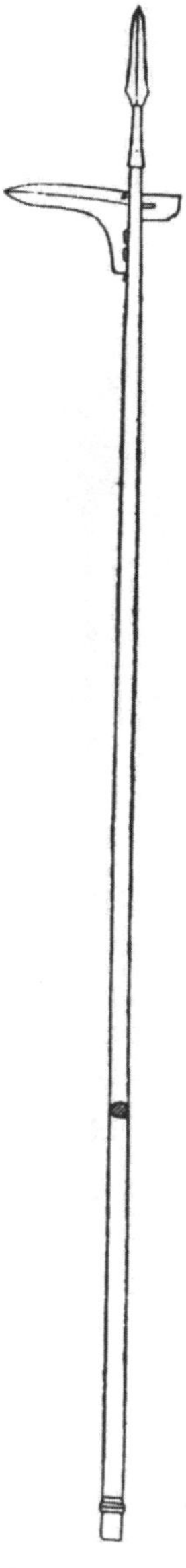

江蘇六合程橋東周墓出土銅戟復原圖（木柲保存完好）

湖北包山楚墓出土裝飾羽毛的銅戟復原圖

正因為戟綜合了戈與矛的殺傷效能，所以逐漸取代了商和西周的青銅戈，自春秋至戰國時期，各諸侯國的軍隊普遍使用這種矛戈聯裝的銅戟，成為最主要的格鬥兵器，既用於車戰，被列為車戰「五兵」之一，也用於騎兵和步兵戰鬥，還用於水戰，河南汲縣山彪鎮出土的戰國時水陸攻戰紋銅鑑的圖像，生動地表現出雙方在戰船上用長戟格鬥的情景。也正是在這時，人們開始用「持戟」一詞作為士兵的同義詞。直到秦統一以後，戈矛聯裝的青銅戟還是軍中的主要裝備，在陝西臨潼秦始皇陵兵馬俑坑中，主要的長柄格鬥兵器仍是鑄製精良的戈矛聯裝青銅戟。

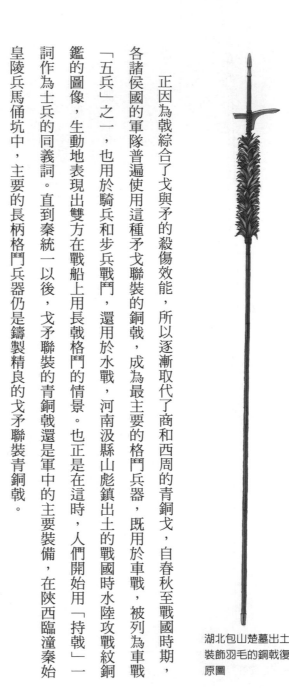

四、燕下都的考古發現

正是在青銅戟的製作工藝達到高峰時，另一種新的材質被用於製作兵器。隨著鋼鐵冶煉技術的發展，鋼鐵兵器開始邁上戰爭舞臺，這一變化發生於戰國末年。在發掘河北易縣燕下都一座埋葬戰爭中陣亡將士的叢葬墓中，發現了證明戰國末年軍隊已能夠較多裝備鋼鐵兵器的實物證據。那座墓內埋葬了二十二具戰死者的屍骨，以及他們隨身攜帶的財物（如錢幣）及兵器。兵器主要是鋼鐵製作的，其中就有十二件鐵戟。由於當時是以塊煉鐵直接鍛製，或是以塊煉鐵滲碳的低碳鋼鍛製，所以與青銅以範模鑄製完全不同。加之鋼鐵質堅而韌，不像青銅質地脆而易折，因此導致戟的形貌有了很大的變化，不再採用戈形戟體和矛形戟刺分鑄的辦法，再次使戟體和戟刺鍛製成一體，形成將尖銳修長的戟刺的下側，垂直側伸出尖銳的旁刺（即相當於戈、矛聯裝戟的戈援），也不再是寬肥有中脊的戈援樣式，而與前鋒一樣窄長尖利，這就是後來稱為戟的「小枝」的部位。原來與「援」對應的「內」被去掉，只在小枝下側留有狹長的「胡」，用以縛柲。所以這種新型的鋼鐵戟的整體外貌近於「卜」字形狀。此後這種新型的鋼鐵戟逐漸將傳統的青銅戟取代，不過也經歷了漫長的過渡期，自戰國末年經秦至漢初，鋼鐵戟才最終將青銅戟替換掉，成為軍隊中步兵和騎兵都普遍裝備的主要格鬥兵器。

五、西漢鋼鐵戟

戟是漢代步兵和騎兵必備的格鬥兵器。西漢時勇將持戟騎馬突陣的例子，經記錄在史書中的，當推景

陝西咸陽秦始皇陵陶俑坑出土的秦相邦七年銘銅戟

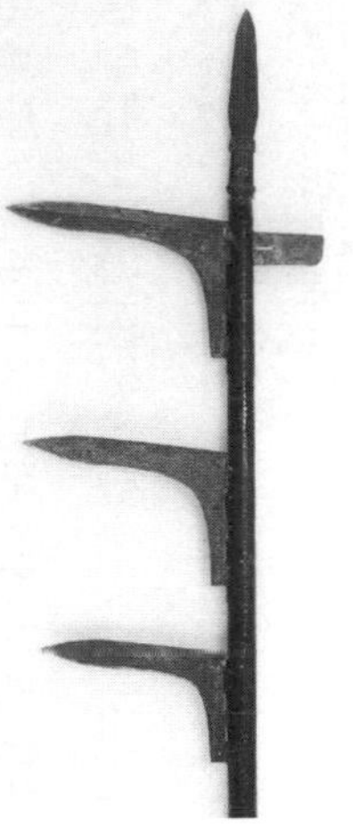

湖北隨州戰國曾侯乙墓出土的銅三果戟

帝時平息吳楚七國之亂時漢軍中的灌夫，其父灌孟戰死吳軍中，灌夫「不肯隨喪歸，奮曰：『願取吳王若將軍頭，以報父之仇。』於是灌夫披甲持戟，募軍中壯士所善願從者數十人。及出壁門，莫敢前。獨二人及從奴十數騎馳入吳軍，至吳將麾下，所殺傷數十人」，自此名揚天下。關於西漢時騎兵以戟為格鬥兵器，還見於青海大通下孫家寨發掘的西漢晚期的馬良墓（M115）出土木簡，第一三二號簡文為「□人擊馬戟」，說明當時騎兵所用戟稱為「馬戟」。秦朝時尚流行的刺、體以柲聯裝的青銅戟，西漢時就已絕跡，但在西漢初還可看到一種形體較大、援與內均向上揚的銅戟，在山東淄博齊王墓隨葬坑和江蘇徐州獅子山楚王陵都有出土，以楚王陵出土的W1:134號為例，在援下刃直到胡有三弧孑刺，內下側也有孑刺，戟長四十九‧七公分，附有長十二公分的柲帽，在柲末還有長筒形鎏金銅鐏。裝柲後全戟長三百零三公分。這種銅戟出土數量很少，齊王墓隨葬坑出四件，而同出鐵戟多達一百四十一件；楚王陵出五件，而鐵戟成捆出土。表明這種戟可能是諸王特殊的儀仗用兵器，與實戰用的鋼鐵戟性質不同。其形貌有些像雄雞昂首翹尾、引頸長鳴之狀，有可能是古文獻中所說的「三刃支」，即「雄戟」。

可以看出，西漢時青銅戈戟已成儀仗兵器，而在實戰中已完全為鋼鐵材質的戟所取代。它的形制仍承襲著戰國晚期鋼戟的「卜」字形。在西漢時，戟不僅是軍隊中各兵種必備的主要格鬥兵器，也是宮廷衛士的主要兵器，又稱「陛戟」。戟還是西漢政權最基層的亭長必備的「五兵」之一，《漢官儀》：「尉、游徼、亭長皆習設備五兵。五兵：弓弩，戟，楯（盾），刀劍，甲鎧。」說明這種兵器當時塊煉鐵相當普及的。典型的西漢鋼戟，是河北滿城中山靖王劉勝墓出土的鋼戟，共出兩件。形狀是戟刺前伸，刺側垂直橫出旁枝，枝較刺為短。刺下延伸成長胡，上有四穿，在枝上還有一穿，在刺、枝垂直相交處安有銅柲帽，然後用麻往復交叉貫穿縛柲。在戟上套有外表髹褐漆的木鞘。戟鞘保存尚好，因此只能連鞘一起量戟的尺寸，一件帶鞘刺胡通高三十七、枝長十二公分；另一件通高三十六・七、枝長十二・一公分。戟柲積竹為之，長筒形狀銅鐓，鐓的斷面略呈五邊形，近似杏仁狀。按照出土時戟鋒和柲尾的銅鐓之間的距離計量，一件全長約兩百二十六公分，另一件全長約一百九十三公分。其中一件戟的旁枝經金相鑑定，知道它是經多次加熱滲碳反覆鍛打製成的鋼戟，而且曾經淬火處理。由於從鋼戟的斷面上看到有高碳和低碳的分層現象，但碳含量較均勻，分層不顯著，說明製作時反覆鍛打的次數很多，品質較高。以其與戰國晚期如燕下都出土鋼戟金相鑑定相比較，可以看出西漢時的塊煉鐵滲碳鋼工藝有了較大的進步，因此製出的兵器更為銳利精良。

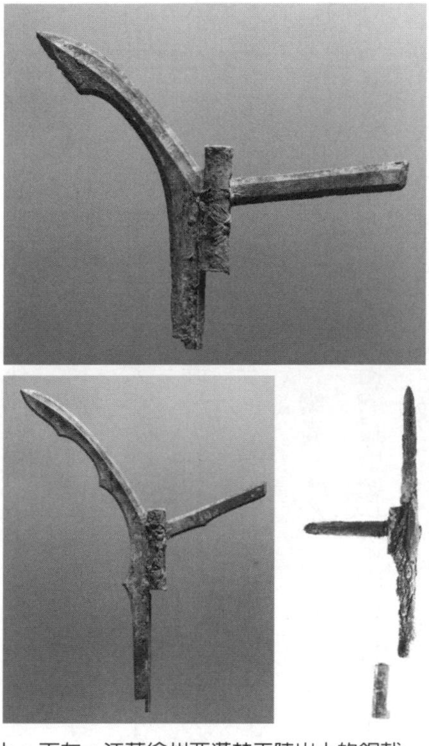

上、下左：江蘇徐州西漢楚王陵出土的銅戟
下右：河北滿城西漢中山靖王劉勝墓出土的鋼戟

在考古發掘中，也已發現有

戟柲保存完好的西漢鐵戟，在江蘇盱眙東漢出土的一件連柲全長兩百四十九公分，戟刺和枝上原套有棕黃色麻布胎漆鞘。浙江杭州古蕩朱樂昌墓出土的一件，柲雖朽但依戟與銅鐓距離度量，全長約兩百五十公分。至於鐵戟的大小，西安漢長安城武庫出土的一件刺胡通高三十五公分、旁枝長十四公分。陝西長武出土的一件最長，刺胡通高四十三・四公分。可以看出西漢至新莽時期的「卜」字形鋼鐵戟，一般刺胡通長三十五至三十七公分左右，連柲全長兩百至兩百五十公分左右。在江陵鳳凰山一六七號西漢墓出土過「謁者」木俑，手執長柲戟，戟的長度比俑身高稍長一些，如按真人身高估計，其所模擬的真實兵器的長度應超過兩百公分，正與出土實物相符合。全長兩百至兩百五十公分的長柲戟，應是長沙馬王堆三號墓遣策簡所記的「長戟」，正適於短兵相接時步兵和騎兵格鬥，所以是西漢時廣泛裝備軍隊的格鬥兵器。在西漢初尚是車騎並重時，還有裝更長柲的車戟，《釋名》：「車戟曰常，長丈六尺，車上所持也。八尺曰尋，倍尋曰常，故稱常也。」其長度應超過三百六十公分，目前尚無有關考古發現。隨著戰車的衰落，車戟也隨之衰落。

西漢鋼鐵戟的形制，除了通常的「卜」字形戟外，也還有一些形制特殊的標本，在巨野紅土山漢墓出土的鐵戟，有「卜」字形戟，還有一種形制特殊，戟刺不是與枝垂直前伸，而是向外侈約與柲成十二度夾角，且刺體較寬，側刃明顯。外貌與長沙出土戰國殘鐵戟略有相似之處，又明顯延續著青銅雄戟的傳統，或為鋼鐵材質的雄戟。

六、東漢魏晉鋼鐵戟

西漢以後，從東漢到三國時期，鋼鐵製作的戟一直是軍隊中騎兵和步兵的主要格鬥兵器。東漢初年漢光武帝統一全國的征戰中，雲台諸將多有持戟戰鬥的記述，《後漢書》中的〈吳漢傳〉、〈馬武傳〉中，都有他們持戟奮戰的成功戰例。到東漢末三國時期，戟更是軍中最主要的格鬥兵器，使戟勇將當屬曹軍中的典韋，軍中為之語曰：「帳下壯士有典君，提一雙戟八十斤。」再如張遼，據《三國志‧魏書‧張遼傳》，他守合肥時，面對孫權的優勢兵力，「遼披甲持戟，先登陷陳，殺數十人，斬二將，大呼自名，衝壘入，至權麾下」。嚇得孫權只得退避，「走登高塚，以長戟自守」。當然那時最具戲劇效果的故事，還是前引呂布營門射戟，表明那時期正是軍中用戟最盛的時期。

東漢時鐵戟的形制，依然沿襲著西漢的「卜」字形戟，但其形體明顯增大。一九五八年河南滎陽河王水庫出土的鐵戟，刺胡通高五十公分。一九七二年洛陽澗西七里河東漢墓出土鐵戟，刺胡通高五十九公分，重八百七十五公克。江西南昌出土鐵戟，刺胡通高四十九公分、刺高二十七公分、枝殘長十六公分。一九七四年洛陽東漢光和二年（一七九年）王當墓出土鐵戟，刺胡通高約六十九公分、枝長二十七公分。一九七九年徐州銅山駝龍山漢墓出土鐵戟，與建初二年（七七年）銘五十湅鋼劍同出，從墓葬平面圖觀察，戟「卜」字形，高約當鋼劍長的二分之一，估計戟刺胡通高超過五十公分。據鑑定戟亦鋼質，戟的組織「是珠光體和鐵素體組成，含碳量較高」，是「用生鐵炒成鋼，加熱鍛打而成」。由此可見東漢鋼鐵戟的全高一般超過五十公分，以五十八至六十九公分為多，普遍比西漢時增長約百分之七十。戟體增長，重量也隨之增大，威力也隨之增強。

同時自東漢時開始，戟的形狀逐漸有些變化，主要表現在側伸的小枝的改進上，由原來的與戟刺垂直橫伸，逐漸改成小枝垂直橫出以後，迅即向上弧翹成鉤刺，增強了向前叉刺的力度。曹軍與張繡軍的戰鬥中，典韋力戰營門時，「以長戟左右擊之，一叉入，輒十餘矛摧」，應即使用了這種側枝向上弧翹成鉤刺的戟。一九七六年在湖南郴州市郊東漢墓出土的兩件鐵戟，都是這種側枝向上弧翹的形制。在漢畫像中多見這種形制的戟，如徐州青山泉白集畫像石墓中室西壁北部下層所刻兵蘭上插的長戟，四川郫縣石棺側兵蘭畫像橫放的長戟，南陽唐河針織廠漢畫像石墓畫像中的長戟，四川成都曾家包畫像磚石墓兵蘭畫像上的戟圖，等等。徐州十里鋪畫像石墓中所刻披鎧持戟的武士，所持的長戟也是這種式樣的戟。反映出這種新式樣的戟日益流行，逐漸取代了刺、枝垂直的舊式樣「卜」字形戟。

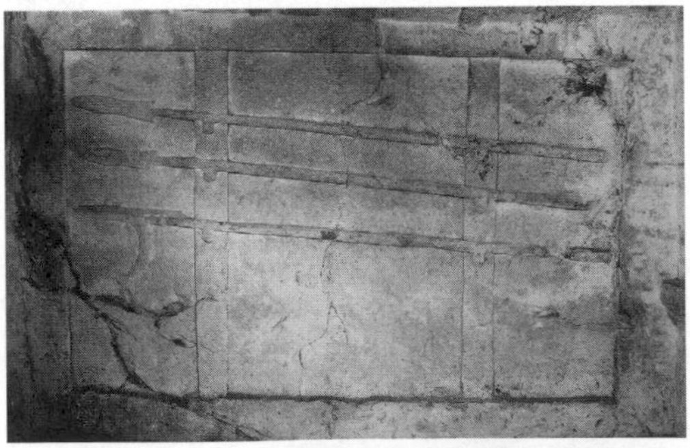
四川東漢崖墓石雕兵蘭圖像（其上橫置兩矛一戟）

甘肅嘉峪關新城公社三號魏晉墓中，有兩幅與軍隊有關的壁畫。一幅繪出行軍的情景，兩行步兵頭戴兜鍪、披鎧，肩戟持楯。另一幅繪出宿營的情景，以將領所在的大帳為中心，周圍布列眾多士兵居住的小帳篷，每個帳前豎著一戟一楯。說明戟和楯是當時士兵的標準裝備，因此用作帳內士兵的象徵。所以這一時期的《軍令》中，也常提到戟。如諸葛亮《軍令》中有：「始出營，豎矛戟，舒幡旗，鳴鼓角。行三里，辟矛戟，結幡旗，止鼓角。」又有：「敵已附鹿角里，兵但得進踞，以矛戟刺之，不得起住，起住妨弩。」

直到東晉初年，還沿襲著三國西晉傳統，軍中以戟為主要格鬥兵器，宿營時也沿襲將戟楯豎於帳外的習慣，王隱《晉書》曾記有一則祖逖營中發生的事：「祖逖軍大饑，進據食犬丘城。樊雅遣六十餘人入逖營，拔戟盾大呼向逖，逖軍人夜不知何賊多少，皆欲散走。」這正是因為軍中宿營時士兵皆把戟盾豎於帳前，如嘉峪關壁畫所描繪的情景，乘夜潛入逖營的樊雅部下才能「拔戟盾大呼」。由於東晉初建國，宿衛兵器不足，陶侃曾上表，精選兵器，奉獻「金鈴大戟」五十張。同時由於當時戟是重要格鬥兵器，違令私作一定數量就要被判死刑，見孫盛奏事：「諸違令私作鎧一領、角弩力七石以上一張、戟十枚以上皆棄市。」甚至遠在遼東半島慕容鮮卑統治地區，步兵也裝備戟楯，出奔高句麗的前燕司馬冬壽墓（葬於東晉永和十三年，即昇平元年，三五七年）壁畫中，冬壽乘牛車統軍出行的大幅壁畫中，前列的步兵均

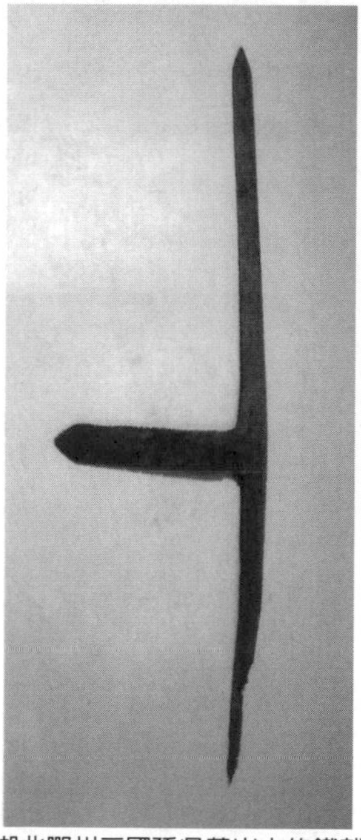
湖北鄂州三國孫吳墓出土的鐵戟

頭戴兜鍪、披鎧，兩列肩戟持楯，另兩列執刀持楯，也可證明當時步兵仍以戟楯為標準裝備之一。

從考古發掘中獲得的三國兩晉時的鋼鐵戟實物，如湖北鄂州孫吳墓出土鐵戟，還有江蘇宜興西晉名將周處墓出土殘鐵戟，山東諸城西晉太康年間墓出土鐵戟，都仍是早期刺枝垂直的「卜」字形戟。但從嘉峪關壁畫等繪出的圖像看，普遍使用的已是東漢末開始流行的形制，戟枝在戟刺側先橫伸，隨即向前翹翻，形成向前的鉤刺。因此使用時已摒棄了「卜」字形戟回拉鉤斫的方法，而是向前叉和刺。

甘肅嘉峪關魏晉墓壁畫持戟步兵圖像

到了南北朝時期，戟的形貌又有新變化，有的戟刺旁側伸的小枝，由向前翹翻，改為前折的雙叉形，北魏永安二年（五二九年）寧懋石室線雕甲冑武士所持的戟，就是小枝前折的雙叉形，戟上還繫有彩幡。

七、戟的衰落

東晉十六國時期，許多少數民族進入中原建立政權，軍隊多以騎兵為主力，並且盛行重鎧騎兵，也就是不但騎兵身披重鎧，而且戰馬也披有特製的馬甲，當時稱為「馬具裝」或「具裝鎧」。

人馬都披鎧甲極大地增強了防護能力，傳統的鐵戟穿透乏力，所以不斷改進，使旁枝橫伸後向前折成雙叉形，力圖提高向前衝擊時叉刺效能。不過這樣的戟的戟體還是窄，叉刺功效也不顯著，而且鍛製工藝較複雜，它不如闊刃的矟（又稱槊、馬矛）穿透力強而製作工藝簡單，所以從東晉十六國到南北朝馬矟逐漸取代馬戟，成為重鎧騎兵（史稱「甲騎具裝」）的主要格鬥兵器。同時步兵原用的戟、盾，也漸被取代。於是稱雄於戰場達八個世紀之久的古戟，日漸退出歷史舞臺。

到隋和初唐，戟還在軍中有所使用，如薛仁貴為表現自己與別人不同，白衣握戟戰鬥。而更多的唐初戰將都是使用馬矟而不再用戟，名將程知節（即小說中的程咬金）、尉遲敬德等都是使矟的。後來戟不再是唐朝軍隊中的常備兵器，所以在《唐律疏議》所舉當時法律中的禁兵器之中，列入甲、弩、矛、矟等，非禁兵器也僅舉有弓箭、刀、楯、短矛等，絕無戟的蹤跡可尋。而《唐六典》中所列兵器，也不再有戟的名目。由此可知古戟已被軍隊淘汰出常用格鬥兵器的行列，只是還在儀仗中保留有重要的位置，成為顯示身份地位豎於門前的「列戟」。

陝西潼關稅村隋墓壁畫「列戟」圖像

第四講

商車初戰——商代車戰和兵器

考古資料顯示，中國古代使用駕馬的車子參戰至遲始於商代。在商後期都城今河南安陽殷墟出土的馬車中，有些車子的上面或者旁邊，放置有各種兵器，例如安陽大司空村一七五號車上就有青銅戈、鏃等兵器，這輛車就可能是屬於作戰用的車了。出土實物並結合文獻可知，當時的馬車都是單轅，雙輪，方輿（車廂），木車，駕二馬。一輛標準戰車有三名乘員，他們在車上的位置和兵器配備是：主將或射手在左面，作戰的武士在右面，中間是駕車的馭手「御」。安陽殷墟發掘的小屯C區M20車馬坑中，埋有一輛駕馬的戰車，還殉入了這輛車上的三個乘員和他們的兵器。這種一車三乘員和他們的如此分工，一直延續到兩周時期，並且在文獻中留下相應的大量記載。

晚商時期裝備了雙馬雙輪戰車的軍隊，確實有效地提高了軍隊的戰鬥力，特別是用來對付早期的步兵，在開闊的戰場上更是具有絕對的優勢。駿馬拖駕的戰車，增強了軍隊的機動性和衝擊能力；車上乘員的兵器和防護裝具，尤其是銳利的青銅兵器，發揮了當時兵器的最大威力。但當時戰車數量很少，並非作戰的主力部隊。

小戎俴收（兵車短小靈巧），
五楘梁輈（皮條五處把車轅絞）。
游環脅驅（轡繩穿過活環控制住驂馬），
陰靷鋈續（銀圈把行車的皮條扣牢）。
文茵暢轂（虎皮毯鋪在長轂的車上），
駕我騏馵（駕的是騏紋白腿快馬）。
…………
（《詩・秦風・小戎》）

這是一首讚揚戰國時秦襄公（西元前七七七至西元前七六五年）軍容的詩歌，詩中形象地描述了當時馬駕戰車的英姿和有關的兵器裝備，也反映了當時軍隊的主力是戰車兵的歷史事實。

恩格斯在論述歐洲古代騎兵時這樣說過：「起初馬匹大概僅用於駕車；至少在軍事史上，戰車比武裝騎手的出現早得多。」

在中國，古代軍隊的情況也大致如此。但在戰爭中，何時開始用駕馬的車子參戰，至今還不十分清楚。戰國末年的《呂氏春秋》記載，商湯滅夏，戰於鳴條時，軍中有戰車七十輛。到了周代，

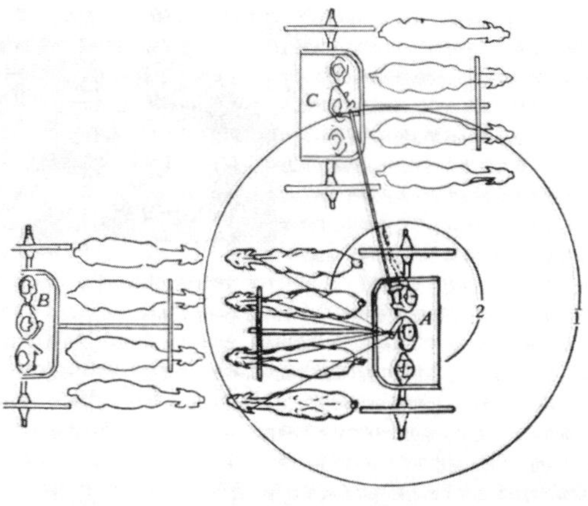

車戰示意圖（當A車與B車對駛時無法格鬥，只有兩車以右側錯轂時如A車與C車才能格鬥。1.A車戎右揮長格鬥兵器才能傷及C車乘員；2.A車戎右用手握短柄的劍無法傷及C車乘員）

車戰日趨興盛，周武王伐紂時，軍隊主力是「戎車三百乘，虎賁三千人，甲士四萬五千人」。

戰車以至少兩匹駿馬駕轅挽拉，行駛速度快，衝擊力強，特別是在開闊地帶作戰，具有步兵無法抗拒的優勢。所以自商以後，尤其到兩周時期，戰車部隊和車戰戰法得到長足的發展，戰車兵逐漸成為軍隊的主力兵種，以一乘由馬駕的戰車和附屬的徒步士兵為一個基本作戰單位。判斷各諸侯國的軍事實力，也常常以戰車的數量來計算。總之，當時的戰車兵就相當於今天的機械化部隊，是一個國家最先進的軍事武裝。

一、古代車子是什麼模樣？

古代的車子乃至戰車，到底是什麼模樣？過去人們並不很清楚。前引《詩經》及《考工記》等文獻中，雖然也有不少紀錄和描述，但畢竟只是文字紀錄。而真正商周時期的古車，因為主要為木質，在古遺址和墓葬中難以保存，經歷了幾千年的漫長歲月，很難有實物存留。曾有經學家坐在屋子裡考據，「閉門造車」地想像著畫出一些車子的圖像，但是誰也無法準確地描繪出當時車子的真實模樣。

最終，這個問題還得靠考古發掘的出土資料來解決。早在抗日戰爭以前，當時中研院史語所的考古學家，在安陽殷墟發掘中，已經找到了一些車子的殘跡，但還不能準確地弄清楚車子的全貌。因為木質的車子腐朽後，僅僅能在黃土中保留著淺淺的痕跡。而剝剔車子的這種木痕，需要有對土質的準確判斷和對車子大概形態的認識，是一項較難掌握的田野考古技術。非有極高的發掘技巧，根本不可能將其剝剔出來。

直到二十世紀五〇年代，中國科學院考古研究所（今社科院考古所）夏鼐先生率領的考古學家，才在河南輝縣琉璃閣田野考古中，第一次成功剝剔出戰國時期的車子。這種車子雖然只是保留在泥土中的形態，但清晰可辨，準確可靠，完整再現了古車各個部位的形制和細部尺寸，學者們據此在考古報告中細緻繪出了它們的圖像。

這之後的半個多世紀中，考古工作者們又陸續在河南、陝西、北京、甘肅、山東、河北、湖北、山西等地殷周墓葬和遺址的發掘中不斷摸索，總結經驗，獲得了大量極為珍貴的殷周古車的遺跡遺物。

綜合這些出土古車資料，我們終於可以知道當時車子大概的模樣了：它們是木質，獨輈，兩輪，方形車廂（輿），長轂。車輈後端壓置在車廂下車軸上，輈尾稍稍露在箱後。輈前端橫置車衡，在衡上縛軛，用來駕轅馬。輪徑較大，輻條十八至二十四根。車廂的門，都開在後面。車前駕兩匹馬（商代車）或四匹馬（兩周車）。

二、商代馬車的形制特徵

目前考古發掘出土的商代馬車，多為商代晚期的木質車，較多出自商後期的都城，即今安陽殷墟附近，至今已有近二十例，都是從發掘墓葬區的車馬坑和宮殿區的祭祀坑中獲得的。另外，山東滕州前掌大和陝西西安老牛坡等地也發現了這一時期的馬車。

根據對這些商代晚期馬車的測量數據，已能對當時的馬車有較清楚的瞭解。它們的基本特徵是：獨轅（輈），雙輪，方形車廂（輿），長轂。車轅後端壓置在車廂下車軸上，轅尾稍稍露在箱後。轅前端橫置車衡，在衡上左右各縛軛，用來駕兩匹轅馬。輪徑較大。車廂的門，都開在後面。具體情況如下：車轅長多在兩百六十至兩百九十二公分之間。車衡長至少應超過一百一十公分。雙輪較大，輪徑一百三十六公分左右。輪輻數在十六至二十輻之間，通常為十八輻。輪轂都是木質的，迄今未發現銅質車飾。

車軸長三百公分左右，軸徑以八至十公分最多，在軸兩端漸細，以套車軎。軎青銅質，長度都在十四公分以上，表明車軸頭端伸出輪轂外的長度都較長。軌距寬兩百一十五至兩百四十公分，平均軌距為兩百二十六公分。車廂，總的形貌是輿廣尺寸大於進深，平均輿廣一百三十八公分左右、進深九十六公分左右。

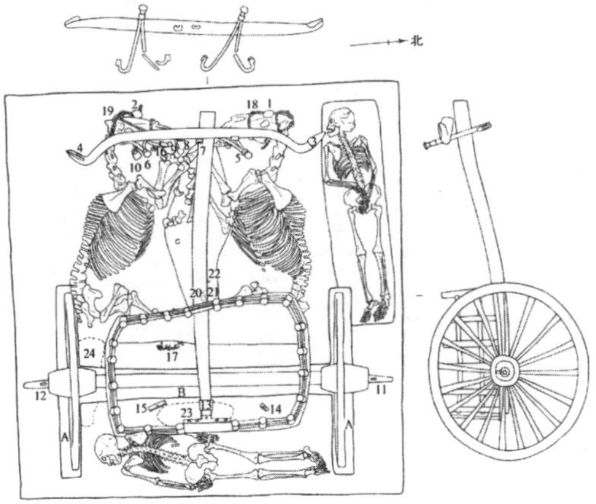

安陽殷墟郭家莊五十二號墓出土的馬車

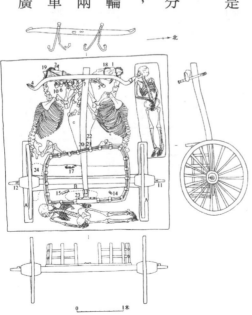

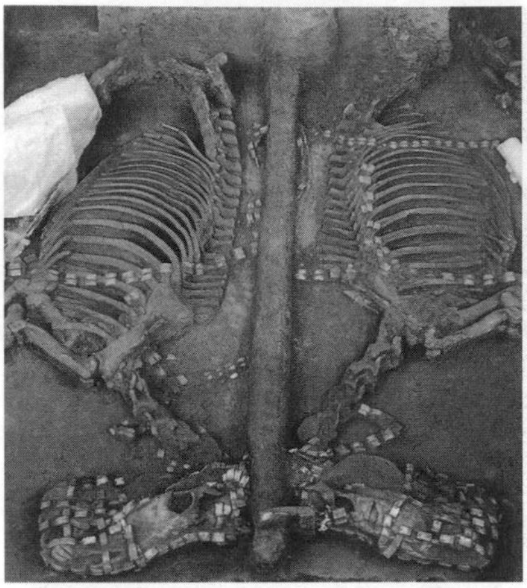

安陽殷墟安鋼第二煉鋼廠西南商車馬坑的馬絡頭及馬身佩飾

輿廣與進深之比約為三比二。車廂的平面大致呈橫長方形狀，四角圓弧，或者前窄後闊而微呈梯形，或者前面兩角圓弧較甚而近橢圓。至於輿高多數保存不好，估計高度至少超過四十公分，應為五十公分左右。

至於馬具，已使用銅飾或貝飾的絡頭，出現了銅質的鑣和銜。銅質的鑣使用較普遍，西安老牛坡一例無馬鑣，安陽殷墟十八乘車中，除三例情況不詳，其餘十五乘內十一乘均出土有銅馬鑣，形制基本相同。

以大司空村一七五號車馬坑為例，雙馬均帶銅鑣，每副兩件，出土於馬口角兩側，形近方形，長七・三、寬七・二公分，中有圓穿以繫革銜，一端有長穿，背後有兩個半管形通孔，用以與轡和絡頭相連。其餘銅鑣形制、尺寸大致相同，只是有的背後管形通孔剖面作三角形。馬銜則與鑣不同，晚商多用革帶為銜，極罕見銅銜，前述有銅鑣的馬車中，只有孝民屯南地一六一三號同時出有銅銜，形狀為兩個相互套結的「8」字形，通長十四公分。那座車馬坑曾作碳十四年代測定，樹輪紀年校正年代為三二五五±一四五年。又，一九六九至一九七七年殷墟西區墓葬發掘獲得的銅車馬器中，馬鑣多達二十七件，馬銜僅只兩件，也表明當時銅馬銜的使用極不普遍。此外，在郭家莊一四七號的兩馬腹部，都出有一圈中型銅泡，排列有序，原為綴於革帶上的飾物，表明當時馬腹已使用飾有銅飾的革質帶。在安陽殷墟安鋼第二煉鋼廠西南發現的車馬坑中，還發現馬頭上戴有絡頭和馬身上的佩飾。

此時馬車最可注意者是駕馬的數量。保存較完好的車馬出土時，均顯示在衡的左右各駕一馬，即雙馬駕一車。只有在二十世紀三〇年代發掘的M20所出標本，原發表報告的平面圖顯示，內葬四馬一車三人，但後來經整理，乃改為葬兩馬一車三人。就是說出土的商代車子，只有駕於車衡軛上的兩匹服馬，還沒有後來周代馬車駕於服馬兩側的兩匹驂馬（即四匹馬拉的駟馬戰車）。關於商代馬的形貌，可以參照陝西甘泉下寺灣出土的銅馬模型。

三、商代馬車參戰，裝備青銅兵器

古代馬車何時用來參加作戰？目前還無準確答案。但在安陽殷墟出土的馬車中，有些車子的上面或者旁邊，放置有各種兵器，例如安陽大司空村一七五號車上就有戈、鏃等兵器，這輛車就可能是屬於作戰用的車了。安陽殷墟西區M43車馬坑中，埋有一輛前駕二馬的車子，在車廂裡放有一個內裝十枝箭的皮質圓筒形矢箙，箭鏃是銅質的，箙旁

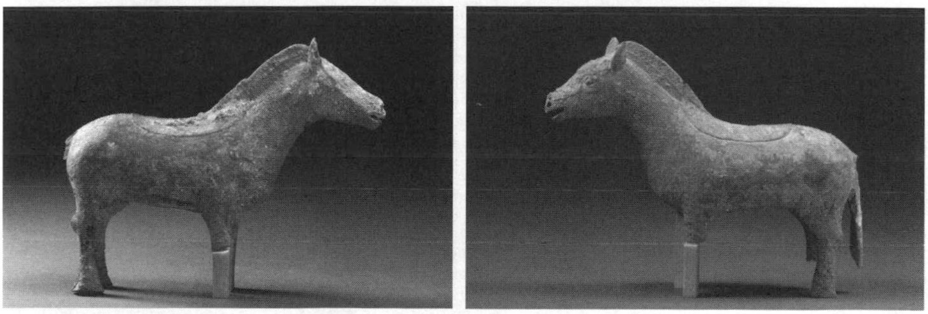

陝西甘泉下寺灣出土的商代銅馬

還有一件銅弓形器和兩柄銅戈，此車也應是供作戰用的。這些情況說明，至遲在商代晚期，馬車已經被用來參加作戰。殷墟出土卜辭中，也出現了有關車戰的紀錄，在一條有關征伐一個叫「亩」的方國的卜辭中，驗辭裡記載著用車打了勝仗。裝備了兵器的戰車，無疑增強了軍隊的機動性，也使兵器的效能得以充分發揮。

與裝備了兵器的馬車共同出土的，主要是青銅兵器。

繼夏代以後，商代進入青銅兵器的發展期。鑄造青銅器的作坊也具有較大的規模，如鄭州南關外的商代中期煉銅遺址，面積已達一千多平方公尺。殷墟小屯東南的苗圃北地商代晚期鑄銅遺址，

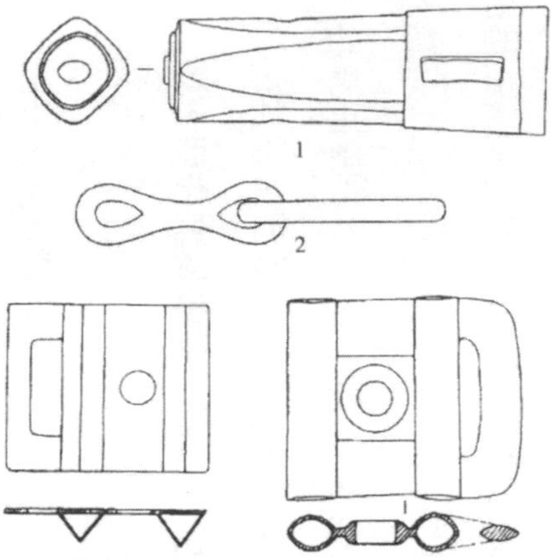

商代的銅車軎、馬鑣和馬銜（1.孝民屯南地一六一三號墓出土車軎 2.同上墓出土馬銜 3.同上墓出土馬鑣 4.郭家莊一六四號墓出土馬鑣）

安陽殷墟安鋼第二煉鋼廠西南商車馬坑

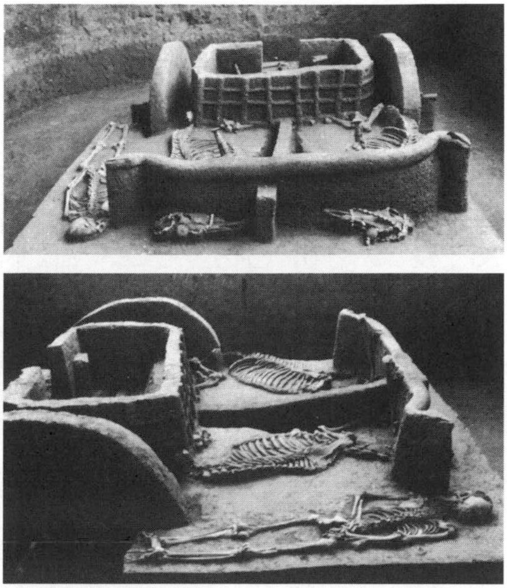

安陽殷墟郭家莊五十二號墓馬車前視、側視

推測面積至少在一萬平方公尺以上，已發掘出數以千計的各類陶範及大量坩堝殘片等。當時已能大量生產各種類型的青銅器，僅以殷墟婦好墓為例，一墓內即隨葬各種青銅器四百六十餘件，總重量估計超過一千六百二十五公斤。至於目前所知最重的司（或釋為「后」）母戊鼎，重達八百七十五公斤之多。

商代青銅冶鑄技術的發達和生產的規模，為生產精銳的青銅兵器奠定了堅實的物質基礎。而商王朝對內鎮壓和對外征伐，日益要求得到更多和更銳利的青銅兵器裝備軍隊。在安陽侯家莊一〇〇四號大墓的墓道中，出土大量青銅兵器和防護裝具，應是屬於禁衛殷王的部隊的裝備。據不完全的統計，出土銅矛七百三十件、銅戈七十二件，以及不少於一百四十一件銅冑，按各類兵器的平均重量估算，總重接近三分之一噸。與青銅兵器開始出現的二里頭文化時期相比，商代晚期的青銅兵器不僅數量猛增，而且器類齊全，形成包括遠射、格鬥、衛體等進攻性兵器與防護裝具的完備的組合。

殷墟出土馬車中，在車廂內或車旁出土有各種兵器的有六乘。這些兵器主要是弓矢和戈。弓矢是商代軍中的主要遠射兵器，能夠保存至今的是箭上裝的銅鏃（銅箭頭）或骨鏃（骨箭頭）。銅鏃的形制相同，據大司空村一七五號、白家墳北地四十三號、郭家莊一四七號、梅園莊東南四十一號諸車所出，均為扁體雙翼有鋌鏃。從大司空村一七五號、白家墳北地四十三號車內銅鏃出土情況可知是以十鏃為一組，是將鋌插入箭桿，然後用細繩綁縛。白家墳北地四十三號車出土的十枝箭，是鏃鋒向下插置於圓筒形皮矢箙中。

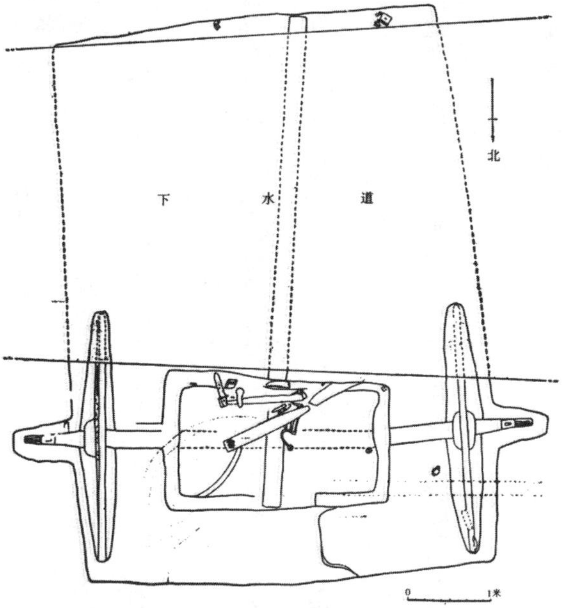

安陽殷墟西區M43車馬坑出土的馬車上放有兵器（銅戈、鏃、弓形器和皮箭箙）

戈是諸車中出土的唯一一種格鬥兵器，白家墳北地四十三號車所出為直內戈，郭家莊一四六號、一四七號車所出三件銅戈均為銎內戈，通長二十三．五至二十五公分。沒有在車馬坑中發現過矛、鉞等格鬥兵器。戈雖是迄今發現數量最多的青銅格鬥兵器，也可以說是商代軍隊必備的標準兵器。但目前在考古發掘中獲得的戈長度都在八十至一百公分左右。這也可以從商代金文中執戈人形得到佐證，戈多僅及人體高的二分之一至三分之二，適於右手執戈，左手持盾步戰格鬥。

目前在車馬坑中沒有發現矛，在田野考古中獲得的矛遠較戈為少，總數只及戈的三分之一強，且已獲知矛柄長僅約一百四十公分，雖較戈略長，仍是適於步戰格鬥的兵器。

在馬車上發現的防護裝具是盾，但考古發掘中發現過的皮甲和青銅胄也應能裝備車上的戰士。至於駕車的轅馬，尚未發現有任何防護裝具。

這些車內或車旁放有兵器的晚商馬車，應該是可以用來參戰的戰車。其餘沒有放置兵器的馬車，有的車還裝飾得較華美，表明是供乘坐的車。

仔細觀察這些經發掘出土的，供作戰和用於乘坐的馬車，似乎看不出它們在形制結構方面有不同之處。故可以認為晚商的馬車是一車多用，既可乘坐，又可用於田獵或作戰。

四、商代戰車的威力和局限

晚商時期裝備了雙馬雙輪戰車的軍隊，確實有效地提高了軍隊的戰鬥力，特別是用來對付早期的步兵，在開闊的戰場上更是具有絕對的優勢。駿馬拖駕的雙輪戰車，增強了軍隊的機動性和衝擊能力；車上乘員的兵器和防護裝具，尤其是銳利的青銅兵器，發揮了當時兵器的最大威力。

從考古出土情況可知，當時車上乘員的位置和兵器配備是：一乘戰車上有三名乘員，主將或射手的位置在左面；武士在右面，即「右」（或稱「戎右」），他是進行戰鬥的武士。在主將和戎右的中間，是「御」，他的任務就是御馬駕車。因為當時的馬車都是單轅，在兩側駕二馬，駕車的人只有站在正對車轅的居中位置上，才能保持車子的平衡和控制雙馬。這種一乘戰車上有三個乘員的制度，正是在商代就已採用。安陽殷墟發掘的小屯C區M20車馬坑中，埋有一輛駕馬的戰車，還殉入了這輛車上的三個乘員和他們的兵器。其中「戎右」身邊的一組兵器最為典型，包括有遠射的弓矢，但弓已朽毀，箭箙也已朽毀，裡面裝的兩組箭只剩下了鏃頭，每組十枚，一組是青銅鏃，另一組是石鏃。用來格鬥的長柄兵器是戈，有銅質的和石質的各一件。用於衛體的兵器，有一柄長三十二公分的馬頭刀。另外，還有用來磨兵器的兩塊礪石。這種一車三乘員和他們的如此分工，一直延續到兩周時期，並且在文獻中留下相應的大量記載。

此外，戰車上可以裝備旗鼓等指揮用具，方便了部隊的通信聯絡，確保了戰鬥指揮。但是限於當時馬車本身的特點和局限性，對當時車戰的進行，包括戰鬥隊形、作戰方式等等方面，都有著很大的局限和影響。

首先，兩馬雙輪戰車頗為笨重，一乘車的總寬度超過三公尺，駕上轅馬以後，全長也有三公尺左右，也就是說一乘晚商戰車，至少要佔九平方公尺的面積。同時輪大箱短，運轉不很靈活。加上又是單轅而用縛在衡上的軛駕馬，全靠轡來控馬，所以駕好車很不容易，除非受過專門訓練，否則很難勝任。車體既笨重，駕馭又困難，要想拐彎半徑很大，因此臨陣變換隊形是難以辦到的。又由於車體長、面積大，同時當時弓矢的射程有限，所以難作縱深配置，更無法採用縱隊的隊形戰鬥。因此通常是採用一線橫列隊形，配置二線兵力，需要把後列戰車排在相當於前列兩車的縫隙處，才可能發揮其遠射兵器的威力。

其次，雙方接戰時，先是弓矢對射，當逼近合戰，就必須與對方錯轂時才有格鬥的可能。因為受戰車本身結構上的限制，使得兩車正面相向時，車上的乘員無法相互格鬥。因為一乘車由車廂前沿到馬的頭部，其間距離至少長近兩公尺，即使雙方馬頭已經互相頂撞在一起，兩乘車的車廂前沿，還至少有四公尺以上的間隔。距離這樣遠，雙方乘員所使用的格鬥兵器的柄再長，也無法傷及對方。所以雙方格鬥只有在兩車相錯時才能進行。

第三，晚商戰車的輪徑大，車廂寬而進深短，又是單轅，為了保持行車的穩定性，車轂必然要長。所以兩車相錯格鬥時，必須注意不能靠得太近，否則兩車外伸的軸頭掛在一起，會使雙方車翻馬仰，兩敗俱傷。所以兩車車廂側壁之間的總距離，至少在一・六公尺左右，而在雙方乘員站在車側相互格鬥，使用的必須是雙手握執的長柄格鬥兵器，至於單手握持的短柄刀劍，即使乘員極力屈身探刺，也難以觸及對方車上乘員。同時，由於戰車上三個乘員橫列站立，職責各異，通常的分工是駕馬的御手在中間，左邊一人持弓箭遠射稱「車左」，右邊一人持長柄格鬥兵器司錯轂格鬥稱為「車右」。所以當時逐漸形成車戰定制，即錯轂時各以自己戰車的右側，與敵方戰車右側相錯，使雙方「車右」得以格鬥。

根據以上晚商戰車的特點，再觀察晚商馬車內及其附近出土的兵器，雖然已出現由進攻性兵器中的戈、弓矢，以及獸首短刀形成較固定的組合關係，還配備有盾牌，也可能還裝備有銅胄和皮甲。但上列兵器組合用於車戰，明顯看出主要依靠弓矢遠射作為殺傷敵人的有效手段，當兩車接近錯轂格鬥時，能用的兵器只有戈，而已知商戈乃至周戈的柲都較短，因而缺乏更適於錯轂格鬥的成組合的長柄兵器，自然影響了戰車兵的作戰功能。

五、商代戰車尚不發達

從以上所述田野考古資料，可以看出的是，馬車到商代晚期才逐漸發達，所駕馬數基本都是雙馬，且當時乘車、田獵用車和戰車沒有明顯區別，處於一車多用的初始階段，缺乏專為作戰而專門製作的戰車。

再看與馬車同出的兵器裝備，雖然已出現由進攻性兵器中的格鬥兵器——戈，遠射兵器——弓矢，以及衛體兵器——獸首短刀形成較固定的組合關係，還配備有防護裝具——盾牌，但上述兵器組合用於車戰，尚欠完備，明顯缺乏可供兩車錯轂格鬥或在車上殺傷地面徒步敵軍的長柄兵器，只有依靠弓矢遠射作為殺傷敵人的有效手段。

總之，我們的結論是以下幾點：

第一，商代前期應該有了以牲畜拖駕的車，可能已有馬車，但使用並不普遍。商代晚期馬車製造工藝雖有很大發展，不過乘用和作戰的車輛尚無區別，指揮戰鬥的將帥或身份高的貴族，可能利用牲畜拖駕的車為運載工具，乃至成為指揮中心，但還不具備組建成建制的戰車兵為軍中主力的條件。尚不足以從根本上改變商軍以步兵為主的傳統面貌。

第二，商代晚期兩馬雙輪木車已能較多地用於軍事，但其速度和衝擊力還遠不如後來周人的駟馬戰車，更未形成如周代車之「五兵」那種適於車戰的組合兵器，也缺乏轅馬的防護裝具，這表明晚商時戰車兵並不發達，還難於成為克敵制勝的主力兵種。

第三，儘管有諸多局限，但商代馬駕戰車的出現和參戰，無疑代表了當時最先進的生產力和軍事水準，表現出強大的作戰能力和發展潛質。所以，當周武王率領的三百乘戰車與商紂王的大軍在牧野決戰時，商軍在己方軍心民心盡失，而周人戰車配合步兵的強大攻勢面前，終於全線潰敗，國家覆亡。到了新興的周王朝開國，戰車的裝備更加完善，車戰戰法更加成熟，最終成為軍隊的主戰部隊和主戰戰法。中國古代從此進入戰車作戰的黃金時代。

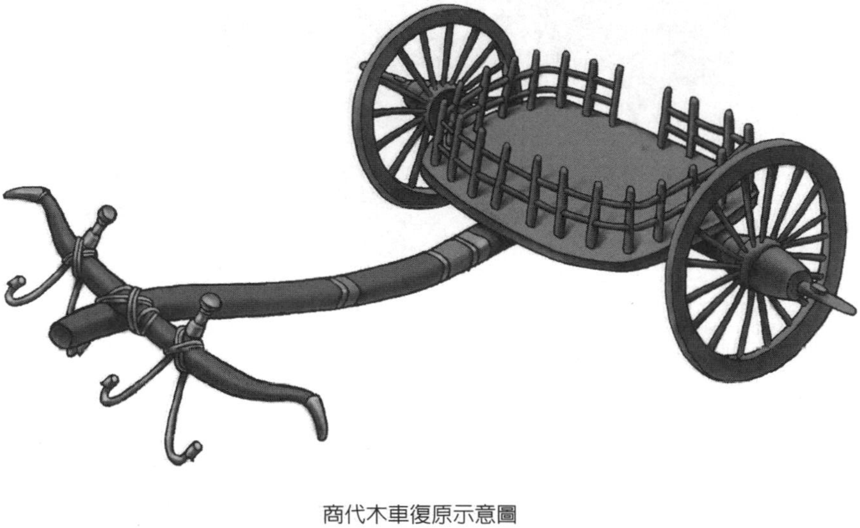

商代木車復原示意圖

第五講

駟馬難追——兩周戰車和車戰

商滅周興，中國古代戰爭進入了戰車和車戰的黃金時代。戰車的結構和性能有了極大的發展和提高。木質戰車雖然沿襲著商代單輈、雙輪、方輿（車廂）的基本結構，但在具體性能方面有很多改進。考古發掘資料表明，這一時期與馬匹同埋共葬的戰車，其出土的數量和地點，比商代有了極大的增加。最顯著的變化是，這時的車子前方均葬四匹馬，表明當時車子是四馬並列駕車。中間的兩匹叫「服馬」，兩側的兩匹叫「驂馬」，這就是著名的駟馬戰車。駟馬戰車一方面增加了動力，大大提高了車速；另一方面增強了戰車的衝擊能力，同時也增強了載重量，可以承載更多的兵器裝備。

西周初期開始在戰場上顯示出威力的駟馬戰車，與日漸成熟的車戰兵器組合，使得戰車兵雄踞至軍隊主力兵種的地位。到東周時期，駟馬戰車與成建制步兵的組合編隊，更成為各諸侯國軍隊的標準編制，各國擁有戰車的乘數，成為衡量一國軍力大小的表徵，也就是一國強弱的標誌。各諸侯國的兵力，都以戰車的乘數來計數，一個大國至少要擁有一千乘戰車，被稱作「千乘之國」；軍力更強大的，甚至號稱「萬乘之國」。

中國古代有成語曰：「君子一言，駟馬難追。」比喻人的一句話說出口，四匹馬拉的快車也追不上。寓意人應該慎言，而且要言而有信。需要說明的是，這裡的「駟馬」，乃中國一個特有的名詞，所指就是西周出現的四匹馬所駕的戰車。

中國古代以戰車為主力部隊，進行大規模作戰，始於西周時期。西元前十一世紀，周武王率領「戎車三百乘，虎賁三千人，甲士四萬五千人」，在牧野（今河南汲縣）與商紂王的數十萬（一說十幾萬）軍隊決戰，取得大勝。紂王登鹿台自焚，商朝滅亡。

後人總結牧野之戰經驗，結論是除了民心向背和其他諸多因素外，武王的戰車部隊起了重要作用。一乘馬拉的戰車，既是一座活動的戰鬥堡壘，也是一個堅固的防護屏障。車上的武士站在車廂中劈砍鉤刺，又憑藉車廂保護自己和隨行的成建制步兵。加之戰馬馳騁，速度極快，數百乘駟馬戰車列成軍陣向前衝鋒，氣勢有如決堤般的洪水，商朝少量雙馬戰車和傳統的步兵自然難以抵擋。

自此，隆隆的駟馬戰車開上歷史舞臺，車輪捲起的滾滾煙塵，瀰漫了兩周近千年的古戰場。

一、戰車成為國家軍事實力的象徵

商滅周興，中國古代戰爭進入了戰車和車戰的黃金時代。西周初期開始在戰場上顯示出威力的駟馬戰車，與日漸成熟的車戰兵器組合，使得戰車兵雄踞至軍隊主力兵種的地位。到東周時期，駟馬戰車與成建制步兵的組合編隊，更成為各諸侯國軍隊的標準裝備，各國擁有戰車的乘數，成為衡量一國軍力強弱的標誌，也就是一國強弱的標誌。各諸侯國的兵力，都以戰車的乘數來計數，一個大國至少要擁有一千乘戰車，被稱作「千乘之國」；軍力更強大的，甚至號稱「萬乘之國」。

比如僖公二十八年（西元前六三二年），晉楚城濮之戰，晉國出動了戰車七百乘，是武王伐紂時戰車數量的兩倍。四十年之後，於成公二年（西元前五八九年），晉國與齊國在鞌（今山東濟南）又打了一仗，晉國出動戰車八百乘。又過六十年，到了西元前五二九

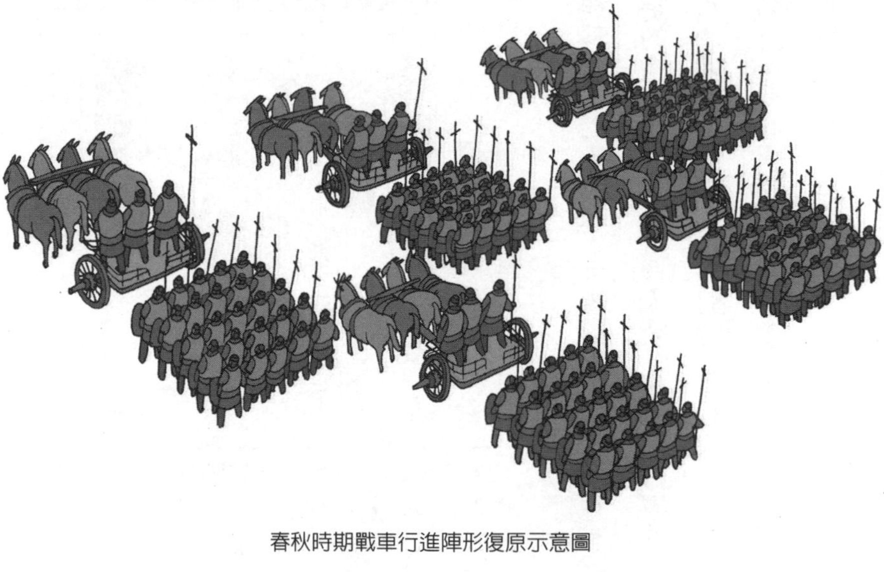

春秋時期戰車行進陣形復原示意圖

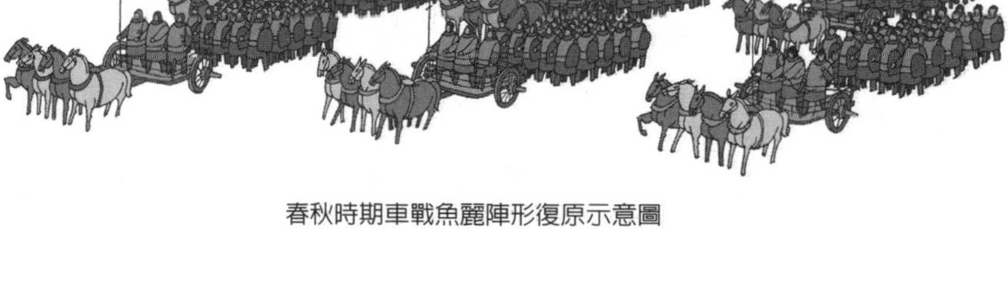

春秋時期車戰魚麗陣形復原示意圖

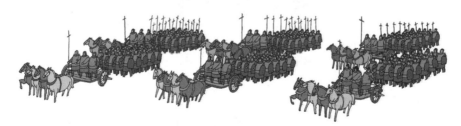

陝西長安張家坡西周墓車馬坑出土的馬車

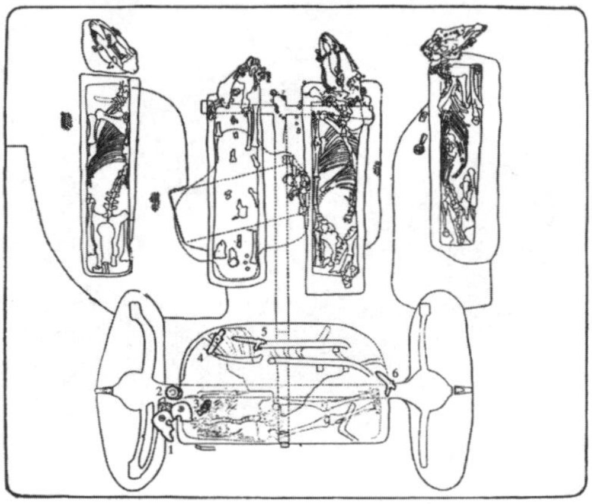

山東西庵西周墓出土的駟馬戰車復原示意圖（車廂內放有銅戟、戈、鏃和盾飾）

年，晉國為了炫耀武力，在郲國舉行了一次大閱兵，列陳戰車四千乘，數量是武王伐紂時的十倍以上！

較大規模的車戰，講求多兵種配合，講求戰陣編隊。西周至春秋前期，一乘戰車配備甲士七人，徒兵十五人。春秋中期以後，配合戰車行動的徒兵多達七十二人。大規模的車戰，往往有幾百乘戰車，乃至上千乘戰車參戰，這就要求統帥有高超的指揮才能，應根據天時、地利、敵軍的兵力部署，以及己方的軍事實力，進行佈陣和編隊。佈陣講究長短相濟，攻守配合，前有鋒，後有衛。陣法有方陣、雁行之陣、魚麗之陣、五陣、八陣等名目。編隊或雙隊，或三隊，或多隊，這每一隊稱為一「編」，編有五乘、九乘、十五乘、二十五乘等不同編法。

一切都從實戰出發。

二、駟馬戰車走上戰爭舞臺

西周到春秋戰國時期如此大規模的車戰，是由於戰車的結構和性能有了極大的發展和提高。木質戰車的基本結構，雖然沿襲著商代單轅、雙輪、方輿（車廂）的傳統，但在具體性能方面有很多改進。考古發掘資料表明，這一時期與馬匹同埋共葬的戰車，其出土的數量和地點，比商代有了極大的增加。最重要的發現，是此時的戰車多改為四馬駕轅。

西周時期的戰車在河南、陝西、山東都出土過，惜已朽毀。從朽痕觀察，此時的戰車仍延用商代戰車的形制，為單轅方輿雙輪式，但兩輪間的軌寬減窄，車轅縮短，所以運轉更加靈便。車輪的直徑變小，輻條增多，使戰車的重心降低，從而更加平穩，而且更加堅固。最顯著的變化是，這時的車子前方均葬四匹馬，表明當時車子是四馬並列駕車。中間的兩匹叫「服馬」，兩側的兩匹叫「驂馬」。也就是著名的駟馬戰車。駟馬戰車一方面增加了動力，大大提高了車速；另一方面增強了戰車的衝擊能力，同

陝西眉縣李村出土的西周銅駒尊

湖北棗陽九連墩楚墓出土的東周銅馬

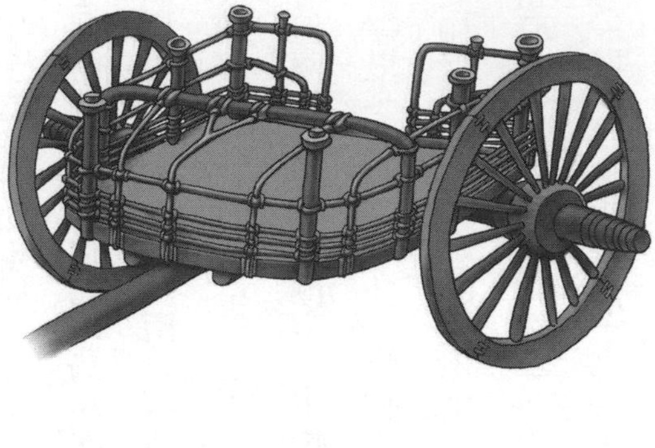

西周馬車復原示意圖

時也增強了載重量，可以承載更多的兵器裝備。

春秋戰國時期的駟馬車，以河南三門峽虢國墓地出土的最早。三座車馬坑出土馬車二十五乘。戰國中晚期河南淮陽馬鞍塚楚墓的兩座車馬坑，出土了馬車三十一乘，其中三分之二是戰車，以二號坑四號戰車最為典型。這輛車也是一乘駟馬車，車廂作橫長方形，面積一四二×九四公分。

車廂的前後左右都用青銅片包鑲釘牢，並髹漆彩畫。車門開在箱後，箱後部的兩角裝有銅柱頭，兩側有供插旗旝的銅質插旗筒，右側還有一個供插兵器用的橢圓形筒狀器。這輛車的車轂很長，轂端各用四道銅箍加固。以此車與西周前期的戰車相比，無論其造型、製作，還是性能都先進了許多。

駟馬戰車的出現，直接促進了對馬匹的需求。如果裝備一千乘戰車，所需駕車的馬匹，最少得有四千匹，加上後備的馬匹，以及輸送軍需給養的車輛所需轅馬，一軍所需的馬匹要有萬匹左右。山東齊國故城發現的五號墓的大型殉馬坑中，經兩次清理的部份已出土馬骨，就達兩百二十八匹之多，馬齡多在六、七歲口。如果全部發掘出土，估計至少有六百匹以上，據推測這座大墓可能是齊景公的陵墓。六百匹馬可以裝備駟馬戰車一百五十乘之多。至於當時馬的形貌，只能從出土的銅馬來瞭解，因品種關係，體形較矮，頸較短，四肢也顯粗短，如與後世漢代的「天馬」相比，似欠神駿，但適於駕車。

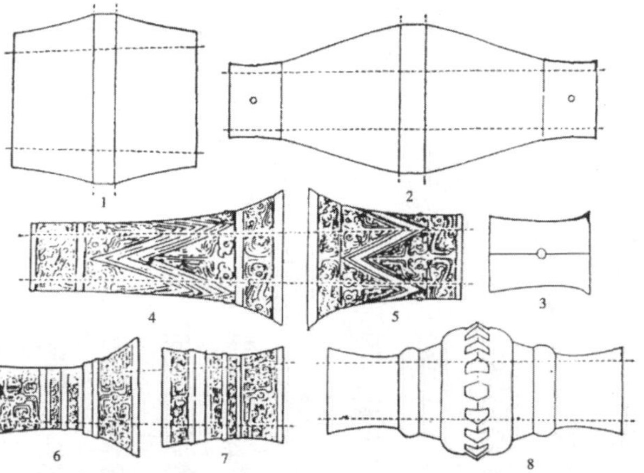

商、西周馬車銅車軎、軝與合成轂飾（1、3.河南安陽殷墟商墓出土 2.陝西長安張家坡西周墓出土 4-8.河南浚縣辛村西周墓出土）

三、兩周戰車性能的改進和分類

在木車的細部結構方面，西周時在車轂上附加銅飾，除美觀外，主要是強化作用，自然比晚商車只用木轂牢固很多。西周車輪的輪徑約為一百四十公分，僅比晚商車輪徑平均值一百三十六公分略大。但其輪輻明顯多於晚商車輪的十八輻，通常為二十二至二十四輻。轂加銅飾而輪輻增多，車輪自更牢固耐用，既可提高車速，又能增加承載能力。軸頭所裝銅軎，晚商多為長型，西周時雖也用長型，但開始出現短型軎。西周早期長、短兩型並存，長安張家坡第二號車馬坑（一六八號墓）所葬二車，一乘用長軎木轄，另一乘用短軎銅轄。以後用銅轄的短型軎日益流行，這型軎長約十公分。軸頭縮短，自使木車行駛時更為靈便。同時由軸飾固定在軸上的「伏兔」，可以抵住輪轂，防止其內移，還可以縮小轅、軸相交處和轅與前後軫相交處挖槽的深度，從而增強轅、軸桿元件的強度。車輪轂裝置銅飾和輪上增加輪輻數量，銅軎由長型改為短型並使用銅轄，都增強了木車的牢固程度，使車輛更靈活耐用。

在馬具方面，銅馬鑣也由晚商時近方形的形制改成更簡易實用的圓渦形。銅馬銜日益普遍，仍為兩個扁平「8」字形橢圓環互相套合而成，長度近二十公分。與銜、鑣結合在一起的馬絡頭也更加完善，有時還有配有貝飾或銅飾的籠嘴。

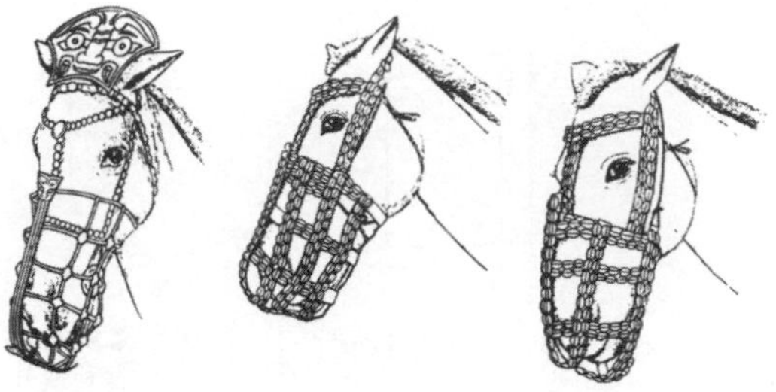

陝西長安張家坡西周墓出土的駕車轅馬的三種籠嘴復原示意圖

春秋以後，駟馬戰車為了適應戰爭的需要，形制出現了分化，產生了在戰爭中擔負不同任務，形制各異的戰車。如靈活輕便，適合長距離奔襲攻擊的「輕車」；馬披重甲，衡端裝矛刺，車軸裝曲刃矛狀車軎，用於攻堅突壁的「衝車」；用於偵察、窺探敵人虛實的「巢車」，以及用於營屯防守的「蘋車」、「軘車」，用於裝載輜重運輸糧草的「大車」、「廣車」；甚至還有專供統帥乘坐，用以指揮作戰的「戎路」車。

這種車正中置金鼓，車後斜插旌旗，耀眼鮮明，作戰的將士根據金鼓之聲或進或退，以保持協調統一。長勺（今山東萊蕪東北）之戰中，《左傳・莊公十年》記，曹劌待齊軍三次擊鼓之後，才建議魯莊公擊鼓反擊，大獲全勝，並講出了對方「一鼓作氣，再而衰，三而竭」的道理。

同書「哀公二年」記，趙鞅率軍在鐵丘（今河南省濮陽北）與鄭國作戰，雙方打得很激烈，最後趙鞅取得了勝利。事後趙鞅向眾人自誇：「我受傷後趴在弓韜上口吐鮮血，但仍奮力擊鼓，指揮攻擊，今天我的功勞最大。」晉齊「鞌之戰」中，晉國主將郤克受了重傷，仍擊鼓不止，御手解張一面控轡駕車，一面幫助郤克擊鼓，才確保了戰鬥勝利。這就是指揮車的作用。

江蘇淮安運河村戰國墓出土的上置建鼓的馬車復原示意圖

四、裝甲車廂和披甲的轅馬

車戰中，戰車車廂也需要防護。二〇〇七年結束發掘，近來披露的山西北趙晉侯墓地一號車馬坑，一坑中埋葬著至少一百零五匹馬和四十八輛整車，是迄今為止所見西周時期規模最大，陳放車輛最多的車馬坑。其中多輛車廂中還保留著銅甲、馬具和銅箭鏃、銅戈、銅矛，顯然都是當時的戰車。更有一編為十一號的車廂外側，裝有蓮瓣狀青銅甲片，甲片排列整齊，保存完好。到東周時期，戰車的護甲更加完備，河南淮陽瓦房莊馬鞍塚戰國時期二號車馬坑出土的四號車，在車廂外側

山西北趙晉侯墓地一號車馬坑

山西北趙晉侯墓地車馬坑中裝銅甲的木車

釘裝青銅護甲，甲板每塊長十三・六公分、寬十一・六公分或十二・四公分、厚〇・二公分，共釘八十塊。其中四十八塊分別釘裝在左右兩側車廂後半部，每側有四列，每列六塊。另三十二塊分別釘裝在廂後車門兩側，每側四列，每列四塊。真正成為與一般乘坐用車不同，算得上名副其實的「裝甲戰車」。

此外，在陝西戶縣宋村春秋秦墓和湖北隨州戰國曾侯乙墓，都出土過前帶矛刺的銅車軎，曾侯乙墓出土的一件連矛刺長三十七公分。但在已出土馬車上還沒有見到過裝有帶矛刺車軎的實例。這種車軎裝在軸頭，可以在戰車衝擊時損傷敵方車轂，也可殺傷徒步的士兵。

除了車廂外，駕車的馬更是車戰中取勝的重要因素。西周以後，轅馬也常常披蒙甲冑加以保護，文獻記載還有將服馬蒙上虎皮作戰的實例。春秋時期的馬甲冑，見於湖北荊門包山二號楚墓和隨州曾侯乙墓。以出土實物看，馬的甲冑分為馬冑、胸頸甲和身甲三部份。曾侯乙墓出土的馬冑由整塊皮革壓製而成，形似馬面，耳、眼、鼻部位開孔，以便露出馬的耳、眼、鼻孔。其中一件編為IV號的馬冑，內外髹黑漆，兩腮處壓製大朵雲紋，並在馬冑外表用朱漆彩繪龍獸紋、圓渦紋、雲紋和綯索紋。如將其展開，橫寬八十・五公分，從頂門到口脣長五十・六公分，不失為一件技藝精湛的藝術珍品。胸頸甲和身甲，以包山二號墓出土的聯綴關係最為清楚，胸頸甲由橫豎各五排甲片聯綴而成，掛在馬的胸頸前；身甲披在馬的背上，往下遮住兩肋，由四十八片較大的甲片構成。

曾侯乙墓出土的竹簡文中記載，馬甲有「彤甲」、「畫甲」、「漆甲」等種類。曾侯乙墓的IV號馬冑，可能就是簡文所說的畫甲之一。轅馬披上皮馬甲，可以有效地保護頭、頸和軀幹，免遭敵方矢石損傷，從而確保戰車正常進行戰鬥。在文獻中還有以虎皮蒙馬，以及有金屬馬甲，如《詩・秦風・小戎》中的「俴駟孔群」，《詩・鄭風・清

戰國裝銅甲戰車復原示意圖

人》中的「駟介旁旁」，過去注家均指為金屬馬甲，但是目前的考古發現，還沒有獲得過以金屬製作的供戰車轅馬使用的護甲。

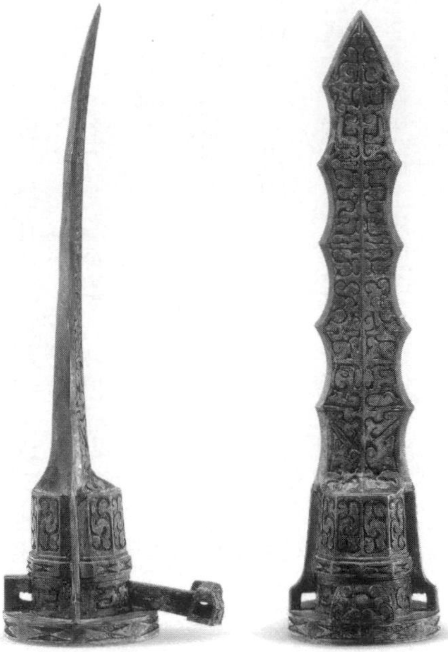

湖北隨州戰國曾侯乙墓出土青銅帶矛車軎

湖北荊門包山楚墓出土的皮馬甲復原示意圖

五、車戰的兵器組合——「車之五兵」

車戰的兵器組合，講的是戰車上必須配備的兵器，古籍中稱之為「車之五兵」。對於「車之五兵」的種類，古書的記載不一。根據《五經正義》中記載的車之五兵是「矛、戟、劍、盾、弓」。

屈原辭〈國殤〉中也提到了車戰所用的兵器，如犀甲、吳科、秦弓、長劍、旌、鳴鼓等。相比較，《五經正義》更符合實際，而考古發現資料也證實了這一點。

戰車所用的兵器，是按車上三名乘員——車御、車左、車右，在戰鬥的不同分工合理配置的，這在商代就已經很明確。西周時期的車戰兵器，以山東膠縣西庵出土的戰車最為典型，車上隨葬兩組兵器，靠左的一側有一柄戈和一柄戟，還有一組箭鏃、一套盾飾；右側只有一柄戈。仔細分析，車左是主將的兵器，車右是格鬥武士的兵器，車中間的御手位置未出土兵器。北京昌平白浮墓，以車軎、轄代表車馬，同時出土格鬥兵器一戟、九戈、二矛、一鉞、兩柄銅斧；遠射兵器為弓，現僅存青銅弓柲；衛體兵器是四把青銅短劍和一柄匕首；防護裝具有盾牌、青銅冑以及釘滿銅泡的戰靴等。

兩周時期的青銅兵器基本沿襲商代，但種類有所增加，如弩、戟、殳等；形制也有所變化，如戈的胡部加長，穿加多，鉞派生出一種彎鉤形鉞，大刀的刃部有的呈波浪形。另一個突出變化是，格鬥兵器的柄柲明顯加長，是原來的兩倍乃至數倍。車兵用器與步兵用器明顯分化。第三個變化是春秋時期以後，青銅劍的劍身逐漸加長，由原來的衛體兵器演化成了格鬥兵器。

這些變化都與車戰的頻繁有直接或間接的關係。因為當時一乘戰車，駕上馬之後，全長在三公尺以上，車寬也約三公尺。衝鋒時兩車對馳，就是雙方的馬頭相碰，車廂與車廂之間的距離尚在四公尺左右。在這種情形下，武士手中的最長的兵器也難於傷及對方，只有靠強弓硬弩，遠距離殺敵。挽馬馳過，兩車錯轂，這時兩車廂的側距在一・六公尺左右，正是車右武士操起戈、矛、鉞、殳，互相攻殺的時機。即使如此，原來步兵用的格鬥兵器也難於施展威力，而需要柄柲更長的車戰用兵器。考古資料表明，長三公尺以上四公尺以下的矛、戈等，最適合車戰的需要。《考工記・盧人》說，大凡格鬥兵器的長度，不能超過武士身高的三倍，否則不堪應用。

青銅器冶鑄技術經西周到春秋，已經發展到最高水準，春秋時期的青銅鑄造匠師們已經能夠用不同的銅、錫、鉛配方，鑄造出各種不同用途、不同硬度的青銅器了。以青銅鏃為例，《左傳》記載魯齊炊鼻之戰，齊國主將子淵拈弓搭箭，射向對面戰車上的魯國大夫洩聲子，這枝箭從戰車駕馬的軛木上穿過，又深深插入洩聲子的盾脊，達三寸之深。洩聲子也回敬了子淵一箭，射斷了子淵的馬鞅，並射死了駕車的馬，可見齊魯兩國的箭鏃都很鋒利。

兩周時期特別是春秋的戰車上的格鬥兵器，因種類不同，性能用途不同，長度也不相同。《考工記》謂「車有六等之數」，把兵器柄柲的長度與戰車車廂底部後面的橫木車軫的長度及人體的高度加以排比，對各類兵器的柄長作了規定。車軫長四尺，是為一等；戈柲長六尺六寸，是為二等；人高八尺，是為三等；殳長一丈二尺，是為四等；車戟長一丈六尺，是為五等；酋矛長二丈，是為六等。當時的尋大約與人等高。一尋長八尺，倍尋為常，也就是一丈六尺。若以人體身高一・七公尺為基準計算，戈長是人體的五分之四，約一・四公尺，殳長為人高的一・五倍，即二・六公尺左右，車戟為人高的兩倍，即三・四公尺，酋矛是人高的二・五倍，即四・二公尺左右。這些兵器的尺寸與考古發掘資料大致相近。

西周時期的裝柲（柄）格鬥兵器因柲朽毀，尚未見到詳盡資料報導。我們考察了屬於東周時期的安徽舒城九里墩春秋墓、長沙瀏城橋一號春秋晚期墓，湖北隨州曾侯乙墓（戰國前期）、湖北江陵天星觀一號戰國中期楚墓和湖北荊門包山戰國中期楚墓出土的兵器，戈、矛、戟、殳等格鬥兵器，絕大多數都裝有「積竹」柲。這是春秋以後發展起來的新工藝。其作法是以木條為芯，環周貼附劈好的竹片，再以絲麻纏緊，髹上幾道漆才算完工。這種「積竹」柲不但堅固耐用，又富韌性而不易折斷，最適合用作格鬥兵器。這幾種兵器中，戈連柲長一・三至一・五公尺，最短的不足一公尺；矛一般長二・八至三・五公尺，最長的是曾侯乙墓出土者，從鐏末到矛尖長四・四公尺，最短的為一・六六公尺；戟、殳的長度大概在三・五公尺，最長的一柄長四・五公尺。根據柲的長度，這些格鬥兵器多符合車兵「六等」之規定，並且常與車馬器同出，應為車戰所用。

六、先秦文學作品中的戰車和車戰

因為兩周戰車的大量使用和車戰的頻繁，先秦最著名的文學作品《左傳》中，留下了大量關於車戰的記載。我們選取成公二年晉齊鞌之戰，來看當時車戰的情況：西元前五八九年夏，晉軍和齊軍在鞌（今山東濟南）列開陣勢，晉軍以郤克為主帥，鄭丘緩為車右，解張御車；齊國以齊侯為主帥，逢丑父作車右，邴夏駕車。戰鬥開始，齊侯對晉軍非常蔑視，誓言消滅了晉軍再吃早飯。

於是馬不披甲，驅車馳向晉軍，發動了猛烈的進攻。晉軍主帥郤克被利箭射傷，鮮血直流到鞋上，仍然擊鼓指揮晉軍。車右鄭丘緩除了揮戈拚殺之外，遇到車受阻擋，立刻跳下車推車。御手解張，剛開戰就被箭射傷了手和肘，鮮血染紅了左邊的車輪，但鬥志不衰，他用左手控轡驅車，騰出右手來幫助郤克擊鼓指揮。他們三人互相勉勵，麾軍衝殺，追趕齊軍繞華不注山三周方才止住軍隊，一舉大獲全勝。

戰國時期楚國的大詩人屈原，也在《楚辭・國殤》篇中，突出描寫了當時車戰規模的宏大和戰鬥場面的慘烈，用以祭奠那些戰死沙場的將士亡靈，現摘錄於下（括號之內是現代學者郭沫若逐句譯成的白話）：

操吳科兮披犀甲（盾牌手裡拿，身披犀牛甲），

車錯轂兮短兵接（敵我車輪兩交錯，互相來砍殺）。

旌蔽日兮敵若雲（戰旗一片遮了天，敵兵彷彿雲

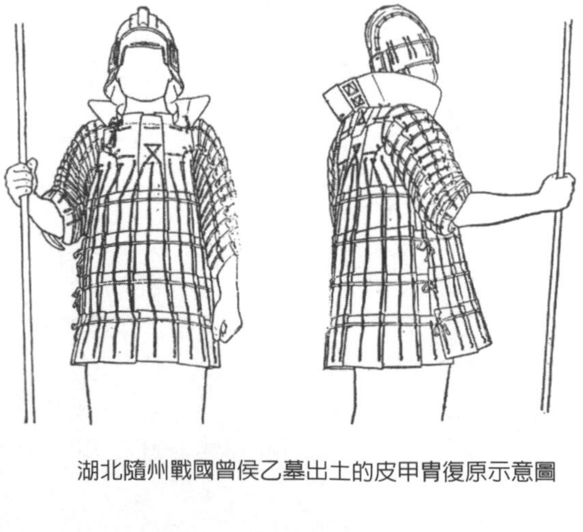

湖北隨州戰國曾侯乙墓出土的皮甲冑復原示意圖

湖北包山楚墓出土的革盾彩繪摹本

連綿），

矢交墜兮士爭先（你箭來，我箭往。恐後爭先，誰也不相讓）。
凌余陣兮躐余行（陣勢衝破亂了行），
左驂殪兮右刃傷（車上四馬，一死一受傷）。
霾兩輪兮縶四馬（埋了兩車輪，不解馬頭韁），
援玉枹兮擊鳴鼓（擂得戰鼓鼕鼕響）。
天時墜兮威靈怒（天昏地暗，鬼哭神號），
嚴殺盡兮棄原野（片甲不留，死在疆場上）。

…………

帶長劍兮挾秦弓，
首身離兮心不懲（身首雖異地，敵愾永不變：依然拿著彎弓和寶劍）。[1]

這一篇作品，悲壯而生動地描寫了一場英勇但最終失敗的戰鬥。瑰麗的文辭，不僅涉及了車

---

1. 今譯採用郭沫若譯文。見郭沫若：《屈原賦今譯》三十四至三十六頁，人民文學出版社，一九五三年。只「車錯轂兮短兵接」一句譯文因郭譯將「短兵」誤為「刀劍」而有改動。

戰的兵器裝備和指揮工具：犀甲、吳科、秦弓、長劍、旌旗、鳴鼓；更包括了從遠距離弓箭對射開始，到兩車相交錯轂格鬥，直到車毀馬傷，乘員犧牲的戰鬥全過程。特別是還分別敘述了車上的三個乘員，依照他們具體職責的不同，勾畫了他們各自的英勇表現：披甲執銳、英勇殺敵的戎右；在飛矢交墜下駕馭戰車衝鋒、在轅馬死傷後又埋輪縶馬，並堅持戰鬥的御者；直到犧牲前仍保持戰鼓聲不絕、堅持指揮的主將。最後，他們全都英勇地戰死了，「誠既勇兮又以武，終剛強兮不可凌」。詩歌結束了，但是車戰的情景卻深深地刻劃在讀者的記憶之中。

先秦駟馬戰車模型

第六講

「越王勾踐破吳劍」——東周青銅劍

兵器是隨著軍事上的需要而改進的。在主要是步兵作戰的戰場上，需要適合近戰的鋒利而輕便的短柄兵器，劍正具備了這些特點。據目前所獲得的考古發掘資料，青銅製作的短劍出現於西周時期的墓葬中。春秋時期以吳越的鑄劍技術最精，吳滅於越，越又滅於楚後，其高超的鑄劍工藝被楚國掌握，所以江陵、長沙一帶的楚墓中，常獲得數量眾多、鑄製精美的青銅劍，在湖北江陵天星觀發掘的一座楚墓裡，竟放有多達三十二把銅劍，正反映了楚地鑄劍日趨繁盛的歷史事實。

青銅劍不僅是近戰格鬥的兵器，也是貴族士大夫佩帶以顯示身份地位的象徵物，特別是製工精美並有銘文的吳越寶劍，更為當時中原各國貴族所鍾愛，春秋時期「季札掛劍」的故事就說明了這一點。

另外，在當時距中原地區較遠的東北、西南、東南等地區的古代少數民族，也分別使用著外貌各不相同的青銅短劍。

越王勾踐破吳劍，
專賴民工字錯金。
銀縷玉衣今又是，
千秋不朽匠人心。

郭沫若的這首詩，是為一九七三年在日本舉辦的中國出土文物展覽中，展出的精品越王勾踐劍和東漢的銀縷玉衣所題，當時詩作者還附注有：「劍銘『自作』，實賴民工；衣被王軀，裁成匠手。創造歷史者，並非英雄帝王，乃是人民工匠」等語。

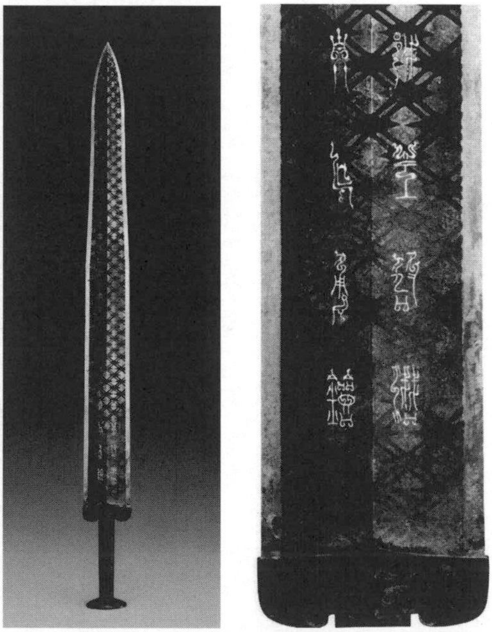

湖北江陵楚墓出土的銅越王勾踐劍（左：越王勾踐劍 右：越王勾踐劍錯金銘文）

一、勾踐劍重現江陵楚墓

一九六五年，在湖北江陵望山一號楚墓發掘中，於主棺內死者屍骨的右側，發現了一柄青銅劍。令人驚喜的是在劍身近劍格處，鏨鑄著八個錯金的鳥篆體銘文：「越王鳩淺 自乍（作）用鐱（劍）」。「鳩淺」，就是那位臥薪嘗膽終於滅吳的勾踐。

這把劍出土時完好如新，鋒刃銳利，製工精美，全劍長五十五・七公分，劍莖所纏絲緱還保留著清晰的痕跡，劍格飾有花紋而且嵌著藍色琉璃，劍身滿佈菱形的暗紋。劍的形制顯示著春秋晚期以來銅劍共有的特點，就是它的兩側刃部不是平直的，其最寬處約在距劍格三分之二處，然後呈弧線內收，至近劍鋒處再次外凸，然後再內收成尖鋒。刃口的這種兩度弧曲的外形，更說明劍在使用時注重的是它直刺的功能，而不是以斫擊為主的。

這把劍的鑄造技術，代表了當時吳越工匠的最高水準。

望山一號墓中埋葬的死者，是一位與王族有關的中年男子，下葬的時間有人認為可能是戰國中期楚威王時期，也有人認為晚到楚懷王滅越以後。那麼越王自作用劍，怎麼會跑到這座楚墓中來的呢？原來越國滅掉了吳國以後，曾與楚維持過較為友好的關係，不久自己又被楚國吞掉。「越王勾踐破吳劍」入楚，有可能是友好時的贈品，也有可能是越亡後被當作戰利品而擄來楚國的。這就是江陵一帶的楚墓裡，曾經不斷出土帶有越王銘的青銅劍的原因。

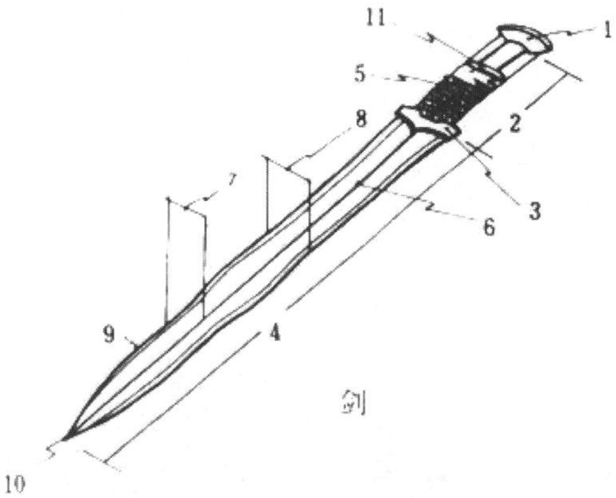

劍各部位名稱圖［1.首 2.莖 3.格 4.身 5.緱 6.脊 7.從 8.臘廣 9.刃（鍔）10.鋒 11.箍］

二、越王劍和吳王劍

春秋戰國時期，當中原地區還主要依靠戰車作戰的時候，在南方的吳越地區卻有著完全不同的情況，那裡水網縱橫，並且當時還處於地多林莽，尚待開發的階段。奔馳在北方平原上大而沉重的戰車，在南方幾乎是沒有用武之地的，相反各種戰船卻是軍隊中不可缺少的重要裝備，適應著這樣的客觀條件，吳、越的軍隊的主力是步兵。

據《左傳・成公七年》記述，遲至西元前五八四年，申公巫臣從晉國來到吳國，才幫助吳國組訓了第一批戰車部隊。儘管如此，吳國軍隊的主力依然還是步兵，即使又過了整整一個世紀以後也還是如此。《國語・吳語》記述，西

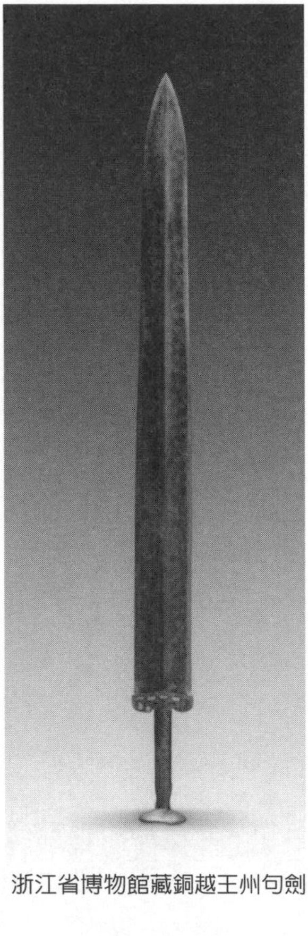

浙江省博物館藏銅越王州句劍

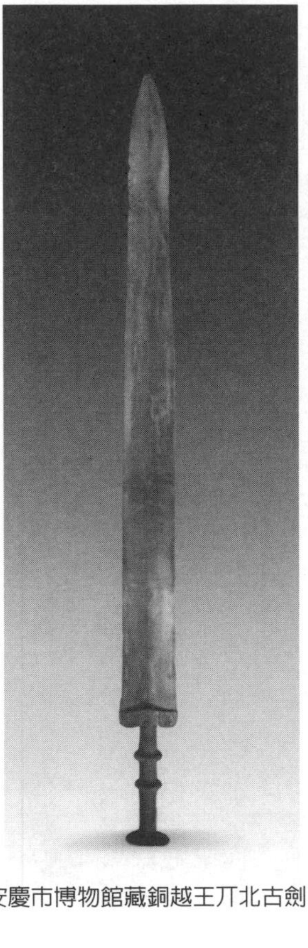

安慶市博物館藏銅越王丌北古劍

安徽省博物館藏銅吳太子姑發劍

元前四八二年吳晉爭先的黃池之會時，吳王夫差為了顯示軍威而排列的三個方陣，依然是由精銳的步兵所組成的。至於夫差的死對頭越王勾踐的軍隊，也是步兵。為了提高部隊的戰鬥力，他採取的主要措施之一，就是教練士兵提高擊劍的水準。《吳越春秋・勾踐陰謀外傳》關於越女和猿公的傳說，就反映了這一歷史事實。

兵器是隨著軍事上的需要而改進的。在主要是步兵作戰的戰場上，車戰中使用的長度接近人體軀幹三倍的長柄戟、矛，當然不再適用。步兵所需要的，是適於近戰的鋒利而輕便的短柄兵器，而劍正具備了這些特點，所以在南方的吳越有了很大發展。因此，當時吳越地區鑄劍的水準，遠遠超過中原諸國，出現了許多傳奇式的鑄劍大師，並在史籍中留下了自己的名字，如歐冶子和干將夫妻。

尤其是干將、莫邪鑄劍的故事，一直流傳到了今天。

正是因為吳越青銅劍冶鑄技術水準當時就為人們所稱頌，所以才能產生那樣神奇而又生動的傳說。也正因為如此，春秋時期的吳越之地，幾近成為「寶劍之鄉」，這裡製造的質精物美的青銅劍，極受中原各國的重視。所以《考工記》才講：「吳粵（越）之劍，遷乎其地而弗能為良。」近年來在考古發掘中獲得的吳越銅劍，更是提供了有力的實物例證。這些銅劍中，有的上面帶有吳王或越王造劍的銘文，如越王州句劍、越王丌北古劍等等。湖北江陵望山楚墓出土的越王勾踐劍，是其中製工精美的代表作。

至於帶有吳王銘文的銅劍，在湖北、安徽、河南、山西等地都有出土，有吳王光劍、吳王夫差劍，還有吳王夫差之子「姑發閶反」劍，等等。這些吳王劍和越王劍在各地不斷出土，從一個側面表明當時人們對吳越寶劍的珍重。

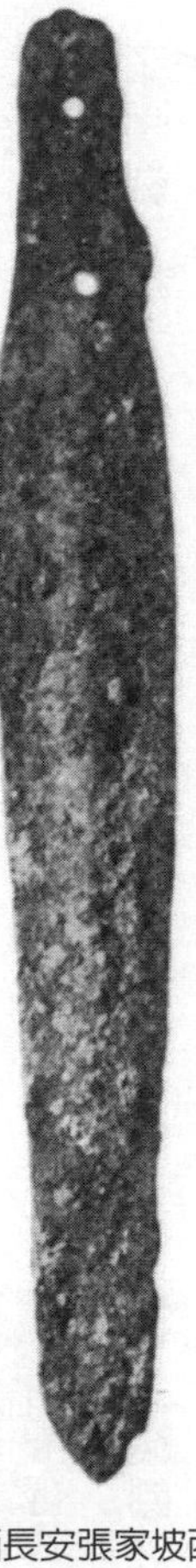

陝西長安張家坡西周墓出土的銅劍

吳越寶劍具有相同的時代特徵，主要是劍體兩側刃不是平直前收，而是呈現出兩度弧曲，形成滑潤流暢的外輪廓線，這種形制的劍刃只有在中國古劍上可以見到。同時期的世界其他古代文明，例如環地中海先後出現的埃及、希臘、羅馬諸古文明中，所用劍的刃部都是平直前伸的形制。吳越劍的莖部多為實芯上有兩道箍或沒有箍，也有空芯在莖首處微外擴呈喇叭狀，使用時莖上都要纏上絲質的緱，以便於手握格鬥。劍格常飾有花紋，有的劍銘不在劍體而鑄在劍格上。在劍身上常飾有精美的菱格等幾何形暗紋，精美異常。

從吳越青銅劍的製作工藝水準，可以看出它們應是經歷了長時期發展的成熟作品。那麼中國古劍到底源於何時呢？

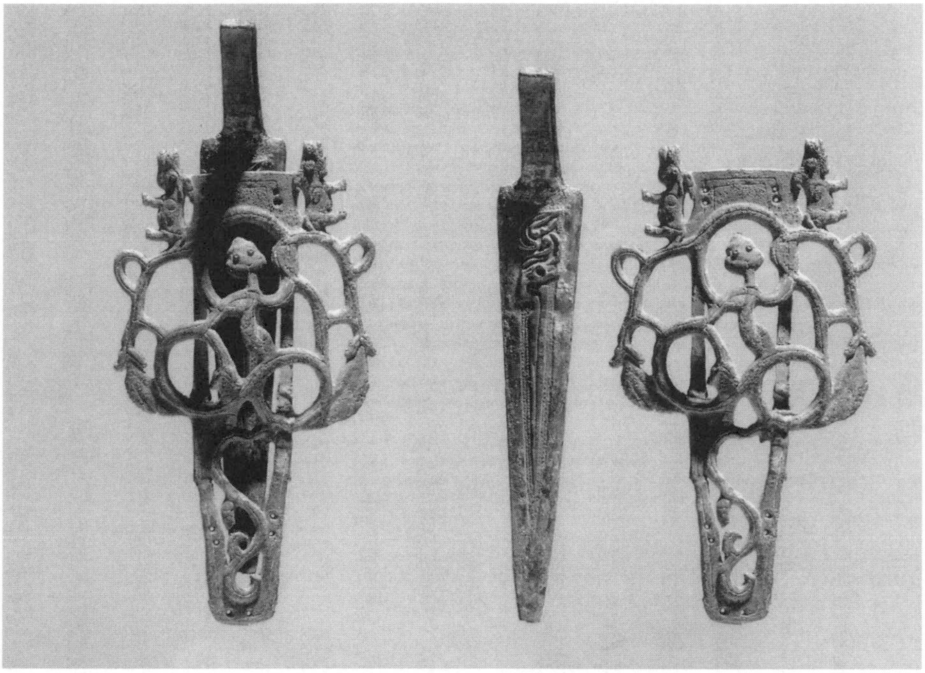

甘肅靈台白草坡西周墓出土的帶鞘銅短劍

三、古劍溯源

據目前所獲得的考古發掘資料，青銅製作的短劍出現於西周時期的墓葬中。但是曾經有上世紀四〇年代寫成的講兵器的書，說是夏代已有銅劍，還刊登了所謂夏代銅劍的圖片和劍上的紋飾。但從該圖片上，我們可以清楚地看出那是巴蜀劍，劍上紋飾的圖像雖然畫得很不準確，但仍可辨識為巴蜀劍上常見的心手紋，它已是晚到戰國時的器物。

一九五六至一九五七年，在陝西長安張家坡的西周墓裡，出土了一把很短的青銅劍，報告中稱作匕首。它全長不過二十七公分，形狀像細長的柳葉，裝柄的部份略瘦，上面有兩個縱列的圓穿孔，看來是在兩側附貼木柄，透過圓孔釘合成一體來使用。同樣的柳葉形青銅劍，後來又在北京琉璃河五十三號墓和陝西寶雞竹園溝一號墓都出土過，其中琉璃河的一把更短些，僅僅長十七・五公分。這些短短的青銅劍，有效使用的鋒刃部份不過十七至十八公分，也可以說是和匕首差不多。至於它的用途，應該是一種防範非常的衛體兵器。西周時期以車戰為主，兩軍對陣時，首先用遠射的弓矢，待到戰車錯轂格鬥時所用的兵器，就是長柄的戈、戟和矛、鉞了。只有雙方戰士扭打在一起時，僅有十幾公分鋒刃的手握短柄兵器才會起作用，但是在車戰的條件下，這種機會是不多的。劍的名稱，正是因它的用途而得的，據《釋名》：「劍，檢也，所以防檢非常也。」由於以上原因，在西周初期車戰所使用的兵器組合中，劍是不佔重要位置的。這一點也可以從這種兵器出土數量之少，以及它和出土銅戈數量比較相差懸殊等方面反映出來。

劍作為兵器，開始受到重視，應該是西周以後的事，也就是在那一時期，劍的形制有了新的變化。考古發掘中已經獲得的春秋早期青銅劍，都是柱脊劍，也就是由圓柱體的莖，直向前延伸而形成劍身的凸脊，只是有的劍莖上裝有劍首，有的沒有。在上村嶺虢國墓地出土的幾把劍，都是有劍首的；洛陽中州路第二四一五號墓出土有裝在象牙鞘裡的銅劍，就是沒有劍首的。

它們的形體都比較短，一般在二十八至四十公分之間。中州路的那一把，劍長二十八・五公分，加上刻工精美的象牙柄，全長也不過三十三公分左右。這把劍安好柄後，外貌正好和洛陽金村出土銅鏡上那位騎士所握的劍相似，銅鏡上這幅跨馬用劍刺虎的圖像，正好提供了當時以劍搏刺對方的形象資料。

需要說明的是，這種類型的劍，只適用於向前推刺，而不適於上下劈砍，所以也稱它是一種「直兵」。《晏子春秋》記崔杼殺了齊莊公以後，用武力逼諸將軍大夫盟於大宮，「有敢不盟者，戟拘其頸，劍承其心」，又謂「曲刃鉤之，直兵推之」。這對早期較短劍的使用方法，確是一個很好的說明。但是，當時還處於車戰盛行的後期，劍在戰鬥中的作用依然和西周時期相同。只是在南方水網縱橫的地區，劍在步戰和水戰中才發揮了應有的作用，促成吳越地區製劍工藝處於領先的地位。

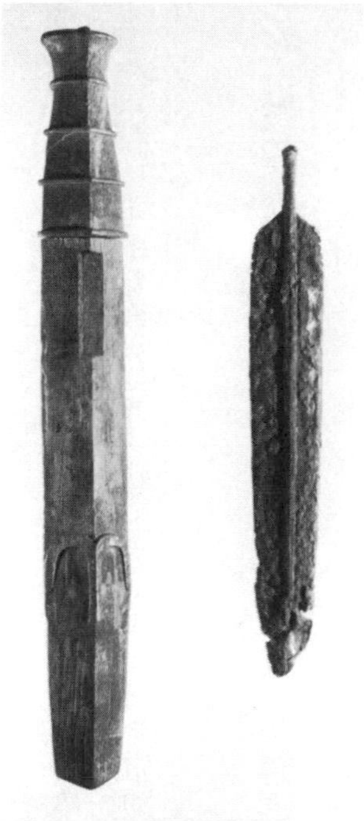

河南洛陽中州路東周墓出土的銅劍和象牙劍鞘

吳越的銅劍也是經歷了由短劍到長劍的發展歷程。在西周晚期到春秋早期，在江蘇南部到浙江北部地區，出土有這一時期帶有地方特色的青銅短劍，一般全長在三十至四十公分之間，劍莖實芯，有時飾有花紋，莖端有較大的圓首，劍身中脊隆起，前鋒尖細，但兩側刃已呈現兩度弧曲的雛形。等到春秋晚期，隨著吳越國力的日趨強盛，軍隊擴大，促進了兵器製作工藝的發展，使吳越的製劍技術達到高峰，出現了前面敘述的製工精美的吳王劍和越王劍。

安徽馬鞍山三國孫吳朱然墓出土的漆盤畫「季札掛劍」圖像

四、「季札掛劍」和干將、莫邪鑄劍的傳說

青銅劍不僅是近戰格鬥的兵器，也是貴族士大夫佩帶以顯示身份地位的象徵物，特別是製工精美並有銘文的吳越寶劍，更為當時中原各國貴族所鍾愛，春秋時期「季札掛劍」的故事，就充分說明這一點。西元前五四四年，吳王余祭派公子季札出使魯、齊、鄭、衛諸國，「季札之初使，北過徐君。徐君好季札劍，口弗敢言。季札心知之，為使上國，未獻。還至徐，徐君已死，於是乃解其寶劍，系之徐君冢樹而去。」從者不解，季札說：我當時心中已許將劍贈給徐君，怎麼能因為他死了就悔約呢！

季札不因徐君死而悔約的情義故事流傳後世，直到漢魏時仍為國人稱頌，所以安徽馬鞍山三國時期孫吳大將軍朱然墓發掘出土的，題名為蜀郡所造的精美漆盤上，還繪畫有「季札掛劍」的圖像。

春秋時期興起的吳越精湛的鑄劍技術，在吳被越滅掉，而後越又亡於楚以後，也就為楚國所掌握，使得本來已有相當水準的楚國鑄劍工藝，有了進一步的發展。現在從江陵、長沙一帶的楚墓中獲得數量眾多、鑄製精美的青銅劍，甚至在湖北江陵天星觀發掘的一座楚墓裡，竟放有多達三十二把銅劍，這一事例，正是反映了楚地鑄劍日趨繁盛的歷史事實。於是，過去關於吳越神奇的鑄劍傳說，也隨之被移植到了楚國。

在那些鑄劍的傳說中，最早是歐冶子為越王鑄劍，後來出現干將為吳王鑄劍，其妻莫邪告訴他，神物之化，須人而成。於是莫邪剪下自己的頭髮和指爪，投入爐中，於是鑄成陰陽二劍，即名莫邪、干將。後干將僅將陰劍獻給吳王。後來鑄劍工藝轉到楚地為勝，傳說故事隨之發生變化，干將莫邪夫妻就不是為吳王鑄劍而是為楚王鑄劍了，並且出現了眉間尺為父報仇的動人情節，最後以同葬三頭的「三王墳」作為整個故事的結尾。於是魯迅先生摭拾了這一傳說，據以寫出場景極為神奇詭異，且驚心動魄的〈鑄劍〉篇，收入《故事新編》中。給這一古老的傳說賦入了新的寓意。

五、青銅冶鑄技藝和雙色劍

東周列國紛爭中，為求國家生存，政府都極注重提高青銅兵器製作技術，以形成地域性的優勢，如吳越的鑄劍工藝、燕地的甲冑製作等。戰國時各國都設立了專門生產兵器的官營作坊，在量產的兵器上鑄刻製造機構、監造官吏及工匠姓名，目的是確保兵器的品質。河南新鄭「鄭韓故城」出土的大量有銘兵器可資證明。在製作工藝方面，東周時期還總結出適於不同器類和不同兵器的合金比例配方，即《考工記》中的「六齊」。《考工記》成書的年代，一般認為在春秋時期，有人認

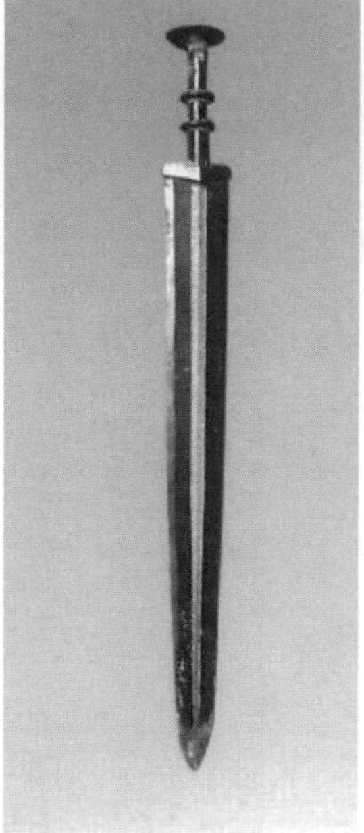

湖南長沙楚墓出土的銅雙色劍

為它是春秋時期齊國的官書。

到戰國時期，隨著車戰的衰落和步兵的興起，劍在戰爭中的作用日益重要，它成為當時步兵的標準裝備之一。以魏國的武卒為例，一個士兵的裝備如下：護體的裝具是甲和胄，遠射兵器是十二石的強弩（每人配備五十枝弩箭），格鬥兵器是戈和劍。從汲縣山彪鎮出土的水陸攻戰紋銅鑑上，可以清楚地看到揮劍戰鬥的步兵或水軍戰士的形象，而且那些手持長柄矛戟格鬥的戰士，每個人的腰上都毫無例外地佩帶著插在鞘裡的劍。在成都百花潭出土的銅壺上也有著畫面大致相同的戰鬥圖像，同樣可以看到用劍戰鬥和佩劍的戰士。

隨著劍在戰爭中的作用日益重要，也就迫切地要求改進品質，加強殺傷能力。於是對兵器的製造者提出了兩方面的要求：一方面要加長劍身的長度，另一方面要使它更加堅韌和鋒利。在長度方面，從已經獲得的春秋到戰國早期的青銅劍來看，它們的總長度一般只有五十公分左右，山彪鎮的水陸攻戰紋銅鑑上所刻劃的劍，也都是這種較短的劍。

由於青銅質較脆，所以增加劍長在工藝上相當困難。到了戰國晚期這方面已經有了相當大的進展，例如秦國的青銅劍在秦始皇時期已經達到八十一至九十一・三公分的長度。在增強殺傷能力方面，主要是生產了劍脊和劍刃含錫量不同的複合劍，這種青銅劍的脊部呈紅色，因為其中含錫量較少（約百分之十），所以比一般青銅質柔而堅，比較不容易折斷。劍的刃部含錫量較多（約百分之二十），所以質脆而硬，使得刃口更加鋒利。這種外堅內韌的複合劍，可提高殺傷力，在製作技術上是明顯的進步。需要指出的是，由於東周時期盛行佩劍之風，促使青銅劍鑄造得日益華美，不少劍身上顯現著各種細密的幾何形花紋，有的還採用鎏金、錯金銀、鑲嵌等技術來裝飾銅劍，使它更加美觀。到了這時，青銅劍的鑄造工藝已經達到了最高的限度，但是製出的兵器不論在劍長和鋒利程度兩個方面，都並沒有滿足當時戰場上的士兵對兵器的要求。要解決這個問題，唯一的途徑是尋求比青銅更好的原材料和更新生產技術。

六、劍櫝和劍鞘

周時重劍，平時服用，但不能露刃佩帶，必須插置於鞘中，方可隨身佩飾。因此實用中劍鞘是佩劍時不可缺少之物。至於收藏時，除插置鞘中以外，還須儲藏於劍櫝之中。《禮記・少儀》記載古代向尊者奉獻劍時，先將儲放劍的櫝（劍函）開啟，然後仰蓋於函下，加函底於上重合，這樣就將函中的劍顯露出來。現已發現的東周時劍櫝，正合其制，均可將櫝蓋揭啟後仰合於櫝下，自可依禮獻奉。劍櫝皆木製，髹漆，目前多出土於楚地。經田野發掘出土的標本，最早的例子如二十世紀五〇年代在長沙楚墓發掘的出土文物，湖南長沙左家公山第十五號戰國時楚墓出土木劍櫝，通長七十二公分，內儲一銅劍。此後在湖南長沙瀏城橋，湖北當陽趙家湖，江陵的望山、九店、雨台山、天星觀等地楚墓中，都不斷有東周時的髹漆木劍櫝出土，總數已近六十件。其使用時間自春秋晚期延續到戰國時期。

這些劍櫝的形制及製作工藝大致相同，表明東周時楚地劍櫝已形成定制。這些劍櫝的櫝身和蓋均選用整段木材，先修出外輪廓，再刳修內匣，身、蓋以子母口套合，形體均為適應銅劍而呈狹長的長方形，長度隨劍長而略有不同，一般在六十二至七十八公分之間，寬度在八至十二公分之間，其長寬比以七比一至八比一之間最常見。木劍櫝的櫝蓋均呈縱向隆起，一般製成縱向的瓦楞形紋，使內匣呈縱向拱形，以利存儲。

湖南長沙楚墓出土的銅劍和漆劍櫝

通常在劍櫝中段，施有裝飾紋帶，自櫝蓋橫向延伸至櫝身兩側壁，其寬度約為櫝身長度的三分之一至四分之一。紋樣多是多方連續的方形單元卷雲紋、渦紋、菱紋等，為淺浮雕，微凸出蓋面。有的櫝蓋上施紐，也是在裝飾紋帶處縱置蓋面中部。劍櫝表面與內匣均髹黑漆，有的在裝飾紋樣處加施紅彩，以增美觀。在湖北江陵九店楚墓群發掘中所獲木劍櫝數量最多，其形制除常見的身蓋以子母口扣合的結構外，還有少數採用平蓋或榫眼扣合。在裝飾紋樣方面，也有除櫝身中段的裝飾紋帶外，在櫝身兩側通體飾有雲紋圖案的例子。同時由出土情況又可看出，當時並不是每件劍均附有劍櫝，例如雨台山楚墓群出土銅劍總數多達一百七十二件，只出土劍櫝二十二件；九店墓群出土銅劍兩百零三件，只出土劍櫝三十一件；趙家湖墓群出土銅劍五十七件，只出土劍櫝兩件。天星觀一號墓是一座墓中隨葬銅劍數量最多的例子，共出土三十二件，但僅出土劍櫝一件。因此，劍櫝的數量遠較銅劍為少，且漆木質的文物保存困難，所以漆劍櫝在文物收藏品中頗為罕見。

劍鞘與劍櫝不同，因是隨身佩用之物，一般說來每件銅劍均應附有鞘。

在瀏城橋一號墓中隨葬的兩件銅劍，均附有髹黑漆木劍鞘。天星觀一號墓隨葬銅劍三十二件，件件附有髹黑漆木劍鞘。望山一號墓隨葬的四件銅劍，也都附有鞘。但是由於木質劍鞘極易腐朽，所以大多數埋在地下後與纏於劍莖的劍緱都先行朽毀，僅只有銅劍保存下來。例如江陵九店墓群出土的銅劍超過兩百件，但只有四十七件劍鞘保存下來，其中器形清楚的只有二十五件。所以能保存完整的東周時期髹漆木劍鞘，也是頗為值得珍視的文物收藏品。一般的木劍鞘，是由兩片木片合成，外用絲綢纏裹，再髹黑漆。劍鞘外輪廓因適應銅劍的劍體外輪

湖南長沙出土的越人銅短劍

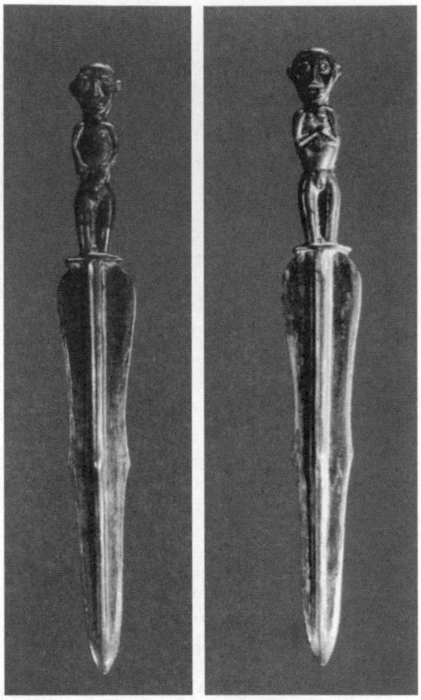

內蒙古昭烏達盟出土的雙面人形莖銅短劍
（左：男像一面 右：女像一面）

廓，也是前面從口至約長度三分之二處，兩側大致平直，然後由兩側向內微窄呈弧曲形狀，鞘末端齊平。

在目前發現的東周時期劍鞘中，時間較早的應是春秋早期河南洛陽中州路（西工段）第二四一五號墓銅劍所附象牙質劍鞘。那是一件中原的早期柱脊式銅劍，裝有象牙劍柄。象牙鞘由整塊象牙雕刻而成，橫剖面作菱形，中心挖空以納劍體。在鞘的正面靠上端處，雕出凸起狀物，橫穿三小孔，孔中遺有朱色痕跡，表明原用朱色條帶貫孔佩劍，這種佩劍方式確為中國所創造。以象牙製劍鞘，在中原地區或曾流行，後來在洛陽中州路北的一座戰國墓中，曾出土一件有象牙鞘的「繁陽之金」銘銅劍。也以骨雕裝飾劍鞘，洛陽中州路（西工段）第一一五號墓，曾出土浮雕獸面和繪有渦紋的骨劍鞘，由四塊構成鞘身，另附一骨雕小耳，應起同樣的佩帶作用。骨鞘僅有上葉，兩側有穿綴用的小孔，可能與另一葉木質部份綴連成整鞘，但木質部份已朽毀無痕。

在中原地區發掘到的東周時銅劍也有附木鞘的實例，一九五六至一九五八年在河南陝縣發掘的東周墓中，所獲銅劍的劍體上，常附有木鞘遺痕，可惜沒有完整的木鞘實物保存下來。在江南楚地東周墓出土的劍鞘，還沒有見到過如洛陽春秋墓那樣的象牙劍鞘，目前所見絕大多數為髹漆木鞘，其中又以由上下兩片合成，外纏絲帶或絲綢，然後表面髹漆而製成的為主，髹漆的色澤，均用黑色。

除上述式樣的髹漆木鞘外，楚墓中也有一些形制特殊的木劍鞘，例如望山一號墓出土的四件髹漆木劍鞘中，三件為楚地典型樣式，包括著名的越王勾踐劍的劍鞘在內。另一件則形制特殊，在上下兩片邊緣各設有十八個小孔，通過穿孔用絲線將兩片連綴成鞘，鞘身與鞘口的橫剖面均呈橢圓形。在鞘的正面近鞘口處，浮雕有精細的變形獸面圖案。

楚墓出土劍鞘中頗為值得注目的發現，是湖北荊門包山二號楚墓出土劍鞘中，有一件骨劍鞘，是由兩塊薄骨片拼合而成，用絲帶交叉對穿固定。近鞘口處飾一浮雕獸面紋的骨片，通過骨片四角小孔，以絲帶繫聯固定在骨鞘之上。又在鞘身兩側各編綴半月形方穿附耳，以供佩繫。鞘身還髹黑漆。這件骨劍鞘的形制與編聯成鞘的方式，都與洛陽出土「繁陽之金」銘銅劍所附象牙鞘接近，二者應有一定的聯繫。據發掘者考證，包山二號墓所葬死者為左尹卲，下葬於西元前三一六年，洛陽出土的「繁陽之金」銘銅劍，應為楚器，所附象牙鞘的形制又與包山二號墓骨鞘一致，也應為原楚劍所佩之鞘，亦應為楚器。據此推測，雖然目前楚地出土劍鞘絕大多數為髹漆木鞘，尚未發現象牙製品，但當時楚地也用象牙製作劍鞘是沒有問題的。

七、邊地各民族的青銅劍

除了扁莖有脊的柳葉形劍以外，在西周墓裡獲得的青銅兵器中還有另外兩種短劍。一種是在甘肅靈台白草坡的西周墓裡發現的，劍身近似一個修長的銳角三角形，身後接較窄的短莖，上面還遺留有木柄和纏繩的痕跡，二號墓裡出土的兩件通長二十四・三公分，插在銅鞘內，鞘上帶有由蛇、牛等動物和纏枝植物紋組成的鏤空圖案，很是精美。

湖北隨州戰國曾侯乙墓出土的鐘簴佩劍銅人

另一種短劍，如北京昌平白浮西周墓發現的幾件，劍身有脊稜，在莖和劍身相接處（就是後來安劍格的位置）向左右各斜伸出一個小齒，在莖端裝飾有鳥頭或獸頭圖案。這種劍中最早的例子，是在山西保德縣林遮峪獲得的，但是劍身和莖通體向一側微曲，劍首鑄成鈴狀，與它同時出土的青銅器，具有殷代晚期的特徵，可以說明這把劍也是那一時期的。看來這兩種短劍是殷周時期一些少數民族的兵器，前一種具有西南地方的特徵，後一種散發著北方草原民族的氣息。它們在殷末西周初期的墓中出現，應該是反映著當時殷周和周邊的少數民族的密切聯繫。

同時，在當時距中原地區較遠的東北、西南、東南等地區的古代少數民族，也分別使用著外貌各不相同的青銅短劍。除了上述北方游牧民族的獸首柄短劍和西南諸族的短莖三角形短劍外，從出土文物中還可以看到東南古越族的裸體立人莖寬刃短劍、東北地區的柄端安裝加重器的琵琶形雙側曲刃短劍，也有的莖作裸體立人形，且一面為男像，另一面為女像，應與原始巫術有關。在西南的蜀地，東周晚期的巴蜀墓葬中隨葬的青銅兵器，主要是劍和鉞，劍體呈柳葉形，扁莖無首，劍體上飾有以心、手、虎等組成的獨特紋樣，具有鮮明的地域特徵和民族特徵。活躍於雲南東部的滇人，使用莖和劍體整體鑄成的狹長等腰三角形短劍，莖上和劍體上常飾有華美的紋飾，有的還配有黃金製成的劍鞘。

第七講

從強弓到勁弩——中國古代延續時間最長的兵器

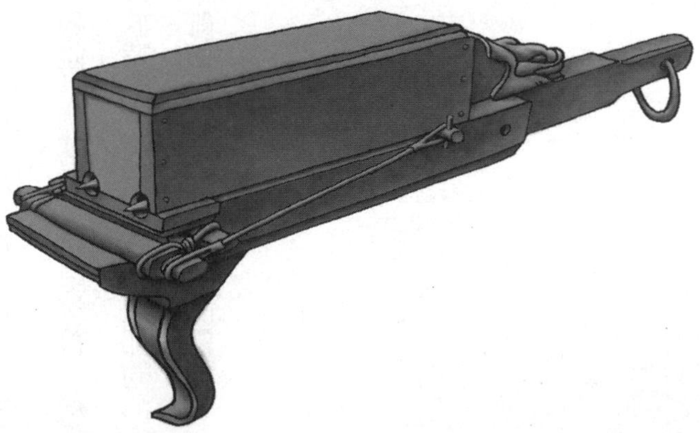

自遠古狩獵工具而轉化為兵器的弓箭，經過數千年的發展，到東周時其材質和製作工藝已經達到一個高峰。箭上裝的金屬箭頭——青銅鏃，既增強了穿透力，又加強了殺傷力。弓的製作技藝更是日臻成熟，而且從選材到製作都趨於標準化。此時在遠射兵器的製造方面，一種更強勁的武器——弩出現了。

弩是在弓箭發展的基礎上產生的，其優點是除了使用臂力外，還可以用雙腳蹬，用腰引，可用全身之力，不僅如此，更強的弩還能使用絞車張弦，使用多人合力，甚至獸力，因而射程更遠，射出之箭的威力更大，對敵方的殺傷力得到極大增強，一舉成為軍中的重型遠射兵器。東周晚期強弩開始裝備軍隊，也和當時軍隊組成的變革相適應，利於裝備正在興起的步兵，很快就在實戰中發揮威力。由於弩比弓射程遠而威力強，可以集中給敵方以突然的打擊，成為體量龐大的駟馬戰車的剋星，有人認為戰車的衰落，與強弩大量裝備有很大關係。同時多弩齊發的威力，也促進了陣法和戰法的變革。

在田野考古發掘中，於湖南、江蘇、河南、河北、山東、四川等地的戰國墓中，都發現有青銅弩機。在湖南的楚墓中，如長沙掃把塘一三八號墓中還發現完整的木弩臂和竹弩弓，據此可以對戰國時的弩進行復原。

一、《考工記》記載的弓

自遠古狩獵工具而轉化為兵器的弓箭，又經過數千年的發展，到東周時其材質和製作工藝已經達到一個高峰。箭上裝的金屬箭頭——青銅鏃，除了沿用夏商以來傳統的扁體凸脊雙翼鏃外，開始改成三稜錐體形狀，由三條凸起的稜刃前聚成鋒，因而既增強了穿透力，又加強了殺傷力。對於弓的製作技藝，更是日臻成熟，而且從選材到製作都趨於標準化。《周禮・考工記》中的「弓人為弓」和「矢人為矢」兩節，詳細地記述了有關製造弓箭的選材和工藝流程等，並且記錄了按使用人身份而規定的弓的等級。

據《考工記》記述，當時製造弓所需的六種原材料是幹、角、筋、膠、絲和漆，「六材既聚，巧者合之」。六材所起的作用，分別是「幹也者，以為遠也；角也者，以為疾也；筋也者，以為深也；膠也者，以為和也；絲也者，以為固也；漆也者，以為受霜露也」。對於六材的選用標準，書中有較詳細的規定，以幹為例，指明「凡取幹之道七：『柘為上，檍次之，檿桑次之，橘次之，木瓜次之，荊次之，竹為下』」。認為幹的七種樹木中，以柘木製弓是最好的材料，而最次的是竹材。選取角材時，要注意殺牛的季節，牛的老幼，是否是病牛的角，應選用的角必須是「青白而豐末」。因為「夫角之本，蹙於刲而休於氣，是故柔。柔，故欲其埶也。白也者，埶之徵也」。「夫角之中，恒當弓之畏，畏也者必橈。橈，故欲其堅也。青也者，堅之徵也。」「夫角之末，遠於刲而不休於氣，是故脃。脃，故欲其柔也。豐末也者，柔之徵也。」最好選取本白、中青、末豐

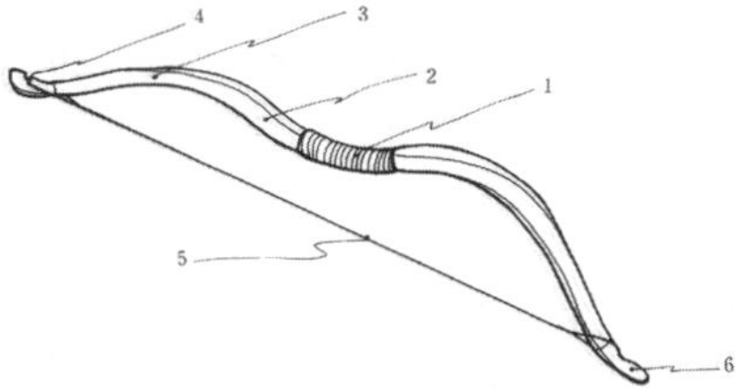

弓各部位名稱圖［1.弣 2.淵（肩） 3.簫 4.弓弭 5. 弦 6. 弭］

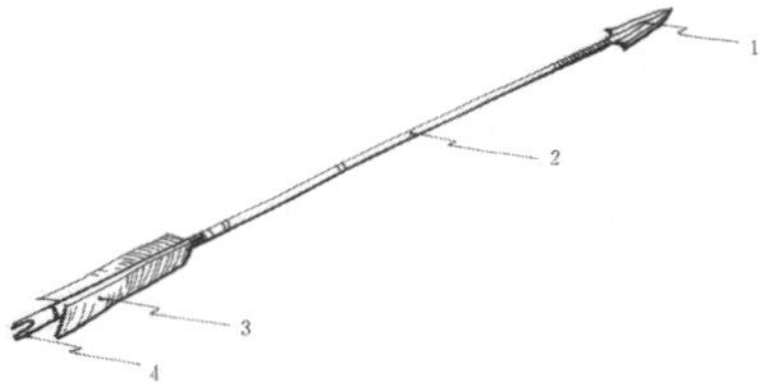

箭各部位名稱圖［1.鏃（刃） 2.笴（藁） 3.羽 4.栝（叉、比）］

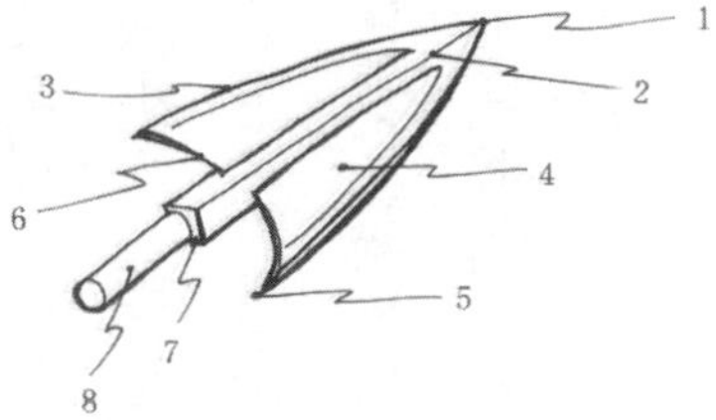

鏃各部位名稱圖［1.前鋒（末）2. 脊 3.刃 4.翼（葉）5. 後鋒 6. 本 7.關 8.鋌］

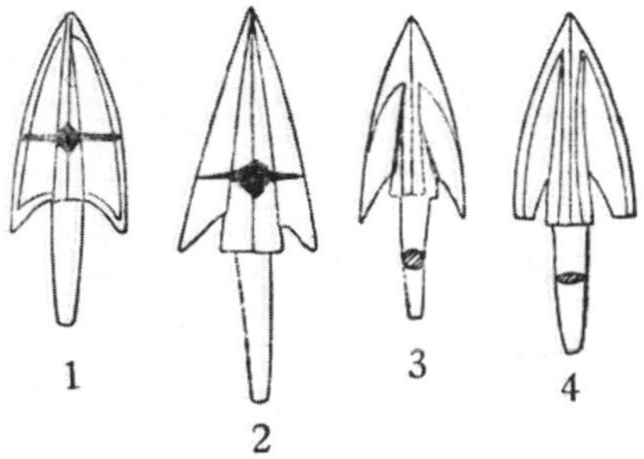

殷周銅鏃（1、2.河南安陽殷墟出土殷商銅鏃 3、4.甘肅靈台白草坡出土西周銅鏃）

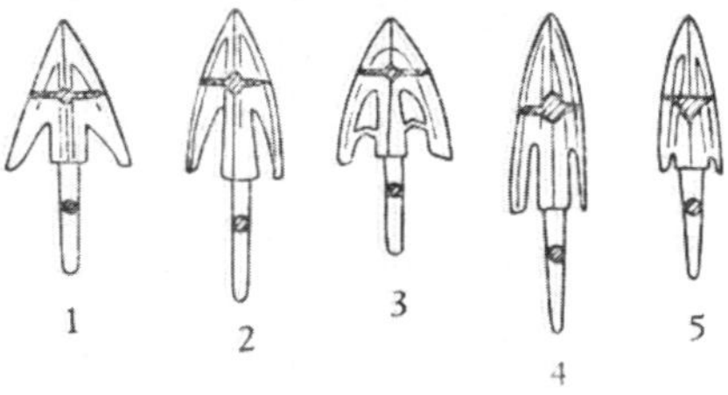

河南三門峽虢國墓出土銅鏃

東周青銅器上的射禮圖像

的角。「角長二尺有五寸，三色不失理，謂之牛戴牛。」這是最佳的角材，一隻牛角的價格就相當於一頭牛，所以稱為「牛戴牛」。

對於膠、筋、漆和絲的選材，也各有規定。

至於將六材合製成弓，並不是短時間可以完成的，不同的工序需選不同的季節，以確保弓的品質。「凡為弓，冬析幹而春液角，夏治筋，秋合三材，寒奠體，冰析瀞」，再春被弦，因此製成一張弓，時間短了是不夠的。據抗日戰爭時期對四川成都長興弓鋪的調查，從備材到製成一張弓，要經過四個年頭。由此推知，古代要製成一張良弓，所需的時間也不會與今天相差很多，至少需二至三年才能完成。但是當時弓是戰爭中主要的遠射兵器，需要不斷地成批供應軍隊，所以並不是製成一張才開始製做第二張，而且也不會是一張一張生產，而是成批製作，各項工作流水作業，交錯進行，因此實際上每年都會有成批的產品，源源不斷供應軍隊。但是以一張弓而論，其製造的時間是無法縮短的，否則會影響成品的品質。

二、弩生於弓

正當弓箭製造工藝在春秋時期達到前所未有的高峰時，在遠射兵器的製造方面，也發生了一場革命——弩開始走上戰爭舞臺。弩是在弓箭發展的基礎上產生的。在《吳越春秋》中，記述有越王勾踐請楚將陳音教射的故事。陳音把他學習射術的師承關係，一直追溯到傳說中的人物羿，就是那位射落九個太陽，只留下了一

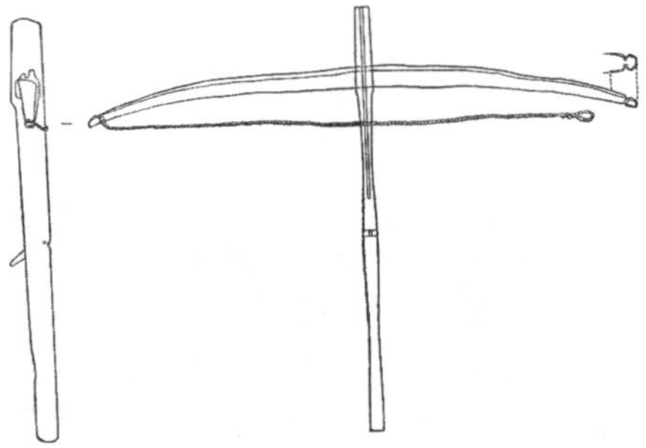

雲南哈尼族木弩

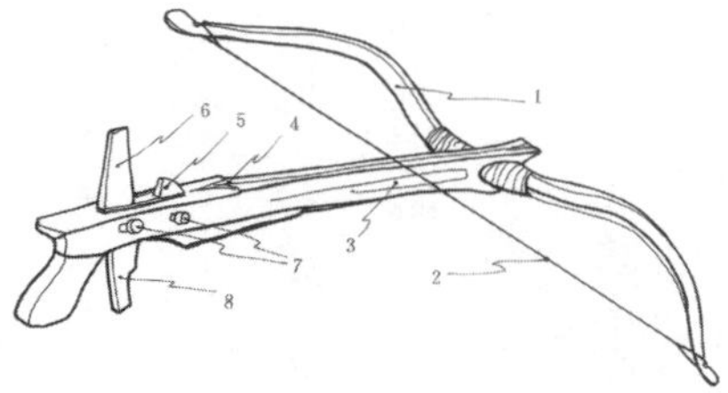

弩各部位名稱圖（1.弩弓 2.弦 3.弩臂 4.矢道 5.牙 6.望山 7.樞 8.懸刀）

個太陽的神奇英雄。並把弓弩發明的歷史，歸結為「弩生於弓，弓生於彈」，是楚國的琴氏「橫弓著臂，施機設樞」，因而發明了弩這一新型的遠射兵器。也就是說，將一張弓橫裝在木臂的前端，然後用樞把一個機括裝在弩臂上，使張開的弓弦管在機上，扳動機括，鬆開弓弦，將箭彈射出去。原始的木弩僅裝有用獸牙、角製的機括，只有使用了青銅的弩機以後，才成為實戰的兵器，已經是遲至東周時的事了。

與常規的弓箭相比較，弩有以下優點：首先弩弦張開以後，先管在弩機凸起的牙上，並不需要像張弓一樣總需用臂力拉著弦，得以適當延時發箭，並使射手得以有充足的時間進行瞄準，確保準確地射中目標；另一方面更利於多人同時集中齊射，給敵方以突然而猛烈的打擊。其次是張弓射箭，全憑一人兩臂拉開弓弦，再強壯的射手也無法超出個人的臂力；而張弩遠射，除了使用臂力外，還可以用雙腳蹬，用腰引，可用全身之力，自然大大超出僅限雙臂的張力，射程可以增遠，威力也能增大。不僅如此，更強的弩還能使用絞車張弦，使用多人合力，甚至獸力，可以更加增強弩的威力，成為軍中的重型遠射兵器。當然與弓相比，它也有張弩所需時間比用雙臂張弓的時間長，因此發射較慢的缺點。

東周晚期強弩開始裝備軍隊，也和當時軍隊組成的變革相適應，利於裝備正在興起的步兵，很快就在實戰中發揮威力，由於它比弓射程遠而威力強，可以集中給敵方以突然的打擊，成為體量龐大的駟馬戰車的剋星，有人認為戰車的衰落，與強弩大量裝備有很大關係。同時多弩齊發的威力，也促進了陣法和戰法的變革。

三、孫龐鬥智——馬陵道之戰

採用多弩齊發威力的戰法，取得戰爭勝利的最著名的戰例，是發生於西元前三四三年的齊魏馬陵之戰。當時齊軍按照軍師孫臏的計策，先用減灶的辦法引誘魏軍統帥龐涓輕敵冒進，然後在馬陵地方設伏。司馬遷在《史記・孫子吳起列傳》中對這場戰鬥做了如下生動的描述：

孫子謂田忌曰：「彼三晉之兵素悍勇而輕齊，齊號為怯，善戰者因其勢而利導之。兵法，百里而趣利者蹶上將，五十里而趣利者軍半至。使齊軍入魏地為十萬灶，明日為五萬灶，又明日為三萬灶。」龐涓行三日，大喜，曰：「我固知齊軍怯，入吾地三日，士卒亡者過半矣。」乃棄其步軍，與其輕銳倍日并行逐之。孫子度其行，暮當至馬陵。馬陵道陝，而旁多阻隘，可伏兵，乃斫大樹白而書之曰「龐涓死于此樹之下」。於是令齊軍善射者萬弩，夾道而伏，期曰「暮見火舉而俱發」。龐涓果夜至斫木下，見白書，乃鑽火燭之。讀其書未畢，齊軍萬弩俱發，魏軍大亂相失。龐涓自知智窮兵敗，乃自剄，曰：「遂成豎子之名！」齊因乘勝盡破其軍，虜魏太子申以歸。孫臏以此名顯天下，世傳其兵法。

在這次成功的戰鬥中，齊軍能夠突然展開猛烈的射擊，正是依靠著可以預先張機、長期持滿待敵的新型遠射兵器——弩，並且又在軍中大量裝備這種兵器的結果。

在銀雀山漢墓中獲得的竹簡本《孫臏兵法》中，也有多處關於弩的敘述。當孫臏向田忌講解錐行、雁行等六種陣法的特點時，其中第四種就名為「勁弩趨發」，說「勁弩趨發，所以甘戰持久也」。在〈八陣〉篇中，特別指出，當遇到兩邊高峻的狹窄地形時，應該多使用弩，「厄則多其弩」，這樣可以充分發揮弩的威力。在〈勢備〉篇，還對弩的特點作了概要的敘述：「何以知弓弩之為勢也？發于肩膺之間，殺人百步之外，不識其所道至，故曰：弓弩勢也。」在〈兵情〉篇中，更用弩與矢比喻兵與將的關係，說：「矢，卒也。弩，將也。」凡此種種，都反映出當時弩被軍事指揮人員重視的程度。

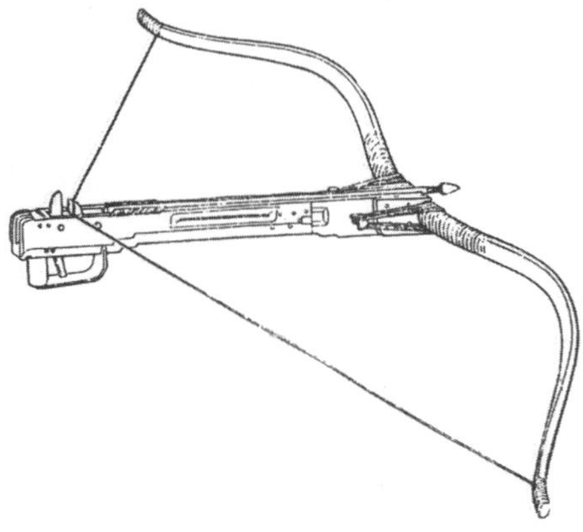
戰國弩復原示意圖

四、長沙楚墓木弩復原

在田野考古發掘中，於湖南、江蘇、河南、河北、山東、四川等地的戰國墓中，都發現有青銅弩機。在湖南的楚墓中，如長沙掃把塘一三八號墓中還發現完整的木弩臂和竹弩弓，據此可以對戰國時的弩進行復原。其形制是在木製弩臂前端橫裝弩弓，在弩臂後端開槽安裝銅弩機，弩機由懸刀（扳機）、望山和牛（鉤心）組成，望山下部前伸成鉤弦的牙，在弩臂面上刻有放弩箭的矢道。發射時將弩弓的弦拉張，扣在鉤弦的牙上再將弩箭放在矢道上，扣動扳機，鬆開鉤心，使望山前傾，鉤弦的牙下落，釋放弩弦，將弩箭彈射出去。近年來較完整的弩不斷被發掘出土，如湖北棗陽九連墩楚墓的木弩，使我們對東周弩有了更清楚的瞭解。

五、戰車裝備了強弩

為了對付強弩的威脅，戰國時期已在戰車上裝備了強弩。在洛陽中州路出土的一輛戰國時駟馬戰車，在車上裝備了強弩。在該車前擋板外側安裝有一雙帶有錯金銀紋飾的銅承弓器，木車出土時承弓器尚保留於原位。但當時發掘者誤將其復原於弩臂前端。當秦始皇陵一號銅車出土後，車廂擋板外側裝有承弩的雙承弓器，明確了承弓器的位置及作用，據此也明確了中州路戰國木車已使用了同樣的裝置。該車裝備的弩和箭仍保留在車廂中，弩除銅弩機和臂蓋外，木弩臂也存殘痕，總長五十四公分。弩箭五十枝，僅存銅鏃和部份殘桿。弩力較弓強勁，射程也較弓矢遠

湖北棗陽九連墩東周墓出土的弩

得多，用於戰車自然極大地增強了遠射兵器的射程。

六、江陵楚墓連發弩

除了一般的強弩外，戰國時也嘗試製作可以連發的弩，曾在江陵秦家嘴墓地四十七號楚墓中出土一件雙矢並射連發弩。這件連發弩和短木弓與短矢一起，貯藏在竹筒內。弩體較小，通長僅二十七．八公分，上有虎形矢匣，匣內左右均可貯矢。下為機體，機體由木臂、活動木臂、銅機件構成。木臂內設活動木臂，木臂上平面有雙矢發射面、發射管孔及弦活動槽。可以集中進矢、貯矢、矢自動落槽、自動進入發射管孔並控制運行方向。將矢裝滿矢匣，可連續發射十次，兩個並列的發射孔又可以同時發射。這件弩設計思想雖很先進，但構造複雜，難於大規模製作和裝備軍隊，且形體小，矢長僅十四．三公分，只能是稀罕的隨身的手握式近戰衛體兵器。

湖北江陵楚墓出土的連發弩

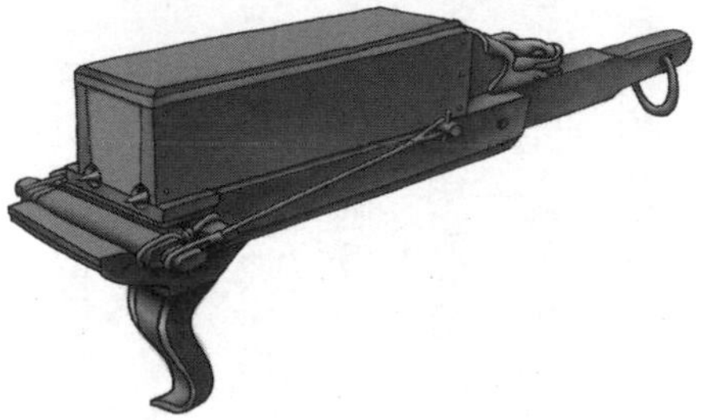

湖北江陵楚墓出土的連發弩復原示意圖

七、漢代弩機的改進

漢代軍隊中裝備的遠射兵器中，弩所佔比重很大，而且在抗擊匈奴的前線，更為重視強弩的作用，勁弩被認為是漢軍的優勢因素之一。從已獲得的考古資料，可以看出漢弩較戰國的弩有了很大的進步，主要是弩機結構的改進，表現在兩個方面。第一方面是在青銅扳機（牙、懸刀和牛）外面加裝一個銅鑄的機匣——郭。《釋名》：「牙外曰郭，為牙之規郭也。」牙、懸刀和牛都用銅樞聯裝在銅郭內，再把銅郭嵌進木弩臂上鑿出的機槽中去。秦俑坑已經發掘出土的銅弩機，仍舊與戰國時相同，是用銅樞直接把牙、懸刀和牛等部件裝入木弩臂的機槽中，由於木材所能承受的力較弱，自然也就限制了弩的強度，否則就會導致木臂斷裂。

到了西漢時期，情況發生極大變化，發掘出土的標本都是帶有銅郭的。從諸侯王墓出土的銅弩機實物標本，以齊王墓隨葬坑出土的七十二件銅弩機年代最早，它們的製作年代至遲在西元前一七九年以前。

報告中舉出的標本（3:102）郭長十四·四、寬三·七、高二·八公分，郭前伸出較窄的矢道，懸刀前側自上至下有八個小穿孔。增設銅郭後，使機括可以承受更大的張力，從而增加了弩的

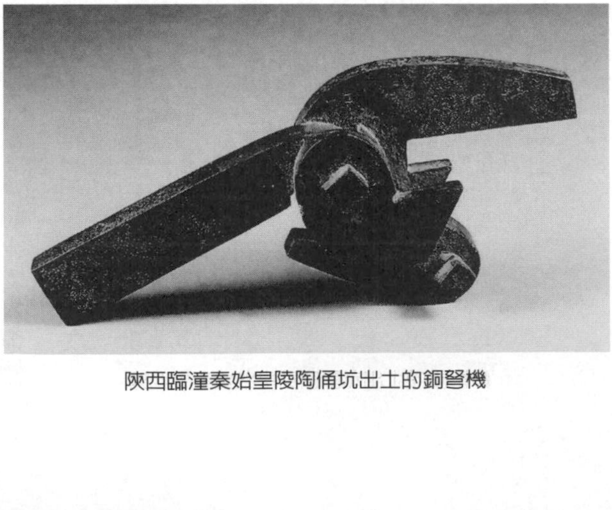

陝西臨潼秦始皇陵陶俑坑出土的銅弩機

河北滿城西漢中山靖王劉勝墓出土的銅弩機

強度，使弩箭的射程更遠和殺傷力更強，同時也為製作威力更大的床弩創造了條件。

另一方面是弩上瞄準裝置的改進，主要是增加了望山的高度，並將先秦弩機望山向前弧曲的弧面改為直面，還開始在望山上增加了刻度。北宋沈括已注意到從海州出土的古弩機的這一特徵，他指出：「其望山甚長，望山之側為小矩，如尺之有分寸。原其意，以目注鏃端，以望山之度擬之，準其高下，正用算家勾股法也。」在滿城中山王墓中出土的銅弩機中，已經有望山增設刻度的標本，說明至遲在西元前一世紀初，這種可以更精確瞄準的新式弩機已經使用了。至於其開始出現的年代，則應更早些。

中山王墓有刻度弩機（1:2256）保存完好，郭長九・五公分，在發射前呈閉鎖狀態時，機牙凸露出郭面約一公分，望山露出郭面高約四・五公分，望山上刻度是從郭面向上一公分處開始的，也就是與弩牙的端點相平。由此可知，弩平射時瞄準，是以弩牙的端點為準的。望山刻

東漢建武三十二年銘銅弩機

度，自距郭面一公分處向上，分刻為五度，每度間又中分為兩個半度，並分別用錯金和錯銀標出一度和半度的標線，相當精密，度距從下往上遞減，從每度七・五公釐減至六・五公釐。望山頂部也有錯金和錯銀兩道線。另外還有一件弩機（1:4089）望山面上有小直槽，可能也是為嵌入刻度標尺而設的，惜標尺已缺失。

到東漢時期，更進一步增高望山尺寸，使分度更細密。浙江長興出土東漢銅弩機，望山露出郭面的高度為十・四公分，其上分度線錯銀，共分六度又半度，每度除半度線外，又各設四分之一度和四分之三度線，使每度由西漢的二分度增為四分度。帶這種標有刻度的望山，正是起著現代步槍瞄準裝置中表尺的作用。但是這種先進的兵器在漢代也還是較稀少的，並不是軍中能普遍裝備的兵器，大量使用的還是望山上無刻度的弩機，只是用望山約略地估量瞄準。

八、漢弩復原

弩機以金屬製作，易於保存，但弩臂和弩弓是以木、竹等材料所製作，故易朽毀，因此在考古發掘中頗難獲得保存完整的標本。但也還有一些較完整的弩臂和弩弓被發掘出土，把這些材料綜合起來，可以勾勒出漢弩的大致輪廓。

在馬王堆三號漢墓中出土了兩件模型弩，弩臂木製髹漆，並雕有卷雲紋，還有針刻的雲氣紋，一件長六十八公分，另一件長六十一公分。木弩臂側視前端托矢道處較薄，最厚處在懸刀前方，裝

安徽馬鞍山東漢墓出土的延熹四年（一六一年）銘銅弩機

懸刀處呈上曲的弧形，在木臂後尾處裝有下伸的握手，形狀近似現代手槍的握把。與弩臂伴出的有弩弓，為複合木弓，全長一百四十五公分，中部平直，兩端彎曲，由兩塊木片疊合而成，其上纏線後髹漆，漆上又密纏絲線。由這兩件模型弩的尺寸，推知弩臂長與弩弓長之比，為一：二・一或一：二・四。

在江蘇盱眙東陽七號西漢墓出土一件安有銅弩機的髹漆木弩臂，基本保存完好，形制與馬王堆模型弩相同，弩臂全長五十六・五、最寬處約四・二公分。銅機郭長十二・五、寬二・七公分，安裝在弩臂後部距尾端約三・二公分處。自弩臂尾端至機郭前沿約佔弩臂全長的三分之一，因開槽裝弩機，故此也是弩臂最厚處，厚達六・五公分。自此向前弩臂漸窄漸薄，最窄處約二・六公分，面上刻有長約五十、寬約一公分的矢道。弩機郭長與弩臂長之比，為一：四・五。出土時伴同有竹弩弓，惜已殘毀，原應橫裝於

河北滿城西漢中山靖王劉勝墓出土的望山帶有刻度的銅弩機

弩臂前端。廣州東漢前期墓（4013）出有兩件弩（4013:甲16、甲22），弩臂髹漆並繪龍紋和雲氣紋，惜已殘損。伴出的兩件弩弓（4013:甲17、甲23），木胎，髹黑漆，上繪紅、藍兩色圖案，長八十九・二公分，弦已不存。

過去在樂浪漢墓中也曾出土過一些漢弩，有的弩臂和弩弓保存尚好，如王根墓（石岩里二一九號墓）所出木弩（一四七號）木臂長五十四・一公分，弩機銅郭長九・三八公分，同出複合木弓由兩片薄板重疊並用線密纏後髹黑漆，長約一百三十公分，該弩銅機郭與木弩臂長之比為一：五・八，弩臂與弩弓長之比為一：二・四。石岩里二一二號墓出土漢弩，銅機郭長十三・六公分，木臂長六十七・五公分，二者之比為一：四・九。弩弓亦為木質髹漆複合弓，惜已殘損，殘長八十公分。由上列漢弩標本，可知漢弩的弩臂與弓長之比約為一：二・四，銅機郭長與弩臂長之比約為一：四・五至五・八，可藉此將弩臂與弩弓缺失的銅弩機，進行全弩復原。

九、漢弩的射程

漢弩的強度以石（十二斤）計算，據居延漢簡簡文中記錄當時軍中裝備有各種力量不同的弩，以三石、五石和六石弩數量較多，又以六石弩最多。此外也有四石、七石和八石的，以及弩力更強的大黃弩。北京大學藏有傳為陝西富平出土的西漢銅權，上有「武庫一斤」銘，重兩百五十二公克，可知一石為今三〇・二公斤。依此計算，上列漢弩的強度如下：

三石＝九〇・七公斤
四石＝一二〇・九公斤
五石＝一五一・二公斤
六石＝一八一・四公斤
七石＝二一一・七公斤
八石＝二四一・九公斤

這些弩的強力不同，自然射程遠近不同，一般說來三石到六石的弩，射程在一百二十步至兩百步左右，如以一漢尺約當二十三・二公分計算，約為今一百六十七至兩百七十八公尺，也就是當時一般強弩的射程範圍。當使用一段時期後，由於遭受損傷等原因，弩的強度會有所減弱，因此軍中為了戰備需要經常核查弩的實際強度，如居延漢簡（三六・一一）：「官六石第一弩，今力四石卌斤，傷兩洞可繕治。」從居延簡文中還可見到軍中除有可供實戰的弩（稱為「具弩」）外，還有備用的弩（稱為「承弩」），以及備用的弩弦（稱為「承弦」）。據一〇・三七號簡所記的一組兵器，有具弩七件、備用的承弩兩件、承弦十四條、四百枝箭（內稾矢三百五十枝、稾蝱子矢五十枝）。同時在同一個守禦單位內，裝備有強力

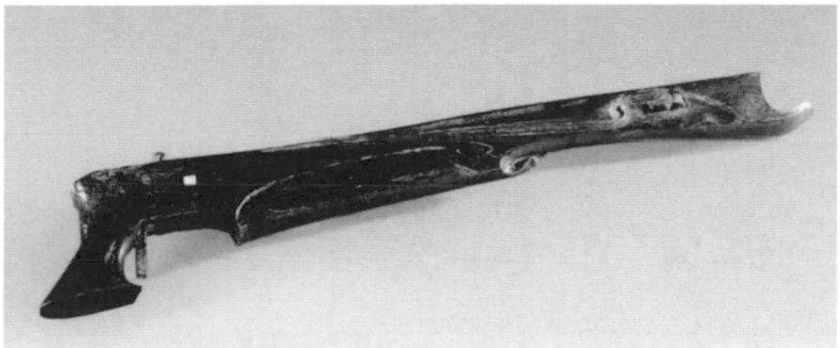

湖南長沙馬王堆三號西漢墓出土的木弩模型

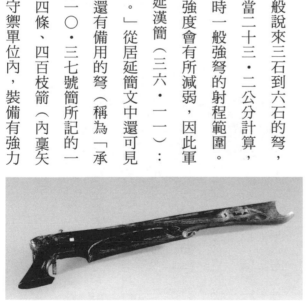

不同的弩，以在作戰時配合使用。如居延漢簡（二八三・一二）：「□戍卒八人，六石具弩四，系弦緯完；五石具弩二，系弦緯完；稾矢銅鍭三百，其八十六庠呼，二百一十四完。」

居延漢簡所記，表明漢代邊防部隊裝備的弩的一般情況，但是禁衛都城的部隊，則裝備更為精良，從漢長安城未央宮中央官署遺址出土的骨簽刻銘中，可以看到「力」類骨簽中自「力一石」起，有二石、四石、五石、六石、七石、八石、九石、十石、十一石、十二石、十三石、十四石、十五石、廿石、卅石、卌石等，有的還有更細的區分，如「力五石三鈞廿九斤」、「力六石三鈞廿二斤」、「力八石一鈞三斤」等，其中廿石以上強弩，又有冠以「大黃」之稱的，如「大黃廿石」、「大黃卅石」、「大黃刑石」等。可見禁衛都城的部隊所裝備的弩力更強，但最多見的仍是「力六石」的弩。此外，入藏中央、備皇帝使用的弩，還冠以「乘輿」銘刻，這種冠以「乘輿」的弩力有五石、六石、七石、八石、九石、十石、十一石、十二石、十四石、十五石、十六石、廿石和廿二石等多種。

十、漢代弩箭

漢弩使用的箭，仍常安裝銅鏃，例如在居延漢簡中所記幾乎都是銅鏃，從出土標本看主要是錐體的三鐮羊頭鏃。在西漢的諸侯王墓中，如曲阜九龍山漢墓中，這類三鐮羊頭銅鏃也是與銅弩機伴同出土的。但在西漢時期弩箭也已安裝鐵鏃，在山西渾源畢村西漢墓中，伴同弩機出土的是裝在箙內的鐵鏃。鐵鏃有圓柱體前端呈三稜形尖鋒的，還有三翼前伸呈三叉狀的，長約十五・三公分。山西孝義張家莊漢墓（墓十四）也有鐵鏃與弩機同出，為長脊圓柱體，短鋌，全長十九・五公分。

與渾源畢村出土三叉狀鐵鏃相同的標本，在滿城漢墓中也有出土，也應為弩箭的箭鏃，標本1:5063殘長十・七、鏃長二・五公分。在該墓中室南區最西端，放置有許多弩機，旁邊有大量鐵鏃，多達三百六十三件，都是弩箭用鏃，多為圓柱體前端四稜尖鋒的（兩百七十三件），有鋌多已殘斷，標本1:4382殘長四・五、鏃長一・四公分。這型鏃經金相鑑定，為鑄鐵固體脫碳鋼或中碳鋼製成。另一些是方鋌球形鏃體（九十件），標本1:4344殘長十五・八、鏃長一公分，保存最長的超過二十公分。經金相鑑定，鏃由低碳鋼或純鐵鍛製，鋌外包有比重較大的鉛基合金，是一種專用的畋獵用鏃。以上資料表明西漢時弩箭已安裝有不同形制和用途的鋼鐵箭鏃。

湖北江陵紀南城出土的孫吳黃武元年弩

十一、三國時期的弩

三國時期，弩有了進一步的發展，主要是弩的強度有了較大的提高，增強了穿透能力和增遠了射程，也創製了一次發射可同時射出多枝弩箭的強弩。

從考古調查發掘中獲得的三國時期的弩機實物中，有魏、蜀紀年銘刻的標本都有出土，例如南京石門坎出土的魏正始二年（二四一年）銅弩機、四川郫縣出土的蜀漢景耀四年（二六一年）銅弩機。也有孫吳墓中出土的刻有用器人名的銅弩機，如湖北鄂州出土的扳機上刻有「將軍孫鄰弩一張」的銅弩機。從這些三國弩機的材質和結構來看，大致仍沿襲漢代舊制，仍是採用青銅鑄件，所以弩機大約是中國古代青銅兵器中消失最晚的一種。

從魏、蜀的兩件弩機的銘文看，都是兩國中央控制的兵器工廠製造的產品。曹魏弩機的製造，是由尚方負責的，正始二年弩

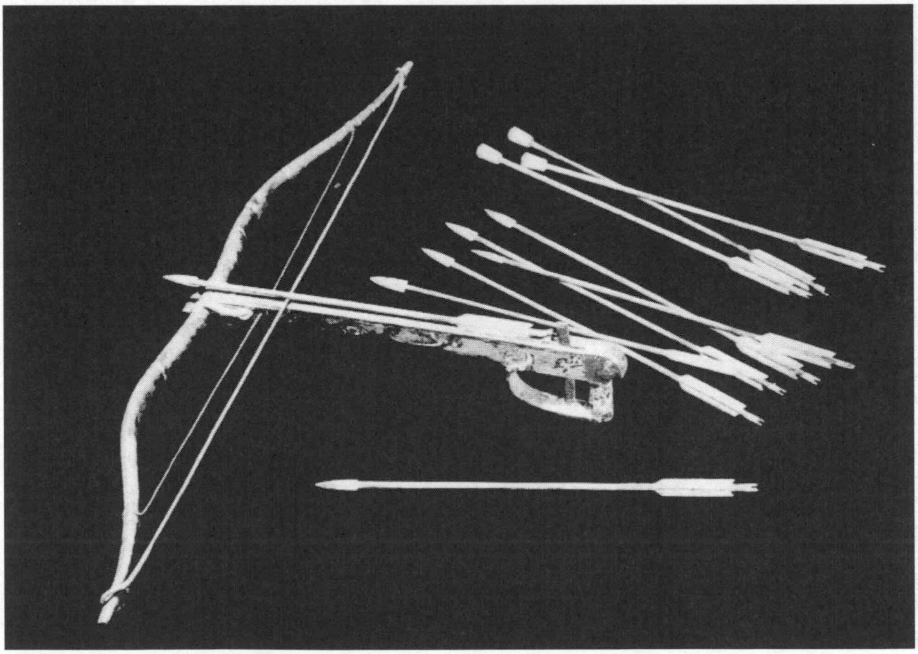

陝西臨潼秦始皇陵一號銅車所附銅弩及箭模型

機的銘文為：「正始二年五月十日，左尚方造，監作吏晁泉，牙匠馬□，師□□。」這和傳世的幾件正始二年五月十日造弩機的銘文大致相同，可知牙匠名馬廣，臂匠名江子，可見當時造弩工匠仍和漢代一樣有明確分工。蜀漢製造弩機，隸屬中作部，銘文中也注明監造官吏和工匠的姓名，並標明弩的強度和弩機的自重：「景耀四年二月卅日，中作部左興業劉純業，吏陳深，工楊安作。十石機，重三斤十二兩。」該機銅郭長八十五公分、寬三十五公分、厚四公分，現重一千四百七十五公克（缺懸刀）。

此外，在三國時期對增強弩的威力，也有一些改革，例如諸葛亮曾經在前代可一次發射多矢的「連弩」的基礎上，進行改革，「又損益連弩，謂之元戎，以鐵為矢，矢長八寸，一弩十矢俱發」。

第八講

無聲的軍陣——秦兵馬俑和秦代兵器

被譽為世界第八大奇蹟的秦始皇陵兵馬俑陪葬坑，經過考古學家三十多年不間斷的勘察和發掘，其神秘面紗逐漸揭開。已經發現的四座俑坑，呈南北兩行排列，除四號坑為空坑外，其他三坑都是土木結構。坑內武士俑、戰馬、木車排列有序，坑內埋藏的陶俑有七千五百件以上，戰車一百三十餘乘，陶馬六百餘匹。組成了威武嚴整的無聲軍陣。

秦俑坑中所放置的陶俑，是中國古代陶塑人像藝術的空前創作，都是模擬真人的體高而塑製的，加上底托，一般高一・八公尺左右。陶馬也按當時真馬的形體和大小塑製，一般體高約一・五公尺。考古發掘現場情況顯示，下葬時的兵馬俑，無論面龐或服裝，原來都敷有繽紛的色彩。只是因為年代久遠，又埋於泥土中，所以色彩多已脫落而呈現如今的青灰色。這些陶俑手中執握的兵器都是用青銅鑄造的實戰用器。有戈、矛、鈹、殳、戟、劍、雙刃彎刀等格鬥兵器，有弓弩、箭鏃等遠射兵器，還有弓弢箭箙，總之，秦人的兵器在這裡應有盡有。

秦始皇陵兵馬俑坑展示的秦朝軍隊兵種構成情況，其主力兵種仍是戰車兵，裝備的是前駕四匹馬的木質戰車，以駟馬戰車為主力，步兵數量增多，裝備改善，但仍多與戰車兵編組在一起。騎兵仍不發達，缺乏完備的馬具，數量有限，在戰爭中只起輔助作用。

秦王掃六合，虎視何雄哉。
飛劍決浮雲，諸侯盡西來。
明斷自天啟，大略駕群才。
收兵鑄金人，函谷正東開。
…………

唐代大詩人李白的這首〈古風〉，道出了秦滅六國以後，一派蓬勃向上的氣勢。秦始皇嬴政登基時曾自信地宣稱：「朕為始皇帝。後世以計數，二世三世至于萬世，傳之無窮。」他好大喜功，宮室御苑都力求宏大華美，規模壯觀，特別是他為自己營建的浩大陵墓工程，「穿三泉，下銅而致槨，宮觀百官奇器珍怪徙臧滿之」。最多時曾動用役夫七十萬，經過三十七年的勞作，才最後建成。為了防止後世盜擾，陵墓內遍設機關暗道，強弓勁弩。但沒過幾年，楚霸王項羽攻入關中，調動軍卒三十萬人大掘始皇陵，又縱火焚之。如今只留下高達七十六公尺的封土荒塚，孤傲地矗立在陝西臨潼的驪山腳下，向後人展示著昔日的輝煌。

一、農民打井發現「大陶人」

秦王朝既然是靠武力擊敗東方六國而得天下，秦王政既然是在兵刀箭戟的鐵血中登上始皇帝的寶座，則他的陵墓果然非同一般地表現出強烈的兵家色彩。今天秦始皇陵東側發現的多處為其陪葬的兵馬俑坑，再清楚不過地證明了這一點。

說起來，秦始皇陵陪葬的兵馬俑坑，還是因為一個偶然的機會發現的。一九七四年春天，臨潼縣晏寨鄉西楊村農民在為農田打機井時，偶然觸及到被埋沒兩千多年的秦始皇陵東側的陶俑坑。他們先是在距地表約兩公尺深處，發現了紅燒土塊，再掘到深四．五公尺處時，暴露了坑底的鋪地磚，出土了一些陶俑人像殘塊和青銅兵器。這些陶俑殘塊復原後的形體非常高大，幾乎與真人相等，其五官鬚眉也與真人相似且逼真。

這在當地立刻引起轟動。

「西楊村出土了大陶人」的消息迅速傳開，情況並逐級上報到陝西省和國家文物管理部門。經過考古工作者們周密的勘察和辛勤發掘，最終確認這裡正是秦始皇陵墓的陪葬坑區域。在多個大小不等，形狀和功能各異的坑中，埋葬著數不清仿照當年秦軍形貌燒製的，與真人等高的兵馬俑群。

這便是後來被一些外國人稱為「世界第八大奇蹟」的秦始皇陵兵馬俑。

從一九七四年至今，考古學家經過三十多年不間斷的勘察和發掘，秦始皇陵兵馬俑坑的神秘面紗逐漸揭開。如今，在始皇陵東側一．五公里處，建起了宏偉壯觀的秦始皇兵馬俑博物館。館內包括四個俑坑，埋藏著兵馬俑、戰車和數不清的青銅兵器。需要說明的是，這些發現並不是秦始皇陵所有陪葬遺存的全部，考古勘探結果表明，秦始皇陵園的地下，還有許多寶貴遺存尚未面世。

秦兵馬俑坑的考古發現，表明秦時將模擬人形的陶俑製作得與真人同大，而數量又如此之多，確實是秦統一中國後的創舉。從考古發掘中所獲得的先秦時期的俑，從沒有這樣高大的作品。而且漢以後的俑，也沒有再見到這樣高大的。從這一角度看，秦始皇陵的兵馬俑，的確是中國古代陶塑空前絕後之作，它們的燒製，一方面顯示了秦王朝的宏偉氣魄，另一方面，燒製這近萬件碩大的陶俑、陶馬，要花費極大的勞力和時間，乃至吞噬無數百姓的血汗和生命。

從軍事角度觀察，秦兵馬俑坑則無疑是研究秦代軍隊編制、兵種組合、兵器、裝備、戰馬和戰車，乃至隊列陣行等等情況極其珍貴可靠的第一手資料。

陝西臨潼秦始皇陵一號兵馬俑坑局部

陝西臨潼秦始皇陵秦俑坑出土的陶高級軍吏俑

陝西臨潼秦始皇陵一號兵馬俑坑局部

二、排列有序的嚴整軍陣

秦始皇陵兵馬俑已經發現的四座俑坑，呈南北兩行排列。經探測，除四號坑為空坑外，其他三坑都是土木結構。坑內武士俑、戰馬、木車排列有序，考古勘探發現，坑內埋藏的陶俑有七千五百件以上，戰車一百三十餘乘，陶馬六百餘匹。

一號坑居南，面積也最大。東西長兩百一十公尺，南北寬六十公尺，如果再加上五條斜坡門道，面積可達一萬四千兩百六十平方公尺。已發掘面積兩千多平方公尺，出土陶俑一千零八十七件、陶馬三十二匹、戰車三乘、各類兵器四萬餘件。如果按發掘的陶俑密度推算，此坑內埋藏的陶俑當在六千件以上。這些俑按陣法排列。前面陶俑兩百一十件，分三排橫置，每排七十人，是為前鋒。後面是四十行縱隊，縱隊的左、右側一行和後面一排俑均面向外，是為警戒衛隊。中間三十八行步兵與戰車相間編伍，面向前方；緊隨前鋒之後，是為戰陣的中堅。這正是一個有中軍有側翼的步兵戰車混合編隊的嚴整軍陣。

二號坑在一號坑東北，兩坑相距二十公尺，平面呈曲尺形，面積約六千平方公尺。目前仍在發掘之中，據推測坑內有陶俑一千四百餘件，木製戰車八十九乘，陶馬一百一十餘匹，都面朝東方。其排列為：坑北前端是步兵，中間置三列駟馬戰車，後面是十二列騎兵。看來這是一個以車兵為主、騎步兵為輔的軍陣。

三號坑在一號坑兩端北側二十五公尺，平面呈凹字形，只有五百二十平方公尺，面積最小。坑內中間置駟馬戰車一乘，周圍置六十八個武士俑，都是手執兵器，面向內，環車侍立。有分析認為這裡是一、二號坑的指揮所，但沒有主帥，讓人頗費猜測。有的學者對這個兵馬俑坑作過綜合考證，認為它展現的是由徒卒、車兵、弩兵和騎兵分別組成的軍、營、戰、幕的實戰隊列。

三、陶俑形象模擬真人，陶馬形體接近真馬

秦俑坑中所放置的陶俑，是中國古代陶塑人像藝術的空前創作，都是模擬著真人的體高而塑製的，加上底托，一般高一・八公尺左右。由於形體高大，難於整模塑形，因此是按身體不同的部位，分部模製，然後再接套、黏合而成。接合時採取了自下而上逐步疊塑的辦

秦俑坑出土陶戰車兵俑（左：車右俑 中：御車俑 右：車左俑）

法，先製成底部托板和雙足，再上接兩條腿，再疊塑軀幹，然後插合兩臂，最後安插俑頭，陶俑就接塑成整體了。接著是貼塑細部，特別是面部造型，包括眉、目、耳、鼻，以及髮髻和鬍鬚。由於經不同的製作匠人，分別用手工貼塑修整，於是每個陶俑之間都有著細微的差別，正是這些差別，產生了陶俑之間的個性特徵。因此這些陶俑雖都是僵直的立姿，但是將他們的頭排列在一起，就呈現出各自不同的相貌和表情特徵，顯得生動而有變化。

有意思的是，這些陶俑的面部，似乎有意仿照關中彪形大漢的形象，多半都是闊臉膛，高顴骨，相貌與今天的關中男子竟很接近。他們或辮髮，或戴冠；或披鎧甲，或著戰袍；或持弓弩，或秉矛、戈、殳、劍，各依軍陣佈局，站立蹲踞，皆合規矩。若仔細觀察，他們有的寬額廣頤，正值壯年，有的修眉細目，稚氣未退。匠師們製作這些陶俑時，採用了分模合製，再以人工雕刻修飾細部的手法，這樣既保持了整個軍陣齊整劃一，又突出了每個陶俑的個性和特點。將軍俑剛毅沉著，威儀凜然；射手俑半跪半立，精悍機警；徒兵甲士俑勇猛無畏，孔武矯健；御手俑全神貫注，恪盡職守，無一不顯露著勃勃生機。置身其間，那威懾敵膽的肅殺之氣，那於無聲處發出的低吼，令人震驚，令人鼓舞。

與陶俑相同，陶馬也是按當時真馬的形體和大小塑製的，一般體高約一・五公尺。製作時也是將馬體的不同部位分別製作，然後再拼接插合而成整體。不論是駕戰車的轅馬還是騎兵的鞍馬，一概全塑成四足直立的靜止姿態。馬體上的鞍墊等馬具，都是貼塑出來的，但頭上佩戴的絡頭和馬轡，則是另行套裝的飾有青銅飾件的真實物品。木質戰車也是按真車尺寸製作的原大模型，發掘出土時雖然已朽毀，但仍可據其遺痕復原其原貌。

四、原來的陶兵馬俑有繽紛色彩

走進今天的兵馬俑博物館，我們看到巨大俑坑內的所有兵馬，全是清一色的灰黑外貌，給人以沉重壓抑的震撼和威懾。但考古發掘現場情況顯示，下葬時的兵馬俑，無論面龐或服裝，原來都敷有繽紛的色彩。它們燒製成形後，都曾施加著彩繪。

比如陶俑身上的戰袍，原來就有朱紅、棗紅、天藍、粉綠、粉紫諸色。其中又以朱紅、粉紅、粉綠、粉藍和赭等五種色彩使用最多。這一點很值得我們注意，因為文獻記載，秦代採用徵兵制，士兵自備服裝從軍，軍隊並不統一著裝。五彩繽紛的戰袍，也許恰好反映了百姓自備服裝

秦俑坑出土的陶跪射俑

秦俑坑出土的保留有原敷色彩的陶跪射俑

參軍的現實。

鎧甲從色彩上看，原本就可以清楚地分出鐵甲與皮甲，比如鐵甲是黑灰色，而皮甲是棕黃色，陶馬的軀體同樣敷塗色彩。可惜現在色彩已大半脫落。

經過化驗，兵馬俑所塗的這些色彩，其成份都是礦物質顏料，是以明膠作為調和劑，濃色平塗於俑體之上。

只是因為年代久遠，又埋於泥土中，所以兵馬俑原來的色彩多已脫落。陸續發掘出土時，許多還保留著鮮豔的彩繪痕跡，有的色彩脫附於其身旁泥土之上。但這些彩色出土後難以保存，所以目前在秦俑博物館中所能看到的秦俑，都是色彩脫落而呈現陶質原色了。

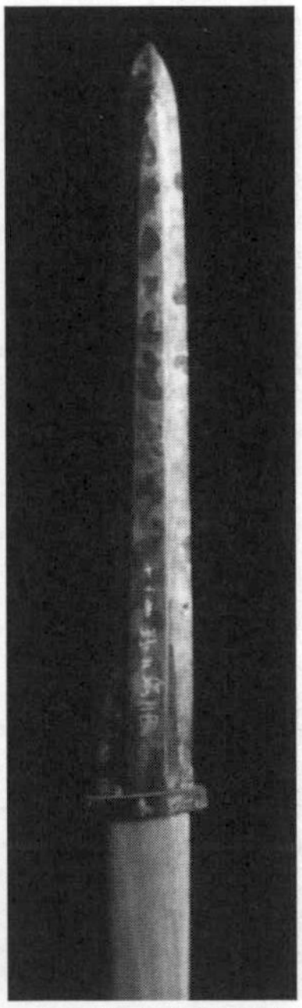
秦俑坑出土的銅鈹

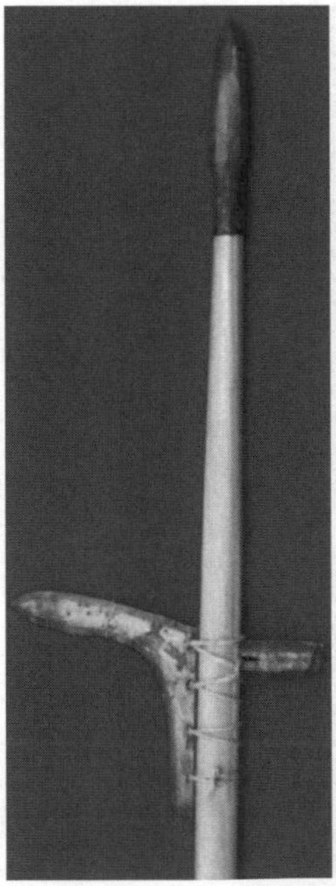
秦俑坑出土的銅戟

五、兵馬俑伴出的秦代實戰兵器

秦代統一全國後，始皇帝曾「收天下兵，聚之咸陽，銷以為鐘鐻，金人十二，重各千石，置廷宮中」。六國原有的青銅兵器中的絕大部份，很可能於這時被沒收銷毀。而當時秦軍所裝備的兵器，通過目前的考古發掘所獲材料，尚難全面瞭解，僅能由近年來對秦始皇陵園的考古發現，特別是對陵園東側的陶俑坑群和陵園內K9801號坑等的發掘資料，來進行分析。但它們都是一些與葬儀葬制有關的遺跡和遺物，只能從一個側面反映出當時軍隊的兵器和防護裝具的情況。

這些陶俑手中執握的兵器都是用青銅鑄造的實戰用器。有戈、矛、鈹、殳、戟、劍、雙刃彎刀等格鬥兵器，有弓弩、箭鏃等遠射兵器，還有弓弢箭箙，總之，秦人的兵器在這裡應有盡有。兵器中，除了弩弓、箭桿和戈、矛、鈹、殳的柄等有機質部份已腐朽之外，件件光亮如新，一點鏽斑不見。刃口薄而鋒利，彷彿剛剛鍛造出爐。

這些好似新造兵器出土的第一時間，有人曾以其中一銅劍作試驗，用它裁劃十幾層紙，紙張應聲而透。經化驗，這些青銅兵器外層含鉻，這是確保青銅器不被鏽蝕的主要因素。據此有人推測，這些青銅器製成之初，表面經過鉻鹽氧化處理；也有學者認為，外表含鉻非人工有意而為，應是長年埋藏地下，土中的鉻元素侵蝕氧化所致。

秦始皇兵馬俑坑出土的兵器也可分為格鬥兵器、遠射兵器和防護具裝三大類。格鬥兵器又有長柄格鬥兵器和短柄格鬥兵器之別。

戈、矛是傳統的長柄格鬥兵器，製作也最精。戈援上昂而下曲，長胡上三穿或四穿，刀形內的後部開刃。大量是將矛和戈用柲聯裝而成的戟。一些戈內上刻鑄銘文，從銘文看，最早的鑄於「秦王政三年」（西元前二四四年），最晚的鑄於秦二世元年（西元前二〇九年），督造者有「相邦」呂不韋、「丞相」李斯，以及「蜀守武」等。青銅矛的矛身一般較短，長度在十五至十八公分之

秦俑坑出土的銅劍

間，但中脊突出，血槽明顯，鋒利非常，短骹的下部有兩個釘孔。裝上柄之後，最長的一柄達六・七公尺，因為出於戰車的旁邊，當為車戰兵器，也不排除儀仗用器的可能。

鈹是春秋晚期出現的一種直刃格鬥兵器，形如劍，身狹長，起兩條縱脊，尖鋒，一字形格，莖作窄長方形，近末端有一釘孔。出土時鈹莖插在柲內，外面用革帶或絲織品纏緊，再髹漆。後面套短筒形鐏，通長三・八公尺。鈹類兵器以前出土過，但由於木柄腐毀，人們只把它認作劍類，直到秦俑坑發掘後，才有了正名的機會。

俑坑內出土的青銅殳比曾侯乙墓內出土的簡單多了，殳頭只是一個長十・五公分，頂端作三棱錐狀的圓筒。青銅殳集中出土於三號坑內。三號坑是整個軍陣的指揮機構，所以這些銅殳有可能是儀仗用的禮兵。

秦俑坑出土的青銅劍已完全改變了春秋戰國劍短、寬、厚的形態，以長、窄、薄為特點。劍身直長，中間起脊，鋒刃銳利。劍格小而扁，莖細長，配以玉劍具。通長八十至九十公分，最長的達九十五公分。據化驗分析，這種青銅劍是分兩次鑄造的。

先用含錫量較低（約百分之十）的青銅鑄造劍脊，又用含錫量較高（百分之二十）的青銅鑄

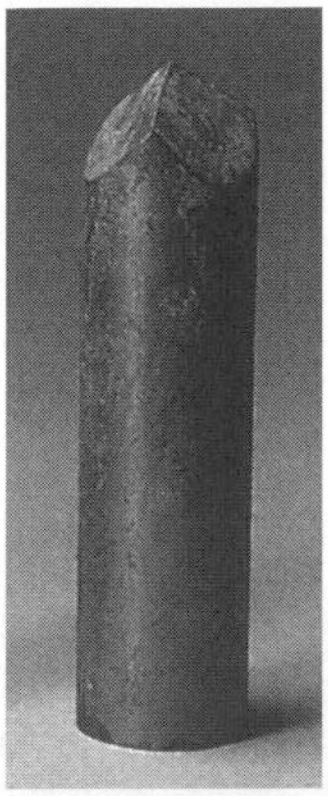

秦俑坑出土的銅殳

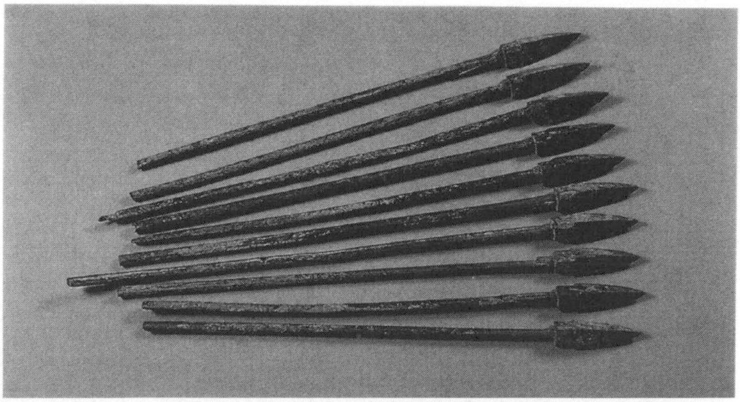

秦俑坑出土的銅鏃

造鋒刃。劍鑄成之後，再經仔細打磨、抛光。用上述技術製造出的青銅劍可稱複合劍，劍身柔韌而不易折，劍刃鋒利而不易捲。銅彎刀是少見的異形兵器，秦俑坑也只出土了兩柄。它的刀身呈弧形，兩邊都開利刃，頂端截齊。後接略膨大的斷面呈橢圓形的短柄，通長六十六公分。它可砍可鉤，是很實用的兵器。

弩是遠射兵器中出現較晚又最具威力的兵器。秦俑坑出土的弩，弩臂長七十公分左右，弩弓長一・三至一・四公尺。與戰國弩相比，弩機的望山明顯加高，懸刀大而做成長方形。這樣射擊時可以瞄得更準，射得更遠。值得注意的是，在秦俑坑中，弩兵是單獨的陣列方式擺放的，這正是弩兵在戰爭中發揮越來越大作用和秦廷重視弩兵兵種的最好證明。還有大量裝在箭上的銅鏃。

六、秦軍的防護裝具——鎧甲

秦代軍隊的防護裝具可以從秦俑坑出土武士俑窺其大概。

一九九七年以前發掘的俑坑，出土的武士俑均未戴胄或兜鍪（都是頭部的防護裝具），將軍俑戴鶡冠，一般武官和士卒戴梯形長板狀冠，弁冠或辮髮梳髻等。武士俑所著鎧甲是依照真甲塑製的。甲片上的穿孔和編綴的條帶清晰可辨。

鎧甲可分兩類，一類甲是先用皮革或其他材料製成護甲，再在護甲之上鑲綴金屬甲片，有的遮掩胸腹、襠下，乃至後腰，有的只遮住胸腹，還配有掩膊，可遮蓋兩肩上臂。這類甲比較少，甲片小而精細，又只見於將軍俑身上，應該是將官的鎧甲。

二類甲與一類甲不同之處，是將皮甲片編綴在一起，穿在戰袍外面。這類甲甲片較大，是一般士卒穿著的鎧甲，並且不同的兵種所穿著的鎧甲也不相同。

步兵俑、射手俑的鎧甲可以遮掩前後身，下緣呈圓弧形，還有披膊可以遮蓋兩肩上臂；騎兵俑為了輕捷靈便，所著鎧甲好像今天的背心，只能遮掩胸背。為了乘騎方便，鎧甲的下緣做得較短；戰車御手俑的鎧甲最為複雜，不但身甲較長可以遮住下身，而且披膊延長直達腕部，上面有由三片鎧甲片組成的護手。鎧甲的領部加綴甲片編綴的較高的「盆領」。這種甲非常適合站在車上的馭手，因為他們既要專心控馬駕車，而行動又不太便捷。

七、秦陵陪葬坑發現了石鎧甲

一九九八年，在秦始皇陵園區域內，又破天荒地出土了整坑大量的石鎧甲。

秦始皇陵園出土的石兜鍪

秦始皇陵園出土的石鎧甲

這些石甲埋藏在一總面積達一萬三千多平方公尺的大型陪葬坑內，目前從已試掘的一百五十三平方公尺面積內，至少已清理出石鎧甲八十七件、兜鍪（胄，即護頭部的頭盔）四十三件和馬甲一件。這些石質甲胄模型，工藝十分精細，是用石材模擬真實鎧甲的甲片，打磨成同樣尺寸、同樣形狀的石甲片，也按真實甲片上的同樣位置鑽孔，然後以扁銅絲聯綴成整領鎧甲和兜鍪。編綴工藝也全依真實鎧甲的工藝流程。現在至少已從坑中提取了兩件石鎧甲和一件石兜鍪，還對一件石馬甲作了推測復原示意圖。經復原後，既有札甲，又有細小甲片編綴的「魚鱗甲」，同時還有石兜鍪，由數十塊石札甲片用銅絲、銅片聯綴而成，頂部有繫冑纓的銅環。下部有護項。雖然全是仿皮甲冑、鐵甲冑的模型，但精細程度不亞於實用甲冑。

在這個石鎧甲坑發現以前，我們僅能從秦代陶

秦始皇陵園出土的石馬甲復原示意圖

俑身上塑出的鎧甲，去推測秦代實用鎧甲的形制和特點。比如始皇陵秦俑坑出土的陶俑，身上所塑鎧甲其中絕大多數甲片厚大，形制近於楚地戰國皮甲，所以推測所模擬的實物應為皮甲。只有少數身份較高的，可能模擬指揮人員的陶俑所披甲，甲片較小，編綴細密，可能模擬金屬甲片。

這次發現的石鎧甲較陶俑鎧甲結構細密，特別是仿魚鱗形的石鎧甲片，形制輕巧，明顯是模擬金屬甲片。另外，秦俑因葬儀的緣故而沒有塑出冑（兜鍪），有人就相信戰國時說客的說辭，以為秦軍作戰時真的不戴冑。這次獲得大量完全與實物大小、形制相同的石兜鍪模型，能使我們對真實的秦代鎧甲有進一步瞭解，特別是出土了數量較多的石兜鍪，更全面反映出秦軍防護裝具的真實面貌。

總之，從秦俑坑出土的武士俑來看，秦代的鎧甲從種類到結構，已經達到了相當完善的地步。其編綴方法一致，即縱列上片壓下片，橫排為自中間向兩邊，前片壓後片，與燕下都戰國晚期鐵甲的編綴方法大體一致。秦代的兵器中，青銅兵器仍是軍隊裝備的不可忽視的一部份。就整體風格而言，秦代的兵器注重品質，注重實戰需要，而不強調浮華，蘊含一種質樸而深沉之美。

八、秦始皇陵一號銅車是戰車

一九八〇年十二月，在秦始皇陵封土堆西側，又發現了一個陪葬坑。坑的過洞中一前一後放置了兩輛彩繪銅車。出土時，這兩車已破碎為兩千七百多塊碎片，經過幾年的拼對修復，終於恢復了它們昔日的風貌。

兩車結構複雜，裝飾華美，銅造工藝精絕。其尺寸是按當時真車二分之一的比例鑄造的，寫實性極強，可視為研究秦代車輿結構和制度的模型。

根據車輿形制，前面的一號車稱「立車」，是儀衛用車；後面的二號車有箱輿、車蓋，稱「安車」，是為主車。

一號銅車的車廂上裝備弩、箭箙箭匣、盾等兵器，具兵車性質，修復後又完整無缺，當是瞭解和研究秦代乃至先秦戰車形態的極好資料。

一號銅車是一乘駟馬戰車。自馬頭至車尾通長二・二五公尺，從車輪下緣至傘蓋頂高一・五二公尺。如果按一比二的比例復原，通長四・五公尺、高三・〇四公尺。此車單曲輈雙輪結構，輈從輿下伸出，至輿前漸向上昂翹。輈的前端

秦始皇陵園出土一號銅車馬（戰車）模型

縛衡，衡上又縛雙軛。由四匹馬駕挽，兩驂兩服。馬的轡絡鞍具齊備。車輿作長方形，橫置於車轅、輪軸之上。橫寬〇・七四公尺、進深〇・四八公尺，復原車輿橫寬一・四八公尺、進深〇・九六公尺。輿的前面做成抹角，後面開門。車豎內樹立一具傘蓋，傘蓋呈圓形，下有蓋弓承托，傘柄支撐，傘柄套合固定在十字形傘座之上。

銅車駕車的馭手銅俑，站立在車輿內傘蓋之下，高〇・九二公尺，復原高一・八二公尺。他頭戴鶡冠，身穿雙層長襦，腰繫條帶，足登方口齊頭翹尖靴。一柄銅劍斜佩腰間。劍有鞘，一條條帶穿過劍璏，再繫於車御的腰間，這是先秦時期傳統的佩劍方式。銅車御俑的身軀微微前傾，神情專注，兩臂前伸，將四匹駿馬的轡繩攬於手中。

銅車通體繪彩，車輿乳白色地，繪紅、綠、黑、紫彩勾連幾何紋，銅車御俑內襦作粉紅色，外襦綠色，冠帶、領口為白色。四匹馬毛色如雪，再配上金銀裝飾的轡絡。在一派冷峻肅殺氛圍中，又顯露出富麗之氣。

九、一號銅車的兵器裝備

同所有的兵車一樣，一號銅車的車輿也裝備了各種兵器。在車輿前軨外側的左邊，斜架一具銅弩。其架置方法非常巧妙，車輿欄板下部左方焊有兩件銀質承弓器，每件承弓器上各伸入兩支鶴頸一樣的彎鉤，銅弩的弓幹就架在承弓器的彎鉤內，弩臂斜倚在前軨上，取用便利。銅弩的弩臂形似瑞獸，前端為頭，張口銜住弩弓的弣部。身修長，上面平，設矢槽。弩臂的後端設裝有弩機的機槽，下面保護懸刀的護板是瑞獸盤回的短尾。弩臂上彩繪纖麗的卷雲紋。弩機由牙、牛、懸刀構成。因為是明器，弩弓也是銅製的，弣部寬粗，淵簫部份漸細。

弓弦是由多股銅絲絞成的，兩端結作環扣，掛在弓簫的契口之上。另有一條較細的銅絲穿過銅弩臂，拴在弩弓兩淵與簫的相接之處。經實測，銅弩的弩臂長三十九・二公分，弩弓長七十・二公分，弓弦長六十六公分，弦徑〇・四公分。若按一比二的比例復原，此弩弩臂長七十八・四公分，弩弓長一百四十・四公分，比戰國時期所見的弩要大些，張力也當更強。

裝箭的箙有兩個，一個作筒形，焊接在車輿左軨外部前側，長三十六公分。銅箙上有三個銅箍。一個呈長方形合狀，頂部圓弧，長三十八公分，有一條銅鏈將其縛紮在前軨內側，輿板之上。兩箙內共裝箭六十六枝，箭的鏃、鋌、羽、栝齊備，全係銅鑄。其中絕大多數箭鏃呈三稜錐形，通長三十五・二公分。只有四枝箭鏃呈前端膨大的圓柱形，通長三十五・四公分。復原後第一種箭長七十・四公分，第二種長七十・八公分。

一件銅盾插在車輿右軨內側前段與擋板之間。銅盾的形狀和東周雙弧亞腰形盾相似，盾面中部突起一道縱脊，背面也有一個通貫上下的盾柄，盾握的鋆口作長方形。只是在盾亞腰處的四個角上聳而內捲。

盾面、盾背滿繪大朵雲氣的圖案，底面寬二十四公分、高三十六・二公分。復原後底邊寬四十八公分、高七十二・四公分。

秦始皇陵一號銅車是至今發現最完整、最具象的戰車資料，它因為全車銅質，保存了發掘出土實用木質戰車難以保存的部份，所以更顯得珍貴。為我們研究秦代或更早戰車的結構、兵器裝備、駟馬的繫駕方式提供了許多啟示。

這乘銅車上只有一個車御俑，他居中站立在車輿的中間，沒有作戰的武士，但車輿前軨外側左方的銅弩，以及左軨外部前側的筒形箭箙，輿內的籠箙，告訴我們車輿內左方是弩弓射手的用武之地；車輿右軨內側前部插放的銅盾說明車輿右部是格鬥武士活動之所。其結構與古文獻記載的「小車」、「戎車」接近。車輿前軨左側承架銅弩弩弓的是焊在車前軨左側下方的兩件銀質「承弓器」，應叫「弩輒」，是裝在戰車上為拉張硬弩而設置的，它的凹槽正可緊緊卡住弓弣，弩弓手可站在車上。盡全身之力向斜上方拉動弓弦。所以一號銅車表現出秦代以前戰車的基本特徵。

十、秦軍主力兵種仍是戰車兵

秦始皇陵兵馬俑坑的出土，在一定程度上展示了秦朝軍隊的兵種構成情況。

從一號和二號陶坑已揭露的部份觀察，秦軍的主力兵種仍是戰車兵，裝備的是前駕四匹馬的木質戰車，戰車的基本形制仍沿襲先秦駟馬戰車的傳統，單輈雙輪，橫長方形車輿。從一號坑出土的八乘車和二號坑出土較完整的八乘車綜合來看，車輈長三百五十至三百九十公分，衡長一百四十公分，軛寬四十公分、高五十七・四公分，輿廣一百四十、進深一百一十至一百二十公分，軸長兩百五十公分，輪徑一百三十五公分，輪輻無保留完好者，從有的保存半個車輪來觀察，應在二十八輻左右。車上當有三名乘員，御手居中。乘員均披甲，從陶俑身上塑出的甲來看，應是模擬皮甲，均由甲身、披膊和垂緣組成，御手將披膊改成防護整個膀臂的長甲袖，並聯有護住手背的手護。由出土石鎧甲資料，可知轅馬也裝備有結構完備的馬甲。

由陵園內出土的一號銅車上裝備有弩來看，當時戰車兵的遠射兵器可能以強弩為主，每弩備箭箙一共一百枝。格鬥兵器是長柄的戟、鈹、矛之類，但俑坑中出土的均青銅製品，並佩有劍，以用於貼身格鬥。從一號銅車的裝備來看，防護裝具除皮甲冑外，還有盾。

十一、秦軍步兵數量多，騎兵數量少

除了戰車兵以外，秦俑坑中出土陶俑大量模擬的是步兵，多與戰車編組在一起。步兵有輕裝和重裝兩種，輕裝步兵僅著戰袍，數量很少；重裝步兵披甲，數量較多。從陶俑身上塑出的甲來看，也是模擬皮甲，

秦俑坑出土的陶騎兵俑和陶馬

由甲身、披膊和垂緣組成。裝備的遠射兵器以弩為主，格鬥兵器長柄的有戟、鈹、矛、殳等，短柄的有劍，俑坑中出土的均青銅製品。

秦俑中模擬騎兵的俑數量最少，皆出土於二號坑中，而且集中於俑坑的西北角，表明在秦軍中不佔主要位置。騎兵所披甲與戰車兵和步兵不同，僅有甲身，沒有披膊和垂緣，且長僅及腰，這是為了便於騎馬的緣故。因為當時馬具很不完備，陶馬只裝備有絡頭銜鑣，馬背只有簡單的鞍墊，還沒有真正的馬鞍，更沒有鐙。所以人跨騎在馬上，要靠雙腿夾控馬匹，十分困難和費力。

秦騎兵復原示意圖

由以上情況可以看出：第一，秦朝軍隊仍沿襲戰國時舊制，以駟馬戰車為主力，步兵地位已提高，數量增多，裝備改善，但仍多與戰車兵編組在一起。騎兵仍不發達，缺乏完備的馬具，數量有限，在戰爭中只有輔助作用。第二，秦軍的裝備已比戰國諸國軍隊有許多改進，以皮甲為例，秦俑中戰車兵的皮甲比曾侯乙墓等戰國皮甲，更靈便適用，簡化了披膊的編綴方法，將長而笨的甲裙改為短的垂緣。但是為御手增加了長甲袖和手護，增強了防護效能。戰車大量裝備強弩。格鬥兵器中以秘聯裝的戟，增加了戟刺與戟體間隔的長度，突出發揮遠距扎刺、近距勾斬的功效。而且青銅工藝達到前所未有的高峰，銅劍的長度多超過九十公分，幾乎比先秦銅劍增長三分之一。

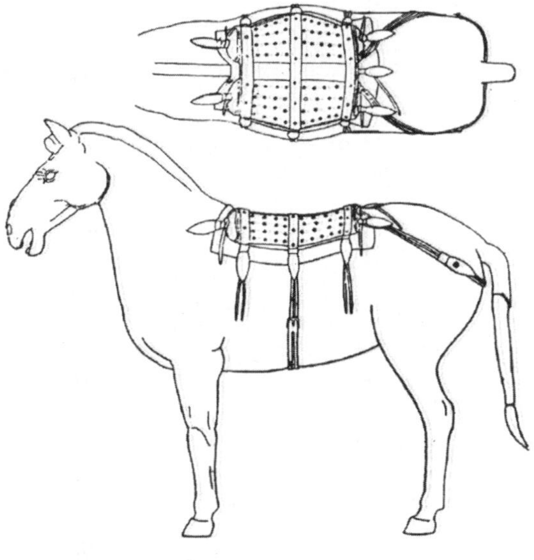

秦俑坑出土的陶騎兵所牽陶馬裝備的馬具

更重要的是，秦兵器的標準化達到很高水準，例如三稜銅鏃的三個稜脊幾乎相等，經抽樣測試八十四件銅鏃所獲得的兩百五十二個數據，最大差值為〇・五五公釐，最小差值僅為〇・〇二公釐，確實顯示了當時青銅兵器製造工藝的高水準。

第九講

「毀車爲行」和「變服騎射」——東周步兵發展和騎兵探源

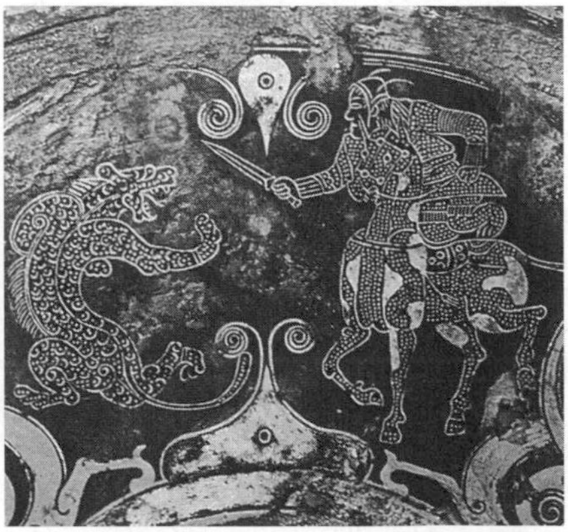

正當駟馬戰車在兩周戰場上廝殺最酣的時候，特別是自春秋戰國以來，中國大地上又有新的兵種和新的作戰方式悄然生成並發展起來，這就是成建制的步兵和雛形階段的騎兵。它們的興起和逐漸壯大，改變著戰國晚期軍隊的面貌，並最終導致了戰車和車戰的衰微。

春秋戰國的激戰，要求各諸侯國擁有強大的軍事實力，這時，僅僅依靠士以上的貴族階層組成的戰車兵，已經難以滿足各國擴軍的需要，為了動員數量達到幾十萬的兵員參戰，只有將眾多的農民吸收到軍隊中來。士兵的成份在改變，貴族精英「士」組成的戰車兵，讓位於千百萬農民組成的龐大步兵是歷史的必然。

戰國時騎兵的數量雖然不多，也沒有成為軍隊的主力兵種，但作為具有發展前途的新興兵種，已經發揮著與其他兵種不同的重要作用。

騎兵依仗輕捷迅速的特點，在戰鬥中常常擔負著突然衝擊、迂迴包抄、斷敵糧道、追殲潰敵等任務。在考古發掘中獲得的有關戰國時騎兵的形象資料，有陝西咸陽塔兒坡秦墓（二八〇五七號）中出土的兩件繪彩灰陶騎馬俑，那座墓的年代估計在秦惠文王至秦武王時期，也就是西元前三三七至前三〇七年之間，正與歷史上著名的趙武靈王「變（胡）服騎射」時代相近。而剛剛誕生的鋼鐵兵器，恰好滿足了當時大量裝備步兵和騎兵格鬥兵器的需要。

一、「毀車為行」的故事

談起東周時期的步兵，自然要講到歷史上一個「毀車為行」的故事，它發生於西元前五四一年，事見《左傳・昭公元年》的記載。其經過大致是這樣的：晉國中行將荀吳（穆子）領軍征伐無終國，與北方民族白狄的軍隊相遇於大原。由於白狄的軍隊是步兵，而大原為山區，晉軍中的一位副帥魏舒，考慮到戰場地形狹險，己方擅用的駟馬戰車無法佈陣，難以與白狄族的步兵交戰。於是向主帥荀吳建議，讓自己戰車上的甲士全部下車，作為步兵與敵方步兵交戰——這就是史書所說的「毀車為行」。

魏舒並且從自身做起，自己率先下了戰車。而主帥荀吳也採納了他的建議。

但因為當時作為戰車兵的甲士，多為貴族，他們感到下車與步兵為伍有失身份，所以拒絕從命。魏舒採取殺一儆百的辦法，當即將一名不肯下車的荀吳寵臣斬首示眾。晉軍車兵這才迅速下車參戰，魏舒將他們排成五個互為呼應的步陣對敵。狄人看到晉軍臨陣才把戰車兵改成步兵，感到很好笑，連自己應戰的準備都忽略了。結果沒等狄人排成陣勢，就遭晉軍迫近攻擊，狄人大敗而逃。

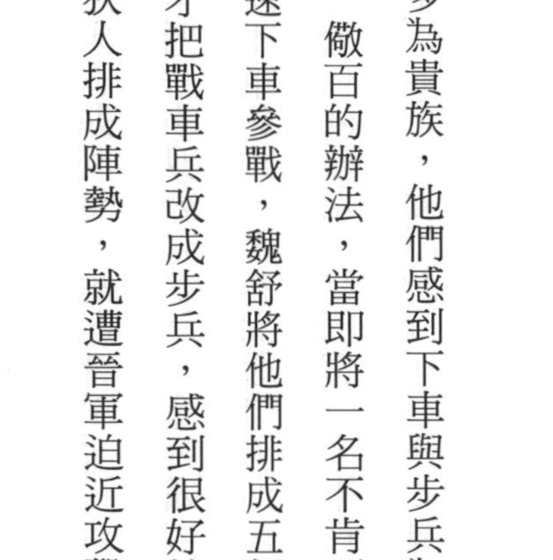

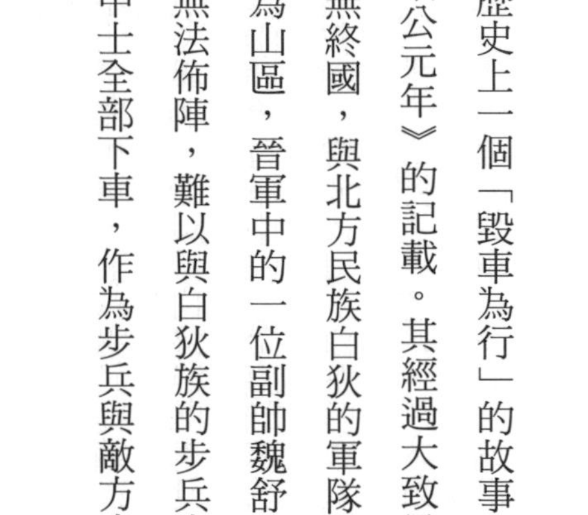

河南汲縣山彪鎮戰國墓出土銅鑑上的步兵圖像

後代有人評價說，魏舒的「毀車為行」，率先實現了車戰向步戰的轉變，甚至第一次排出了步兵方隊的作戰隊形，可稱為中國歷史上有記載的第一位軍事改革家。

二、步兵發展是時代的要求

其實考諸戰史，發現魏舒實施的「毀車為行」，不過是統帥依據戰場地形及敵我態勢，選用出奇策以制敵的權宜之計。因為並不是此後晉軍就真的撤除戰車兵，改以步兵方陣為軍隊主力兵種了。如果認為這次戰鬥就是成建制組建步兵的開始，並不符合歷史事實。很可能打敗狄人以後，那些戰車兵依然回到自己的戰車上去，晉軍仍是以戰車兵為軍隊主力。遲於這次戰鬥幾乎半個世紀的西元前四九三年的鐵之戰，仍舊是一場典型的車戰，那次戰鬥中，趙簡子和為他御車的郵無恤和車右衛太子蒯聵的表現，則被認為是車戰中三個乘員的楷模：簡子曰：「吾伏弢嘔血，鼓音不衰，今日我上也。」大子曰：「吾救主於車，退敵於下，我，右之上也。」郵良曰：「我兩靷將絕，吾能止之，我，御之上也。」駕而乘材，兩靷皆絕。

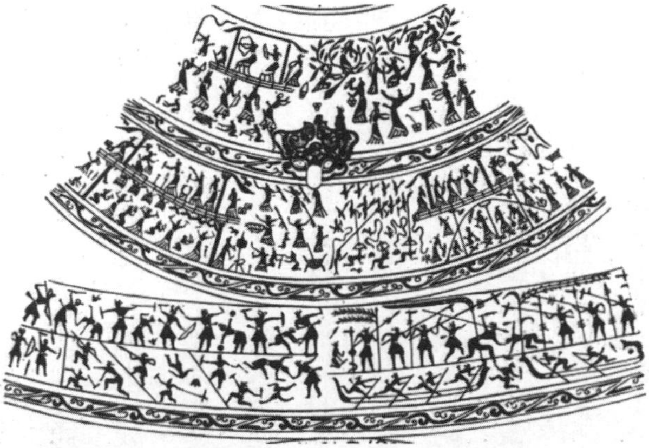

四川成都百花潭戰國墓出土的水陸攻戰紋銅壺上紋飾展開圖

但車兵讓位於步兵，還是歷史的必然，正如恩格斯所指出的：「裝備、編制、戰術和戰略，首先依賴於當時的生產水準和交通狀況。這裡起變革作用的，不是天才統帥的『悟性的自由創造』，而是更好的武器的發明和士兵成份的改變。」當幾十個分立的諸侯國終於兼併成了七個，中國歷史進入戰國時期，社會性質不斷發生變化，各國紛紛變法，核心內容之一就是要擁有強大的軍事實力。所以，僅靠士以上的貴族階層組成的戰車兵，自然難以滿足各國擴軍的需要，為了動員數量達到幾十萬的兵員參戰，只有將眾多的農民吸收到軍隊中來，士兵成份在改變，開始不光靠出身，只要多砍敵人首級，就可以晉爵陞遷。所以到戰國晚期，各國軍隊雖仍以戰車兵為核心，但擁有數量龐大的步兵部隊，已經成為迫切的時代要求，而各國也為此早就付諸了行動。這裡，以蘇秦到處遊說時所引述的諸國軍力可見一斑，燕：「帶甲數十萬，車六百乘，騎六千匹。」趙：「帶甲數十萬，車千乘，騎萬匹。」韓：「帶甲數十萬，天下之彊弓勁弩皆從韓出。」魏：「武士二十萬，蒼頭二十萬，奮擊二十萬，廝徒十萬，車六百乘，騎五千匹。」齊：「帶甲數十萬。」楚：「帶甲百萬，車千乘，騎萬匹。」（《史記・蘇秦列傳》）；張儀說楚王時說「（秦）虎賁之士百餘萬，車千乘，騎萬匹」。說韓王時也說「秦帶甲百餘萬，車千乘，騎萬匹，虎賁之士跿跔科頭貫頤奮戟者，至不可勝計」（《史記・張儀列傳》）。雖然說客誇大之辭難以全信，但也反映出當時各國步、車、騎之間的比例關係，戰車約六百至千乘，騎兵約五千至萬匹，而步兵的數量還是最多的，達到數十萬眾。

還應注意到，在北方讓戰車上的乘員走下戰車是那樣困難，被認為是大丟面子的有失身份的事，但是在水網交錯的江南水鄉，笨重的駟馬戰車從來就沒有多少用武之地，那裡的強國爭霸的軍隊主力一直是步卒，還有水軍和戰船。當吳王夫差引兵北上爭霸，主力亦為步兵方陣。因此適於步兵近戰的格鬥兵器——劍，也一直以吳越鑄造的最為精良。

三、騎兵探源，從安陽殷墟的「騎士墓」說起

中國古代騎兵源於何時？與之相聯繫的古代騎馬習俗又始於何時？這一直是人們感興趣的問題。曾有學者據《說文》用「因字求史」法，推論「騎馬之俗，當始商末周初也」；又有學者據甲骨卜辭中「先馬」及以馬追捕逃奴等，認為騎射之法在商時已出現，並用於軍事。

一九三六年，在當時中研院史語所的安陽殷墟第十三次發掘中，出土了一座葬有一人、一馬、一犬的墓葬，特別是人骨旁隨葬著包括銅戈、弓矢、箭鏃和小銅刀在內的一組兵器，此墓因此被稱為武裝的「騎士墓」。騎士墓的發現，與商代軍事乃至騎兵的關係如何呢？讓我們仔細看看

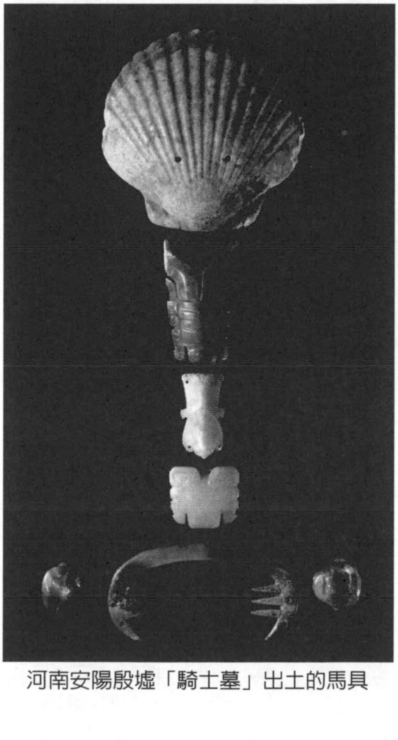

河南安陽殷墟「騎士墓」出土的馬具

該墓的具體情況：

安陽殷墟的騎士墓坑，是乙七基址以南的大量以人為祭禮犧牲的坑中的一個，屬於中組諸坑十二行之第一行最西的一坑，是長方形豎穴，裡面埋葬了一個身高約一・五五至一・五八公尺的人，俯身姿態，頭北足南，在他的西側埋有一匹馬，坑的南端和北端還各埋有一犬。人和馬的骨架都保存較完好。值得注意的是死者身旁有一組兵器：格鬥兵器有銅戈，遠射的弓矢只存兩類銅鏃共五枚，還有一件小銅刀和一塊礪石。同時在死者腰部橫置有一銅弓形器，它原來可能縛於腰帶正當腹前的部位。在馬的頭部有一組馬具，有飾於馬轡額帶上的貝飾、鼻帶上的玉飾（燕子、牛頭、獸面）和石珠。以及一件「U」形玉器，橫寬十一・五五公分，最高處六・一公分，兩側向上弧曲處內側各向裡伸出三隻尖齒，並各有兩個小穿孔。據其形體特徵及模擬試驗，認為它是玉馬銜（馬嚼），使用時橫置於馬口內，兩側弧曲朝上，用繩穿過兩孔而繫結於兩側馬轡上。因此這是一套最原始的騎乘用馬具。

可以看出，這是一位武裝騎士與乘馬合葬的墓坑。又由於這組（中組）墓葬分佈較規律，南北成行，大部份坑內埋有數量不等的砍頭人骨架，被砍下的頭顱多放在坑內，明顯是殷王室祭祀時用的人牲。有可能這座全屍的武裝騎士墓坑（編號M164），就是這批人牲的「首領」。截至目前，在殷墟發掘中再沒有發現過與之類似的埋有騎士與乘馬的墓坑。所以此武裝騎士墓（中組M164號）尚屬孤例，再聯繫該墓在祭祀犧牲組中的位置等來考慮，它所能說明的，僅僅是商代人們已能騎射，或出現了武裝騎士，但並不能說明武裝騎士已正式列編於商王朝的正規軍中，更不表明當時軍隊中已有作為獨立兵種的成建制的騎兵部隊。

四、趙武靈王「變服騎射」

河南安陽殷墟「騎士墓」平面圖

在中國古代史籍中，明確記載諸侯國組建騎兵的實例，首推戰國時趙武靈王的「變服騎射」。它與「毀車為行」的故事一樣，成為後世流傳甚廣的著名戰國故事。

「變服騎射」的故事是這樣的：西元前三、四世紀時，威脅著西北疆域的強敵，是一個善於游牧並依靠馬匹作戰的民族——匈奴。它游動於華夏族北方到西北的廣大地域，逐水草而放牧；族內習俗貴壯健，賤老弱；少年即能張弓騎射，成為征戰的武士。平時畜牧射獵，需要時全民皆兵，沒有正規軍隊，出戰時有利則勇敢前行，如群蜂密集，勢不可當；不利時一哄而去，不羞遁逃。由於匈奴善於騎馬在山地大漠和溪澗等複雜地形奔跑，中原地區畜養的只拖駕木車的馬與之無法相比。同時四匹馬拖駕的笨重木車，本來難於在複雜的地形條件下作戰，遇到來去迅捷的匈奴騎士，只等被動挨打。中原戰士又習慣站在車上射箭，而匈奴戰士習慣騎在馬上邊跑邊射，更是輕捷主動。何況東周諸侯國的軍隊打仗還要遵守禮數，不鼓不成列，本來駟馬戰車比單騎就笨重遲緩，遭遇匈奴來襲還須排好陣勢再打，那時匈奴騎士早已得利跑得無影無蹤。所以在軍事上總是吃虧，無法抗禦匈奴的侵擾。

西元前四三年，北方的晉國被韓、趙、魏三家瓜分後，建立了三個諸侯國家，這三國後來便成為戰國「七雄」中的三雄。雖說稱「雄」，其實這三國力量是七雄中較弱小的。特別是趙國，因地處北方，常常受到來自北部游牧民族胡人部落的侵擾。雖然他們動員全國的力量，在北部邊疆修築了中國最早的長城，但胡人的駿馬還是常常躍過藩籬，騷掠趙人。這些異族胡人，大都騎快馬，身穿短衣長褲，上下馬背，馳騁千里，動作十分靈活方便。這時中原諸國的軍隊，大多還停留在步兵和兵車混合編制的時代，官兵們都穿長袍，束重甲，騎馬很不方便。且行動時又往往是幾萬、幾十萬人統一進退，因此在機動靈活的胡人騎兵面前老是打敗仗。

西元前三〇七年，趙國總算出了個頭腦清楚的君主，就是趙武靈王。趙武靈王（西元前三二五至西元前二九九年）是趙國的第六個君主，他是一個很有遠見的政治家和軍事家。他感到趙國要在七雄紛爭和外族入侵的複雜環境中爭取生存和不敗，必須改變傳統的作戰方式，特別是應該向胡人學習使用大量的騎兵，還要學會騎在奔跑著的馬上射箭。

要學胡人騎射，首先遇到的問題是衣服不適。趙國人穿的是中原傳統服飾，上衣長袍大寬袖，下裳只是圍裙沒有褲襠，騎馬射箭很不方便。趙武靈王深思熟慮了很久，認為必須從改革趙國的服裝入手，仿製胡人的短衣窄袖和加襠長褲，這樣不但便於騎射，做其他任何事情也都很方便。趙武靈王先把自己的打算告訴了大臣肥義、樓緩等人，得到大臣們的理解和支持。後來又說服了王族中的反對者，尤其是他的叔叔公子成，武靈王親去說服，這位開始最堅決的反對者最後不但想通了道理，而且帶頭穿上了胡式服裝。最後，趙武靈王出胡服令，命令全國改穿胡人的服裝，並與王公大臣們率先穿著好作表率，使漢服變胡服的行動迅速在趙國開展。

接著，趙武靈王又訓練軍隊騎馬射箭，不到一年的時間，便訓練出一支剽悍而迅猛的騎兵部隊，改變了原來軍隊的裝備和作戰方式。後來不但打敗了過去經常倚仗齊國勢力侵擾趙國的中山國，而且收服了東胡和幾個臨近部落，還將勢力擴展到北邊的代郡、燕門，西邊的雲中、九原，開闢收服了北方上千里的疆域。趙國的騎兵也成為中國古代騎兵的開山。

到西元前二九九年，趙武靈王讓位給他的兒子趙惠王時，趙國已是七雄中較強大的國家了。後來，由於各國力量對比的變化及其他種種原因，趙國等東方六國雖然最後被秦國擊敗，但趙武靈王向胡人學來的這種窄袖短衣、加襠長褲式的服裝，最終也變成漢民族服裝的基本式樣，並在兩千多年中沿用不衰。

五、戰國時期的騎兵和馬具

趙武靈王變服騎射以後，趙國軍隊的主力依然是戰車兵和依附它的步兵，甚至這之後又過了七八十年，名將李牧重組趙國軍隊時，還是以戰車兵一千三百乘為主，騎兵一萬三千匹為輔。而在軍隊總數中，騎兵所佔的比率也不過百分之八。終戰國之世，騎兵的比例仍不多，前引蘇秦、張儀等的說辭中所列各國軍隊，秦有兵員百餘萬，只有騎萬匹；燕有數十萬軍隊，只有騎六千匹。均不及兵員總數的百分之一。戰國時騎兵的數量雖然不多，也沒有成為軍隊的主力兵種，但作為具有發展前途的新興兵種，已經發揮著與其他兵種不同的重要作用。騎兵依仗輕捷迅速的特點，在戰鬥中常常擔負著突然衝擊、迂迴包抄、斷敵糧道、追殲潰敵等任務。當時有一些名將，也都善於騎射，例如廉頗年事雖高，還能「被甲上馬」。

陝西咸陽塔兒坡秦墓出土的陶騎俑

六、步兵和騎兵的發展對兵器的影響

正是由於戰國時期，特別是到了戰國晚期，隨著步兵和騎兵的日益發展，大量生產適合於步兵和騎兵使用的兵器和防護裝具，成為各國當務之急。如步兵必須裝備適合一個人體力負擔，並能長途行軍的兵器和防護裝具，《荀子・議兵》所講魏氏之武卒的裝備，應反映著當時步兵的標準裝備：「衣三屬之甲，操十二石之弩，負服矢五十個，置戈其上，冠胄帶劍，贏三日之糧，日中而趨百里。」

當時的大軍事家孫臏就說：「夫騎者，能離能合，能散能集，百里為期，千里而赴，出入無閒，故名離合之兵也。」認為「用騎有十利：一曰迎敵始至；二曰乘敵虛背；三曰追散亂擊；四曰迎敵擊後，使敵奔走；五曰遮其糧食，絕其軍道；六曰敗其津關，發其橋梁；七曰掩其不備，卒擊其未整旅；八曰攻其懈怠，出其不意；九曰燒其積聚，虛其市里；十曰掠其田野，係纍其子弟。」同時為了加強主力部隊的機動性，往往將車騎混合編在一起，「輕車銳騎」，配合戰鬥。在軍事著作中，也開始有了關於騎兵的論述。竹簡本《孫臏兵法・八陣》中就講述了車騎參與戰鬥的情況，並指出根據不同的地形，兵力佈置也應有變化：「易（平坦）則多其車，險則多其騎。」

在考古發掘中獲得的有關戰國時騎兵的形象資料，目前只有陝西咸陽塔兒坡秦墓（二八〇五七號）中出土的兩件繪彩灰陶騎馬俑，那座墓的年代估計在秦惠文王至秦武王時期，也就是西元前三三七至前三〇七年之間，其時正與趙武靈王變服騎射相近，且秦人歷史上就善於養馬，又

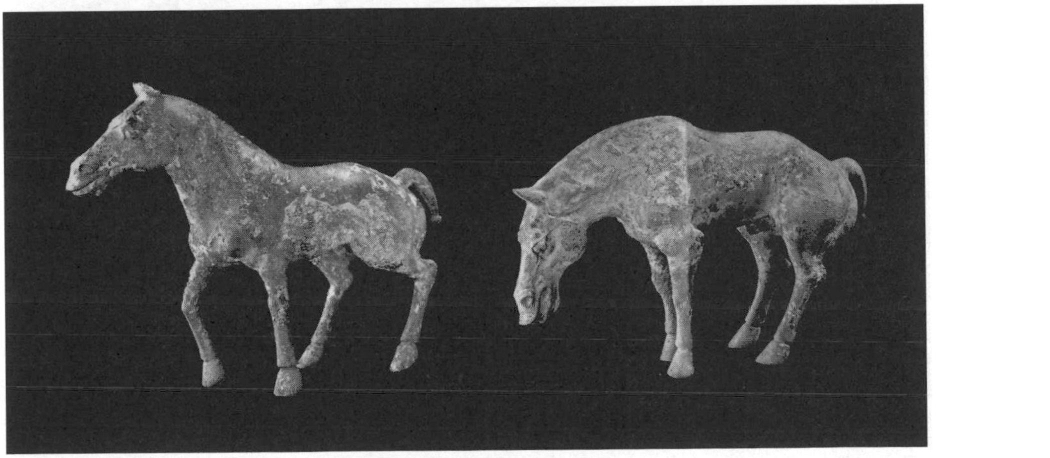

河北邯鄲趙王陵出土的戰國銅馬

與趙國同樣須對抗戎狄人的侵擾，出現騎兵自在意料之中。這組陶騎俑製工較古拙，但還能從觀察當時馬具的一般情況，看出轡頭由額帶、鼻帶、頰帶所構成，大致與當時駕車轅馬的轡頭相同，雖因缺乏細部刻劃故未繪出馬鑣，但推測那時也是以銅銜與骨鑣控御馬匹。值得注意的是，這兩件陶俑騎士是直接跨騎在光背馬身上，臀下並無坐墊。這應該不是失誤忘繪，而是反映當時乘馬的馬具較原始，尚無鞍韉可言。

至於騎兵，除了適於跨馬戰鬥的成套馬具外，還需要適於馬上作戰的格鬥兵器和防護裝具。格鬥兵器要配合馬上格鬥而長短適宜，更要與馬速衝擊相配合，防護軀體的鎧甲更要長短適宜，便於騎乘。盾牌同樣要求其尺寸和形制合於跨馬戰鬥。

原來供車上戰士使用的成組合的長柄格鬥兵器，以及厚重而長大的皮甲，都只適於在馬車運載的條件下戰鬥，雖不適合徒步戰鬥，有些還勉強可轉用於步兵，但那些供車戰用的長柄青銅兵器組

陝西咸陽塔兒坡秦墓出土的陶騎俑線描圖

合，特別是長大厚重的皮甲，卻根本無法轉用於騎兵部隊。改造已形成固定模式的車戰兵器，十分費力。

而剛剛誕生的鋼鐵兵器，恰好與步兵和騎兵同時走上戰爭舞臺，而且由於材質和製作技術等各方面的原因，主要靠鍛打的鋼鐵兵器，很難與用鑄模成形的青銅兵器保持完全相同的外貌細部特徵，例如將鐵劍鍛成銅劍側刃兩度弧曲的形貌，就是一個難題，所以有必要對傳統兵器的外形，進行適於鍛製技術的修正。這種修正，恰好與當時各國亟需大量裝備步兵和騎兵的格鬥兵器相契合，因此大量生產的鋼鐵兵器，正是為了裝備步兵和騎兵。從燕下都四十四號墓出土的人骨和兵器，可以看出那正是一處埋葬陣亡的步兵將士的叢葬坑，出土的鐵戟、矛、劍，外形已與同類青銅兵器有很大不同，正是適合步兵近戰格鬥的兵器。

四川成都百花潭戰國墓出土的水陸攻戰紋銅壺

第十講

飛騎與天馬——騎兵成爲漢代軍隊主力

西漢時期，北方大漠的一股武裝勢力悄然復興，這就是曾經被秦將蒙恬擊潰過的匈奴人。他們平時游牧狩獵，戰時從事攻伐。其騎兵快速、輕捷，善於奇襲和突襲，給漢朝帶來極大的軍事威脅。漢高祖就曾被匈奴四十萬騎圍困在平城白登山（今山西大同西北），幾乎送命，史稱「白登之圍」。

為了應對匈奴騎兵，西漢開始了兵種的重組和改良，大力發展養馬業，振興經濟基礎，為此後漢武帝時建立強大的騎兵部隊，發動大規模征伐匈奴的戰爭準備了堅實的物質基礎。而漢朝與匈奴軍事力量的對比，也是到漢武帝時騎兵真正成為軍隊的主力部隊和重要兵種，才完成了由劣勢到強勢的根本轉折。漢武帝在位五十四年，發動大規模的戰爭達二十五次之多，幾乎平均每兩年就征戰一次，而其中有十六次都是主要依靠騎兵，進行對匈奴的征伐。作戰的規模之大，參戰人員馬匹之多可謂空前絕後，漢軍僅出動十萬騎以上的戰事就有六次；其餘近十次，漢軍兵馬也多在三四萬騎以上，有效解除了來自北方的軍事威脅。

西漢騎兵建立和發展的過程中，因重視馬種的改良，引進了西域烏孫和大宛的優良馬種，號稱「天馬」。其形象或可由考古發掘的漢代駿馬雕塑品反映出來，如陝西茂陵無名塚從葬坑出土的鎏金青銅馬，頭小而英俊，雙耳如批竹，頸長彎曲，胸圍寬厚，胸肌勁健，四肢修長，臀尻圓壯，正是代表著西漢馬種改良的早期作品。

一、西漢初期的軍隊構成

西元前二〇七年，秦末農民起義摧垮了秦王朝，繼之出現了歷時幾年的楚漢戰爭，數量眾多的各路武裝出現在戰爭舞臺上，進一步改變了士兵的成份，同時促進了戰略、戰術的發展和軍隊組織方面的變革。這種變革表現在兵種方面，就是騎兵的日益壯大，並在戰爭中逐漸發揮著更大的作用。部隊中開始設置了專門統領騎兵的將領——騎將、騎千人將、騎都尉、騎長，等等。

這種變革也有一個過程，陳勝起兵抗秦時，他的部隊仍舊主要是戰車和步卒。劉邦的軍隊，開始也是以戰車和步兵為主，騎兵是很薄弱的，從沛反秦直到進軍咸陽，戰車總是衝鋒陷陣的主要力量，所以夏侯嬰在破李由、擊章邯、攻趙賁，進軍洛陽，戰藍田直至灞上歷次戰役中，都是「以兵車趣攻戰疾」，因而立功晉爵。後來由於和項羽爭雄，「軍於滎陽，楚騎來眾」，劉邦才認識到騎兵已經成為解決戰鬥不可缺少的兵種。所以他積極組建了精銳的騎兵部隊——郎中騎兵，由灌嬰為將。這支部隊在擊敗項羽和殲滅割據的諸侯王的戰爭中屢建奇功。最後垓下一戰，項羽引騎從一百餘人突圍敗逃，漢軍追擊並最後消滅了楚軍餘部、逼得項羽自殺的，正是

陝西咸陽楊家灣西漢墓出土的陶俑

這支騎兵部隊。

但是，當時劉邦軍隊的主要力量還是戰車。這支部隊的主將，就是滕公夏侯嬰，他還一直擔任太僕，掌管著西漢初年漢王朝的養馬事業。由一位戰車部隊的將領，而不是由一位騎兵將領總管軍馬的養育和訓練，也反映了當時軍中仍然戰車與步騎兵並重的事實。直到漢文帝的時候，情況還沒有太大的變化。文帝十四年，匈奴入侵甘泉地區，抗禦匈奴防守長安的部隊，是「以中尉周舍、郎中令張武為將軍，發車千乘，騎十萬」（《史記・匈奴列傳》），可見那時戰車仍據有重要的地位。遲至景帝時，漢朝的部隊也還是車騎並重，所以當吳王濞將起兵叛亂時，青年將領桓將軍指出：「吳多步兵，步兵利險；漢多車騎，車騎利平地……」（《史記・吳王濞列傳》）

考古發掘也證實了以上史實。一九六五年，陝西咸陽楊家灣出土一座推測為西漢初年文、景帝時的大墓（墓主或為大將軍周亞夫）。墓南次序井然地排列著十一個大型

陝西咸陽楊家灣西漢墓出土的陶騎兵俑坑

陝西西漢景帝陽陵從葬坑陶俑出土情況

兵馬俑陪葬坑，包括一個戰車坑，四個步兵俑坑和六個騎兵俑坑。共有步兵俑一千八百多件，騎兵俑五百八十多件，舞樂俑、雜役俑一百多件。陶俑身高四十四至四十八公分，個體不大，難與後來發現的秦始皇陵陪葬坑中，與真人等高的秦兵馬俑相比。但這些漢俑小而不失其精，都是模製成形，再悉心施以彩繪，個個形態生動。步兵俑頭戴武弁，身穿戰袍，腿裹行縢，足登麻鞋，有的戰袍外罩以黑色鎧甲，手中持盾。騎兵俑的行裝與步兵相似，端然騎在戰馬之上。陶俑原來手中可能持有兵器，但出土時已殘損無跡。馬的身上還沒有馬鞍，只是用幾條革帶將厚厚的韉墊緊緊地拴縛於馬背之上，更沒有馬鐙。

楊家灣兵馬俑坑十一個坑的全部陶俑作五排分佈：居於中央的是朱輪彩繪的戰車方陣，戰車的兩側是以軍樂為前導的四個步兵方陣，其後是兩個騎兵方陣，再後隔一段又是四個騎兵方陣。這就反映了西漢前期的軍隊編制情況。戰車部隊雖然數量減少了許多，但仍然保持著傳統的核心部隊的位置。騎兵部隊正處於發展之中，其數量有所增加，且自成方陣，這一點比秦代進步。但尚沒有騎兵專門的裝備，特別是馬背上只有鞍墊，而沒有真正的馬鞍和馬鐙，說明當時尚未出現完善的馬具。

更值得注意的兵馬俑群，出土於漢景帝陽陵的從葬坑中，也是以步兵為主。在江蘇、山東等地的諸侯王墓，也都隨葬有大量兵馬俑，泗水王陵出土的是木俑，徐州獅子山楚王陵出土的是陶俑，都以步兵為主，也有騎兵，獅子山楚王陵出土的陶騎兵俑，還有「飛騎」的銘文。

二、漢弱狄強——西漢初年的騎兵

就在西漢初期中原內戰正酣之時，北方大漠的一股武裝勢力也在悄然復興，這就是曾經被秦將蒙恬擊潰過的匈奴人騎兵。匈奴是聚居中國北方大漠南北的游牧民族，「居于北邊，隨草畜牧而轉移」（《漢書・匈奴傳》）。其最高首領稱單于，單于以下為左、右賢王等。單于同時是最高軍事首領，以下至當戶，均領兵作戰。匈奴實行民兵制，成年男子均為甲騎，平時游牧狩獵，戰時從事攻伐。其騎兵快速、輕捷，作戰時「利則進，不利則退，不

陝西西漢景帝陽陵從葬品

羞遁走」（《漢書・匈奴傳》）。其戰法飄忽不定，聚散無常，善於奇襲和突襲。當年秦將蒙恬北擊匈奴後，曾收復河南（今內蒙古伊克昭盟一帶），修築了西起臨洮（今甘肅岷縣，一說今臨洮）東至遼東的萬里長城。逼迫匈奴退往大漠以北，十餘年不敢南下。

秦末漢初，趁著中原戰亂，匈奴天才的軍事首領冒頓單于，以鳴鏑射騎的傳奇手法，訓練出一支效忠自己且能打善戰的騎兵部隊，殺父頭曼單于及後母並所有不從己者，自立為新一代單于，繼而統一了匈奴各部。接著他東滅東胡（北方游牧民族），西擊大月氏（游牧於今河西走廊一帶），南併白羊河南王、樓煩王，奪回了當年被蒙恬收復的所有漢地。自此匈奴軍力強大，有號稱「控弦之士」的騎射部隊三十餘萬，不斷襲掠西漢北部邊郡。

西漢剛統一時，國力還很衰弱，由於連年戰亂，勞民傷財，社會經濟凋敝，兵員銳減。特別是馬匹奇缺，據《史記・平準書》記載，西漢初年，連皇帝的馬車都找不到四匹同樣純淨毛色的轅馬，將相高官也缺少馬匹駕車，只能勉強坐牛車。

馬匹的缺乏，自然難以組建可以與匈奴

江蘇泗水王墓出土的木持矛步兵俑

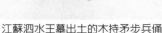

對抗的騎兵。漢高祖劉邦雖然打得了天下，卻難擋來自匈奴人的鐵騎。西元前兩百年，發生了韓王信以馬邑地方降匈奴一事，劉邦頭腦發熱，想借此出兵解決匈奴這一北方的強敵，於是傾全國兵力親率征伐。漢軍先遇到大寒雨雪天氣，出師不利，但是劉邦受到匈奴單于冒頓詐敗的誘惑，仍然傾全力向北追擊，兵力雖號稱三十二萬，可惜主要是步兵，行進遲緩，與剽悍的匈奴騎兵輕捷機動的戰術實無法相比。強大的匈奴騎兵四十萬騎，一下子將劉邦和部份漢軍主力團團包圍在平城白登山上（今山西大同西北）。漢軍所見四下的匈奴騎兵，乘騎的戰馬毛色各不相同，西方的都騎白馬，東方的盡騎青馬，北方的騎黑馬，南方盡騎赤黃馬，盡顯兵馬之強盛。漢軍接連七天被困，加之天寒地凍，缺食少穿，許多士卒凍傷甚至凍掉手指，幾近絕境。士卒哀歌：「平城之下亦誠苦，七日不食，不能彀弩。」全軍減員率高達百分之二十至三十。最後不得已，只能用陳平「秘計」，遣軍中婦女出去，以女色引誘匈奴軍，掩護漢帝乘隙從另一面潰圍出逃。這便是歷史上有名的「白登之圍」。

江蘇徐州獅子山西漢楚王陵出土的陶騎俑（附騎俑上的「飛騎」銘文）

白登之圍後，匈奴騎兵更加肆無忌憚，頻繁南來襲擾，高祖只好以嫁女和親的辦法祈求平安。到劉邦死後，匈奴首領冒頓單于，竟然向劉邦夫人呂后下求婚書，事見《史記・匈奴列傳》。漢朝受到這樣的侮辱，呂后也怒火中燒，但由於軍事實力不足，特別是騎兵不夠強大，所以終於不敢對匈奴發兵。此後西漢文、景二帝時依然委曲求全，向匈奴和親送禮，仍不能阻止其屢屢來犯。

三、漢武帝的飛騎

漢高祖後，經過文帝和景帝時期的休養生息，漢朝經濟很快恢復並有了很大發展，農民戶戶自給有餘，國家倉庫中錢糧充足。糧食歷年積壓，以至倉滿外溢，只得露天積放。同時民間養馬業迅速發展，各個街巷都可見到馬匹，田野上更是駿馬成群，官員們自然早就不再為無馬駕車發愁。普通老百姓聚會都乘馬，而且習俗規定，與會必須乘父馬（雄馬）而不得乘牝馬（雌馬），以免馬匹為爭偶發生相互咬鬥的事故。僅此一舉，足見民間馬匹之繁盛。充足的糧食和養馬業的繁盛，為此後漢武帝時建立強大的騎兵部隊，發動大規模征伐匈奴的戰爭準備了堅實的物質基礎。而漢朝與匈奴軍事力量的對比，也是到漢武帝時騎兵真正成為軍隊的主力部

江蘇泗水王墓出土的木騎俑

隊和重要兵種，才完成了由劣勢到強勢的根本轉折。

西元前一四〇年，漢武帝劉徹登基，這位後來被加謚號為「武」的皇帝，的確是一位尚武的天才。他一生在位五十四年，發動大規模的戰爭達二十五次之多，幾乎平均每兩年就征戰一次。其中除了少數幾次對閩越、東越、西羌和西南夷的征討之外，有十六次都是對匈奴的征伐。這十六次戰爭主要依靠騎兵，其規模之大，參戰人員、馬匹之多，實在令後人難以想像。據雷海宗《中國的兵》「漢武帝」節中的列表統計，漢軍僅出動十萬騎以上的戰事，就有六次之多；其餘近十次，漢軍兵馬也多在三、四萬騎以上。

元光二年（西元前一三三年）六月，漢武帝開始對匈奴採取軍事行動，漢兵三十餘萬埋伏在馬邑旁邊，讓馬邑人聶翁壹引誘匈奴單于，企圖圍殲單于的十萬騎兵，不料被單于識破，引軍退走。從此開啟了漢與匈奴決戰的序幕。此後直到元狩四年（西元前一一九年）的十餘年間，匈奴騎兵不斷入塞侵擾，漢軍也不斷大舉出塞遠征。由於馬匹充足，漢軍的騎兵部隊不斷擴大，每次出塞由三、五萬騎兵，逐步擴大到十萬乃至十多萬騎以上。僅元朔五年和元朔六年（前一二四至前一二三年）的短短兩年間，漢就發動了三次十

江蘇泗水王墓出土的木持刀、盾步兵俑

萬騎以上的兵馬攻打匈奴，並接連取得輝煌的戰果。隨著騎兵規模的擴大，漢軍騎兵的軍事素質和技戰術均日益提高，逐漸取得戰爭的主動權。反之匈奴方面，仍舊維持著原來的舊模式，缺乏技戰術訓練，仍舊是蜂擁而上、襲擾為主。又常錯誤估計形勢，以為漢軍難以到達而缺乏敵情意識。如元朔五年（前一二四年）春，漢大將軍衛青將六將軍率兵十餘萬出朔方、高闕，但匈奴右賢王錯誤認為漢兵距離他的駐地很遠，一時不能到達，遂不設防備，飲酒大醉。結果漢軍車騎出塞六七百里，連續長途奔襲，趁夜將匈奴人包圍。右賢王只得狼狽出逃，所領小王十餘人和男女一萬五千人成為漢軍俘虜，漢軍還繳獲了匈奴的百萬牲畜。

漢方的勝利，完全是由於漢武帝逐步建立起強大的騎兵部隊，制定了主動出擊的戰略，並不拘一格選用將才，委以重任，使得西漢歷史上兩位天才的軍事指揮家衛青和將領霍去病脫穎而出，從而創造了中國古代戰爭史上的奇蹟。

衛青是漢武帝皇后衛子夫的同母異父兄弟，他出身低賤，但膽識過人，武藝高強，因為得到漢武帝的賞識，甘願為朝廷赴湯蹈火。漢武帝在元光六年（前一二九年）漢軍第一次與匈奴交戰時，就果斷地任命

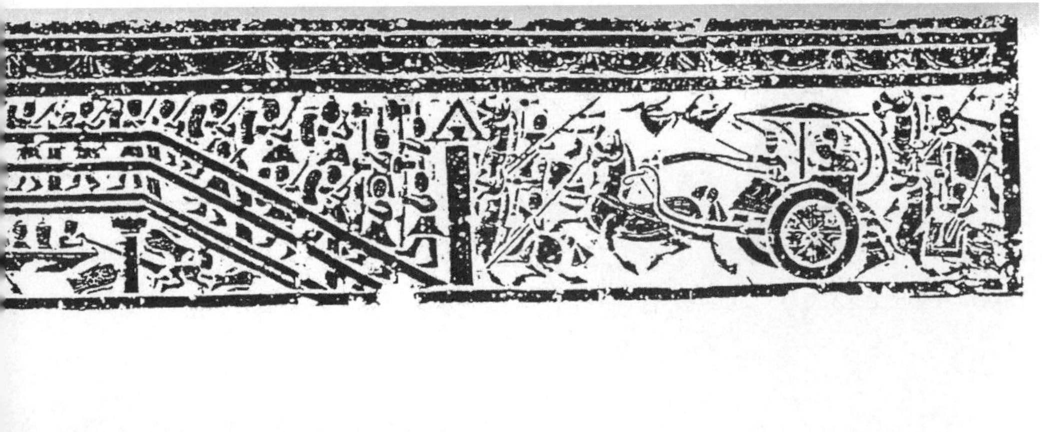

衛青為車騎將軍。衛青首次參戰即顯露光輝，他大膽果斷，敢於出敵不意，率領騎兵長途奔襲，千里迂迴，並採用中間突破、兩翼包抄戰術，使得習慣各自為戰，缺乏嚴密戰術組織的匈奴騎兵優勢全無，轉向被動挨打的劣勢。最後，漢軍中衛青率領的一部直搗龍城（匈奴祭掃天地祖先的地方），斬首匈奴七百人，取得對匈奴作戰的首次大捷。

龍城之役的勝利，在漢匈交戰史上具有劃時代的意義，它打破了自漢初以來「匈奴不可戰勝」的神話，大大鼓舞了漢軍士氣，成為漢匈戰爭的轉折點。後來，漢武帝又破格重用衛青的外甥霍去病，這位不滿二十歲的年輕將軍顯露出極高的軍事才華，成為抗擊匈奴的戰爭舞臺上又一顆耀眼的新星。元朔六年（前一二三年），年僅十八歲的霍去病隨同大將軍衛青出征，任剽姚校尉，他率領輕勇騎八百人，進擊到離漢軍主力遠達數百里的地方，殲敵兩千餘人，因功封為「冠軍侯」。

元狩二年（前一二一年）春，霍去病作為驃騎將軍，率騎兵萬人出隴西，轉戰六日，越過焉支山（今甘肅山丹大黃山）千餘里，殺匈奴折蘭王、盧胡王，俘渾邪王子及相國、都尉等，殲敵八千餘人，取得勝利。漢軍損失也頗大，傷亡幾近七成。其年夏季，霍去病與公孫敖再出此地，

山東沂南東漢畫像石墓胡漢交兵圖像拓本

由張騫和李廣出右北平以配合行動。結果公孫敖軍迷失方向，只有霍去病率軍深入敵境，過居延，直至祁連山，匈奴投降者兩千五百人，被殲三萬多人。

此時，漢與匈奴戰爭的總的形勢，漢軍已居優勢，佔有主動權，而匈奴軍則轉為守勢。元狩四年（前一一九年），漢武帝判斷，匈奴單于一直認為漢軍不能越過大漠，因此有恃無恐，只要漢軍堅定不移地向北推進，必會取得最後的勝利。所以決定動員舉國之力，發動對匈奴的大決戰，由大將軍衛青和驃騎將軍霍去病各率五萬騎兵分兩路出擊，並以步兵數十萬人作為後繼部隊和轉運糧草補給，隨軍的「私負從馬」達十四萬匹之多。衛青統領的騎兵在未遇敵軍攔阻的情況下長驅直入，出塞千里，直抵漠北才與單于所領匈奴兵相遇，一戰共消滅匈奴軍一萬九千人。另一支大軍在驃騎將軍霍去病統率下，出代、右北平外千餘里，俘獲匈奴屯頭王、韓王等三人，消滅匈奴軍數量超過大將軍衛青所領軍隊殲敵數目，多達七萬零四百四十三人，其部下因功封侯的就有五人。經過這次戰役，匈奴軍元氣大傷，遠遁漠北，再也無力南侵，自漢初以來匈奴對漢王朝的軍事威脅終於基本上解除。

四、用人命換回的「天馬」——西漢馬種的改良

經過對匈奴的連年征戰，漢軍的損失也十分慘重，不但數十萬士兵戰死沙場，更嚴重的是戰馬及其他負重馬匹的死傷多達十餘萬匹。僅元狩四年（前一一九年）大將軍衛青與驃騎將軍霍去病出

塞擊匈奴一役，漢軍出動十萬騎兵，還有塞閱官及私馬凡十四萬匹，等到擊敗匈奴勝利返回時，復入塞者僅有馬不滿三萬匹，馬匹損失超過十分之八。

漢武帝為了補足軍馬的損失，恢復騎兵的戰鬥力，只得一方面在國內擴大養馬業，採取鼓勵養馬等措施，另一方面向域外尋求優良馬種，甚至不惜動用戰爭手段以獲取西域好馬。於是在西漢太初元年（前一〇四年），中國歷史上便發生了一場罕見的專為爭奪馬匹的戰爭。當時，漢武帝拜李廣利為貳師將軍，率領屬國騎兵六千，以及郡國「惡少年」數萬人，去遠征位於漠北的大宛國。出兵的原因是為了獲取大宛的名馬。

原來，漢朝為了馬種的改良，先是引進了烏孫國的一個上等馬種，名曰「天馬」；後來又得知大宛國有一種「汗血」寶馬（一說此馬出汗呈紅色，故名「汗血」），更是體格矯健，疾馳如飛。武帝當然志在必得，他原想透過和平的手段達到目的，便派出名叫車令的使者，到大宛的都城貳師城，送給大宛王上千黃金和一個金鑄馬模，要求換取「汗血」寶馬。

誰知大宛王並不買漢武帝的賬，而且認為大宛國與漢地距離遙遠，路途艱險，漢無力加害於己，所以斷然拒絕了漢使的要求。漢使車令遭拒後十分不冷靜，怒罵後又搥壞金馬模離去。大宛王嫌漢使無禮，就讓大宛東邊的郁成王在漢使回去的路上將其劫殺，還奪取了漢使的財物。消息傳至都城長安，漢武帝大怒，於是派遣李廣利率兵出塞去進攻大宛。

但是，奪取大宛寶馬的戰爭，並不像漢武帝和朝臣們預想得那樣順利。李廣利的軍隊出塞以後，各個沿途小國堅守不與漢軍合作，弄得漢軍路遙乏食，軍中不斷減員。勉強進軍到達郁成城下時，李廣利軍中僅剩下數千飢餓的戰士。進攻郁成，不但沒有成功，反被擊敗，損失慘重，李廣利只得引兵退還，出塞往來兩年，軍隊損失十之八九。漢武帝大為生氣，命令使者遮閉玉門關，並下令征宛敗回的軍隊，如有敢入關者斬。李廣利害怕，只得留在敦煌。漢武帝考慮大宛是個小國，漢軍竟攻而不下，今後一定會影響漢在西域諸國的威信，於是增兵十餘萬，還改進了後勤運輸，命令由貳師將軍率領再次進攻大宛。

因為這次漢軍兵多，沿途小國都順從漢軍並供應糧食，漢軍三萬順利進抵貳師城下。先斷絕入城水源，然後大舉攻城，很快攻破外城。宛人只得退守中城，為了避免被漢軍破城的厄運，宛貴人們殺死宛王毋寡，與漢軍講和，並盡出寶馬讓漢挑選。於是李廣利選取宛貴人中與漢友善的昧蔡為宛王，獲取大宛寶馬數十匹，中馬以下雌雄共三千餘匹勝利而歸。這時已是太初四年（西元前一〇一年）的春天，前後延續四年，發動兩次大規模軍事遠征，目的就是為了獲得優良的種馬，不但耗費大量資財，而且在兩次遠征中兵員損失就達數萬人，幾乎是用十餘條人命的代價換回一匹大宛馬。

奪得大宛種馬以後，漢武帝就把原來稱為天馬的烏孫馬改叫「西極馬」，將大宛馬稱為「天馬」。由上面的故事，真實地反映出古代戰爭和良馬的關係，也表明擁有足夠數量的品質優良的軍馬，是建立騎兵，取得戰爭勝利的重要因素之一。

陝西西漢茂陵無名塚出土的鎏金銅馬

廣西貴縣風流嶺出土的西漢銅馬和銅俑

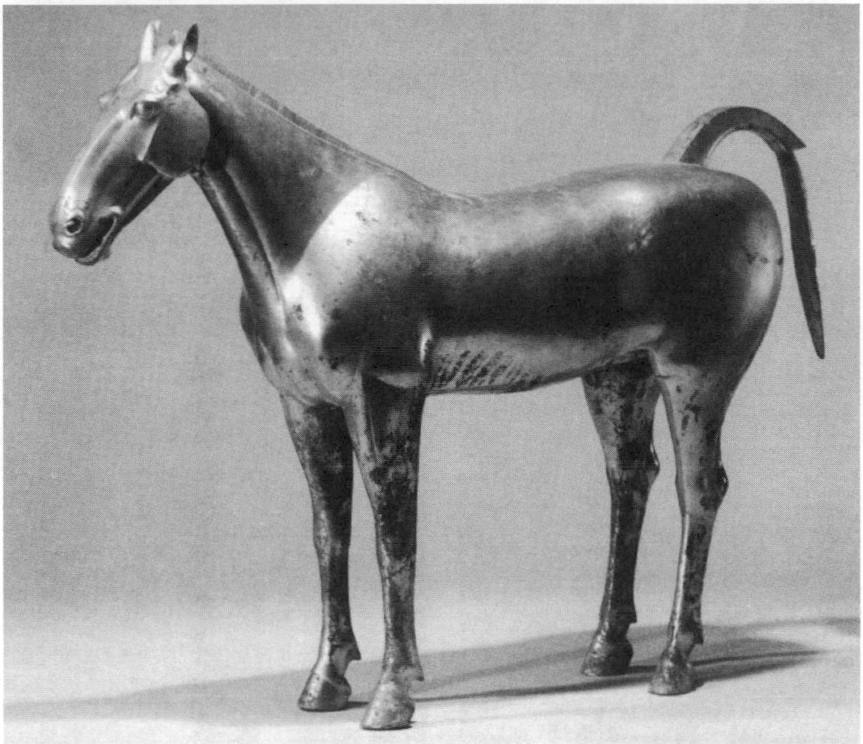

四川綿陽雙包山西漢墓出土的木馬

對於西漢時馬種改良的成績，可以由考古發掘的漢代駿馬雕塑品反映出來，例如陝西茂陵無名塚從葬坑出土的鎏金青銅馬，正是代表著西漢馬種改良的早期作品。另外的西漢墓中出土的銅馬或木馬，則反映出改良前的馬，仍與秦俑坑出土陶馬一樣，頭大而四肢較短。而茂陵無名塚鎏金銅馬則不同，那件銅馬體長七十五公分，體高六十二公分，大約是真馬尺度的三分之一強。塑造的是馬的立姿，四肢直立，頭頸自然前伸，馬尾按當時習慣結扎下垂，姿態穩定安詳。外貌英俊，頭小而英俊，雙耳如批竹，馬嘴微張露出了四顆牙齒，頸長而彎曲，胸圍寬厚，胸肌勁健，四肢修長，臀尻圓壯。為了如實模擬真馬，耳間和頸上都刻出鬃毛，還鑄出馬的生殖器，並在肛門處開有小孔。大約模擬的就是「天馬」形貌。大量出土文物顯示，西漢後期直到東漢時期，墓葬內隨葬的青銅或陶、木的駿馬模型，同樣也都模擬著天馬的體姿，造型方面已經突破呆板的四肢佇立

河北徐水房陵村出土的銅馬兩件

的舊模式，常常被塑造成昂首挺胸，抬起一隻前蹄，向前邁步行進的姿態。通常被認為很成功的作品，就有四川成都天迴山漢墓出土的陶馬，體高達一百一十四公分，是與一輛雙轅陶車伴同出土的。還有河北徐水房陵村東漢墓出土的兩件銅馬，體高也達一百一十三至一百一十六公分。

五、西漢騎兵的兵器

騎兵在西漢時期的迅速發展，直接促進了適用於跨馬作戰的兵器、防護裝具和馬具的創製和改進，因此漢代的兵器呈現出與先秦時期完全不同的新面貌。

《漢書・爰盎晁錯傳》有晁錯上書漢文帝言兵事，正是細緻而準確地反映了漢初不同兵種和各類兵器的實際情況，分析了在複雜地貌的戰場上各種兵器的優劣情勢，從而總結出帶有指導性的作戰原則。比如當時漢軍「平地用車騎，山阻用材官，水泉用樓船」，輕車尚與騎士、材官（步兵）並重，因當時騎兵尚不夠強大，難與匈奴騎兵抗衡，所以晁錯提出對漢軍有利的「下馬地鬥」方案。因為「上下山阪，出入溪澗，中國之馬弗與也；險道傾仄，且馳且射，中國之騎弗與也」。

漢軍從車騎並用向以騎兵為主力轉化的過程，到武帝時終告完成。從元朔元年（西元前一二八年）到元狩四年（西元前一一九年）十年間，漢軍與匈奴軍發生了好幾次重大戰役，雙方動員參戰的騎兵總數常常接近二十萬騎之多。漢王朝已有能力一次集結十萬之眾的騎兵部隊，如在元狩四年即如此，隨軍的「私負從馬」竟多達十四萬匹。這時漢軍的騎兵能夠進行戰略性的遠程奔襲，創造了大規模使用騎兵集團機動作戰的戰例。與此同時，戰車退出戰爭舞臺的中心場地，如元狩四年衛青擊匈奴時「令武剛車自環為營，而縱五千騎往當匈奴」（《史記・衛將軍驃騎列傳》），武剛車即戰車，這時只用於保障營地安全，或用於後勤運輸。騎兵終於升為軍隊的主力，縱橫馳騁於廣闊的戰場。自此以後，兵器的生產完全供騎兵和步兵之需，從品種來講格鬥兵器還是以長戟為主，其次是矛（或矟、鏦）和刀、盾，遠射兵器是弓和弩。由漢景帝陽陵從葬坑出土的為兵馬俑裝備的大量鐵兵器模型（約有真實兵器三分之一大），正反映了當時兵器的真實情況。從已獲知的東漢乃至魏晉的考古資料，上述兵器一直是軍隊中騎兵和步卒的標準裝備。

當時還有一種形制特殊的戟，是將鐵矛和斧合裝在一起，稱鉞戟。它可突刺可砍斫，但只在河南浚縣、鄭州等幾座東漢墓中發現過。

東漢的鐵矛有逐漸加長加大的趨勢，福建崇安漢城出土的一件鐵矛，長達五十八公分；四川金堂焦山東漢墓出土的鐵矛更長，從前鋒至銎口長八十四公分。騎兵和步兵用的矛區別在矜（柄）的長短上，騎兵馬上作戰，用的矛更長，這一點從武威雷台墓出土的執矛銅騎兵武士俑上可以看到。東漢末年，猛將張飛追隨劉備，與曹操大兵戰於當陽長阪，張飛率二十餘騎拒水斷橋，阻擋曹兵，瞋目橫矛曰：「身是張翼德，可來共決死！」他所用的就是這樣的鐵矛。後來把這種騎兵使用的長矛稱為「矟」，《釋名》：「矛長丈八尺曰矟，馬上所持，言其矟矟便殺也。」在河北滿城漢中山靖王墓出土一種形制較特殊的鐵矛，矛葉細長扁平，後接長骹，上方下圓，近口部成圓銎，以裝

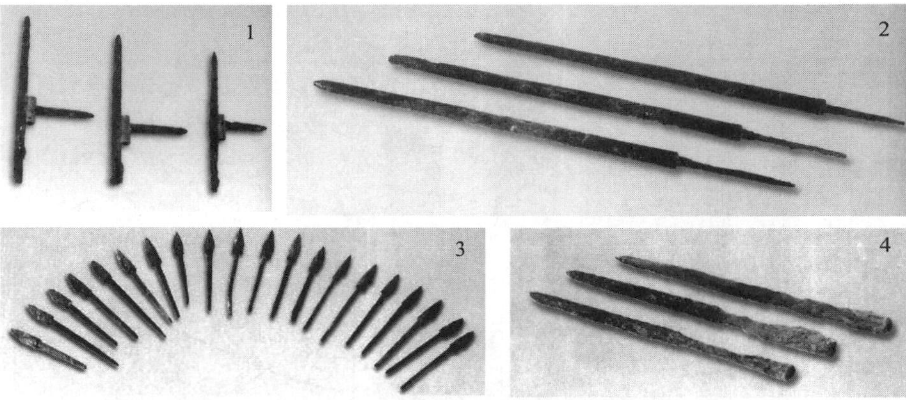

陽陵從葬坑陶俑裝備的鐵製兵器模型（1.戟 2.劍 3.鏃 4.矛）

積竹矜，矜末裝長十一・五公分的筒形鎏金銅鐏，裝矜全長約兩百零四至兩百一十四公分，考古報告中定其為「鋌」，後有專家考證為矟。四川金堂焦山東漢崖墓出土鐵矛頭，長八十四公分，也應該是矟。隨著騎兵的發展，東漢末年到三國時期，馬矟的使用更趨重要。

環首長刀也是當時騎兵的常用兵器，它與傳統的長劍比較，更適於裝備騎兵。當騎兵手執長劍向敵人衝擊時，由於馬速很快，想要斃傷敵人，主要靠揮臂劈砍，而不是用劍向前推刺。而環首長刀，正好解決了長劍無法解決的難題，因為刀只在一側有刃口，另一側則做成厚實的刀脊，同時去掉了側刃的兩度弧曲及尖銳的長劍鋒。厚脊薄刃不但從力學角度看利於尖劈，而且刀脊無刃，可以加厚，因而不易折斷。所以《釋名》說：「刀，到也。以斬伐到其所乃擊之也。」在洛陽的西漢墓裡，環首長刀的數量日漸增多起來，例如一九五七至一九五八年在洛陽西郊清理的西漢墓裡，雖然出土的手握短柄格鬥兵器仍以鐵劍為主（長度超過八十

據楊家灣西漢騎兵俑復原的西漢騎兵示意圖

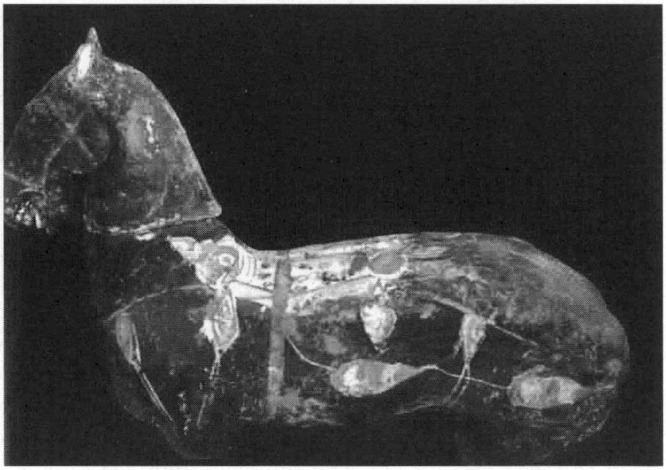

山東青州香山西漢墓陪葬坑出土的彩繪鞍墊陶馬

公分的鐵劍就有三十七件，最長的達一百一十八公分），同時也有十六座墓隨葬較長的環首刀。這些環首刀的長度從八十公分到一百一十四公分，其中五件超過一百公分。它們通常插置於髹漆木鞘中，出土於棺內死者身旁，說明原來都是死者隨身佩帶的。在文獻中多見西漢時官員佩刀的紀錄，故事情節最生動的，是昭帝時任立政出使匈奴，霍光等委派他勸說已降匈奴的李陵歸漢。但當他在匈奴單于舉辦的宴會上遇到李陵時，眾目睽睽之下「未得私語，即目視陵，而數數自循其刀環，握其足，陰諭之，言可還歸漢也」（《漢書・李廣蘇建傳》）。說明漢王朝使者所佩正是環首刀。這裡漢使是以刀的

「環首」作為「歸還」的諧音，暗示朝廷盼李陵歸回漢地。

騎兵防護裝備的鎧甲，仍沿襲秦制，使用便於騎馬動作的甲身較短的鎧甲，長僅及腰，護住前胸和後背，以帶繫結於肩頭，不用披膊，可以從陝西咸陽楊家灣、山東青州等地出土騎俑看得很清楚。這與當時馬具尚不完備有關，西漢時也還只有簡單的鞍墊，到東漢時才出現高鞍橋的馬鞍，馬鐙是遲至西晉才開始出現。至於遠射兵器，騎兵還以弓矢為主，同時也使用弩。《漢書・趙尹韓張兩王傳》：「令騎士兵車四面營陳，被甲鞮鞪居馬上，抱弩負籣。」說明騎兵用弩的情況，但因在馬上只能用臂力張弩，故僅能用臂張弩，而無法像步兵那樣可裝備威力更大的蹶張、腰引等強弩。

江蘇徐州獅子山西漢楚王陵兵馬俑坑

第十一講

百煉精鋼——取代青銅兵器的鋼鐵兵器

在春秋時期，鐵器的使用引起了生產工具乃至兵器方面的大變革。河北易縣燕下都戰國晚期遺址中，出土有鐵兵器以及零散的鐵鎧甲片，經過金相鑑定的五件兵器是塊煉法製成的純鐵或鋼製品。其中有用塊煉鐵滲碳製成的低碳鋼件，是用純鐵增碳後對折，然後多層疊打而成，刃部經過淬火而提高了硬度。這是中國出土古代鐵器中已知最早的淬火產物，代表當時鋼鐵兵器的最高水準。

西漢時期創造了簡易、經濟的鑄鐵脫碳成鋼的新方法，以及用生鐵為原料的炒鋼技術，而後者被譽為繼鑄鐵發明以後鋼鐵發展史上又一里程碑，徐州獅子山楚王陵發現的炒鋼兵器，是迄今為止年代最早的標本。炒鋼用於製作兵器，大大加速了西漢初期鋼鐵兵器發展的進程。研究發現東漢以後的鐵器中不再有塊煉鐵製品，就是因為炒鋼技術發展及炒鋼製品大規模應用而使然。

各地發現的三國時期的實戰兵器，不論是格鬥兵器的矛、矟、戟、刀，還是遠射兵器弓弩用的箭鏃，已經全都是鋼鐵製品。只有弩機這類小部件還有用青銅材質。

從夏代始，縱貫商周時期，兩軍鏖戰的疆場上一直閃爍著青銅兵器的光芒。軍隊裝備的進攻性兵器，不論是格鬥兵器、遠射兵器還是衛體兵器，都是由品質精良的青銅所製作的。但是就在青銅兵器的製作工藝達到高峰時，另一種黑色金屬已經悄悄地登上舞臺，那就是鐵。在中國古代，人們認識這種日後將改變社會面貌的新的金屬材料，最初從天外來客隕鐵開始，到西周時已經能夠進行人工冶煉。至遲在春秋戰國之交，兵器的行列中已可找到鐵劍的蹤影，預示著兵器材質方面的一場革命即將來臨。

從戰國晚期開始，鋼鐵兵器加快了前進的步伐，到西漢時期，它基本上將青銅兵器從其長期佔據的格鬥兵器和防護裝具等領域驅逐出去。伴隨著鋼鐵取代青銅的過程，傳統兵器的種類和形制也隨之變化，最突出的一點就是新興的環首刀取代了傳統的寶劍。到東漢魏晉時期，戰場上到處閃爍著黑色金屬的光輝，只是在遠射兵器的一角，即弩機的製作，青銅還保留有最後的份額。鋼鐵兵器早已完成其取代青銅兵器的歷史進程。

一、隕鐵刃青銅兵器

一九七二年在河北藁城台西遺址，採集到一件青銅鉞，嵌鑄有鐵刃，估計應是一座墓中的隨葬品。當時經初步鑑定，認為是人工冶鐵，在那個年代，有人就認為這是給經典著作說奴隸社會用鐵劍在中國找到物證。但是也有學者指出，那鐵刃可能是利用了天降的隕鐵所製。後經北京鋼鐵學院柯俊先生重新檢驗，結論是：「藁城銅鉞鐵刃中沒有人工冶鐵所含的大量夾雜物，原材料鎳估計在百分之六以上，鈷含量在百分之〇・四以上。更為重要的是，儘管經過鍛造和長期風化，鐵刃中仍保留有高低鎳、鈷層狀分佈，高鎳帶風化前金屬鎳含量達到百分之十二，甚至可能在百分之三十以上。這種分層的高鎳偏聚，只能發生在冷卻極為緩慢的鐵鎳天體中。根據這些結果以及與隕鐵、隕鐵風化殼結構的對比，可以確定，藁城銅鉞的鐵刃不是人工冶煉的鐵，而是用隕鐵鍛成的。」表明這是先將隕鐵鍛製成約兩公釐厚的薄刃，再與青銅鉞身澆鑄在一起。一九七七年，又在北京平谷劉家河商墓發現了另一件鐵刃銅鉞，經鑑定鉞身為銅錫合金，薄刃為隕鐵鍛製，厚兩公釐左右，再與青銅澆鑄成一體，鐵刃包入銅內的根部殘存約一公分。這兩件鐵刃銅鉞的形體都較小，藁城的鉞殘長僅十一・一公分，闌寬八・五公分。劉家河鉞更小，殘長僅八・四公分，闌寬僅五公分。這樣小的鉞沒有實戰價值，很可能因為鑄嵌天降的隕鐵，所以有與宗教信仰有關的涵義。

類似商代鐵刃銅鉞的隕鐵刃銅兵器，在西周墓葬裡也有出土。近年在河南三門峽市西周虢國墓地的M2009中出土有一件鐵援銅內戈，據檢驗鎳含量百分之二十七・四，同墓出土的銅工具中也有兩件以隕鐵作刃，一件是錛，另一件是刻刀。此外，還有兩件二十世紀三〇年代出土於河南浚縣的西周鐵刃銅器，現已

河南三門峽西周虢國墓出土的包玉銅莖鋼短劍

流出國外，那兩件器物的鐵刃也是以隕鐵製作的。

這幾件隕鐵刃銅器，表明至遲在西元前十四世紀，中國古代匠人們已認識和熟悉了鐵的熱加工性能，瞭解鐵與青銅在性質上是有差別的。但是使用隕鐵與人工冶鐵之間有什麼關聯，目前學術界尚不清楚。同時也應注意到，在三門峽市西周虢國墓地的M2001與M2009中，分別出土有用人工冶鐵作刃的銅莖玉柄鐵短劍和鐵刃銅刀。面對隕鐵與人工冶鐵製品同時共存的事實，目前學術界也還不清楚它們之間有什麼關聯。總之，以隕鐵作刃製作鉞、戈等兵器，雖然那些兵器不一定是實戰兵器，但它們總是中國最早將鐵用於兵器製作的實例。

二、年代最早的鋼短劍

依據目前的考古發現，在河南三門峽西周虢國墓中出土的銅莖玉柄鋼短劍，經檢驗係塊煉鐵滲碳鋼製作，是已發現的年代最早的人工冶煉的鋼製品，也是可以作為衛體兵器使用的鋼製兵器。從出土情況看，這件短劍是作為珍貴物品隨葬的，它被用絲織品包裹後，裝入牛皮鞘內。短劍全長三十四・二公分，本身的裝飾也頗富麗華美，銅莖外包鑲玉柄，並飾有綠松石，在劍身與劍莖銜接處也嵌飾綠松石片。上述情況表明，當時鋼短劍還被貴族視為罕見的珍品，所以才被如此重視，說明當時也正是古人懂得鋼鐵冶煉技術的初起階段，還不能進行大批量生產，人們才會對小件鋼製品如此珍重。

據《三門峽虢國墓地》所附鑑定報告：「早期冶鐵都是在較低溫度下用木炭還原而得到的純鐵，在鍛製成器時，同炭火接觸使碳滲入而成塊煉鐵滲碳鋼。」「用滲碳技術製作的鋼鐵兵器，其性能才能趕上甚至超過青銅兵器，這一技術的使用對冶鐵技術的傳播和發展起了極重要作用。」這件銅莖玉柄鋼短劍，正是迄今所知中國古代塊煉鐵滲碳鋼的最早標本，同時也表明人們剛一掌握這一工藝技術，立刻就嘗試著用其為上層統治者製作衛體兵器。在陝西寶雞等地，也出土過裝有金柄的鐵短劍。但是這類被視為珍品的短劍，不可能普遍裝備軍中的將士，也不會在戰鬥中起什麼重要作用，更難於動搖當時青銅兵器作為軍隊主要裝備的地位。

三、楚燕鋼劍

在春秋時期，鐵器的使用，曾經引起了農具、工具乃至兵器方面的大變革，出現在戰爭舞臺上的鐵製兵器中，比較重要的是鐵劍。湖南長沙一座春秋晚期的墓裡出土的一件，經過鑑定是含碳量百分之〇．五左右的中碳鋼，金相組織比較均勻，說明可能進行過熱處理，看

河北藁城台西出土的商代隕鐵刃銅鉞

來是實戰用的鋼劍。這把劍出現在楚國的疆域內，並不是偶然的。《史記・范雎蔡澤列傳》記載，秦昭王曾經向秦相范雎表示過如下的憂慮：「吾聞楚之鐵劍利而倡優拙。夫鐵劍利則士勇，倡優拙則思慮遠，夫以遠思慮而御勇士，吾恐楚之圖秦也。」秦昭王讚揚楚國生產的鐵劍鋒利，說明當時楚國鑄造的鐵劍馳名全中國。在湖南等地的楚墓裡，已經多次發掘出鐵質的各種兵器，有劍、矛、戟和鏃等。其中鐵劍的數量是比較多的，它們的長度超過了一般的青銅劍，常常不短於七十公分，接近一公尺或超過一公尺的也不少。其中最長的鐵劍長度已達到一・四公尺，幾乎是一般青銅劍長度的三倍左右。

除了楚地以外，文獻中也記錄過三晉地區生產鋒利的鐵劍。後來併入燕版圖的中山，據說已使用鐵甲，並使用鐵杖作兵器，見於有關中山武士吾丘鳩的傳說。《呂氏春秋・貴卒篇》記有「趙氏攻中山，中山之人多力者曰吾丘鴥，衣鐵甲操鐵杖以戰」。代表當時鋼鐵兵器最高水準的產品，是在燕國的疆域裡發現的。在河北易縣燕下都戰國晚期遺址中，出土有鐵兵器以及許多零散的鐵鎧甲片，例如在二十一號遺址，就曾發現鐵矛、鐵劍、鐵鏃等兵器，還有多達兩百六十一片鐵甲片。特別是一九六五年在河北易縣燕下都遺址中發現了一座叢葬墓（四十四號墓），其中埋有二十二人，以及他們攜帶的貨幣和使用的進攻性兵器和防護裝具。

從墓裡獲得了五十餘件鐵兵器，出土的格鬥兵器有戟、矛、劍、戈四種，其中只有劍和戈各一件為青銅製作，其餘均為鋼鐵兵器，計有戟十二件、矛十九件、劍十五件。此外，還有鐵匕首四件，可充衛體兵器。鐵製防護裝具有一件由八十九片鐵甲片編綴的兜鍪。只有遠射兵器仍以青銅為主，有一件銅弩機但帶有鐵廓底座，還有十九件銅鏃，但附有鐵鋌。經過金相鑑定的五件兵器是塊煉法製成的純鐵或鋼製品。具體看十五件劍，從中取比較完整的八件測量長度，最短的長六十九・八公分，最長的長達一〇〇・四公分，平均長度約八十八公分。對其中三件劍進行金相鑑定，一件是用塊煉鐵直接鍛成的鐵劍，另外兩件則是由含碳不均勻的鋼製成的，其一就是這批劍中最長的那一件。它們都是塊煉鐵滲碳製成的低碳鋼件，是用純鐵增碳後對折，然後多層疊打而成。為了提高刃部的硬度，都是經過淬火的，這是中國出土古代鐵器中已經知道的最早的淬火產物。經過淬火的長鋼劍，性能遠遠超過了體短質脆的青銅劍，進一步滿足了步兵戰士對兵器裝備的要求。

但是從目前的考古發現來看，楚地和燕地出土的可用於實戰的鋼鐵兵器數量較多，三晉地區發現很少，秦地則頗為缺乏，顯示出戰國晚期各地區鋼鐵兵器的發展很不平衡，這也反映著鋼鐵兵器初現戰爭舞臺的實際情況。隨著歷史車輪向前運轉，先進的鋼鐵兵器終究要徹底取代落後的青銅兵器，但那已是漢代的事了。

四、中山王鐵劍

經過秦末農民大起義後，中國歷史上開始了楚漢之爭，戰爭中主要還是步兵進行著殊死戰鬥。他們所使用的兵器，除了長柄的矛、戟和遠射的弓、弩以外，就是劍和盾。我們回憶一下司馬遷

陝西寶雞益門村出土的金柄鐵短劍

筆下的漢將樊噲手持長劍、鐵盾在「鴻門宴」上的威猛的形象，就可以想像那時裝備著劍盾的武士了。這時劍的外貌，同春秋至戰國初年時的劍相比，已經大為改觀了，劍身幾乎加長一倍，原有兩度弧曲的刃部伸成平直的了，更加鋒利，劍鋒的夾角則逐漸由銳加大。由這些變化，可以看出劍的功能已經由主要是直行向前推刺敵人，轉為主要是用刃部劈砍。延續到西漢初期，情況大體還是這樣，晁錯在上疏文帝言兵事時，列舉了當時漢王朝軍隊中的主要兵器，依然是長戟、矛、弓弩和劍盾，特別指出在「曲道相伏、險阨相薄」的地形條件下，劍盾可以發揮最大的作用（《漢書・晁錯傳》）。

隨著鋼鐵冶煉技術的發展，劍的品質有了進一步的改進，到了漢武帝時期，鋼劍的鍛造技術更加提高。可以代表當時技術水準的一件鋼劍，是在河北滿城中山靖王劉勝（他死在元鼎四年，即西元前一一三年）的墳墓裡發現的，它的長度超過一公尺，裝在塗著褐色漆的木鞘裡，放在劉勝屍體的右側。經過鑑定，這件劍雖然還是用塊煉鐵做原料，反覆在木炭中加熱滲碳，折疊鍛打而成的，但是比燕下都出土的戰國鋼劍的品質有了很大提高。表現在夾雜物分散和尺寸減小，數目減少。同時劍中不同碳含量分層程度漸小，各片組織均勻，燕下都劍的低碳層厚約〇・二公釐，而這把劍的低碳層僅有○・○五至○・一公釐。每層的厚度減小了，那是加多了反覆鍛打次數的結果，也就是向「百煉鋼」發展的過程，它也可以說是正在形成中的百煉鋼工藝的早期產品。同時，劍的刃部經過淬火，剛硬而且鋒利，那沒有經過淬火的脊部則仍舊保持著較好的韌性，收到剛柔結合的效果。

至於鐵劍使用較普遍的例證，可以從河南洛陽西郊金谷園、七里河和江蘇徐州等地西漢墓的出土物中觀察到，那些墓中出土了數量很多的鐵劍，僅長度在八十公分以上的劍，就超過三十件，其中最長的一件有一百一十八公分。從漢墓的壁畫和後來的畫像石上，都可以看到佩帶和使用這種長劍的畫像。在東北地區和西南地區的少數民族的軍隊中，也普遍使用鐵劍，有的還配有精美的金劍鞘。

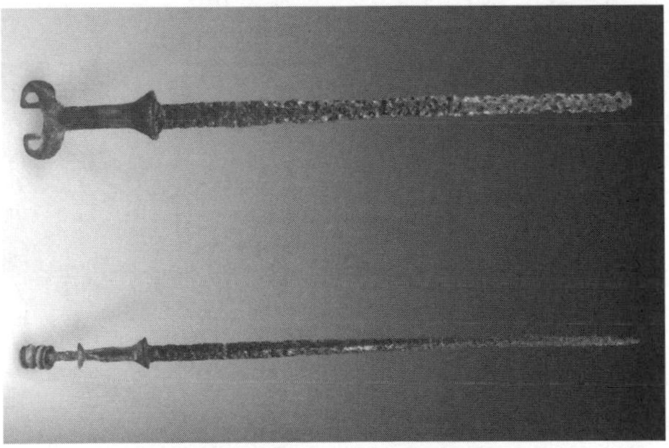

遼寧西豐西岔溝出土的西漢銅柄鐵劍

五、環首刀的威力

隨著西漢時騎兵的發展，需要生產更合用的劈砍兵器，提高戰鬥力。於是在西漢時期，出現了環首的長刀，這是一種專用於劈砍的短柄兵器，它只在一側有刃口，另一側做成厚實的刀脊，同時去掉了尖銳的長劍鋒。厚脊薄刃不但從力學角度看利於砍劈，而且刀脊無刃，可以加厚，因而不易折斷。所以《釋名》

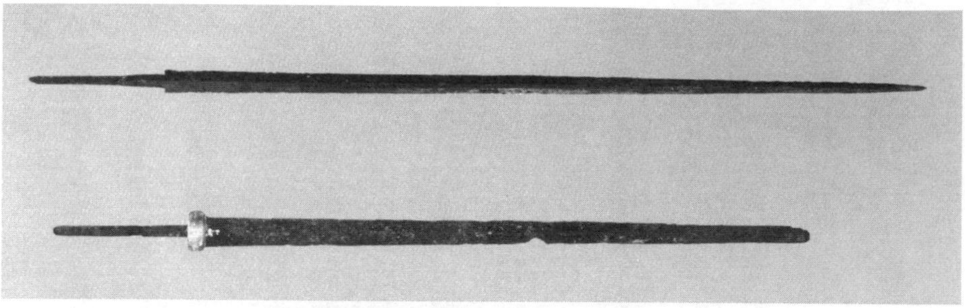
江蘇徐州獅子山西漢楚王陵出土的鐵劍

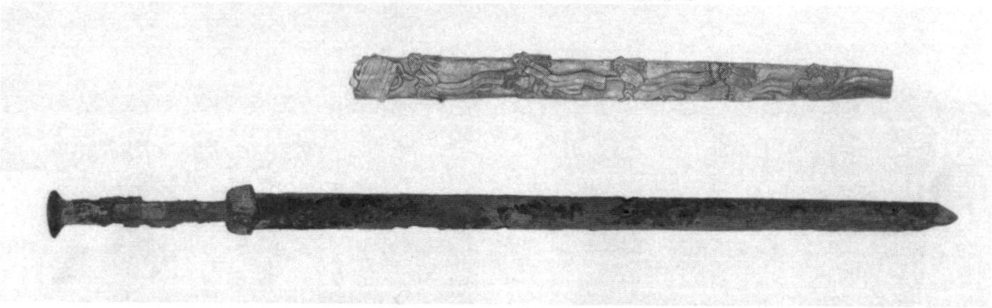
雲南晉寧滇族墓出土的鐵劍和金鞘

說：「刀，到也。以斬伐到其所乃擊之也。」西漢時期的鐵刀，直脊直刃，刀柄和刀身之間沒有明顯的區分，一般沒有像劍那樣衛手的格，只有個別的加有和劍格一樣的銅質或鐵質的格。刀柄首端毫無例外地製成扁圓的環狀，所以常常叫它「環首刀」。

鋼鐵製作的環首長刀，出現於西漢時期。在較早的齊王墓隨葬坑、汝陰侯墓、獅子山楚王陵中，鐵製手握短柄格鬥兵器還多是長劍。景帝陽陵出土陶俑所帶鐵質模型兵器中，手握短柄格鬥兵器亦只有長劍。只是到了騎兵大發展的武帝時期，環首長刀才大量出現在諸侯王墓中，河北滿城中山靖王劉勝墓出土的環首長刀是具有代表性的典型標本。刀體細長，刀背平直，厚脊薄刃，斷面呈楔形。刀柄略窄於刀體，外纏絲緱，柄端有環首，扁環形，上用四公釐寬的長帶狀金片包纏。髹漆木鞘，鞘上附有金帶銙。鞘尾端和刀尖殘損，全刀殘長六十二・七公分。出土於劉勝玉衣北側，應為中山王佩刀。在河南、江蘇等地的西漢墓裡，環首長刀的數量日漸增多起來。例如一九五七至一九五八年在洛陽西郊清理的那批西漢墓裡，就有二十三座隨葬有較長的環首刀，它們的長度從八十五公分直到一百一十四公分。這些帶有漆鞘的環首鐵刀，多是出土於死者屍體的兩側，和那些帶漆鞘的鐵劍的出土位置一樣，說明它們原來是死者生前隨身佩帶的。

在《史記》、《漢書》裡，存有不少西漢時期將校官吏佩刀的紀錄。名將李廣在隨衛青出塞作戰時，迷失了道路，回軍後憤而自殺，就是「引刀自剄」的。從下面的蘇武的例子，又可以知道漢王朝出使匈奴的使節是隨身佩刀的，《漢書・蘇武傳》記：當匈奴逼蘇武投降時，「武謂惠等：『屈節辱命，雖生，何面目以歸漢！』引佩刀自刺」。

還有一個在昭帝時出使匈奴的任立政，他受霍光等委派還負有勸說李陵回漢的任務。當任立政在匈奴單于舉辦的宴會上看到李陵的時候，「未得私語，即目視陵，而數數自循其刀環，握其足，陰諭之，言可還歸漢也」（《漢書・李廣蘇建傳》）。這不但說明漢王朝的使者佩刀，而且佩帶的正是環首刀，所以才有以刀環為歸還的暗喻。這種暗喻亦廣泛流行於民間，古詩「藁砧今何在？山上復有山。何當大刀頭？破鏡飛上天。」刀頭即刀環，表明刀環的隱喻流行之廣，也證明環首大刀流行之廣。

東漢時期，佩刀之風更盛。考古發掘中不斷獲得東漢時期裝飾華美的鐵刀，河北定縣四十三號墓裡出土的一把可以算是典型的代表，全刀長一百零五公分，刀身上飾有線條流暢的錯金渦紋和流雲圖案，精美異常。發掘者認為這座墓是熹平三年（一七四年）死去的中山穆王劉暢的墳墓，這把精美的錯金鐵刀可能就是他生前的佩刀。皇帝常在賜給臣子劍的同時賜給佩刀，這樣一來佩刀也已成為專制王朝規定的一種輿服制度，《後漢書・輿服志》有詳細的敘述：「佩刀，乘輿黃金通身貂錯，半鮫魚鱗，金漆錯，雌黃室，五色罽隱室華。諸侯王黃金錯，環挾半鮫，黑室。公卿百官皆純黑，不半鮫。小黃門雌黃室，中黃門朱室，童子皆虎爪文，虎賁黃室虎文，其將白虎文，皆以白珠鮫為譂口之飾。乘輿者，加翡翠山，紆嬰其側。」定縣出土的錯金鐵刀，正是合於「諸侯王黃金錯」的規定。

六、百煉鋼刀和魏武百辟寶刀

漢代的環首刀中，製工最精美的是百煉鋼刀。

作為漢代優質鋼刀的代表作品，應該是山東蒼山發現的一件有東漢紀年銘的長刀，全長一百一十一・五公分，刀脊的厚度與刀身的寬度相比，大約是一比三。刀身上飾著錯金的火焰紋，並且有十八個錯金的隸書刀銘：「永初六年五月丙午造卌湅大刀吉羊宜子孫。」由此可以知道這件刀是漢安帝永初六年，即西元一一二年製造的。這件刀經過鑑定，是以含碳較高的炒鋼為原料，經過反覆多次鍛打的。銘文中的「卌湅」，即「三十煉」，可能代表著一定的工藝品質標準，刀中矽酸鹽夾雜物有明顯分層，經過用一百倍顯微鏡觀察，約有三十層，也許三十煉的含意就是指將炒鋼鍛造後折疊鍛打，這樣反覆鍛打三十層而製成的。同時，這件三十煉大刀的刃部還經過了淬火。

除卅湅鋼刀外，還在徐州發現過一件建初二年（七七年）銘五十湅鋼劍。鋼劍通長一百零九公分，劍身長八十八・五、寬一・一至三・一、脊厚〇・三至〇・八公分。劍莖有錯金銘文一行二十一字：「建初二年蜀郡西工官王愔造五十湅□□□孫劍□」。裝有菱形銅劍格，內側陰刻隸書「直千五百」銘四字。鋼劍依含碳高（百分之〇・六）低（百分之〇・四）不同約分為六十層，各層組織均勻，是用不同含碳量的炒鋼為原料，反覆折疊鍛打而成。

過去在日本也發現過一件東漢鐵刀，紀年是靈帝中平年間，當西元一八四至一八九年，錯金刀銘中有「百練（煉）清剛（鋼）」之句。

上述的三件刀劍製造出來的時間相差不多，銘中的「卅湅」、「五十湅」和「百練」，都是屬於「百煉鋼」的範疇。採用百煉鋼製造兵器，雖然大大提高了品質，但製工複雜，不易大量快速生產。

三國時期，百煉鋼刀仍是受人重視的名貴兵器，曹操和曹丕父子都曾作百辟寶刀。曹植〈寶刀賦〉序：「建安中，家父魏王乃命有司造寶刀五枚，三年乃就，以龍、虎、熊、馬、雀為識。太子得一，余及余弟饒陽侯各得一焉。其餘二枚，家王自杖之。」他讚詠寶刀之利：「陸

河北滿城西漢中山靖王劉勝墓出土的鋼刀

斬犀象，水斷龍舟；輕擊浮截，刃不濺流。」而其形制，仍為環首刀，故「規圓景以定環，攄神思而造像」。這種寶刀應即「百辟刀」。

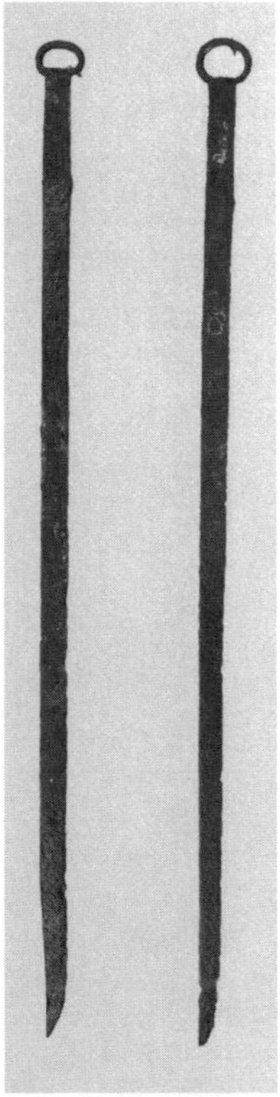

江蘇徐州獅子山西漢楚王陵出土的鐵刀

曹丕也曾作百辟刀劍，《典論》曰：「余善擊劍，能以短乘長，故選茲良金，命彼國工，精而煉之，至于百辟。」以為三劍、三刀、三匕首。「百辟寶刀三，其一長四尺三寸六分，重三斤六兩，文似靈龜，名曰靈寶。其二采似丹霞，名曰含章，長四尺四寸三分，重三斤十兩。其三鑒似崩霜，刀身劍鋏，名曰素質，長四尺三寸，重二斤九兩。又造百辟露陌刀一，長三尺二寸，重二斤二兩，狀似龍文，名曰龍鱗。」看來這種經百煉的百辟刀，費時費工，只能是王公據有的珍稀之物。

七、鑄鐵脫碳成鋼和炒鋼

西漢時期創造了簡易、經濟的鑄鐵脫碳成鋼的新方法，及用生鐵為原料的炒鋼技術。這是在戰國時期鑄鐵脫碳技術進一步發展的基礎上發明的一種新的製鋼工藝，其方法是將含碳百分之三至四的低矽鑄鐵件，在氧化過程中進行脫碳，可以得到高碳、中碳和低碳的鋼製品，這種鋼稱為固體脫碳鋼。其特點是夾雜物少，金相組織均勻，性能與鑄鋼相近。中國古代這種獨特的生鐵煉鋼方法，在製造兵器上的應用，有河北滿城出土的箭鏃等。

炒鋼技術是西漢早期出現的一項鋼鐵冶煉技術的重大發明。二十世紀五〇年代以來，先後在河南鞏縣鐵生溝和南陽瓦房莊兩處漢代冶鐵遺址中發現了炒鋼爐的遺跡，前一處遺址生產的時期約在東漢初期以前，後一處遺址使用時期較長，約自西漢中期至東漢晚期。並發現了以炒鋼為原料製作的兵器，但其中年代最早的是江蘇徐州出土的東漢建初二年（七七年）五十湅鋼劍。所以當時只能推論為始於西漢的炒鋼技術，到東漢時已相當普及，生產出以炒鋼為原料的「百煉鋼」兵器。等到一九九四年在徐州獅子山發掘了西漢楚王陵，對墓中出土鐵器進行金相鑑定時，發現一件矛（樣品號二四五四）是由炒鋼疊打製成。此外該墓出土鐵器中還有一些炒鋼製品的標本，如工具中鑿（樣品號二四四〇—二）為炒鋼製品，刀（樣品號二四三二）為炒鋼與塊煉鐵滲碳鋼折疊鍛打而成。在已經檢測的二十一件標本中，共有五件是炒鋼製品，表明當時炒鋼技術已較普遍，能應用於兵器和工具等不同器物的製作。據推測楚王陵中所葬為第二代或第三代楚王，下葬時間為西元前一七五年至西元前一五四年。

炒鋼技術被譽為繼鑄鐵發明以後鋼鐵發展史上又一里程碑，獅子山楚王陵發現的炒鋼製品，是迄今為止年代最早的標本，表明西漢早期（西元前二世紀中葉），即不晚於西元前一五四年中國已發明了炒鋼技術。時間稍後的廣州南越王墓和高郵天山漢墓出土鐵器中，也檢測出了炒鋼製品，更表明炒鋼技術在西漢時的普遍應用。炒鋼用於製作兵器，無疑加速了西漢初期鋼鐵兵器發展的過程。在對河南古代一百三十六件鋼鐵製品進行研究後，發現東漢以後的鐵器中不再有塊煉鐵製品，就是因為炒鋼技術發展及炒鋼製品大規模使用的結果。

八、蒲元造「神刀」

到了三國時期，軍隊中大量裝備的實戰用短柄兵器，就只有刀了，刀的製造也更加精良，例如諸葛亮讓蒲元鑄造的刀「稱絕當世，因曰神刀」。這些「神刀」，據《蒲元傳》所記，是在斜谷造的，共三千口。當時蒲元「鎔金造器，特異常法。刀成白言：『漢水鈍弱，不任淬用，蜀江爽烈，是謂大金之元精，天分其野。』乃命人於成都取之。有一人前至，君以淬刀，言雜涪水不可用。取水者猶悍言不雜。君以刀畫水云：『雜八升，何故言不？』取水者方叩頭首伏云：『實於涪津渡負倒覆水，懼怖，遂以涪水八升益之。』於是咸共驚服，稱為神妙。刀成，以竹筒密內鐵珠滿其中，舉刀斷之，應手虛落，若薙生蒭」。這個故事說明當時淬火技術有了發展，能夠鑑別不同的江河的水具有不同的淬火能力，也反映出當時對刃部淬火技術的重視。至於這些刀的形制，據《蒲元傳》講，「今之屈耳環者是其遺範也」，可見仍是一種環首刀。

就是在傳統的寶劍之鄉，歷史上的吳、越和楚地，在三國時期的戰爭舞臺上，寶劍也已經讓位於鋼刀了，孫吳的步兵所使用的短柄兵器，就主要是刀和手戟。又如當三國時吳國大將甘寧百騎劫魏營歸來後，孫權很高興，賞給甘寧絹千匹、刀百口（《三國志・吳書・甘寧傳》注引《江表傳》）。

同時，在東吳從孫權到一般將領、官吏平時都佩刀。赤壁之戰前夕，曹操的大軍逼近長江，孫權急集文武大員商議對策，會上主戰與主和兩派爭論激烈，最後孫權決心採納周瑜等的主戰方案，於是「權拔刀斫前奏案曰：『諸將吏敢復有言當迎操者，與此案同！』」（《三國志・吳書・周瑜傳》注引《江表傳》）。拔刀砍案，正因為孫權佩帶的是刀，這也說明東吳沿襲著後漢以來的輿服制度，吳王平時是佩刀的。據南朝梁陶弘景《刀劍錄》，孫權在「黃武五年采武昌山銅鐵作十口劍、萬口刀，各長三尺九寸，刀頭方，皆是南鋼越炭作之，上有大吳篆字」。僅就這一次，也可看出那大量鑄造的鋼刀，確是用來裝備部隊的實戰兵器，而鑄造的少數寶劍，則是供服玩之用了。當然這些劍是鍛工極精的，孫權常常根據寶劍的特點，分別命名，有「白虹」、「紫電」等名稱。

從各地發現的三國時期的實戰兵器，不論是格鬥兵器的矛、矟、戟、刀，還是遠射兵器弓弩用的箭鏃，已經全都是鋼鐵製品。只有弩機還有保持用青銅製作。雖然從漢長安城的發掘中曾出土過鐵製的弩機機件，表明西漢時已開始使用過鐵製弩機，但一直沒有完全取代青銅製品，目前曹魏、蜀漢和孫吳紀年銘的銅弩機都屢有發現。可以說這是漢代鋼鐵兵器取代了青銅兵器以後，青銅材質在兵器生產中保留的最後份額。

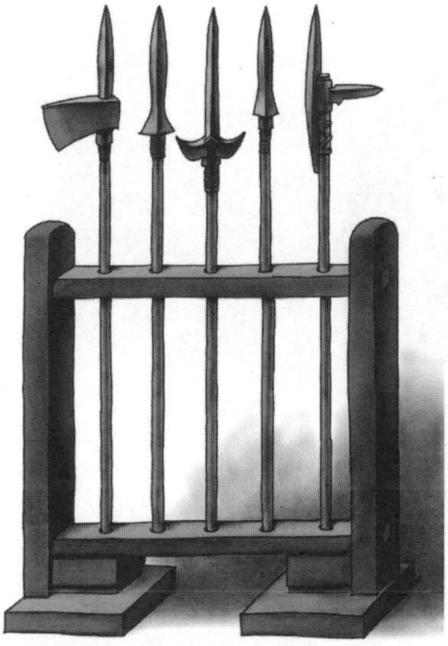
插置漢代鐵兵器的兵蘭復原示意圖

第十二講

漢王陵鐵鎧——鐵鎧發展的歷史

當鋼鐵材質的進攻性兵器出現在戰場上以後，與之抗衡的防護裝具也應運而生，這就是鋼鐵製作的鎧甲和兜鍪（頭盔）。考古發現證實，鐵質鎧甲戰國晚期已經出現，到西漢時，各地諸侯王墓中更大量出土整套保存完好的鐵鎧和兜鍪，有裝飾華美的金片和銀片，顯示著使用者的高貴身份。西漢時軍隊實用的鐵鎧，曾在陝西西漢都城長安的武庫和宮殿、陵園的發掘中獲得殘件和甲片，經整理後復原了其中一領，是用三千七百四十一片甲片以粗麻繩編綴而成，或是供當時軍中指揮人員使用的防護裝具。

據已獲得的考古標本，漢代鐵鎧基本由身甲、披膊（或筒袖）和垂緣組成，有的還附有甲領。鎧甲的製作均是事先製好甲片，再以皮、絲、麻等質料的條繩，將甲片編綴成整領鎧甲。編綴時分為固定編綴和活動編綴，甲片都是先橫編成列，然後上下編聯。甲片上下兩列的編綴，作固定編綴時是上列壓下列；作活動編綴時則是下列壓上列，以使下列甲片可以向上推移活動。從漢代經三國魏晉直到南北朝時期，中國鎧甲都是基本按這樣的規制而製作的，只是在鎧甲的外貌和防護部位的組成方面有所變化。

與中國古代以甲片編綴成整領鎧甲的系統不同，環地中海直延伸到西亞的古代文明，古希臘和古羅馬的鎧甲，則主要是整甲製成一片，或是將大型長條形金屬板用鉸鏈等結合而成的製法，另成系統。

戰國時期，當鋼鐵材質的進攻性兵器出現在戰場上以後，與之抗衡的防護裝具隨之發生變化，同時軍隊的主力兵種，也逐漸由古老的戰車兵向新興的步兵和騎兵轉換。站在戰車上的戰士適用的厚重的舊式皮甲冑，並不適宜步戰和騎戰，更難於對抗新銳的鋼鐵兵器，迫切需要新式防護裝具早日出現，應運而生的是鋼鐵製作的鎧甲和兜鍪。

湖北鄂州三國孫吳墓出土的鐵矛

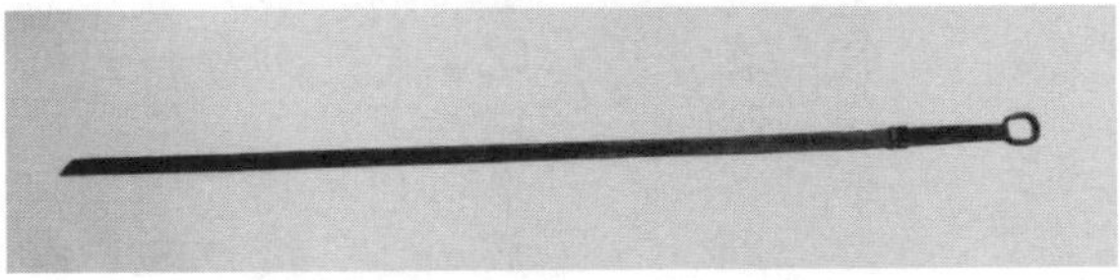
湖北鄂州三國孫吳墓出土的鐵刀

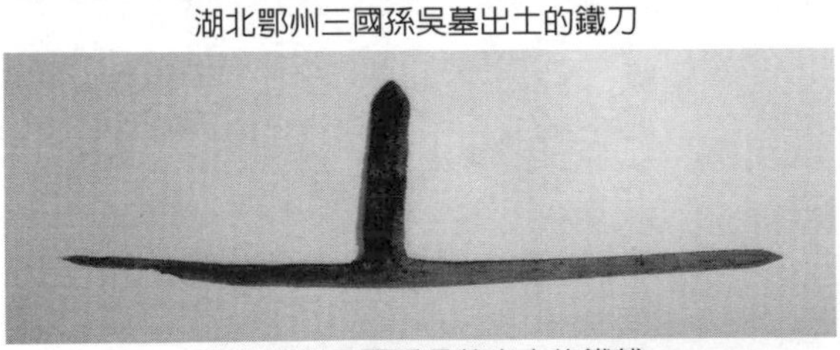
湖北鄂州三國孫吳墓出土的鐵戟

一、燕下都鐵兜鍪——鐵鎧初現戰爭舞臺

中國古文獻中出現有關鐵鎧甲的記述，是在東周晚期。《戰國策・韓策》和《史記・蘇秦列傳》中，所記張儀、蘇秦的說辭中都提到「鐵幕」一詞，那是指「以鐵為臂脛之衣」，即戰士穿上了以鐵為防護的衣服，表明當時鐵甲已經在戰爭中使用。《呂氏春秋・貴卒篇》更記有「趙氏攻中山，中山之人多力者曰吾丘鴥，衣鐵甲操鐵杖以戰」，明確地講述了披掛鐵甲作戰的事實。

戰國晚期鐵鎧甲的出現，已被田野考古的發現所證實，在河北易縣燕下都遺址出土有各種形制的戰國時期鐵甲片，還在一座陣亡將士的叢葬墓內，發現一件基本保存完好的鐵製的頭盔——兜

湖北隨州戰國曾侯乙墓出土的皮甲冑復原模型

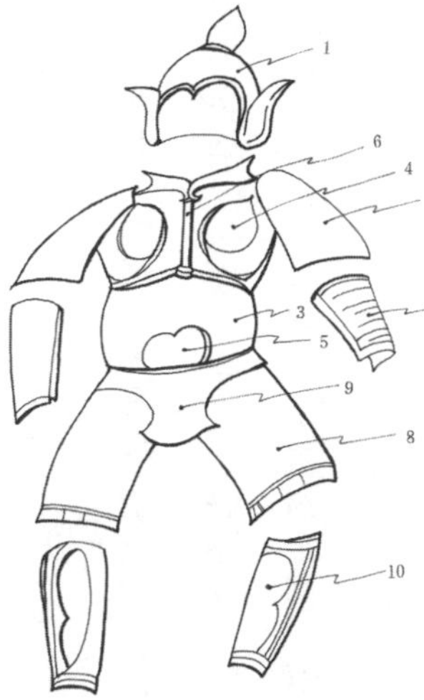

鎧、兜鍪各部位名稱圖〔1.兜鍪（冑、盔）2.披膊（掩膊）3.身甲 4.胸護 5.腹護 6.甲絆 7.臂甲 8.腿裙 9.鶻尾 10.吊腿〕

鍪。這件兜鍪由八十九片不同形制的鐵甲片編綴而成，戴在戰士頭上，可以有效地遮護前額以上的頭頂，並且遮護住後面的脖頸、兩側護住耳部，只露出雙目、口、鼻和部份面頰。

甲冑的材質，由起初主要用皮革改為大量使用鋼鐵以後，古人對其稱謂也有新的變化。也就是以皮為材質護體的稱為「甲」，護頭的稱「冑」；而用鋼鐵為材質後改用從「金」旁的新字，護體的「甲」改稱「鎧」，護頭的稱「首鎧」，又因形貌而改稱「兜鍪」。這裡的鍪，本是一種炊具，《急就篇》顏注「似釜而反脣」，大約因鐵首鎧的外貌像鍪，所以這樣稱呼它。因此《尚書・費誓》「善敹乃甲冑」一句，《正義》引《經典釋文》說：「皆言甲冑，秦世已來始有鎧、兜鍪之文。古之作甲用皮，秦漢以來用鐵，鎧、鍪二字皆從金，蓋用鐵為之，而因以作名也。」漢朝時的文獻，對甲、鎧等字使用區分明顯，例如在居延出土漢簡的簡文中「鐵鎧」和「革甲」區分明顯。但後來人們使用時則不太嚴格，常「鎧甲」連稱，亦沿用甲胄一詞。胄——兜鍪，後又稱為「盔」，到元明以後更習慣「盔甲」連稱，用以通俗概括披於戰士軀體的成套防護裝具。

二、玄甲耀日光

東漢著名史學家班固，在所寫〈封燕山銘〉中用「玄甲耀日，朱旗絳天」的詩句來形容軍容之盛。同時也是用「玄甲」一詞來概括軍隊中所裝備的鎧甲。類似的詩句，也常見於漢魏的文學作品中，如魏文帝曹丕在黃初六年到廣陵故城臨江觀兵，所賦詩中也有「戈矛成山林，玄甲曜日光」之句。

「玄甲」一詞，又見於《史記・衛將軍驃騎列傳》。元狩六年（西元前一一七年），驃騎將軍霍去病卒，「天子悼之。發屬國玄甲軍陳，自長安至茂陵，為冢像祁連山。」這種玄甲軍陣送葬的制度，當時是很隆重的葬禮。東漢時也仍舊沿襲著西漢舊制，在著名的將軍去世後，皇帝命令為他舉行玄甲軍陣送葬。《後漢書・祭遵傳》，建武九年（三三年），征虜將軍穎陽侯祭遵死於軍中，光武帝親臨葬禮，「贈以將軍、侯印綬，朱輪容車，介士軍陳送葬」。據《東觀漢記》：「遣校尉發騎士四百人，被玄甲、兜鍪，兵車軍陣送葬。」

那麼，「玄甲」是什麼質料的鎧甲呢？唐張守節《史記正義》釋〈衛將軍驃騎列傳〉中的「玄甲」說：「玄甲，鐵甲也。」可能人們因為鐵是黑色金屬，鋼鐵製造的鎧甲也是發出黑色光輝，所以依鐵鎧的色澤，漢魏時習慣將鐵鎧稱為「玄甲」。

兩漢時期為霍去病、祭遵等名將送葬的玄甲軍陣的形象，今日我們自然無法看到，但是模擬著送葬軍陣的陶俑群，卻在陝西咸陽楊家灣被發現了。一九六五年在傳為西漢周勃墓附近的十個土坑中，出土彩繪陶俑兩千五百件以上，這些模擬戰士的陶俑中，約有百分之四十的身上披著鎧甲。值得注意的是，鎧甲的式樣雖然有不同，但均塗成黑色，上面再用紅色或白色區劃出甲片的細部。這一組陶俑正是象徵著身披「玄甲」的軍隊，其鎧甲的式樣自然是模擬自當時現實生活中的鐵鎧。陶製彩繪的模擬品，只能表示鎧甲形制的大略情況。要真正瞭解西漢鎧甲的堅精程度，就必須考察當時的實物。近年來的考古發掘中，就不止一次地獲得了極為珍貴的西漢鐵鎧實物資料，使我們對於西漢的鐵鎧有了進一步的認識。

三、西漢王陵鐵鎧

目前在田野考古發掘中獲得的漢代鐵鎧，主要出土於西漢時期諸侯王的墳墓中。據《後漢書・禮儀志》，漢代禮儀制度，皇帝大喪時，東園武士所下明器中，有「干、戈各一」，笮一，甲一，胄一」。所以諸王下喪時，依例也應隨葬有甲胄。這樣隨葬的鐵鎧，多是捲放整齊地置於墓室中，如未遭盜擾，可以完好地保存下來，即或整體鏽結或散落成甲片，也可修復呈現原來的形貌。其中發掘時間較早的，是一九六八年河北滿城陵山西漢中山靖王劉勝陵墓出土的鐵鎧。以後又於一九七七年在安徽阜陽雙古堆西漢汝陰侯墓，一九八三年在廣東廣州象崗西漢南越王墓等出土有整領的鐵鎧。

中山靖王劉勝死於漢武帝元鼎四年（西元前一一三年），在墓中主室西南部放置有捲好陳放的鐵鎧。出土時已鏽成一體。經過細緻的復原，確認是用兩種小型鐵甲片編成的魚鱗甲，由甲身、筒袖和垂緣三部份構成，復原後鐵鎧方領，短筒袖，對襟開口，左襟遺有繩索套環兩個，似為穿著後結扣之用，但對稱的右襟處已無任何遺痕。邊緣包有錦緣。復原後的鐵鎧全長約八十公分、腰圍約一百一十五公分、筒袖長約三十四公分。共用鐵甲片兩千五百八十九片。

廣州南越王墓隨葬的鐵鎧，原來是捲好陳放在西耳室

河北滿城西漢中山靖王劉勝墓出土的鐵鎧復原模型（正面）

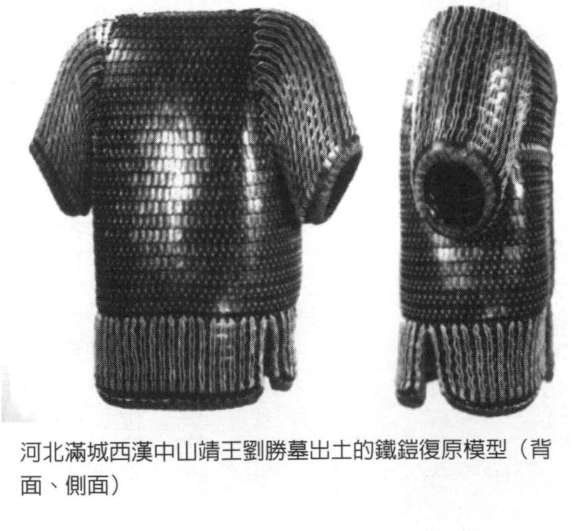

河北滿城西漢中山靖王劉勝墓出土的鐵鎧復原模型（背面、側面）

中，復原後鐵鎧形制較簡單，沒有披膊、垂緣等部份，只有護住胸、背的部份，在兩肩相聯，自右胸與右肋繫帶開合。全鎧總重九・七公斤，用兩式圓角長方形甲片共七百零九片，以絲帶編綴而成，並在甲片正面用絲帶編飾出互相套合的菱形圖案。復原後鐵鎧全長約五十八公分、胸圍一百零二公分。

安徽阜陽雙古堆汝陰侯墓出土鐵鎧，原放於木笥中，甲片已散亂，總數有三千零八片，總重超過二十公斤，未經復原。因甲片中有圓形邊緣有穿孔的，應為兜鍪頂部使用的甲片，所以可能木笥中原放置的是鐵鎧和兜鍪各一件。

在西漢諸王陵中，還有的在隨葬坑中放置數量較多的兵器裝具，如山東臨淄西漢齊王墓隨葬坑。出土的鐵鎧，經復原由身甲、披膊和垂緣三部份構成，無領，右開襟，且多數甲片均用絲帶編出菱形圖案，其中部份菱形圖案中心又以金片或銀片裝點，更顯華美，但它不能提高防護功效，只是為了炫耀使用者的高貴身份。那座隨葬坑中，還有由鐵甲片編綴成的兜鍪，由八十片甲片編成。值得注意的是兜鍪頂部沒有封頂的甲片，形制特殊。

另外在江蘇徐州獅子山漢楚王陵中，也出土有鐵

河北燕下都出土的戰國鐵兜鍪

鎧，但是那座墓曾遭嚴重盜擾，鐵甲片被拽散於墓室、甬道、墓門各處，乃至天井盜洞之中，總數達八千四百六十五片，也有一些尚保存局部結構的殘塊，最大的一塊是八百餘片甲片捲結在一起的魚鱗甲殘塊。整理復原時將甲片大體分析為十二型五三式，並復原了兜鍪、札甲、大魚鱗甲和小魚鱗甲。

上述這些珍貴的出土鐵鎧和甲片，使人們得以比較清楚地瞭解漢代鐵鎧的真實面貌。

四、西漢戍邊將士的鐵鎧

上述出土鐵鎧的廣州南越王、徐州獅子山楚王、滿城中山靖王等陵墓和山東齊王墓隨葬坑，除南越王是與漢王朝分庭抗禮的地方割據勢力外，其餘都是劉姓諸王，隨葬的鐵鎧均屬當時製工精細的鎧甲，多是細密的魚鱗甲。

關於魚鱗甲，以咸陽楊家灣西漢陶俑坑出土著甲陶俑為例，兩千五百件以上的模擬戰車兵、步兵和騎兵陶俑所披鎧甲，身甲全是用大型甲片編成的札甲，僅披膊和垂緣等活動編綴處用較小甲片，只有一件陶俑可能模擬身份較高的軍官，所披鎧甲為小甲片編成的魚鱗甲。反映出當時軍隊裝備的鐵鎧中，魚鱗甲所佔比例極少。諸王墓中為葬

江蘇徐州獅子山楚王陵出土的鐵兜鍪復原模型

儀的禮儀用鐵鎧，為合乎其身份，自然選用當時製工精細的高級產品，特別是有些王陵中隨葬的鎧甲還附加金銀華飾，更具有禮儀性質，並非墓內死者生前實戰使用。只有汝陰侯夏侯灶墓中的鐵鎧，或許生前曾用過。

有關西漢時軍隊實用的鐵鎧，曾在對陝西西漢都城長安的武庫和宮殿、陵園的田野發掘中，獲得過一些殘件和甲片。武庫是西漢王朝的中央兵器庫，這處遺址已進行過考古發掘，獲得許多鐵鎧甲片和鏽蝕成塊的鎧甲殘件。在長安城的未央宮中的宮門、角樓、中央官署等遺址中，也發現過殘存的鋼鐵兵器和鐵甲片，那些鐵甲片應為當時中央禁衛部隊裝備的鐵鎧的殘片。由於長安城係毀於戰火，宮殿、武庫等建築皆成廢墟，所以不像墓中隨葬的鐵鎧能保存完好，只是些鏽蝕的殘塊和零星散亂的甲片。經過對武庫遺址出土的部份鏽結鐵鎧殘塊的復原研究，可知是一些魚鱗甲的殘塊，綜合整理後復原了其中一領，形制與滿城鐵鎧大致近同，包括身甲、筒袖和垂緣三部份，無領，對開襟，約用三千七百四十一片甲片以粗麻繩編綴而成。或許是供當時軍中指揮人員使用的防護裝具。

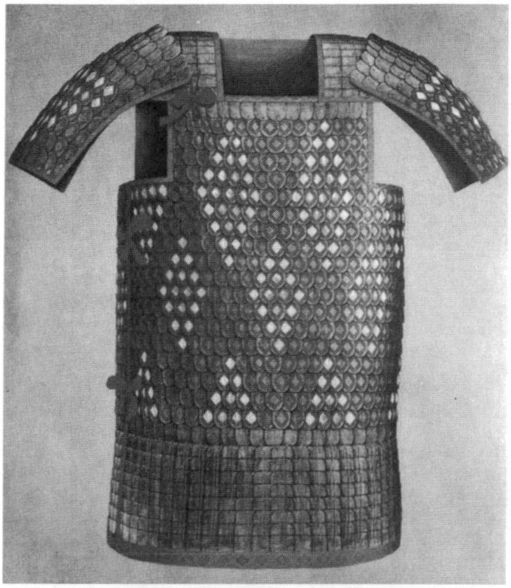
山東臨淄西漢齊王墓出土的鐵鎧復原模型

西漢時期抗擊北方游牧民族軍事侵襲的邊防烽隧遺址，從上世紀初就吸引了中外學者的注意，在考古勘察中也不斷發現殘存的鐵鎧甲片。令人驚喜的是在一九六〇年，於內蒙古呼和浩特市二十家子漢代城址的房基裡，發現了一領保存較完整的鐵鎧，大約是漢武帝時的遺物。這件鐵鎧保存著平放的姿態，全鎧通高六十四公分，總重約十一・一四公斤，約使用六百五十片甲片編綴而成。身甲正是用大型甲片編成的札甲，並有較大的盆領，綴有較小甲片編的披膊和垂緣，身甲對襟，安有鐵扣。這件鐵鎧的發現，為我們展示出西漢時戍邊將士實戰用防護裝具的真實面貌。

五、漢代鐵鎧製作工藝

據已獲得的考古標本，漢代鐵鎧基本由身甲、披膊（或筒袖）和垂緣組成，有的還附有甲領。鐵鎧的製作是先製成甲片，再用甲片編綴成整領鐵鎧。護頭的鐵兜鍪也與護體的鐵鎧一樣，以甲片編綴而成。

編綴鐵鎧用的甲片，大小尺寸不同，目前從考古發掘中獲得的漢代鐵甲片中，較長的長方形甲片高可達二十三・四公分、寬四・四公分，因形似簡札，故這種甲片也可稱為甲札，用這種甲札編成的鎧甲也可稱為「札甲」。

一般的甲片呈圓角長方形，或下緣平直、上緣兩角圓

內蒙古呼和浩特出土的西漢鐵鎧復原模型

弧近於舌形，高五至六公分、寬五公分左右。較小的甲片也呈舌形或柳葉形狀，高二至二・五公分、寬一至一・五公分左右，編成的鎧甲外貌細密如魚鱗，也可稱為「魚鱗甲」。在甲片的上緣和兩側多開有成組（多為兩孔一組）或單個穿孔，有的在下緣也開有穿孔。

甲片的編綴方法，概言之有兩種基本方法：一種是固定編綴，主要用於編綴甲身，大致是先橫編後縱聯，橫編時多是從中向左右兩側編綴，縱聯時則由上向下，所以鎧甲片一般是上排壓下排，前片壓後片。

但是也有的鐵鎧編綴方法特殊，先編出一側縱列的甲片，然後向另一側推進，每縱排甲片逐片累加，直達終端為止，目前只知廣州南越王墓出土鐵鎧是這種編法。正是由於鐵鎧編綴時每片甲片都與其上下左右的甲片有部份重疊，實際鎧甲每個局部都受到同重的兩片甲片防護。另一種是活動編綴，主要用於編綴披膊（或筒袖）及垂緣等必須能上下活動的部位，雖也是先橫編後縱聯，橫編仍是甲片左右橫向固定編綴，但縱聯時則改為活動編綴，即是將

陝西咸陽楊家灣西漢墓出土的陶披鎧步兵俑

陝西咸陽楊家灣西漢墓出土的陶披魚鱗鎧俑

縱向編組的繩索留有可供上下活動的長度，且需將甲片改為下排壓上排，以使向上推移時，下排可順序靈活向上活動推移。

透過對呼和浩特二十家子鐵甲片、徐州獅子山楚王陵鐵甲片、廣州南越王鐵甲片、滿城中山靖王劉勝鐵甲片以及吉林榆樹老河深鮮卑墓鐵甲片的金相檢測，通過鐵甲片的分析研究其製作技術，可以看出各地出土鐵甲片雖所選擇的原料不同，滿城劉勝墓和呼和浩特二十家子的鐵甲片為塊煉鐵滲碳鋼製品，廣州南越王墓和榆樹老河深的鐵甲片為炒鋼製品，徐州獅子山楚王陵鐵甲片以鑄鐵脫碳鋼為原料，但都是鍛造成形，其中徐州獅子山楚王陵鐵甲片還發現有冷鍛成形的，製作的產品有較好的品質。作為防護裝具的鐵鎧，所用甲片應具有較好的延展性和一定的強度。經檢驗這批西漢鐵甲片含碳量不高，在強度方面有所提高，更有利於防護，證明西漢時已較好地掌握了鍛造鎧甲的技術。

在鎧甲片鍛造技術上，死於文帝十五年（西元前一六五年）的汝陰侯，其墓出土了鐵甲片三千零三十八片，根據甲片大小和穿孔的不同，至少可分二十六類；到武帝元鼎四年（西元前一一三年），中山靖王劉勝墓中隨葬的鐵鎧，甲片總數兩千八百五十九片，形制則只有兩類，一類為一千五百八十九片，另一類為一千兩百七十片，且形制規整。這說明從文帝到武帝近半個世紀間，鐵鎧的甲片形制日趨規律化。甲片製作的規範化、標準化程度的提高，既宜於大規模生產，也易於編綴和修補，編綴成形的技術也隨之提高。才能使鎧甲在戰鬥中局部損毀時，可盡快修復，得以及時重新投入使用，確保了軍隊的戰鬥力。

六、曹植鎧表

魏武帝曹操生前喜將自己的各種物品分賜給諸子和臣下，其中包括各種名貴兵器和防護裝具，如以百煉鋼精製的百辟刀和製工精良的甲冑。比如曾賜給曹植鎧甲的記載，就見於曹植〈先帝賜臣鎧表〉：「先帝賜臣鎧，黑光、明光各一具，兩當鎧一領，環鎖鎧一領，馬鎧一領，今世以升平，兵革無事，乞悉以付鎧曹。」

曹植表中所列的黑光、明光、兩當等鎧甲，都是漢末曹魏時新興的較稀有的鎧甲，反映出當時鎧甲形貌的變化。經兩晉到南北朝，兩當、明光等鎧甲先後成為最流行的鎧甲類型。南北朝時期，先是流行兩當鎧。到了北朝晚期，明光鎧又逐漸取代兩當鎧，成為軍中裝備最多的鎧甲。明光鎧的特徵是在胸前左右各設一圓形的胸護，這種大型金屬圓護，很像鏡子，在戰場上，圓護反照太陽光即發「明光」，正如漢代鏡銘中常見的「見日之光，天下大明」，故稱「明光鎧」。

三國時期的鐵鎧實物，目前尚缺乏考古發掘資料。東晉南北朝時期的鎧甲已有發現，其鎧甲甲片的製作和鎧甲的編綴等方面，基本上沿襲兩漢傳統。從在遼寧北燕馮素弗墓出土的鎧甲片，以及東魏、北齊都城鄴南城朱明門城壕出土的鐵甲片，可以看出甲片仍是以長方形或長條形為主，上緣兩角圓弧，下緣平直，只是視其在編綴鎧甲時的具體部位，所用甲片的尺寸和穿孔數量有所變化。

以鄴南城城壕出土的殘鎧甲為例，至少使用了十八種大小不同的甲片。

南北朝時期，兜鍪的樣式有些變化，多在腦後垂綴頓項，聯結左右兩側聯綴的耳護，有的耳護還有上下數重，還有的前額伸出向前的衝角，以河北磁縣地區東魏、北齊墓出土的按盾甲冑武士俑所戴兜鍪，結構最為完備，顯示出更加完善的防護功效。在東魏—北齊時鄴南城朱明門城壕中發現的鐵鎧甲，有十二件鐵兜鍪，其中十一件形制相同，兜鍪縱分為五瓣，然後鉚合成整體，頂芯為邊沿製成花瓣狀的覆缽形，中心上豎插纓的圓管。在腦後聯綴由小甲片編綴的護頸的頓項，保存較完整的有上下五列、下列壓上列，以活動編綴編成。

七、唐宋甲冑

北朝晚期日益流行的明光鎧，到隋唐時期一直是軍中鎧甲最主要的類型，所以到唐朝時《大唐六典》列出的甲制有十三種，其中第一種就是明光甲，從唐代的陶俑、壁畫和其他雕塑品可以看到大量披著明光鎧的將士和天王的形象，還可以看到從唐初到唐末，明光鎧細部結構的變化，從而使其防護功效日臻完備。在《大唐六典》列出的鎧甲中，除軍隊的裝備外，也列出一些以布、絹製作的供儀仗用的鎧甲，它們的外表華美，但不具備實戰功效，在唐代的俑等文物中也經常看到模擬這種華美的儀仗用鎧甲的雕塑品。

到北宋時期，在沿襲唐代規制的基礎上鎧甲也有新的發展，在慶曆四年（一〇四四年）修成的

《武經總要》一書中，向我們展示了當時官式鎧甲的形貌。該書前集卷十三《器圖》中，有五領甲冑和一領馬甲（具裝）的圖像，在說明文字中敘述了宋甲各部位的名稱：「其制有甲身，上綴披膊，下屬吊腿，首則兜鍪頓項。」以其中的「步人甲」為例，甲身（圖中又作「身甲」）是一整片，由十二列小長方形甲片組成，上面是保護胸、背的部份，用帶子從肩上繫聯，腰部用帶子從後向前束，腰下垂有左右兩片膝裙。甲身上自左右肩綴披膊（圖中又作「掩膊」），它們在背後聯在一起，以帶紐結在頸下。兜鍪呈圓形覆缽狀，後綴頓項，頂心灑插著三朵長纓。另一領鎧甲的裝飾較為華麗，身甲的胸和背部份上作山文。腰帶以下有腿裙、鶻尾，披膊肩部作虎頭狀，可以清楚地看出與唐代甲冑之間的承繼關係。

當時北宋朝廷設有專門製作軍事裝備的機構，先是在都城設弓弩院掌管製造弓弩甲冑器械旗劍等物，所領兵匠達一千零四十二人之多。以後，又設有南、北作坊。到宋神宗時又將南、北作坊改為東、西作坊，著名的科學家沈括兼管軍器監，從而使鎧甲和兵器的品質和數量都有顯著提高。當時生產一副鐵鎧甲，是相當費工費時的，製作時先

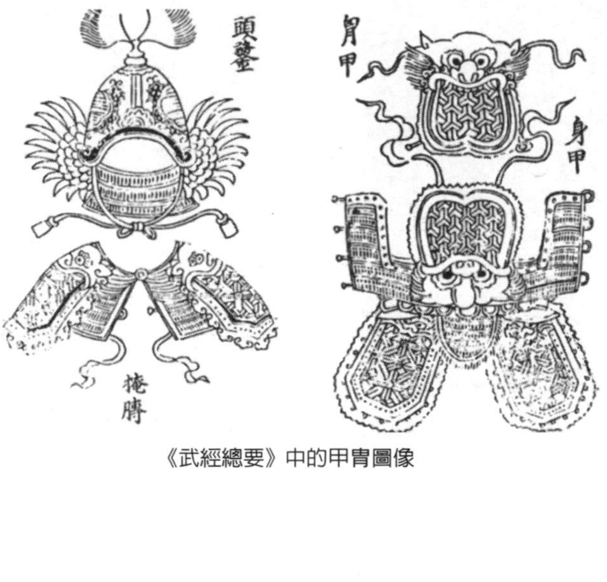

《武經總要》中的甲冑圖像

要將鐵製成甲札（甲片），再經過打札、粗磨、穿孔、錯穴並裁札、錯稜、精磨等工序，待甲札製好後，再用皮革條編綴成整領鎧甲。最後在鎧甲裡面還要掛上襯裡，以防磨損披鎧戰士的肌膚。因此製成一領鎧甲，往往需要幾十天乃至上百天才能完工。至於具體用工和所需資金，朱熹〈與曹左司事目札子〉中，記有打造「步人弓箭手鐵甲」的工費：每副鐵甲約需皮鐵匠工一百二十，工錢三貫半左右。至於一領鎧甲的重量，據南宋紹興四年（一一三四年）的規定，全裝甲要用甲片共一千八百二十五片，總重量在四十五至五十斤，不得超過五十斤，大約相當現在三十一・二五公斤。所以當戰士披掛上總重超過三十一公斤的鎧甲作戰時，不僅要求具有充沛的體力，更要有一定的耐力，否則是難以勝任戰鬥的。

八、環鎖鎧

在中國古代甲冑的演變歷程中，也不斷汲取著域外的經驗，出現了一些明顯受到西域影響的產物，曹植鎧表中列出的「環鎖鎧」就是最突出的例子。環鎖鎧俗稱「鎖子甲」，它應是沿著著名的「絲路」由西亞輸入的鎧甲類

河北磁縣孟莊東魏墓出土的陶披鎧鎮墓俑

河北磁縣灣漳北齊墓出土的陶披鎧鎮墓俑

型。有關曹魏時的環鎖鎧因缺乏實物或圖像資料，目前尚難尋原貌。但大量從西域輸入這種鎧甲已是東晉十六國時期，前秦苻堅派呂光為都督西域征討諸軍事，進攻龜茲城時，就遭遇到西域諸軍裝備一種他所不熟悉的鎧甲，據《晉書・呂光載記》記述，那是「鎧如連鎖，射不可入」。呂光取勝後帶回的大量戰利品中，就包括這種特殊的鎧甲。直到唐代，雖然鎖子甲已列入《大唐六典》甲制之中，但它依然屬西域地區的特產，《舊唐書・西域傳》所記康國給唐廷的貢品中，就有鎖子甲。這種鎧甲的特徵，是由鋼鐵的環連環相套所製成，比由甲片編綴的傳統鎧甲輕便，故受人喜愛。小說《水滸傳》中所述金槍手徐寧珍藏的「雁翎砌就圈金甲」，在書中又寫作「雁翎鎖子甲」，正是這類輕便的鎖子甲。

九、中國古代甲冑的特徵及對東北亞的影響

從殷周至漢代，中國古代甲冑發展的歷程，顯示出中華古文明的特色，它與世界其他古代文明相比，是走著一條具有獨特的發展歷程。鎧甲的製作均是事先製好甲片，再以皮、絲、麻等質料的條繩，將甲片編綴成整領鎧甲。編綴時分為固定編綴和活動編綴，甲片都是先橫編成列，然

北宋披鎧武士復原示意圖

後上下編聯。甲片上下兩列的編綴，作固定編綴時是上列壓下列；作活動編綴時則是下列壓上列，以使下列甲片可以向上推移活動。從漢代經三國魏晉直到南北朝時期，中國鎧甲都是基本按這樣的規制而製作的，只是在鎧甲的外貌和防護部位的組成方面有所變化。

與中國古代以甲片編綴成整領鎧甲的系統不同，環地中海直延伸到西亞的古代文明，古希臘和古羅馬的鎧甲另成系統，主要採取將整甲製成一片或是將大型長條形金屬板用鉸鏈等結合而成的製法。各自顯示著不同的地域特徵，以及不同的民族和工藝技術傳統。

明定陵出土的萬曆帝鎧甲復原（一六二〇年）

清咸豐皇帝鎧甲（一八五一至一八六一年）

雖然與中國古代朝代延續前後傳承不同，歐洲各國沒有系統的前後的傳承關係，但直到中世紀歐洲各國，鎧甲的製作工藝還大致延續希臘、羅馬的傳統，主要是以整片甲片以鉸鏈連結等方法。特別在為帝王貴冑製作的顯示身份地位的禮儀性鎧甲，更能表現出東西方鎧甲系統的不同特徵，例如從十七至十九世紀中國明清皇帝的鎧甲與同時西班牙王室的鎧甲的比較，就明顯可以看清楚兩種鎧甲系統的區別。

漢以後，直到清朝，除了一些邊遠的古代少數民族所用的甲冑外，中國古代鎧甲一直沿襲以甲片編綴成甲的歷史傳統。同時與古代中國文化聯繫密切的東方古代國家，如朝鮮半島和日本群島上的古代國家的甲冑，也具有與古代中國相同的特點。朝鮮半島流行的古代甲冑，是經由高句麗族傳播過去的。在古代日本，古墳時代（一般認為從西元三世紀末開始，一直延續到七世紀末）以前，沒有發現過金屬製作的護甲，在考古發掘中只是在西元四世紀的古墳中才出土有鐵質鎧甲，先出現的是「短

羅馬圖拉真皇帝穿鎧甲雕像

西班牙腓力四世皇帝九歲時的兒童鎧甲
（一六一四年前後）

西班牙腓力四世皇帝鎧甲
（一六三三年前後）

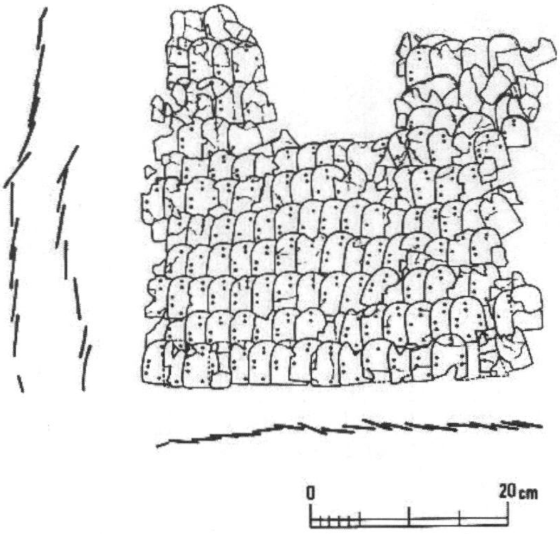

日本奈良城山二號古墳出土的鐵短甲復原圖

日本和歌山市大谷古墳出土的鐵掛甲

甲」，以後改用「掛甲」。在短甲中出現最早的是由小型鐵甲片用皮索編綴而成的，最典型的出土品如奈良城山二號墳出土的短甲和京都椿井大塚山古墳出土的「小札胄」。這兩處的鐵甲胄所使用的小型甲片都呈舌形，下緣平直，甲片上所開編綴用的小孔位置，以及甲片的高寬的比例，與中國漢代的甲片完全一致；而且編綴方法也是倣效漢代鎧甲，同樣是横列編綴的甲片前片壓後片，而縱編是下列壓上列。

十分明顯，日本古墳中於西元四世紀時突然出現了鐵甲胄，正是接受了中國鎧甲製作技術的產物，這種技術是先傳入朝鮮半島，然後自半島南端又跨越海峽傳至日本。當日本古墳時代開始使用鐵甲胄以後，很快就走上具有其鮮明民族風格的發展歷程。鐵甲使用的甲片從最初的小型舌狀改向中型的長甲片發展，後來更變成大型甲片。同時從以繩條編綴改向鉚接，出現了「鑌留」短甲，表明日本古代具有民族特色的短甲製作日趨成熟。接著又發生了變化，同時大量出現，掛甲開始出現，同時大量出現的是馬具和保護戰馬的具裝鎧，這又是經由朝鮮半島再次接受了來自中國的新的影響，鮮卑系統的重裝騎兵的甲騎具裝由東北影響到朝鮮半島，再以朝鮮半島為跳板而影響到日本，同時也可能還將良種戰馬引進日本，於是適於騎兵使用的掛甲和保護戰馬的具裝鎧，以及成套完備的馬具在日本群島流行起來。此後直到中世紀結束，軍隊使用的鎧甲的主要類型，都是由甲片編綴成整領的鎧甲。

河南偃師杏園西晉墓出土的陶披鎧武士俑

第十三講

白馬金具裝——南北朝重裝騎兵

東晉到南北朝時期，匈奴、羯、鮮卑、氐、羌等少數民族陸續進入中原地區，並先後建立政權，他們原來多生活於北方或西北、東北邊陲地區，以游牧經濟為主，強勁的騎兵是軍隊中的主力兵種，而這一時期騎兵最突出的變化，就是騎手和戰馬都披護鎧甲的重裝騎兵——「甲騎具裝」大量出現。

重裝騎兵的發展，需要具備兩方面的條件，第一是完備的馬具，第二是供保護戰馬用的完備的鎧甲，馬具中最重要的是馬鐙的發明，幾乎同時出現的還有戰馬的鎧甲。重裝騎兵與以往騎兵不同的主要標誌，就是戰馬全身披掛了專用的鎧甲，這種馬鎧，中國古代稱之為「具裝」或「具裝鎧」。當時各地鮮卑軍中披有具裝鎧戰馬的數量之大，已經常用萬千的數字來計算。

田野考古也提供了具有說服力的實物史料。一九八八年在遼寧朝陽十二台鄉的88M1中，出土了重裝騎兵——甲騎具裝所裝備的全套鐵鎧甲，包括戰士披的鐵鎧和戰馬披的具裝鎧，已復原的有騎兵戴的鐵兜鍪和頸甲，以及馬具裝鎧中的鐵馬面簾。

由於重裝騎兵——甲騎具裝日益盛行，也導致格鬥兵器發生了變革，在騎兵的裝備中，馬戟被馬矟所取代，由於鋼鐵冶煉技術提高，已經生產了質地精良的長刀，成為騎兵重要的格鬥兵器。使用鋼刀劈砍，和後來騎兵白刃格鬥主要依靠馬刀相一致了。

西晉王朝覆亡以後，古代中國重又出現分裂割據的局面。一些歷史上的少數民族，如匈奴、羯、鮮卑、氐、羌等陸續進入中原地區，並且先後建立政權，形成長期動亂和分裂的局面。民族矛盾和各種社會矛盾呈現出錯綜複雜的形勢，同時也促進了中華民族的空前大融合進程。這些古代少數民族，原來多生活於北方或西北、東北邊陲地區，以游牧經濟為主，強勁的騎兵是軍隊中的主力兵種，進入中原以後，各族騎兵先後縱橫馳騁在更加廣闊的大地上，極大地改變了戰場的面貌。這一時期最突出的變化，就是騎兵和戰馬都披護鎧甲的重裝騎兵——「甲騎具裝」大量出現，並成為戰爭舞臺上的主角。

一、中國的馬鐙和歐洲的騎士時代

一九五八年，考古人員在湖南長沙南郊金盆嶺一座西晉永寧二年（三〇二年）古墓中，發掘出土了一組青釉騎馬俑，其中一件騎俑所騎的馬身左側鞍橋之下，塑出一個由革帶繫吊的小馬鐙。鐙呈三角形，外貌簡陋，革帶也很短，騎馬武士的左腳並未踏在鐙內，而是垂在馬鐙下方；馬身的另一面即右側，卻沒有馬鐙。看來這只單側的小馬鐙，只是為騎士上馬時蹬踏的，人騎上馬背後就不再使用了。

這件騎馬武士俑，形體不大，塑工亦非精美，卻受到中外學術界的極大關注，因為馬上塑出的這一單側馬鐙，乃是世界馬鐙出現的最早實例，而馬鐙的使用，在世界騎兵發展史上都有著劃時代的進步意義。

一九六一年，本書作者之一曾在著名考古學家夏鼐先生指導下，與陝西學者武伯綸先生討論馬鐙在中國出現的時間問題，指出長沙西晉永寧二年墓陶騎俑馬鐙，應該是中國乃至全世界現知最早的馬鐙實例（楊泓〈關於鐵甲、馬鎧和馬鐙問題〉，《考古》一九六一年第十二期）。

一九七一年，日本學者樋口隆康對這件長沙騎俑馬鐙進行研究，寫出《鐙的發生》（載《青陵》第十九號）。英國學者李約瑟也很重視長沙西晉騎俑馬鐙，充分評價其對世界文化史的貢獻，他指出，人類騎馬史上的大多數時間裡，雙腳都無所寄託，只是到了大約西元三世紀，中國人才改變了這種局面，長沙西晉墓出土的騎俑馬鐙，就是中國人對馬鐙的最早形態描繪。

後來，美國羅伯特・K・G・坦普爾（Robert K. G. Temple）將李約瑟的《中國科學技術史》簡化而向大眾介紹，寫成《中國：發明與發現的國度——中國科學技術史精華》（二十一世紀出版社中譯本，一九九五年出版），書中形象地描述說：

「如果沒有從中國引進馬鐙，使騎手能安然地坐在馬上，中世紀的騎士就不可能身披閃閃盔甲，救出那些處於絕境中的少女，歐洲就不會有騎士時代。」又說：「只要我們想一想中世紀歐

湖南長沙西晉永寧二年墓出土的裝有馬鐙的陶騎俑

洲，我們眼前便出現身披盔甲、手持沉重長矛和騎在馬背上的騎士。然而，如果沒有馬鐙，他們是不會那麼神氣的。因為沒有馬鐙，負擔如此沉重的騎手勢必很容易跌下馬來。中國人發明了馬鐙，使西方有可能出現中世紀的騎士，並賜予我們一個騎士制度的時代。」

馬鐙的發明，是中國古文明對世界文明的一項重要貢獻。它標誌著西元三、四世紀馬具革命新時代的開始，預示著騎兵發展史上最輝煌的時期——重裝騎兵（中國古代稱「甲騎具裝」）時期的到來。

二、馬具的完備

重裝騎兵的發展，需要具備兩方面的條件：第一是完備的馬具，第二是供保護戰馬用的完備的鎧甲。這兩方面的條件，都是成熟在東晉十六國時代。

完備的騎兵馬具，是由轡頭（包括絡頭、銜、鑣和轡繩）、鞍具（包括鞍、韉和障泥）、馬鐙、胸帶和帶所組成的。在中國古代，轡頭的完善是最早的，在秦漢以前的駟馬戰車和少量騎兵的馭馬實踐中，已經發展出了適合於騎乘用的全套轡頭。馬鞍具出現的時間略晚，騎手們從騎乘光背的馬，到在馬背上加某種墊褥，再到發明使用能夠更好穩定身體的，前後都有高鞍橋的馬鞍，經過了一個很長的發展過程。

恩格斯在分析了古代東方的騎兵以後，曾經指出：「在較古老的雕塑品上，武士是騎在沒有鞍子的馬上的；以後，我們發現曾有一種類似墊褥或坐墊的東西，最後，才有類似現今東方流行的那種高馬鞍。」（〈騎兵〉，《馬克思恩格斯全集》第十四卷）恩格斯所說的「一種類似褥墊或坐墊的東西」樣的鞍墊，在中國戰國末期已經出現，秦始皇陵二號俑坑裡戰馬就裝備了這類鞍墊。後來西漢初年依然沿用，陝西咸陽楊家灣一號西漢墓出土陶俑反映出的騎兵裝備，其鞍墊的基本形態與秦始皇陵二號俑坑裡戰馬裝備的一樣，看來它們至少已經使用半個世紀了。而且從文獻記載看，當時已經稱這種鞍墊為「鞍」了，如劉邦擊楚由彭城敗還至下邑，與張良分析當時的形勢時，他是「下馬踞鞍而問」（《史記・留侯世家》），劉邦踞坐的「鞍」，應該就是這種鞍墊。

江蘇南京象山東晉墓出土的陶馬

從考古資料來看，到西漢後期直至魏晉南北朝，馬鞍即由鞍墊發展成前後有翹起的高鞍橋馬鞍。河北定縣出土的一件東漢錯金銀的銅車飾圖案中，有一個彎弓回射的騎士，所騎的馬上就裝備前後高起的馬鞍。此後，甘肅武威雷台魏晉墓出土的銅騎馬俑、長沙西晉永寧二年墓出土釉陶騎俑、南京象山東晉七號墓出土陶馬、河南安陽北齊范粹墓出土陶馬等，都塑製出了形態清晰的高鞍橋馬鞍。

遼寧北票北燕馮素弗墓出土的木芯鎏金銅馬鐙

馬鐙的作用和重要性如前面所述，它能夠使身披重鎧的騎手與戰馬很好地結合在一起，是重裝騎兵出現的前提條件。目前世界已知馬鐙的最早形態，還是中國發現於長沙西晉墓中騎俑上塑出的形象。至於真正實用的馬鐙遺存，出土於河南安陽孝民屯第一五四號墓中，其埋葬時間約當西晉末到東晉初年。那座墓中放置有一套銅質鎏金的精美馬具，其中有一隻單馬鐙，鐙柄較長、鐙體呈扁圓形，蹬腳處略向內凹，是用木芯外包鎏金銅片製成的。在比孝民屯晉墓時代遲的遼寧朝陽袁檯子東晉墓中，出土了一對完整的木芯包革髹漆馬鐙，表明當時馬鐙已成雙使用。到十六國時期，馬鐙的使用已頗普遍，其中遼寧北票西官營子北燕馮素弗墓中出土的鎏金銅木芯馬鐙（馮素弗死於太平七年，即西元四一五年），是最典型的代表，它的形狀還是近三角形的，但角部渾圓，在木芯外面包鑲著鎏金的銅片，高二十三公分、寬十六・八公分。蹬腳處的厚度和其他部份一樣，這顯示它的形制是比較原始的。在那座墓中同時放置有整套的鐵鎧甲，包括有人鎧和馬鎧。這也表明完備的馬具與重裝騎兵發展的關係。與它相類似的標本，在吉林集安地區的高句麗墓裡也有出土，也是木芯外包銅片製成的。十分明顯，馬鐙的使用能把人和馬的力量合在一起，完成較複雜的戰術動作，充分發揮兵器的效能。馬鞍和馬鐙的裝備，讓騎手對馬匹的控制變得比以前容易了，掌握戰術動作，列隊排陣，也可以取得更好的效果。

可以這樣說，到了十六國時期，騎兵的馬具就已經基本完備了。

而馬具的完備，直接促成了重裝騎兵——甲騎具裝在東晉十六國時期的空前發展。從已發現的考古資料來看，從秦始皇陵俑坑到兩漢陶俑、銅俑及壁畫、畫像石所描繪的騎兵，都是騎兵身披鎧甲而戰馬沒有鎧甲的輕裝騎兵。三國時期以後，只經過了時間短暫的西晉王朝，到東晉十六國時，重裝騎兵就得到迅速發展，除了戰爭的需要和民族因素外，最主要的原因之一，就是西晉時乘騎馬具的完備，除了前後帶高鞍橋的馬鞍普遍使用外，重要且起決定性作用的還是馬鐙的發明。

三、馬鎧的演變

與馬鐙幾乎同時出現的，還有防護戰馬的鎧甲。俗話說「射人先射馬，擒敵先擒王」，騎兵喪失了戰馬，就難以進行有效的戰鬥了，因此有必要對戰馬施加防護裝具。東晉十六國時期重裝騎兵與以往騎兵不同的主要標誌，就是戰馬全身披掛了專用的鎧甲。這種馬鎧，中國古代稱之為「具裝」或「具裝鎧」。

在中國古代的戰爭中，為了保護戰馬不受敵方兵器的傷害，給馬匹披上護甲，最早是在先秦時期。《詩・秦風・小戎》：「俴駟孔群」，注「俴駟，四介馬也。孔，甚也。……箋云：俴，淺也，謂以薄金為介之札。介，甲也。」（《十三經注疏・毛詩正義》）又《詩・鄭風・清人》中「駟介旁旁」（同前書），也是講拖駕戰車的四匹轅馬披有護甲。

這種車戰中駕車轅馬的護甲，在考古發掘中已屢有出土，先是在湖北隨州戰國早期的曾侯乙墓中出土有髹漆皮馬甲，保存比較完整的是防護馬頭部的馬冑，保護馬軀幹的護甲由皮甲片編綴而成，因已散亂，難以復原。在墓內從葬車馬兵器簡文中也記錄有馬甲，且所記馬甲不止一種，有彤甲、畫甲、𣏌甲（漆甲）、素甲等名目。後來在湖北荊門包山楚墓出土的皮馬甲保存較好，可以復原，使我們得以瞭解先秦馬甲的面貌。包山馬甲的馬冑，復原後長六十六公分，由頂梁片、鼻側片、面側片共六片甲片組成。馬甲胸頸部份長七十公分、最寬處寬約六十公分，由二十五片甲片組成，分五列，每列五片。馬身甲長一百三十公分、每側寬約六十公分，由四十八片甲片組成，左右對稱，各分四列，每列六片，特殊部位的形制不同。但是目前在考古發掘中，還沒有獲得過供戰車轅馬使用的金屬護甲。保護轅馬的馬甲，延續使用到秦代，秦始皇陵園陪葬坑出土的石質鎧甲模型中，還有轅馬使用的馬甲，其形制仍沿襲著先秦時期的形制。

秦漢以後，隨著車戰的衰落，防護轅馬的厚重皮甲，無法轉用於裝備鞍具的騎兵乘馬，因此隨著駟馬戰車一起退出了戰爭舞臺。在與匈奴軍隊的長期戰爭中，騎兵逐漸成為西漢軍隊的主力兵種，騎兵作戰的裝備，特別是乘馬的馬具隨之日益改進，但是終漢一代，騎兵馬具終未完備，雖然將戰國至秦使用的鞍墊改進成鞍，但仍未能發明馬鐙。原來用於防護戰車轅馬的馬甲，無法轉用於戰士跨騎戰鬥，因此缺乏對騎兵乘馬的防護裝具。從目前發現的有關漢代的馬具實物，只有裝飾於馬頭部的金屬當盧，可能在戰時對乘馬的顏面起一些保護作用。到東漢時期，也可能已使用了皮革製成的「當胸」，用以垂護乘馬的前胸，見於《後漢書・鮑永傳》。直到三國時期，文獻中才出現關於「馬鎧」的記載，《太平御覽》卷三五六引曹植〈先帝賜臣鎧表〉中，列有「馬鎧一領」，可見是屬於很少很稀罕的裝具。同書同卷〈魏武軍策令〉中，曹操自己說官渡之戰時：「本初（袁紹）馬鎧三百具，吾不能有十具。」據《三國志・魏書・袁紹傳》，官渡之戰前袁紹以「簡精卒十萬，騎萬匹」參戰，萬名騎兵僅有三百具馬鎧，可見當時重裝騎兵比例之少。

西晉時期，騎兵馬具進一步完備，普遍裝備了前後帶高鞍橋的馬鞍，特別是馬鐙的發明，使騎兵和戰馬能夠很好地結合在一起，於是身披沉重鎧甲的騎兵，得以很好地控御同樣身披沉重鎧甲的戰馬，把人和馬的力量合成一體全力攻擊敵人，並能完成各種戰術協同動作，充分發揮重裝騎兵集團衝鋒的威力。但是魏晉時期的騎兵，還是以傳統的只有戰士披鎧的輕裝騎兵為主。重裝騎兵的威力，只是在西晉覆亡後的東晉十六國時期，才充分展現出來，當時中國北方一片混亂，各族統治者憑藉武力紛紛建立政權，割據一方，相互征伐。萬千匹體披具裝鎧的戰馬，負載著全身甲冑的騎兵，張弓挺矟，縱橫馳騁在東北、西北和中原廣闊的原野上。

四、披上了馬鎧的重裝騎兵

重裝騎兵成長壯大的歷史，又與鮮卑族軍事力量的成長與發展有著緊密的聯繫。在記述十六國時期戰爭史的文獻中，常可查到有關鮮卑族重裝騎兵的蹤影，例如《晉書・石勒載記》記石勒俘獲鮮卑末柸的戰鬥中，奪得鮮卑軍隊的鎧馬五千匹；又記石勒大敗鮮卑將姬澹時，俘獲鎧馬多達一萬匹；《晉書・姚興載記》記姚興擊敗鮮卑乞伏乾歸軍，「收鎧馬六萬匹」，更見鎧馬之多。以上均表明戰馬披鎧甲的重裝騎兵，為鮮卑族軍隊的主要兵力。同時，東晉劉裕軍北伐滅南燕慕容超後，又將鮮卑重裝騎兵引入

甘肅嘉峪關魏晉墓壁畫中的輕裝騎兵圖像

南方軍中。義熙六年（四一〇年）劉裕破盧循之役，就曾出動所屬鮮卑重裝騎兵，「使寧朔將軍索邈領鮮卑具裝虎班突騎千餘匹，皆披練五色，自淮北至於新亭。賊並聚觀，咸畏憚之」（《宋書・武帝紀上》）。這些都表明，當時各地鮮卑軍中披有具裝鎧戰馬的數量之大，已經常用萬千的數字來計算。

近年來的田野考古也提供了具有說服力的實物史料，在曾為慕容鮮卑建立的前燕政權都城龍城（今遼寧朝陽）附近地區，不斷出土有十六國時期的鐵質馬具裝鎧實物標本。一九八八年在遼寧朝陽十二台鄉的88M1中，曾出土有重裝騎兵——甲騎具裝所裝備的全套鐵鎧甲，包括戰士披的鐵鎧和戰馬披的具裝鎧，已復原的有騎兵戴的鐵兜鍪和頸甲，以及馬具裝鎧中的鐵面簾。也有鞍、鐙等全套馬具，在鞍橋上常裝有華美的鎏金銅鞍橋。一九九五至一九九六年，又在北票市南八家鄉喇嘛洞墓地的幾座墓中，出土有甲騎具裝所使用的全套鐵製鎧甲，有保存較完整的鐵兜鍪、鐵馬面簾以及大量鐵鎧甲片，並已對其進行了復原研究。此前，還曾於一九六五年在北票西官營子發掘過北燕天王馮跋的弟弟馮素弗的墓葬，他死於北燕太平七年（四一五年，一說為太平六年）。墓內隨葬

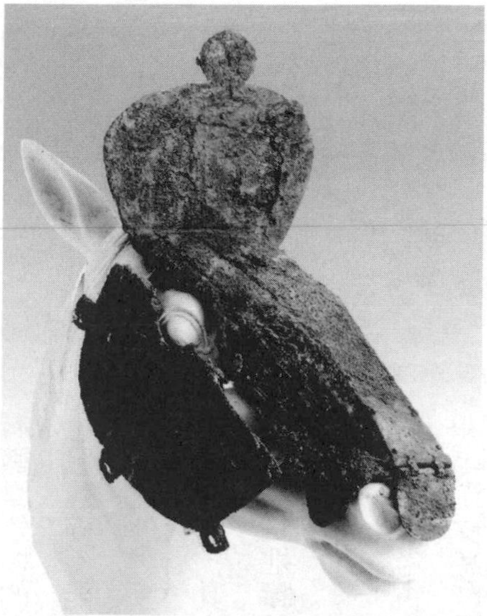

遼寧朝陽十二台鄉十六國時期墓出土的鐵馬面簾

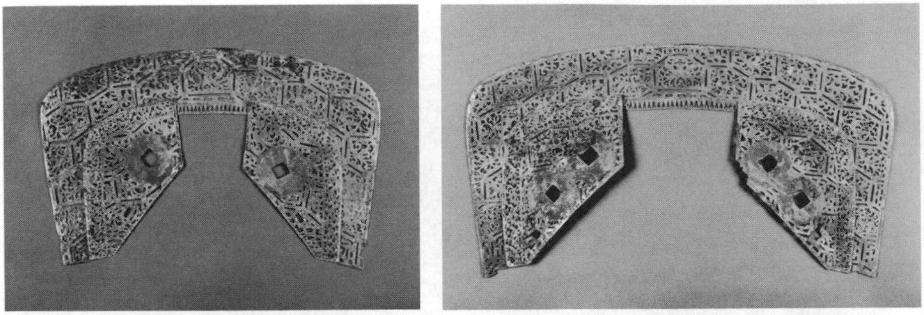

遼寧朝陽十二台鄉十六國時期墓出土的鎏金銅馬鞍橋（左：前鞍橋 右：後鞍橋）

有數量眾多的各式鐵甲片，當時只能看出有一件由甲片編綴的兜鍪，也已殘碎不能復原，但其中的許多大型甲片應是戰馬所披具裝鎧的甲片。此外，原為前燕慕容皝司馬的冬壽的墓室中，繪有他統軍出行的大幅壁畫，其中也繪有甲騎具裝的圖像。依據這些考古資料，我們已能較清楚地瞭解十六國時期慕容鮮卑重裝騎兵的面貌。

除了在慕容鮮卑活動的東北地域內，獲得了有關甲騎具裝的考古資料外，考古發掘還在陝西地區十六國時期的墓葬中，獲得過模擬甲騎具裝形貌的陶俑。早在一九五九年於西安南郊草廠坡村發掘的一座十六國時期的墓葬中，已出土有甲騎具裝俑和披具裝鎧的陶馬。二十世紀八〇年代以來，陸續又在西安、咸陽等地發掘同樣形制的十六國時期墓葬，並在咸陽文林小區的M49中發現前秦建元十四年（三七八年）紀年磚銘，進一步表明這類墓確是十六國時期前秦、後秦的墓葬。在這類墓中出土的陶甲騎具裝俑和披具裝鎧的陶馬，較真實地模擬著當時的甲騎具裝，是瞭解東晉十六國時期甲騎具裝的形象資料。

此外，在南方東晉政權控制的地區，目前只在雲南昭通後海子發掘的東晉太元十年至二十年間（三八五至三九五年）霍承嗣墓壁畫中，看到了甲騎具裝的圖像，但該墓的壁畫繪製頗拙稚，僅具粗略形貌。

五、戰馬具裝鎧的形貌

從以上東北和陝西考古發掘出土的，能夠辨明細部形制的戰馬具裝鎧甲實物，以及有關圖像資料，可以看出東晉十六國時期的馬具裝鎧結構完備，而且各地出土的形貌頗為相同。說明當時馬具裝鎧的製作遵守著相同的規範。

具體說來，十六國時期的馬具裝鎧主要由六個部份組成：一是「面簾」，用以保護戰馬頭面部份；二是「雞頸」，用以圍護戰馬脖頸；三是「當胸」（蕩胸），用以遮護戰馬前胸；四是「馬身甲」，用以保護戰馬軀幹；五是「搭後」，用以保護戰馬後臀；六是「寄生」，樹立在馬尻部，用以保護馬上騎乘戰士的後背，並起裝飾作用。這些具裝馬鎧緊披在馬身上，除了眼睛、鼻子、四肢和尾巴以外，戰馬身體的其餘部份都可以得到有效的保護。

馬具裝鎧的質地，有鋼鐵和皮革兩種，而以前者為主。在遼寧朝陽地區出土的具裝鎧實物，都是由鋼鐵製成的。其中面簾由大型的特殊甲板鉚接成形，雞頸、當胸、馬身甲和搭後等部份，

陝西西安十六國時期墓出土的陶具裝馬

馬具裝鎧各部位名稱圖（1.面簾 2.雞頸 3.當胸 4.馬身甲 5.搭後 6.寄生 7.鞍韉和鐙）

則均以大小不等的甲片編綴而成。所用甲片一般比人鎧所用甲片形體大而厚重，編綴方法基本相同，外緣以各種織物包出寬邊，為了使鐵甲不致磨傷戰馬肌膚，甲片下要設較厚的襯墊。甲片的編綴規律也與人鎧近似，是先橫編成列，然後縱聯而成。橫列甲片則是前片壓後片，陸續編聯。一般是編綴雞頸的甲片較小，編身甲的甲片較長大，全鎧使用的甲片估計超過三千片。寄生也用金屬製作，呈植物枝葉狀，如竹枝狀，後來改呈扇面形狀。

在馬具裝鎧的六個部份中，以面簾最具代表性。以遼寧朝陽十二台鄉88M1出土鐵馬面簾為例，面簾全長近六十公分、最寬約三十公分，正面的鐵板，由上額下至鼻端形成一條居中的平脊，上闊下狹，為適應馬面額至鼻的輪廓變化，在額下約二十四公分處下折，形成一百六十度鈍角的折稜。在額上折接冠飾，總體呈圓弧花瓣形，居中又凸出一朵杏葉形花瓣，總體看來形成兩側較平緩而中瓣凸伸於上的三瓣花形。在左右兩側以合葉鐵銷聯綴半圓形狀的護頰板，目孔一半開在遮護馬面部的鐵板下緣，另一半開在護頰板上，上下拼合成圓形目孔。在面簾鼻端還綴垂一舌形小甲片，以垂護馬的鼻頭。兩側護頰板的下緣，各安三個帶扣，可扣繫皮帶自下將面簾固定在馬頭上，結構極為合理實用。北票喇嘛洞IM5出土鐵馬具裝鎧的面簾，與十二台鄉88M1的面簾形制相同，由居中平脊、兩側半圓形護頰板和額頂花飾構成，面簾鼻端也綴垂舌形小甲片，面簾全長也近六十公分。

可以與出土馬面簾實物作對比的，如永和十三年（即昇平元年，三五七年）冬壽墓壁畫、吉林集安高句麗族三室墓壁畫的甲騎具裝圖像，還有陝西西安草廠坡、咸陽平陵出土的甲騎具裝俑和披具裝鎧陶馬，所塑繪出的馬面簾，都是模擬以鐵板製成的實物的原貌，面簾由額至鼻端是一條居中的平脊，向左右兩側擴展出護板，遮護住馬頭，在兩頰聯垂半圓形護頰板。面簾上面開有圓形目孔。在額部頂上有微向前傾的圓弧形花瓣飾，或呈三瓣花形，馬耳半

東晉永和十三年冬壽墓壁畫中的甲騎具裝圖像

隱於花飾後面。可以看出當時各地的馬具裝鎧的面簾形制均大體相同，顯示出共同的時代特徵。

在使用馬面簾防護馬頭部以前，綴飾於馬面的當盧也有防護馬頭的功能。如將十二台鄉88M1馬面簾居中平脊的平面輪廓，與該墓出土鎏金銅當盧相比較，其形制頗為接近。西安草廠坡和咸陽平陵陶俑塑出的面簾，居中的平脊也似當盧形貌，再在兩側綴飾半圓形護板。因此或可認為面簾很可能是在當盧左右兩側加綴半圓形護板逐漸演變發展而成。

十六國時期以後，由拓跋鮮卑建立的北魏統一了北方，形成南北朝對峙的局面。北朝軍隊的核心力量仍是重裝騎兵——甲騎具裝。南朝的軍隊，同樣也擁有重裝騎兵——甲騎具裝。這時期戰馬披的具裝鎧的形制仍沿襲十六國時期，只是細部有些改變，如馬面簾採用整套在馬頭上的樣式，取消了額

河北磁縣灣漳北朝墓出土的陶甲騎具裝俑陝

陝西北朝周武帝陵出土的陶甲騎具裝俑

4

吉林集安高句麗族三室墓壁畫中的甲騎具裝戰鬥圖像

陝西咸陽平陵十六國時期墓出土的釉陶具裝馬

上立著的花飾，護頰部份與面簾其他部份聯成一體，在雙耳雙目處開有洞孔，常在額頂安有插纓的管狀纓座，上豎彩纓。寄生則均為扇面形狀。在北朝的石窟等壁畫中，還可以看到甲騎具裝進行戰鬥的生動畫面。

六、重裝騎兵的鎧甲

騎兵所披的鎧甲，也有很大改變，十六國時還多是沿襲西晉的傳統，是帶有高盆領的筒袖鎧。到北朝早期，改為更便於作戰的「兩當鎧」（也稱「裲襠鎧」），兩當鎧的另一種形制，是在肩部加上披膊。南北朝流行的梁企喻歌辭中出現的「牌子鐵裲襠」，所指就是這種鎧甲。

到北朝晚期，兩當鎧多讓位於「明光鎧」，在胸前和背後有左右對稱的大型圓護，雙肩披有披膊。這種明光鎧在三國時開始出現，例如曹植的〈先帝賜臣鎧表〉中記錄的幾種名貴的鎧甲中，就有一領「明光鎧」。

只是遲至北朝時期，這種鎧甲才得以較多地裝備軍隊，但仍然被視為品質較高的鎧甲，北周勇將蔡祜曾披著明光鐵鎧，參加北周與北齊的洛陽邙山之戰，所向無前，被敵人譽為「鐵猛獸」。

七、重裝騎兵的兵器

由於重裝騎兵——甲騎具裝日益盛行，也導致格鬥兵器發生了變革，漢魏時軍中標準裝備的戟，雖然已由旁伸戟枝的「卜」字形戟，改成向前的雙叉的式樣，殺傷的效能也已由靠回拉鉤斫，轉變為前衝叉刺，但是對付騎兵和戰馬所披的鎧甲，還是不如長身闊體的兩刃馬矟，何況鍛製雙叉形的戟工藝複雜，不如兩刃矟工藝簡便易造。另外也可能與民族的傳統有關，戟是漢族的傳統的格鬥兵器，而北方或西北的少數民族，特別是鮮卑族的騎兵，傳統的格鬥兵器是矟。於是從十六國時期開始，在騎兵的裝備中，馬戟被馬矟所取代，而且導致戟這種古代兵器日益衰退，最後從軍隊的裝備中淘汰出去。這時騎兵

左：河南洛陽北魏元邵墓出土的陶披兩當鎧鎮墓俑
右：山西太原北齊婁睿墓出土的陶披明光鎧鎮墓俑

甘肅敦煌莫高窟北周第二九六窟「五百強盜成佛」壁畫中的甲騎具裝圖像

使用的兵器，除了長柄的矟和遠射的弓箭外，由於鋼鐵冶煉技術的提高，已經生產了質地精良的長刀，成為騎兵重要的格鬥兵器。使用鋼刀劈砍，這就和後來騎兵白刃格鬥主要依靠馬刀相一致了。

八、尾聲

甲騎具裝作為軍隊的核心主力，一直延續到隋代。

隋統一全國後，軍隊中的騎兵仍然承襲北朝傳統，為重裝騎兵——甲騎具裝，這由隋煬帝征伐高麗時騎兵的建制和裝備可見其詳。大業七年（六一一年）煬帝由薊城發兵，「每軍，大將、亞將各一人。騎兵四十隊，隊百人置一纛。十隊為團，團有偏將一人。第一團，皆青絲連明光甲、鐵具裝、青纓拂，建狻猊旗。第二團，絳絲連朱犀甲、獸文具裝、赤纓拂，建貔貅旗。第三團，白絲連明光甲、鐵具裝、素纓拂，建辟邪旗。第四團，烏絲連玄犀甲、獸文具裝、建（應作「緇」）纓拂，建六駮旗」

江蘇丹陽南朝墓拼鑲磚畫的甲騎具裝圖像拓本

甘肅敦煌莫高窟西魏第二八五窟「五百強盜成佛」壁畫中的甲騎具裝圖像

（《隋書・禮儀志三》），說明當時軍中鋼鐵質和皮質的鎧甲、具裝鎧比例相當，各佔一半。每一單獨建制的團隊，騎兵的鎧甲、戰馬的具裝鎧質料相同且顏色一致，華美規整，這大約是中國歷史上重裝騎兵——甲騎具裝軍容最光輝的寫照。煬帝本意想以大軍橫行遼水，為個人建功，他還曾寫詩吟詠，「白馬金具裝，橫行遼水傍」，但結果是軍敗名裂。而重裝騎兵——甲騎具裝在中國軍事史上的黃金時代也隨之結束。因為到了唐代，騎兵披鎧甲而戰馬不披具裝鎧的新一代騎兵出現了——戰爭舞臺上換了新主角，他們就是唐代的輕騎兵。

第十四講

馬蹄聲碎——唐代輕騎和唐宋兵器

隋末李淵守邊時，傚效突厥騎兵而組建了自己的輕裝騎兵部隊，並不斷從突厥購買引進良馬。當隋王朝覆亡，形成群雄並起的分裂態勢，李淵、李世民父子也起兵晉陽，他們所依靠的軍隊中的主力兵種，正是傚效突厥組訓的精銳的輕裝騎兵，其面貌與承襲北朝傳統的隋朝騎兵不同，戰馬卸去了沉重的具裝鎧，只是騎兵裝備鎧甲，使得騎兵部隊更靈活機動，形成多變的戰術。在蕩平群雄的歷次戰鬥中，李唐軍隊中的精銳輕騎屢建功勳，終於建立了統一的新王朝——唐。

唐代輕騎兵在平定北方群雄的統一過程中起著突出作用，但唐軍仍以步兵為主，士兵每人必備的遠射兵器是弓矢，配備有裝箭矢的胡祿（箭箙），每個胡祿中裝三十枝箭；近戰格鬥的兵器是橫刀，即佩刀，這也是士兵的標準裝備。遠射兵器有弓、弩；防護裝具為鎧甲、盾牌。

北宋官修軍事百科全書《武經總要》中記錄的北宋兵器，也是以裝備步兵的兵器為重點。格鬥兵器仍以傳統的槍、刀、斧、棒為主，此外增加了大量的砸擊類兵器，如鞭、鐗、骨朵（蒜頭）、鐵鏈夾棒等。書中首次記錄了實戰用的火藥兵器和火藥配方，標誌著中國古代兵器史上冷兵器和火器並用時代的開始。

唐劍斬隋公，拳毛屬太宗。
莫嫌金甲重，且去捉飄風。

唐詩人李賀《馬詩二十三首之十六》中，頌詠了一匹追風駿馬，牠就是唐太宗李世民在平劉黑闥時所乘戰馬「拳毛騧」，在戰鬥中牠曾身中九箭，其威武的雄姿被鐫刻在著名石雕「昭陵六駿」之中。「昭陵六駿」是一組巨大的石浮雕像，最初陳放在陝西禮泉縣九嵕山李世民如山般高聳的陵墓——唐昭陵司馬門前。在六塊巨大的矩形石面上，每石一匹，共浮雕出太宗李世民生前騎乘破敵的六匹戰馬圖像，牠們的名字分別是：颯露紫、拳毛騧、白蹄烏、特勒（勤）驃、青騅和什伐赤。

這六匹戰馬都是側面像，姿態各不相同，或行走，或奔馳，只有「颯露紫」一匹是佇立姿態，牠的前面站立一位將軍，俯身向馬身伸出雙手，表現的正是李世民部下的大將丘行恭，在戰場上為中箭的主帥坐騎颯露紫拔箭的場景。據《舊唐書・丘行恭傳》，「行恭，善騎射，勇敢絕倫」，他早年隨太宗討伐王世充，曾會戰於邙山之上，李世民為探知敵方虛實強弱，親自率領數十騎兵衝至敵後，殺敵甚眾，但後與諸騎走失，當時身邊只有丘行恭跟隨。這時有敵騎兵追及，並以利箭射中太宗所騎御馬颯露紫。緊急時刻，丘行恭不顧自身安危下馬為颯露紫拔箭，並將自己所乘之馬讓與太宗。最後「行恭於御馬前步執長刀，巨躍大呼，斬數人，突陣而出，得入大陣」。所以貞觀年間太宗李世民下詔刻「昭陵六駿」時，專門為颯露紫作丘行恭拔箭之像，以示紀念。

「昭陵六駿」石刻中的六匹駿馬，浮雕形貌寫實，連馬的裝飾和馬具也刻劃得細緻準確，特別如颯露紫等戰馬身上還帶著箭傷，這就清楚地表明，當時軍中主帥所乘騎的戰馬，也都沒有披加南北朝時保護馬身的具裝鎧，而為颯露紫拔箭的丘行恭，則身擐鎧甲外披戰袍。說明馬不披鎧只有人披鎧甲的輕裝騎兵，這時已在軍中佔有重要位置。另外，從馬的名字看，其中「特勒（勤）驃」明確係突厥馬名，很可能是當時突厥某位特勤（特勤，為突厥語「可汗的子弟」的譯音）的贈物，其餘五匹戰馬的體態特徵和馬具、馬飾，全都雕刻得與特勒驃一樣，因此也應該都是突厥駿馬。李世民所乘的戰馬選用突厥駿馬並裝備突厥馬具，正生動地反映出李唐王朝初創騎兵時深受突厥影響的史實。

一、李唐初創騎兵

從「昭陵六駿」雕像，可以看到唐初的馬具，受到突厥影響有很大改進。突出的一點是拋棄了從魏晉到北朝流行的前後雙高鞍橋的舊式馬鞍，改用新式的後鞍橋傾斜式樣的馬鞍，在鞍的後側還垂飾有蹀躞帶。馬鬃又剪成「三花」裝飾，這原是流行於古突厥族的飾馬方法。

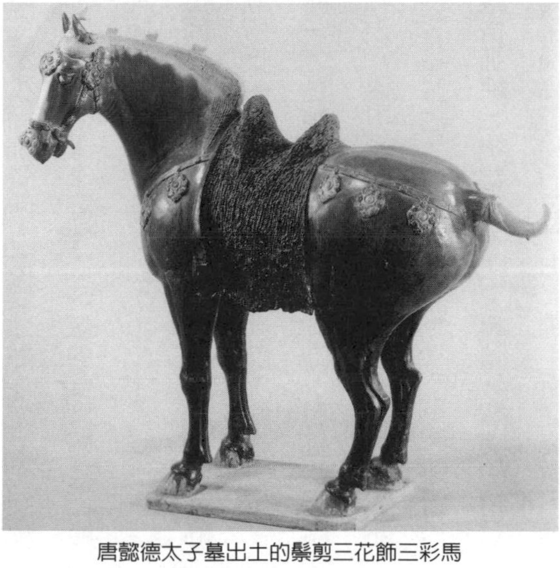

唐懿德太子墓出土的鬃剪三花飾三彩馬

唐太宗昭陵石刻六駿之颯露紫，馬前立像為唐將丘行恭

這些都表明當時馬具和馬飾受西方影響強烈，主要是突厥的影響。究其根源，還需從隋末李淵守邊時倣效突厥騎兵而組建自己的騎兵部隊講起。

當李淵初在馬邑備邊防突厥時，總結前任將帥守邊不利的教訓，認識到「突厥所長，惟恃騎射，見利即前，知難便走，風馳電卷，不恆其陣」，是善戰的輕裝騎兵。為了對抗突厥騎兵，他採取「同其所為，習其所好」的辦法，挑選軍中能騎射者，讓這些士兵「飲食居止，一同突厥，隨逐水草，遠置斥堠」。經過這樣的嚴格訓練，組建了可與突厥騎兵媲美的精銳的輕裝騎兵部隊。為了提高騎兵的戰鬥力，還不斷從突厥引進

購買良馬。因此，突厥騎兵的裝備及戰術，對李淵、李世民組建和訓練騎兵的影響十分深遠。當隋王朝覆亡，形成群雄並起的分裂態勢，李淵、李世民父子也起兵晉陽，他們所依靠的軍隊中的主力兵種，正是倣效突厥組訓的精銳的輕裝騎兵，其面貌與承襲北朝傳統的隋朝騎兵不同，戰馬不披具裝，只是騎兵裝備鎧甲。在蕩平群雄的歷次戰鬥中，李唐軍隊中的精銳輕騎屢建功勳，終於蕩平群雄，建立統一的新王朝——唐。同時，在蕩平群雄的戰爭中，唐軍不僅效法突厥組訓騎兵和引進突厥駿馬及馬具、馬飾，而且還有突厥騎兵參加到唐軍中來，如名將史大柰，就是西突厥特勤，他率

領的突厥騎兵屢建戰功。

戰馬卸去沉重的具裝鎧，使騎兵部隊更靈活機動，形成多變的戰術，唐太宗李世民正是極善於運用騎兵的統帥。他在戰前注意用精騎深入偵察敵人陣地，以尋找敵方弱點，捕捉戰機。在戰事相持階段，運用精銳騎兵切斷敵人的糧道。主力決戰時刻，他又能果斷運用騎兵突入敵陣或迂迴敵後的戰術，給敵人以致命的打擊。當敵人潰退時，他還善於乘勝追擊，用輕裝騎兵的高速度窮追猛打，不給失敗之敵以喘息的機會，力求全殲。

當輕裝騎兵排除了北朝時期重裝騎兵的壟斷地位後，重裝騎兵——甲騎具裝也還作為騎兵的組成部份，保留在軍隊的建制中，所以具裝鎧在唐律中也還被列為禁兵器。特別是在皇室貴族的儀衛鹵簿的行列裡，更是缺少不了金甲的甲騎具裝的身影，模擬其形貌的貼金面簾的繪彩甲騎具裝陶俑，在貞觀五年（六三一年）淮安王李壽（神通）墓和神龍二年（七〇六年）懿德太子李重潤墓中都曾發現。

二、府兵制和唐律禁兵器

李唐精騎在平定北方群雄的統一過程中起著突出作用，但唐軍仍以步兵為主，因為唐代軍制沿襲隋朝。而隋的軍制是沿襲北周建立的府兵制，所以唐朝建立以後也採用府兵制，在全國設有六百個以上的折衝府，按領兵人數又分三等，兵員滿一千兩百人為上府、一千人為中府、八百人為

唐懿德太子墓出土的陶貼金繪彩甲騎具裝俑

下府，府兵的最基層單位為「火」，每火十人，有火長；五火為「隊」，每隊五十人，設隊正；六隊為「團」，三百人，設校尉。全國可徵調的兵員總數能達到六十萬人以上，這些兵員主要是步兵。府兵的任務是宿衛京師、戍守邊疆以及遠征域外作戰。府兵所配備的各種裝備，據《新唐書・兵志》記載，每火備六馱馬，「凡火具烏布幕、鐵馬盂、布槽、鍤、钁、鑿、碓、筐、斧、鉗、鋸皆一，甲床二，鎌二。隊具火鑽一，胸馬繩一，首羈、足絆皆三。人具弓一，矢三十，胡祿、橫刀、礪石、大觿、氈帽、氈裝、行縢皆一，麥飯九斗，米二斗，皆自備，並其介胄、戎具藏於庫，有所征行，則視其入而出給之。其番上宿衛者，惟給弓矢、橫刀而已。」可見唐代士兵每人必備的遠射兵器是弓矢，配備有裝箭矢的胡祿（箭箙），每個胡祿中裝三十枝箭；近戰格鬥的兵器是橫刀，即佩刀，這也就是士兵的標準裝備。

依照唐律，弓、矢和刀私家可以持有，此外加上楯和短矛，以上五種兵器准許私人持有。而除此以外的較重的裝備，包括甲、弩、矛、矟（即槊，長柄的矛，主要裝備騎兵）、具裝等，都屬禁兵器，禁止私家持有，更禁私造，刑罰頗嚴。《唐律疏議》卷一六〈擅興〉：「諸私有禁兵器者，徒一年半；謂非弓、箭、刀、楯、短矛者。」疏議曰：「私有禁兵器，謂甲、弩、矛、矟、具裝等，依令私家不合有。若有矛、矟者，各徒一年半。」又：「弩一張，加二等；甲一領及弩三張，流二千里；甲三領及弩五張，絞。私造者，各加一等；甲，謂皮、鐵等。具裝與甲同。即得闌遺，過三十日不送官者，同私有法。」這也是接受隋末民眾大起義的教訓，藉以保持軍隊的戰鬥力和威懾力，預防民間造反的措施。

三、《大唐六典》中的兵器

在《大唐六典》中，分別記錄了唐代格鬥兵器的槍、刀；遠射兵器的弓、弩；防護裝具的鎧甲、盾牌。

矛，即槍，是唐代軍中最常備的長柄格鬥兵器。《六典》所記槍制有四種，即漆

唐楊思墓出土的石武士俑

寧夏固原北周李賢墓出土的銀裝帶鞘鐵刀

唐長安大明宮三清殿遺址出土的鎏金銅雙龍頂珠刀環

唐長樂公主墓壁畫中的披鎧衛士圖像

唐懿德太子墓出土的佩橫刀的三彩陶騎馬武士俑

槍、木槍、白干槍和樸頭槍。其中白干槍和樸頭槍分別是羽林和金吾所使用的。木槍是步兵用槍，不僅是長柄的格鬥兵器，而且遇到河溪時還用以扎縛木筏等渡河工具，宿營時用來支撐營帳，用途很廣，所以每個戰士都要裝備一枝槍。漆槍是騎兵用槍，也就是馬矟，為唐代騎兵的主要格鬥兵器，唐初的名將程知節和尉遲敬德等都是善於使矟戰鬥的。由於馬矟是裝備騎兵的重要兵器，所以在唐律中被列入禁止私人持有的禁兵器。至於魏晉時軍中普遍使用的戟，自從在北朝時衰落以後，隋和唐初還可見到武士持戟守衛門戶的畫像，如開皇二年（五八二年）李和墓石棺和貞觀五年（六三一年）李壽墓石槨。但軍中已不再以其為主要格鬥兵器，以後就僅僅作為儀仗而陳設在皇宮和王公勳貴的門前，謂之「列戟」。

刀，是唐代軍中常備的格鬥兵器，以手握短柄刀為主。《六典》所記刀有四種，為儀刀、鄣刀、橫刀和陌刀。其中儀刀和鄣刀，是用作儀仗和障身用，非軍中實戰兵器。儀刀的刀環，有的製作得十分華美，唐長安城大明宮三清殿遺址就出土有鎏金的雙龍頂珠刀環。橫刀，正如《新唐書・兵志》所記，每個士兵都必備。橫刀還是沿襲漢魏以來環首刀的傳統，直刀身，只是佩懸的方法改為如北周李賢墓銀裝刀在鞘側用附耳的佩懸方式，在貞觀十七年（六四三年）長樂公主墓的墓道壁畫中，繪有全裝甲冑並持有兵器的武士行列，為首的武士腰懸橫刀，直刀身，刀柄端有扁圓環，環上垂繫有絛帶。不著甲冑只穿戰袍的武士，也佩懸橫刀。在懿德太子墓的墓道兩側有大量佩橫刀儀衛武士的圖像，還出土有佩橫刀的陶騎馬武士俑。陌刀是一種長柄的刀，也是步兵用的兵器，大約在天寶以後才大量在軍中使用，善於使用陌刀的將領是李嗣業。陌刀較一般刀為重，一些勇將使用的就更重些，據記載張興使的陌刀重達十五斤。

弓，《六典》記弓制有四種，即長弓、角弓、稍弓和格弓，長弓以桑柘等為原料製成，供步兵使用。角弓以筋角等為原料製成，供騎兵使用。稍弓是一種近射的短弓，格弓是羽儀用的施有彩飾的弓，都不是軍中的主要裝備。

弩，《六典》記弩制有七種，即擘張弩、角弓弩、木單弩、大木單弩、竹竿弩、大竹竿弩和伏遠弩。擘張弩是步兵用弩，射程為兩百三十步。角弓弩供騎兵使用，射程兩百步。其餘五種弩力較強，以伏遠弩最強，射程三百步。

箭，弓弩使用的箭，也分四種，即竹箭、木箭、兵箭和弩箭。前三種是弓射用箭，竹箭和木箭因箭桿材質而得名，是一般用箭；兵箭較長，安裝鋼鏃，用於射甲。弩箭的尺寸比弓射用箭短，安裝皮羽，穿透力較強。

甲，《六典》記：「甲之制十有三，一曰明

唐代只穿戰袍的武士復原示意圖

唐代披明光鎧的將領復原示意圖

光甲，二曰光要甲，三曰細鱗甲，四曰山文甲，五曰烏鎚甲，六曰白布甲，七曰皂絹甲，八曰布背甲，九曰步兵甲，十曰皮甲，十有一曰木甲，十有二曰鎖子甲，十有三曰馬甲。」這些甲的材質有鐵、皮、絹布等種，較為精堅的都是鐵甲，包括明光、光要、細鱗、山文、烏鎚和鎖子甲，這些鐵甲再加上皮甲，是軍隊裝備的實戰用鎧甲，依唐律規定，都是不准許民眾私自持有的禁兵器，如有違犯，處罰是很嚴厲的。唐人私有禁兵器，「甲一領及弩三張，流二千里；甲三領及弩五張，絞。私造者，各加一等。」「有甲罪重，有弩坐輕；既有弩四張已合流罪，加一滿五，即至死刑，況加甲二領，明合處絞。私有弩四張，加甲一領者，亦合死刑。」又「鐵甲、皮甲，得罪皆同」（《唐律疏議・擅興》）。其餘如白布甲、皂絹甲、布背甲等以絹布等紡織品製作的甲，則僅有華美的外貌，缺乏防護效能，是供儀衛鹵簿使用的。列在甲制首位的明光甲，正是唐代軍中主要裝備的鐵鎧甲，其形制承襲自北朝晚期，首有兜鍪，頸有頸護，身甲胸、背各有左右兩面圓護，由肩頭以帶扣繫，前胸常縱束甲帶，左右肩頭下綴披膊，身甲下設腿裙、鶻尾，小腿縛吊腿。從唐代紀年墓出土的甲冑裝武士形貌的鎮墓俑和石窟寺雕塑中的著甲冑天王像，可以看出唐代明光鎧形制的發展演變規律。但是有關唐代鐵鎧甲的考古發現極少，只曾在西安曲江池出過三百二十二片散亂的鐵甲片，與漢代鐵甲片相比較，它們的形體較為窄長，穿孔數量增多，表明製工和編綴更加細緻。過去新疆也發現過唐代殘鐵鎧的甲片，大致也是這種式樣的。

關於唐代皮甲的形貌，敦煌莫高窟第三二二窟甲冑天王像可作為代表，披膊和膝裙都是整片

唐獨孤思貞墓出土的披明光鎧的三彩陶鎮墓俑

唐章懷太子墓出土的披明光鎧的三彩陶鎮墓俑

新疆吐魯番阿斯塔那唐墓出土的披錦甲木鎮墓俑

的，上面繪出橫直的條紋。在新疆曾出土過唐代髹漆皮甲片，甲片上有同心圓等紋飾，是用刮擦的方法透過不同的漆層取得的，看來是應用了「剔犀」工藝尚未成形的早期形態的「錐毗」工藝。至於外形華麗的絹布甲，也可從出土唐俑觀察到它們的形貌。

唐代的馬甲，即具裝鎧，如前所述，仍為唐律規定禁止人民私有的禁兵器。但因重裝騎兵已與北朝時期為軍中主力兵種不同，所以軍中裝備的具裝的數量自然相應減少。在俑像等所反映出的甲騎具裝圖像，同樣相應減少，在唐初墓的隨葬俑群中有時還可發現甲騎具裝俑，如四川萬縣唐墓出土有青瓷質的甲騎具裝俑，西安一帶初唐墓也曾有甲騎具裝俑出土。此外，就是在淮安王李壽墓和懿德太子李重潤墓中，有模擬儀仗中甲騎具裝的陶俑。可以看出唐代馬具裝的形制仍承襲著北朝時的馬具裝，但裝飾華美，如懿德太子墓貼金繪彩陶具裝俑，馬面簾貼金，雙耳間豎有葉狀金飾，甲緣包有朱紅色的寬邊，上飾有彩色的團花，表明模擬的是漂亮的織錦包緣。在鞍後尻部，有原插寄生的小孔，惜原插的寄生已腐朽無痕。這種外觀華麗的馬具裝，完全是為了顯示身份和威儀，不是用於戰鬥。

彭排，即盾牌，《六典》記其制有六種，為膝排、團排、漆排、木排、聯木排和皮排。可知盾牌的主要原料是皮革和木料，並表面髹漆。盾牌的形制，從有關圖像來看，主要有兩種：一種是步兵用的大型盾牌（楯），仍沿襲北朝的形制，長方形有中脊。另一種是騎兵用的盾牌，形體較小，有的呈圓形，即「團牌」。

除了《六典》所記的刀、槍兩種主要格鬥兵器外，斧類兵器在唐代也還有使用，例如李嗣業統領軍中前鋒步兵除了使用陌刀外，還配合使用「長柯斧」。在敦煌莫高窟的唐代壁畫中，也常可見到持斧武士的圖像。另外，唐代軍隊中也裝備有一定數量的棒類兵器，據李筌《太白陰經》所載，一軍中有五分之一的士兵裝備有棓。到唐末五代又開始流行一種砸擊類兵器——檛，很可能是由西北的游牧民族傳入的。《舊五代史・李存孝傳》記載後唐的勇將李存孝「每臨大敵，被重鎧櫜弓坐矟，僕人以二騎從，陣中易騎，輕捷如飛，獨舞鐵檛，挺身陷陣，萬人辟易」。《舊五代史・周德威傳》又記光化二年（八九九年）周德威與陳章二將在陣前相鬥，陳章就是被周德威「背揮鐵檛擊墜馬」，因而當了俘虜。檛這類砸擊的兵器到了宋代更有進一步的發展，在戰爭中使用得更加廣泛。

四、《太白陰經》中所記唐軍裝備

關於記述唐代軍隊中兵員數量與兵器裝備的比例關係的文獻資料不多，杜佑在《通典》卷一四八立軍後所附「今制」中，記述軍中基層單位每隊五十人，設「押官一人，隊頭一人、副二人，旗頭一人，副二人，火長五人」。可知每隊分五火，每火各十人。其兵器裝備是「六分支甲，八分支頭牟，四分支戟，一分支弩，一分支棒，三分支弓箭，一分支槍，一分支排，八分支佩刀」。如前所述，這時戟早已從軍中常用格鬥兵器中淘汰掉了，而槍的比例過低，因此文中「戟」恐為矛槍之誤。比之更詳盡的紀錄，見於李筌著《神機制敵太白陰經》。

《太白陰經》作者李筌，兩唐書無傳，里籍和其個人經歷都不清楚。但該書在《新唐書・藝文志》和《宋史・藝文志》都有著錄。書名本取自「太白主兵」和「陰主殺伐」，也表明作者對用兵與占星陰陽之說的態度。在《太白陰經》卷四〈器械篇〉中，記述了一軍一萬兩千五百人的兵器裝具數量及它們之間的比例關係，應反映了唐軍裝備的一般情況，現分列於下。

一軍：士兵一萬二千五百人

遠射兵器：

弓（附弦三、箭三十），十分（百分之一百），共計一萬二千五百（附弦三萬七千五、箭三十七萬五千）

弩（附弦三、箭一百），二分（百分之二十），共計二千五百（附弦七千五百、箭二十五萬）

附注：弓弩用箭有射甲箭、生牝箭、長垛箭。

格鬥兵器：

槍，十分（百分之一百），共計一萬二千五百

佩刀，八分（百分之八十），共計一萬

陌刀，二分（百分之二十），共計二千五百（馬軍以啄、錘、斧、鉞代。）

棓，二分（百分之二十），共計二千五百

防護裝具：

甲，六分（百分之六十），共計七千五百

戰袍，四分（百分之四十），共計五千

牛皮牌，二分（百分之二十），共計二千五百

由以上所列，可以與前引《新唐書・兵志》所記每位士兵必具橫刀一、弓一、箭三十的記載相合，也就是每人必須配裝弓箭和刀，但刀包括短柄的佩刀（橫刀）和新興的長柄的陌刀，前者佔百

分之八十，後者佔百分之二十。每人又都要裝備長柄的槍，如前所述，槍不僅用於格鬥，還用於扎縛渡河木筏或支搭軍帳等用途。

五、北宋時期的冷兵器

北宋時期軍隊的組成以步兵為主，所以宋官修軍事百科全書《武經總要》中記錄的各類兵器，也是以裝備步兵的兵器為重點。同時從該書中記錄的兵器，還可看出以下幾個特點：第一，宋代冷兵器承繼著漢唐以來的傳統，所以《武經總要》裡記錄的主要兵器類型，都可以清楚地看出它們從漢代以後，經過唐、五代的發展變化，而由這部著作進行了總結，又影響著北宋以後的同類冷兵器的發展，可以說起了承上啟下的作用。第二，自唐、五代以來，吸收了不少居住在邊陲的少數民族的優秀兵器，《武經總要》一書對這方面的成績也作了紀錄，使北宋兵器的種類增多，殺傷效能也有所增強。第三，也是最重要的一點，是書中首次記錄了實戰用的火藥兵器和火藥配方，標誌著中國古代兵器史上冷兵器和火器並用時代的開始。

《武經總要》記錄的冷兵器中，格鬥兵器仍以傳統的槍、刀、斧、棒為主，此外增加了大量的砸擊類兵器，如鞭、鐧、骨朵（蒜頭）、鐵鏈夾棒等。《武經總要》卷二記當時的步兵部隊，每隊五十人，其中隊頭一人、隊副一人、執旗一人、兼旗兩人，隊中裝備的格鬥兵器和防護裝具如下：槍十五根（連旗在內）、弩五具、弓矢十具、陌刀五具、拍把四具、牌五具。又在卷七講排布方陣

（四門斗底陣）時，以步軍槍刀手在前，雜以旁牌標槍。並注明凡一指揮五百人中，有八十名槍手和四十名陌刀手。至於騎兵，也是每隊五十人，裝備的格鬥兵器是槍、矟、弓箭。都表明刀、槍和棒類是當時主要的格鬥兵器，弓弩是主要的遠射兵器。

槍，《武經總要》中記錄的槍有九種名目，即雙鉤槍、單鉤槍、環子槍、素木槍、鴉頸槍、錐槍、梭槍、槌槍和大寧筆槍。其中施有鉤、環的雙鉤槍、單鉤槍和環子槍都是騎兵用槍，素木槍和鴉頸槍是步兵用槍，這些槍與前代的槍相比，槍的頭部較長，所以兩側的刃部也較長，加強了殺傷能力。梭槍較短，又名「飛梭槍」，即標槍，與盾牌配合使用，可以投擲，是從西南地區少數民族引入的兵器。至於槌槍，是不施刃而在前端裝木質圓槌，用於訓練和校閱，以避免誤傷。此外，《武經總要》書中還記錄了一種特製的寬刃槍，稱「搗馬突槍」，是專門對付騎兵的。同時，宋軍裝備的槍，除用於白刃格鬥外，也還有其他用途，如用於扎筏渡河等。取掉槍的刃和鐏，將每十條槍桿捆成一束，然後一束一束地縱橫綁紮起來，紮成筏子。一條筏子用槍桿

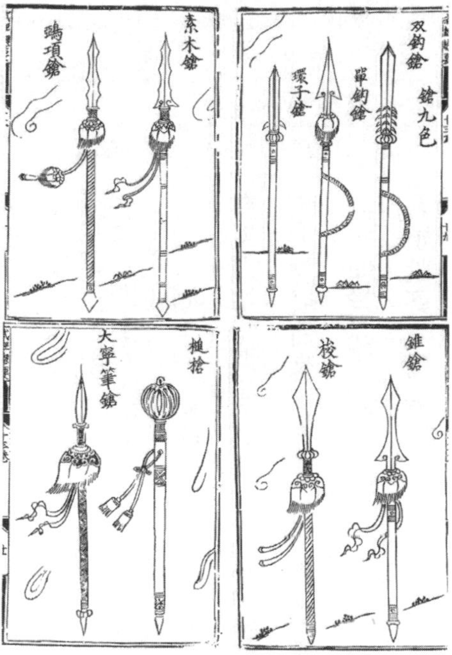

《武經總要》中各式槍的圖像

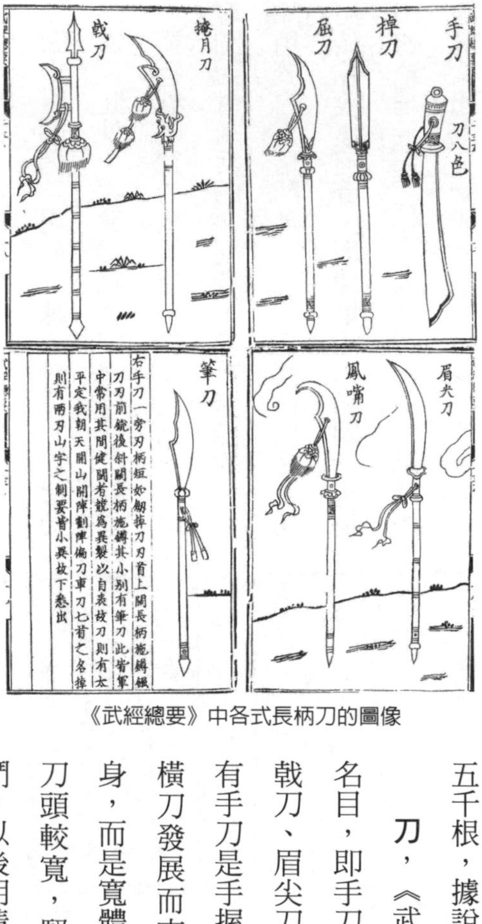

《武經總要》中各式長柄刀的圖像

五千根，據說可乘坐五百人之多。

刀，《武經總要》中記的刀有八種名目，即手刀、棹刀、屈刀、掩月刀、戟刀、眉尖刀、鳳嘴刀和筆刀。其中只有手刀是手握短柄的刀，它是由唐代的橫刀發展而來，但手刀已不是窄體直身，而是寬體，厚脊薄刃，刃口弧曲，刀頭較寬，堅重有力，更適於劈砍格鬥。以後明清的腰刀，都沿襲這樣的形制。其餘幾種刀，都安裝有長柄，也可說是沿襲著唐代陌刀裝長柄的傳統，後代又習稱這類刀為「大刀」。這些刀的刀頭，也多是刃部前銳後斜、頭闊體瘦的形狀，以掩月刀最典型，類似的有鳳嘴刀、屈刀、筆刀等，明清時的關王刀就遵循著這種形制。另有一種眉尖刀，刀頭不加寬，反而呈尖狀起翹，似直立的彎眉。書中所記戟刀，形制最特殊，已與古戟無關。

劍，這時已不是軍中大量裝備的實戰兵器，但在《武經總要》中還附有兩幅劍的圖像。

棒，棒類兵器在宋代有了較大的發展，品種增多，殺傷力增強。當時棒有四種名字，互相通用，就是棒、棍、杵和桿，一般用堅重的木材製造，有的用鐵包裹，或加鉤、刃和利釘。《武經總要》中記錄了七種棒類兵器，即訶棃棒、鉤棒、桿棒、杵棒、白棒、抓子棒和狼牙棒，以棒首滿裝利釘的狼牙棒殺傷力最強。此外，還有向西北少數民族西戎學習而引進的鐵鏈夾棒，它的形狀很像農民打麥場上使用的連枷，在長棒的前端用鏈環聯裝另一個較短的鐵棒，由上向下打擊敵人。與之相近似的兵器還有連珠雙鐵鞭，在長棒前加聯兩截短棒。鞭和鐧，手握短把的砸擊類兵器，器形近似劍，但無刃。鐧體方四稜，鞭體圓筒狀並飾有竹節紋飾。目前傳世有北宋末抗金名將李綱所用鐧，全長九十公分，刃面嵌金篆書銘文，為「靖康元年李綱製」，可知鐵鐧製作於一一二六年。

骨朵，是在宋代開始盛行的錘擊類兵器，其形制為在長柄前端安裝圓形錘首。關於骨朵名稱的來源，《武經總要》說：「（骨朵）其意本為胍肫，胍肫大腹也，謂其形如胍而大，後人語訛以胍為骨，以肫為朵。」在北宋禁軍中即有以骨朵為主要兵器的「骨朵子直」，宋太宗太平興國二年（九七七年）改稱「御龍骨朵子直」。也可見這種兵器當時很受重視。在《武經總要》中記錄了兩種骨朵：一種錘首遍體伸出釘刺，稱為「蒺藜」；另一種錘首有分瓣紋，形似大蒜頭，故稱「蒜頭」。在北方遼國境內，骨朵也被普遍

四川華鎣南宋安丙家族墓的石雕持骨朵武士圖像

四川華鎣南宋安丙家族墓的石雕持斧武士圖像

新疆吐魯番阿斯塔那唐墓出土的帛畫駿馬圖像

使用，各地遼墓的壁畫中常繪有手執骨朵的武士。

斧，大斧闊刃，多裝有長柄，《武經總要》有圖像。還有開山、靜燕、日華、無敵、長柯等名目，形狀大體相近似。

《武經總要》所記傳統的遠射兵器還是弓和弩，但特別記錄了大量重型的遠射兵器，主要是強力的多弓床弩，還有各式拋石機——砲（礮）。此外，在遠射兵器中，開始出現了火藥製作的兵器。

弓，《武經總要》記錄的弓制有四種，即黃樺弓、黑漆弓、白樺弓和麻背弓。從圖像看都是複合弓。箭有七種，為點鋼箭、鐵骨麗錐箭、木樸頭箭、火箭、烏龍鐵脊箭、鳴髇箭和鳴鈴飛號箭。其中木樸頭箭是訓練用箭，鳴髇箭和鳴鈴飛號箭是信號用箭，火箭是火攻用箭。北宋在不同時期，官造的箭的名目也有改變，例如到神宗熙寧七年（一〇七四年），「始造箭曰狼牙，曰鴨嘴，曰出尖四楞，曰一插刃鑿子，凡四種推行之」。（《宋史・兵志》）這四種箭是以箭鏃樣式的不同而定名。

弩，《武經總要》記錄的弩有六種，即黑漆弩、雌黃樺梢弩、白樺弩、黃樺弩、跳鐙弩和木弩。所用弩箭有五種，即點鋼、三停、木羽風羽和樸頭。由於張弩費力費時，因而影響發射速度，以至貽誤戰機。為了解決這一問題，宋時採取將弩手分為「發弩人」、「進弩人」和「張弩人」的辦法，分排列陣，張弩人專職張弩，張好後交進弩人，進弩人送給發弩人射擊，周而復始，達到「陣中張，陣外射，……張而復入，則弩不絕聲」。到了神宗熙寧元年（一〇六八年），又開始製造由張若水進獻的一種強弩——神臂弓，「檿以為身，檀為弰，鐵為蹬子槍頭，銅為馬面牙發，麻繩扎絲為弦。弓之身三尺有二寸，弦長二尺有五寸，箭木羽長數寸，射三百四十餘步，入榆木半笴」。神臂弓裝備宋軍後，在抗金的戰鬥中起過一定的作用。到南宋時期，除神臂弓外，又造「神勁弓」，射程較神臂弓遠，但發射速度較慢，每神臂三矢而神勁方能一發。同時，在南宋時還使用了帶有弩筒的「鼉筒木弩」，「開慶元年（一二五九年），壽春府造鼉筒木弩，與常弩明牙發不同，箭置筒內甚穩，尤便夜中施發」。

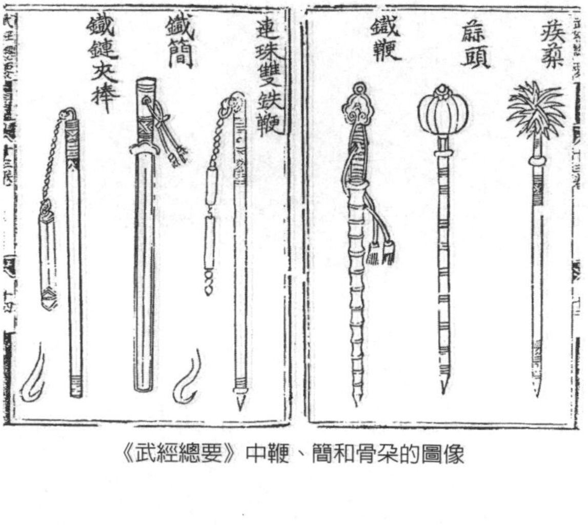

《武經總要》中鞭、簡和骨朵的圖像

第十五講

固若金湯——中國古代城防和攻守戰具

自古以來，城池的建立大多都與軍事有關，一座堅固的城堡，往往就是一個地區乃至一個國家的軍事防線和要塞。因此，中外統治者無不將自己的城堡修築得高大雄偉，固若金湯；同時重視研製和改進攻城與守城的戰術及兵器裝備。二十世紀五〇年代，河南省考古人員在鄭州商城遺址的發掘表明，這座距今三千六百年的商中期都城已經建造了宏偉的城垣。西周到春秋戰國時期，群雄並起，戰爭頻繁，各國對城池的建築愈加重視，易守難攻的城牆拔地而起，成為軍事防禦的重要屏障和堡壘。如何攻城和守城，便成為當時的軍事指揮員甚至思想家經常考慮的問題，《孫臏兵法》等著名兵書表明，當時攻守城的戰略戰術已經成熟到相當的高度。攻守城的器械和兵器也有了發明和運用。

中國的長城是世界上最宏大、最古老的城防建築，從秦漢到明，長城的走向和具體位置屢有變動；隨著建築技術的提高和防禦系統的完善，牆體本身也不斷改變，從夯土石塊過渡到磚石結構的嚴整的城牆。明代萬里長城的全部建築工程，東起鴨綠江，西達嘉峪關，全長一萬二千七百多里，被譽為人類文明史的幾大奇蹟之一。

西元三千年前，希臘人和特洛伊人之間爆發了一場持久的戰爭，戰爭的起因據說是因為希臘人要到特洛伊城，解救一位被特洛伊國王子騙去的美人。希臘人在特洛伊城外安營紮寨達十幾年，但由於城池堅固，希臘士兵雖然多次想把城牆推倒，或者計劃爬牆而入，但都未能成功。最後希臘人終於想出了一個妙計，將精銳的士兵隱藏在一匹巨大的木馬中，誘使特洛伊人將木馬運入城中，並乘其不備，突襲出擊，與城外人馬裡應外合，才算攻下了特洛伊城。這便是古代希臘傳說中著名的「特洛伊木馬」的故事。

自古以來，城池的建立大都與軍事有關，一座堅固的城堡，往往就是一個地區乃至一個國家的軍事防線和要塞。因此，中外歷代統治者，一方面都將自己的城堡修築得高大雄偉、固若金湯；一方面重視研製和改進攻城與守城的戰術及兵器裝備。前面引述的「特洛伊木馬」故事，是外國軍事家靠智謀破城；而在中國古代，更是早就有了城防工事修築和關於攻守城的歷史紀錄。

一、從環壕聚落到夯築城牆

在中國史前遺址的考古發掘中，已知先民對自己的居住地早有防衛的考慮，起初是在聚落房舍周圍挖掘深廣的壕溝，用來防止野獸和異族的侵襲。以仰韶文化半坡類型的環壕聚落遺址為例，陝西臨潼年代距今約四千年前的姜寨遺址，就有人工修成的壕溝與自然河流，環護著百餘座半地穴式的居室，面積約兩萬平方公尺。在鄭州西山的仰韶文化晚期遺址，聚落周圍已修築有夯築的城牆，牆外也有壕溝環繞。

稍後的龍山文化時期，隨著社會經濟的發展和人們財富的積累，部落首長權勢增大，更多堅固的防衛用夯土城垣建構起來，如發掘時間最早的河南登封王城崗遺址有兩座城址，保存較好的西城，邊長約一百公尺，呈正方形平面，城牆基礎槽的槽口就寬達二・六至五・四公尺，可以想見其高度也一定不低。

到了商代，城池的築建更是國之大事，因為城市已是國家的政治經濟中心，是人口、財富的聚集之地，無疑需要更加高大的城垣予以保護。二十世紀五〇年代，河南省考古人員在鄭州商城遺址的發掘表明，這座距今三千六百年的商中期都城，已經建造了宏偉的城垣，它的平面為長方形，城垣周長六千九百六十公尺，其中南牆與東牆各長約一千七百公尺，西牆長約一千八百七十

陝西仰韶文化姜寨遺址的環壕聚落復原示意圖

公尺，北牆長約一千六百九十公尺。牆基最寬處達三十二公尺，地面殘留牆高仍有五公尺左右。城牆一周共有十一處缺口，有的應該就是城門。

這些寬厚的城牆，是用分段版築法，用泥土逐段夯築而成，每段長約三・八公尺，夯層很薄，夯窩密集，築建得十分堅實。在城牆內側或內外兩側，往往發現還附有夯土結構的護城坡，更增加了牆體的厚重穩固。

西周到春秋戰國時期，群雄並起，戰爭頻繁，各國對城池的建築愈加重視，如山東臨淄的齊城，是西周至戰國時齊國的都城，據《戰國策・齊策》記載，齊宣王時臨淄城內有七萬戶，二十一萬男子，是當時東方六國中最富庶繁華的城市。二十世紀六〇年代，考古人員對臨淄齊城遺址的發掘顯示，城建於淄河西岸，由大小兩城組成，殘存的城牆主要屬於戰國時期。小城是宮城，平面略呈長方形，牆基一般寬二十至三十公尺，城門外口兩側土牆往往凸出，已經具有後代加強防守所用甕城的雛形。城牆外還有寬十三至二十五公尺的城壕。大城是官員和百姓的居住區，東西約四千公尺，南北約四千五百公尺，南北牆外還有寬二十五至三十公尺，深三公尺以上的城壕。

除了人工夯築的城牆外，古人也常常利用天然的陡峭地勢或河流，作為城牆輔助的屏障。位於河北易縣的戰國燕下都城遺址，平面長方形，建造在北易水和中易水之間，東西約八千公尺，南北約四千公尺，是戰國都城中面積最大的一座城，其夯土牆基寬度達到四十公尺，今天地面還保留部份殘垣，可以想見當年城牆的高大雄偉。城南垣外是以中易水作為天然城壕屏障，遠離北城牆一千公尺的北易水，也起著天然城壕的作用。

二、孫臏的攻城思想和墨子的守城策略

正是由於從商周到春秋戰國，各地城池牆壕的建築發展迅速，特別是戰國以後，高大堅固、易守難攻的城牆拔地而起，成為軍事防禦的重要屏障和堡壘，所以如何攻城和守城，便成為當時的軍事指揮員甚至思想家經常考慮的問題，而攻守城的戰略戰術也逐漸成熟到相當的高度。《左傳》中就多有以計謀攻城的故事，而在先秦諸子的經典著作和兵書中，也已有了對攻守城戰略思想和戰術技術的詳盡闡述。

一九七二年，山東臨沂銀雀山兩座西漢初期的墓葬中，出土了四千九百多枚竹簡，內容多為兵書。其中的《孫臏兵法》，在失傳近二千年後重現於世，引起了中外學術界的極大關注。它澄清了長期以來學術界關於有無孫臏其人的疑問，為先秦軍事史的研究提供了大量可靠的新資料。

戰國時期的大軍事家孫臏，在其兵法中強調攻城戰，這比《孫子兵法》把攻城作為「不得已」而為之的下策，是一個很大的變化。春秋時期，以戰車為主的部隊長於野外作戰，確實難以攻城，所以孫武認為「攻城之法為不

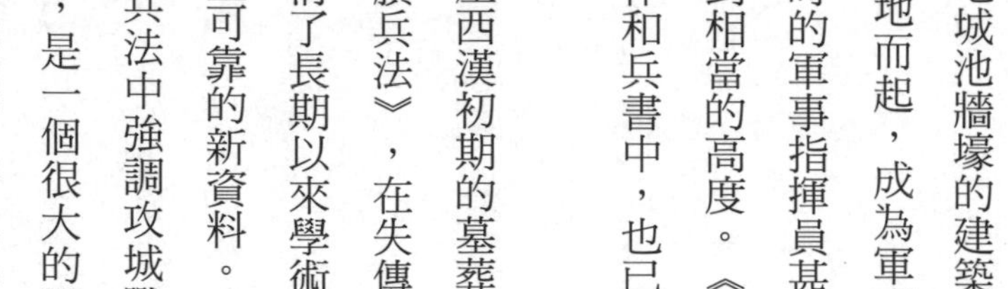

河南汲縣山彪鎮出土的戰國銅鑑上用雲梯登城戰鬥圖像

得已」；到孫臏的時代，軍事技術裝備有了進一步發展，軍隊的組成有了新的變化，使得攻城有了可能。更重要的是政治上的需要，在各國爭雄的局面下，要取得戰爭的勝利，就必然要面對那些作為政治經濟中心城市的攻堅問題。在繼承了孫武時代主要靠在野戰中消滅敵人、解決戰鬥的思想基礎上，竹簡本《孫臏兵法》中更注意到攻城的問題，根據當時不同的地形條件，把當時的城，區別為易攻的「牝城」、「虛城」和難攻的「雄城」，對應以不同的攻城戰術。雖然這種區分還是很簡單的，但是把攻城問題特別提出來，而且講得這樣具體，在孫臏之前的軍事著作中是從未有過的。

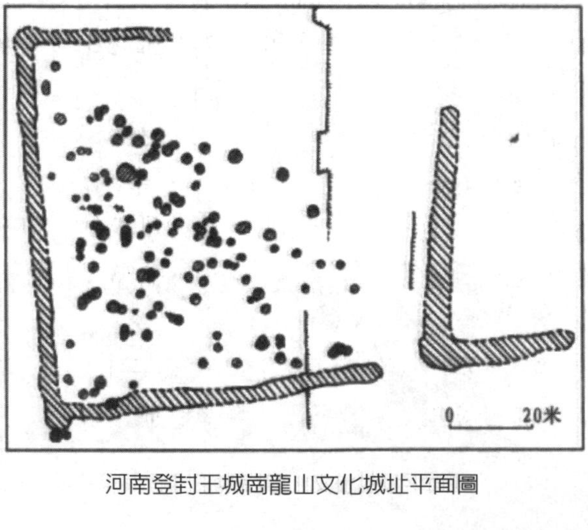

河南登封王城崗龍山文化城址平面圖

攻城的各種攻堅器械也已出現，首先是雲梯。傳說雲梯的發明者是春秋時期魯國巧匠公輸般（後世稱魯班），但因沒有圖樣流傳，故其形制無考。到了戰國時，雲梯在出土的青銅器圖案紋飾中已有清晰的顯示，係由三部份構成：底部裝車輪，可以移動，梯身可上下仰俯；攻城時靠人力扛抬，倚架於城牆壁上；梯頂端裝鉤狀物，用以鉤援城緣，使之免遭守軍的推拒破壞。

巢車，又名樓車，這是一種登高觀察敵情的車輛。車上高懸可坐人的「望樓」，因望樓形似鳥巢，故名巢車。最早使用巢車的記載見於《春秋左傳》，記述西元前五七五年的鄢陵之戰中，楚共王曾登上巢車觀察晉軍動向，當時還有太宰伯州黎隨侍，可知此巢車的體積不小。攻城的兵器也有強弩等記載。

戰國時期主張守城的代表人物是墨子。墨子是宋國人，生活的年代約在西元前四六八年至西元前三七六年間。墨子思想的中心是「兼愛」和「非攻」，他認為只有「兼相愛」，才能「交相利」，人們如果能夠互相愛護、互相協助，那麼社會上一切矛盾鬥爭著的力量，便能夠彼此「交利」，各自的利益也就得到了滿足。因此他主張「非攻」，即否定戰爭。雖然這有利於保護民眾的生命財產和社會經濟不受損害，有積極的作用，但在當時統治者的兼併戰爭中，這種主張是很難實施的。

既要實行「非攻」，又要保存自己，於是他提出了一套甚為保守的城守主張。

墨子的城守戰術，在《墨子》一書中原有二十篇，約佔全書的七分之二，經過歷朝的散失，現在只保留著十一篇，包括〈備城門〉、〈備高臨〉、〈備梯〉、〈備水〉、〈備突〉、〈備穴〉、〈備蛾傅〉、〈迎敵祠〉、〈旗幟〉、〈號令〉、〈雜守〉等。從抵抗敵人進攻的準備、方法、器具到後勤保障的支持運作，幾乎包含了守城戰役的整個過程。首先敘述了守城的用兵，要用軍徽來區別各種兵團，用舉旗來代替號令；要訓練士兵通曉左右前後；要做好挖穴的準備，挖穴時，可男女各半；守城時，丁女、老少各配給矛一根；城下的守衛，每三十丈內派丈夫十人、丁女二十人、老少十人，城上不當戰線的地方，也派老人、兒童去把守；婦女、兒童確有不能當兵的，就派在官府內當差，一有警報，馬上擂鼓動員，到指定位置報到，等等。

墨子的城防體系中，還對如何堅壁清野，如何疏散人員，如何戒嚴，如何節約；戰時如何限制口糧，如何督察人員勤惰，如何安置和撫恤傷死；事後如何勞軍授旗，優待征屬，鼓勵他們同仇敵愾；甚至如何搞好衛生設備，建築公廁，都有詳細的記載。

三、長城的修築

中國的長城，可以說是世界上最宏大、最古老的城防建築，被譽為人類文明史的幾大奇蹟之一。長城的修建，可以追溯到戰國時期，由於連年兼併戰爭，沿著黃河、長江流域的廣大地區，最後出現了秦、齊、燕、趙、韓、魏、楚等七個大諸侯國。各國為了相互防禦，各自在自己的轄境周圍築起城堡高牆。這一道道長長的防護城牆，彷彿七國各自家園的院牆，如楚國的「方城」，就曾有效地阻擋了齊國和晉國的進攻。七國中秦、趙、燕三國都與北方強大的游牧民族匈奴毗鄰，那時的匈奴正處於實力上升時期，經常侵擾劫掠秦、趙、燕三國的北部地區，擄掠牲畜、財物和人口，嚴重地威脅著三國的生產和生活。

因此這三國的長城修築得都較為認真和堅固，並派有軍隊駐守。

秦始皇於西元前二二一年滅六國後，隨即派大將蒙恬率三十萬大軍北擊匈奴，收復了河南地

內蒙古固陽秦長城遺址

（今黃河河套地區），並在北方大規模地修築長城，主要是把過去秦、趙、燕三國的長城城牆連接起來，築成西起隴西郡的臨洮（在今甘肅岷縣），東至遼東，長達一萬多里的萬里長城。這也就是一般認為長城始築於秦始皇手中的緣故。

中國保存至今最完整、最綿長的長城城垣，幾乎都是明代修築的。

因為明朝是在推翻了蒙古貴族建立的元朝後立國的，被明軍趕走的元順帝雖然退回了塞北，但仍然保持著相當的軍事實力，並佔有東起呼倫貝爾湖，西至天山，北到額爾齊斯河和葉尼塞河上游，南至現在長城一帶的廣袤土地，他們仍然虎視眈眈地注視

北京八達嶺明長城

著南方。為防止和抵抗蒙古兵力南下，明成祖朱棣於永樂十九年（一四二一年）將國都由南京遷到北京，並先後五次親自掛帥，出征漠北。西元一四二四年，朱棣在親征漠北途中病死於榆木川，此後明王朝再也沒有能力對蒙古各部進行大規模的遠征了，而後來東北境內的女真族也開始強大起來，漸漸不服明政府的管轄。因此，修築和經營長城防禦體系，便成了明代二百多年間加強北方和東北方防務的主要措施。

因明以前的長城多為夯土打築，且多已破敗不堪，而且過去的長城（主要是秦漢長城）主要是靠陰山和黃河天塹來構築防禦線，但到明代時這些山河之險已不在明政府控制的區域內，明代的整道防禦線被迫南移數百里，到山西大同、陝西榆林一帶，而這一帶地區基本上無險可依。為阻止北方和東北方的外族入侵，只有靠多修長城，廣建城堡，以加強縱深防禦，補充地利的不足。正因為如此，明王朝在它存在的二百多年中，差不多一直沒有停止過長城的修築。而且明長城建置的線路之長、規模之大、城體之堅固，是繼秦始皇、漢武帝以後任何一個朝代都不能比擬的，其防禦工程技術也遠遠超過了以往歷代所建的長城。可以說，萬里長城這項從秦朝就開始進行的大工程，是到明朝才最後完成的。

明代萬里長城的全部建築工程，東起鴨綠江，西達嘉峪關，全長一萬二千七百多里。沿途共設九個防禦區，分別派重兵駐守，稱作九邊或九鎮，每鎮設總兵官領轄。如明代抗倭名將戚繼光曾任薊鎮總兵，他在任期間（一五六九至一五八三年），對薊鎮管轄的六百公里長城進行了徹底

甘肅嘉峪關明長城嘉峪關城

維修擴建，對牆體全部加高加寬，在重要地段又加修了內外雙層城牆，並創建了騎牆空心敵台。這種空心敵台可分上下幾層，各層又闢數室，裡面可以駐紮較多的守兵，又能儲備大量兵器和糧食，解決了過去守城兵力太分散，軍事物資難以貯藏等問題。空心敵台的設計和修造，使長城的防禦體系更為堅固嚴密。目前已整修開放的著名八達嶺、慕田峪和金山嶺等段長城，便都是當年薊鎮管轄的防區。

明長城的建築結構，一般分作關城、城牆、敵台、烽火台等幾類，這些建築相互配合，共同組成了長城的防禦體系。

關城：這是長城的重要據點，常常設在地形險要的高山之上或峽谷之中，以及沿海、河口岸。用以控制險要的地形，達到以少勝多的軍事作用。關城本身也是一套完整的防禦體系，如北京的居庸關，就是在十幾公里的山谷中層層設防，南面有南口，北有八達嶺口，八達嶺外還有許多前哨工事。位於渤海之濱的山海關，是明長城東端的重要關口，關城四方形，築有南、北翼城以及東、西羅城，附近還布有烽火台和土堡，防禦體系嚴整周密。

城牆：明以前長城的城牆多是土築或石砌的，而明長城在很多地區是用磚、石砌築的，中間填碎石夯土。城牆隨地勢修築，高低寬窄各處不同。如八達嶺段城牆，牆身平均高約七・八公尺，厚約六・七公尺，頂部厚約五公尺，牆上可容五馬並騎或十人並進。一般牆靠內的一側稍低，稱宇牆（或女兒牆），靠外的一側稍高，用磚砌成高兩公尺的垛口，垛口上部有瞭望孔，下部有射擊孔。薊鎮所轄的北京附近慕田峪關長城，因地處衝要，形勢險峻，故長城城牆兩側均為垛口式建築，守城的士兵可由兩側同時禦敵。

烽火台：是傳遞軍情的有效建築設備，多設在山頂和平原的醒目、轉折之處。如果發現敵情，白天放煙，夜間點火。點放時又用硫磺、硝石等助燃，並同時放炮，根據放煙放炮數量指示敵人的兵力情況。如明成化二年（一四六六年）規定，敵兵有百餘人放一煙一炮，五百人放二煙一炮，千人以上，舉放三煙三炮。

明長城與秦漢時期的長城一樣，也是用勞動人民的血汗和屍骨築成的。修城的人力主要是戍邊的軍隊、徵調的民夫和充軍的罪犯。近十幾年的長城建築和文物調查中，各地在長城沿線發現了多塊明朝築城的碑石，為今天瞭解明長城的修建情況提供了第一手的實物資料。

如北京市在八達嶺長城上發現了一塊明萬曆十年（一五八二年）修長城碑，碑文記載了當時利用守城的軍隊分段包修，幾千名官兵和民夫才修了二百公尺左右的一段城牆。山西朔縣長城沿線也發現了一塊明萬曆三年（一五七五年）修長城碑記，碑文記述了「一千五百七十九名」修城者，補築了八十三丈長的一段城體，可見當時修城工程的艱巨。朔縣修長城碑記中還說明，當時長城的修築分段明確，要求嚴格，工程竣工後需經過驗收才算合格，可見當時對修城品質的要求是很高的。

從秦漢到明，長城的走向和具體位置屢有變動；隨著建築技術的提高和防禦系統的完善，牆體本身也不斷改變，從夯土石塊過渡到磚石結構的嚴整的城牆。但是，長城最初的功用，即作為內地平原農耕文化與北方草原游牧文化的對抗前線，或矛盾衝突產物的性質，都始終沒有改變。從嚴格的軍事眼光和戰略意義上看，長城畢竟是一種傳統的防禦、守成的戰略思想的產物，而這種戰略思想，早在中國古代的著名兵書《孫子兵法》中，就已見端倪。當然，如果將其放在中國古代歷史文化的大背景下考察，這種中庸、守成的戰略思想似乎也與傳統儒家學說有著更為深刻的聯繫。

四、千里烽燧——邊塞防禦體系

與長城配合禦敵邊塞的，還有千里烽燧。這在漢代表現得尤為突出。漢武帝時期，收復了被匈奴佔據的區域，再次修復秦長城，除了利用舊有的長城外，還在長城沿線增設復線，新建邊城、亭障、烽台，派官設署，駐戍屯田。隨著漢軍的戰略攻勢向北向西不斷擴展，對邊塞的防禦體系也不斷調整增置。在短短的十幾年時間裡，漢武帝就在河套以西，興建了規模巨大的三四千里的障塞亭燧，設置了組織嚴密的屯戍機構，形成了完備的邊塞防禦體系。

漢代的烽燧遺跡，保存較好而且屢經近代調查發掘，並以大量出土簡牘聞名於世的，是居延烽燧遺址，它坐落在內蒙古額濟納河流域，綿延三百公里。早在二十世紀三〇年代，曾在這一地區出土漢代木簡一萬餘枚，習稱為「居延漢簡」，有極高的學術價值。進入上世紀七〇年代以後，又沿額濟納河南起金塔雙城子，北至居延海進行全面勘查，並對破城子甲渠候官遺址、甲渠塞第四燧遺址和金塔縣北額濟納河上游的肩水金關遺址進行發掘，新獲漢簡兩萬餘枚，以及大量漢代戍卒遺留下來的兵器等遺物，共約兩千三百餘件。

通過對出土遺跡、簡牘和有關文獻的綜合分析，可知漢代邊郡太守所屬的部都尉，也是開府治事的，也有略同於太守府的官吏幕屬，但是它還有一整套邊防軍事系統，包括候望系統（候、塞、部、燧）、屯兵系統（城

甘肅敦煌漢長城遺址

內蒙古漢居延遺址中的肩水都尉府址

尉、千人、司馬）、屯田系統（田官）、軍需系統（倉、庫）以及交通郵驛系統（關、驛、郵亭、置、傳、廄等，這一系統也可能屬於郡）。從居延漢簡的記述可以看出，當時邊防候警系統的組織頗為嚴密，具有很高的效能。候所在的官署稱為「候官」，負責統領一段候官塞（長約百里）上的若干候長，以及與各候長所領的若干燧長，管理一切邊防警報事宜。候官有尉史、椽、令史、士吏等屬吏，他的官署所在，形成一個頗具規模的邊防小城堡。候下設部，部有候長，其下領若干燧，他也駐在其中一個燧中。燧設燧長，據居延漢簡，各燧按順序編號或有特殊命名。甲渠候官屬下的燧，已從簡文中可見第一燧至第三十八燧，這些燧正是最基層的前線哨所，它們的建築規模正如前面敘述的甲渠第四燧遺址發掘所見。各燧之間的距離一般是三至五里，以使烽火相望。

河南偃師漢魏洛陽城牆遺址

甘肅敦煌漢長城當谷燧的積薪遺存

根據出土木簡中的〈塞上蓬火品約〉，可以較清楚地瞭解當時的烽火警報的內容及有關法規，烽火警報約有六種，分別為蓬、表、鼓、煙、苣火和積薪，按報警時間不同而異。白晝是蓬、表、煙，夜晚是舉火，晝夜都用積薪和鼓。報警還視匈奴軍入侵的規模大小而不同，以千人為單位區分級別，來犯敵人不滿千人時，只燔一積薪；超過千人以上，需燔二積薪。還要按敵軍入塞的不同方位，不同時間，特別是敵人是否已向烽燧發起攻擊等具體情況，分別規定了不同的報警方式。如遇特殊情況，或因天氣惡劣，烽燧之間難於觀察到烽煙信號時，則需及時用書面報告加急上遞。除報警外，各烽燧還配備有各種守禦器械和強弩等，具有一定的戰鬥力。而且據簡文紀錄，戍卒還從事建築、屯田耕種等生產活動，以部份解決部隊的生活給養問題。正是由於有嚴密的組織和嚴格的規定，才能夠使千里烽燧保持對匈奴軍常備不懈的態勢。

五、《武經總要》中記錄的城防和攻守戰具

從秦王朝建立大一統的國家政權後，二千多年間華夏大地無論統一也好，分裂也罷，歷朝歷代的統治者，幾乎無一不在自己的領地上高築牆，穩稱王。上自國都，下到郡縣，各式土築磚砌的大小城池，比肩而立，

湖北鄂州三國孫吳孫將軍墓出土的設角樓小城堡陶模型

《武經總要》中的城防設施復原示意圖（包括城樓、城牆、甕城、羊馬城、城壕、吊橋、馬面、敵台）

遍地開花。近半個多世紀以來，各地考古勘探發掘的著名古城址，如秦咸陽宮城，漢長安城，漢魏洛陽城，隋唐大興長安城、洛陽城，遼上京、中京城，元大都城，等等，無不顯示了當年大都城的堅固雄偉。而上世紀仍保存完好的明清北京城牆，今天仍保存下來的明西安城牆、山西平遙縣城城牆，更是窺察中國古代不同級別城防建築的寶貴實例。

除了都城和各地的大小城池外，戰亂時期，各地方還構築有大量設防塢堡，在東漢末到三國時期的墓室壁畫和隨葬明器中，常可見到修築有高聳的望樓和角樓的塢堡圖像或陶模型。

在《武經總要》中，繪有當時城防

工事的詳細圖像，代表了中國專制社會完善成熟的城垣模式：堅固的磚築城牆，外面圍著寬而深的壕溝，外壕上架的吊橋在敵人來攻時，即可升吊起來；城門外面加築有圓形甕城，敵人即使攻入甕城，也可能成為甕中之鱉而困在其中被消滅；高高的城牆上砌築著女牆，上面開有垛口和箭窗；每隔一段還築有凸出牆面的「馬面」，上面設敵棚或敵樓，配置各種守城器械；同時還沿城構築一些和城牆相連接的弩台，上設重砲和強弩；在戰棚前和女牆外，垂掛著防禦砲石弩箭的垂鐘板、篦籬、皮竹笆等用生牛皮、荊柳、竹皮等材料組成的防護設備。

面對如此嚴密的城防設施，攻城的一方也有各種攻堅器械。首先是雲梯，宋代的雲梯有了重大的改進，《武經總要・攻城法》記載：「雲梯以大木為床，下施六輪，上立二梯，各長二丈餘，中施轉軸，車四面以生牛皮為屏蔽，內以人推進及城，則起飛梯

元大都和義門甕城城門遺址

河北安平逯家莊東漢墓塢堡壁畫中的望樓圖像

甘肅武威雷台墓出土的設角樓和望樓的塢堡陶模型

於雲梯之上。」由此說明，宋代雲梯已採用了中間以轉軸連接的折疊式結構，還在梯底部增添了防護設施。此外，「上城梯」（副梯）也出現了多種形式，有「飛梯，長二三丈，首貫雙輪，欲蟻附則以輪著城推進」；有「竹飛梯，用獨竿大竹，兩旁施腳澀以登」。這些改進，增加了雲梯車運動時的穩定性，減少了遭守城一方破壞的可能，也使登城迎敵更加簡便迅速。明朝以後，這種巨大的雲梯因無法抵禦新式火器的攻擊而逐漸廢棄。

《武經總要・攻城法》並配附望樓車（巢車）圖。從圖形看，其車體為木質，底部有四輪，車上樹望竿，竿上設置望樓，竿下裝有轉軸，並以六條繩索，分三層，從六面將竿固定，繩索底部則以帶環鐵橛鍥入地下。這種車在攻城作戰中可以隨時登高觀察城中敵情，尋找和發現守城敵人的薄弱之處，有針對性地發起進攻。

《武經總要》中的攻城用雲梯復原示意圖

《武經總要》中的攻城用搭天車復原示意圖

《武經總要》中的攻城用巢車復原示意圖

《武經總要》中介紹的攻城器械還有行女牆、木女頭、行天橋、杷車、揚塵車、填壕車、搭天車、鉤撞車、火車（一種點火爐前進的車）；還有為開掘地道攻城用的掛搭棚、雁翅笆、皮幔，以及火鉤、火鐮、火叉、抓槍、蒺藜槍、拐槍、鳳頭斧等各種兵器。守城用的各種器械裝備，還有塞門刀車、車腳檑、穿環、木立牌、竹立牌、拐突槍、鉤竿、銼手斧等。有為防備敵人用地道攻城的「聽甕」（地聽）、風扇車，以及火攻敵軍用的飛炬、燕尾炬、鞭箭、鐵火床、游火鐵箱、引火球、猛火油櫃等。

北宋攻守城的兩種重型遠射兵器，是利用複合弓的床子弩和原始的砲。

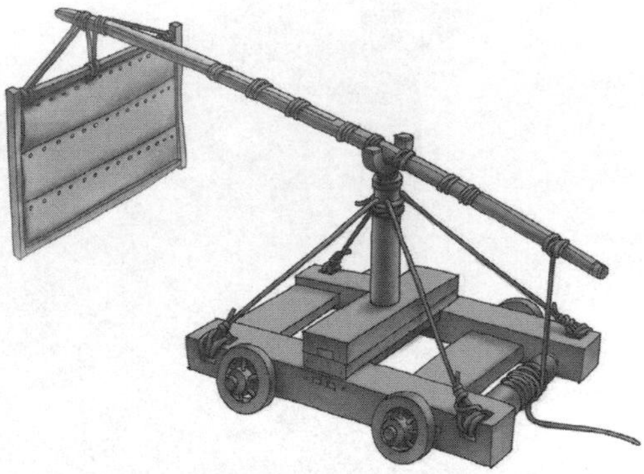

《武經總要》中的攻城用木幔復原示意圖

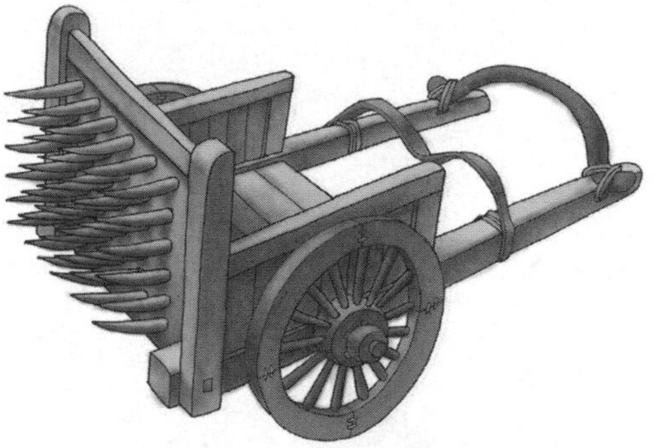

《武經總要》中的守城用塞門刀車復原示意圖

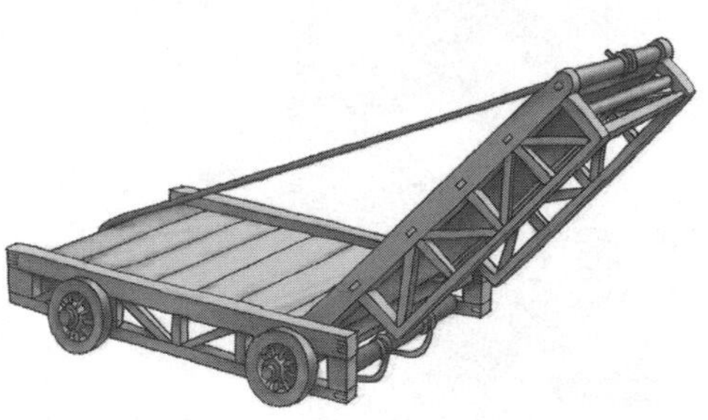

《武經總要》中的攻城用折疊橋復原示意圖

《武經總要》中還用了相當多的篇幅，記錄了有關守城和攻城用的各種重型設備，以及一些專用特殊類型的兵器裝備，這反映出當時對城的攻佔和守禦，在戰爭中是很重要的事情。中國古代有關的軍事著作中，講到守城的最早作品，大約是《墨子・城守篇》，以後唐代的一些著作，如《太白陰經》、《通典》裡，也有關於攻城的兵器裝備的紀錄，但是其規模和記載詳盡程度均無法與《武經總要》相比。這很可能是隨著北宋社會經濟的發展，城市的地位日趨重要之故。另一方面，工程技術的進展，為構築牢固的城防工事提供了條件，面對著堅固的城池和日益完備的守禦裝備，也就促使攻守城的裝備相應地發展和改進著，這些情況都在《武經總要》中反映出來。

新疆克孜爾尕哈漢烽燧遺址

第十六講

床弩和砲——中國古代重型兵器

在漢魏以後的戰場上，為了攻堅高大的城堡和殺傷集群的敵兵，一些重型兵器應運而生，如藉助絞車等機械裝置張弦發射的強大床弩（西方軍事家或稱為「弩炮」），還有利用槓桿原理拋擲巨石的發石機——砲（礮）。它們在攻城和守城的戰鬥中發揮了巨大的威力，是中國古戰場上首要的重型裝備。

在唐初平定群雄的戰爭中，李世民統軍圍攻王世充佔據的洛陽城，戰場上曾出現過一種名為「八弓弩」的床弩；到北宋時期，有綜合了兩三張弩弓合力的重型強弩，它們都安裝在下有四足的巨大弩床上，用安在弩床後部的絞車張弦，最少七八人乃至數十人的合力才能絞動絞車，有時甚至需用畜力絞張。機牙扣住弩弦以後，戰士已無法用手力扳發，需持大錘猛力擊發。

隨著拋石機在戰爭中較多地應用，魏晉時期出現了關於拋石機名稱的新字「砲」和「礮」。到北宋末年，砲在宋金戰爭中曾被大量用於攻城的戰鬥中。它可以拋射傳統的巨大石砲彈，也可拋射新型的以火藥製作的火毬、霹靂炮等，表明發石機砲的發展在元代達到頂峰。

單兵使用的遠射兵器，不論是弓還是比弓力更強一些的弩，都是靠一個人的體力來發射的，用以消滅敵方的士兵，或是對付騎士及戰車兵，都具有殺傷的功效。但是無法摧毀設防的城堡，或是給集群進攻的敵軍以有效的打擊。隨著戰爭規模的日趨擴大，攻城和守城的戰鬥日益增多，這就呼喚重型投射兵器的出現，應運而生的就是藉助絞車等機械裝置張弦發射的強大床弩（西方軍事家或稱為「弩炮」），還有利用槓桿原理拋擲巨石的發石機——砲（礮）。它們在攻城和守城的戰鬥中，都能發揮巨大的威力，是中國古戰場上首要的重型裝備。有關這兩種重型投擲兵器用於戰鬥的實際戰例，都發生在漢魏以後，但它們的名稱出現於古代文獻中的時間，則可上溯到先秦時期。

一、萬鈞神弩

正如本書第七講所述，自弓發展而來的弩，早在先秦時期的戰爭中即發揮了很大作用，到了西晉皇帝的大駕鹵簿中，又出現了一種威力巨大的強弩，稱為「神弩」。《晉書・輿服志》記載：「自豹尾車後而鹵簿盡矣。但以神弩二十張夾道，至後部鼓吹，其五張神弩置一將，左右各二將。」

東晉南朝時期，軍隊中裝備有「神弩」、「萬鈞神弩」等名號的強弩，並用於實戰。東晉末年，劉裕率軍與盧循軍相拒，屯兵石頭，盧循「遣十餘艦來拔石頭柵，公（劉裕）命神弩射之，發輒摧陷，循乃止不復攻柵」。說明神弩的威力強大。又記當時「軍中多萬鈞神弩，所至莫不摧陷」。稱為「萬鈞」，當係誇張之詞，但也說明弩力極強。南齊時，魚復侯蕭子響叛亂，「令二千人從靈溪西渡，克明旦與臺軍對陣南岸。子響自與百餘人袍騎，將萬鈞弩三四張，宿江堤上。明日，凶黨與臺軍戰，子響於堤上放弩，亡命王充天等蒙楯陵城，臺軍大敗。」也可以看出這種強弩的威力。

在今天南京的秦淮河裡，還曾經發現過五件南朝時期的銅質弩機，形態和當時通用的弩機一樣，具有外郭、懸刀、牛、樞、望山和牙，但是尺寸要大得多，機郭長達三十九公分，懸刀全長近二十公分。如按漢代弩機與弩臂的比例推算，安裝這種大型弩機的木弩臂，其長度至少在一百八十至兩百二十六公分左右。而所用的弩弓，則應長約四百三十至五百四十公分。這樣巨大的弩，靠一個人的力氣是不可能發射的，應該是安裝在床子上，靠用絞車等辦法才能張開。稱其為「神弩」，看來並不為過，它應是後來唐宋時流行的多弓床弩的前身。

江蘇南京出土的南朝特大型銅弩機

在北方，原以游牧為業的民族，長於騎射，更重弓矢。但北朝時期軍中也裝備有類似「神弩」的強弩，北魏源賀曾上言孝文帝，建議在漠南築城置軍屯戍守備，「二鎮之間築城，城置萬人，給強弩十二床……。弩一床，給牛六頭」。這種床弩每床須配牛六頭，可能就是要以牛力張弦的強弩。萬人的軍隊只配屬十二床，亦見當時這種床弩是軍中稀少的重型裝備。

二、床弩溯源

威力巨大的神弩——床弩，雖然直到南北朝時期才有應用於具體戰鬥的實例，但是它出現的時間，或者說關於這類「連弩之車」的先進設計思想，早在先秦時期就已經產生。《墨子‧備高臨》中，墨子向禽子傳授守城時備高臨的器械時，講了一種「連弩之車」，由於原文有錯簡抄誤缺字等，所以這段文字很難讀懂，原文如下：

備臨以連弩之車，材大方一方一尺，長稱城之薄厚。兩軸三輪，輪居筐中，重下上筐。左右旁二植，左右有衡植，衡植左右皆圜內，內徑四寸。左右縛弩皆於植，以弦鉤弦，至於大弦。弩臂前後與筐齊，筐高八尺，弩軸去下筐三尺五寸。連弩機郭同銅，一石三十鈞。引弦鹿長奴。筐大三圍半，左右有鉤距，方三寸，輪厚尺二寸，鉤距臂博尺四寸，厚七寸，長六尺。橫臂齊筐外，蚤尺五寸，有距，博六寸，厚三寸，長如筐，有儀，有詘勝，可上下。為武重一石以材大圍五寸。矢長十尺，以繩系箭矢端，如如戈射，以磿鹿卷收。矢高弩臂三尺，用弩無數，出人六十枚，用小矢無留。十人主此車。

從中大致可以瞭解，這是一種需要十個人來發射的威力巨大的床弩，弩臂兩端須一尺見方，長度等同於城牆的厚度。用轆轤轉動張弦。

弩機用銅製作，需用銅一石三十斤，說明弩機相當大，並有可上下調節瞄準用的望山。所用的弩箭長達十尺，用繩繫連，發射後可捲動轆轤回收。也可以發射較小的弩箭，那樣發射後就可以不必回收了。《墨子》中記述的這種守城用的「連弩之車」，並沒有在戰爭中實際使用過的文獻紀錄，很可能只是一種未曾實用的超前的設計。同時《墨子》中的城守諸篇，也有學者認為其成書時間甚晚，或遲至漢代。不過在史書中，至遲在秦朝時已出現有關於「連弩」的記載。

史載秦始皇當年北至琅邪，夢與海神戰，占夢時，博士說：「水神不可見，以大魚蛟龍為候。」有此惡神，當除去。於是秦始皇一方面令人帶捕巨魚具入海，另一方面自己帶人在海邊設「連弩」，候大魚出射之。直到之罘才射殺一大魚（或許是鯨魚）。秦始皇使用的連弩到底是什麼樣子，史書沒有記述。如聯繫《墨子》所記「連弩之車」，或許就是一種威力較大的床弩，發射用繩繫連的大型弩箭，射中大魚後可用轆轤回收弩箭而將大魚捕獲上岸。

三、唐代車弩

繼南北朝時期，強大的床弩在水上和陸地戰鬥中不斷發揮威力，隋唐時期的戰場上也可看到它的身影，特別是使用於攻城的戰鬥中。在唐初平定群雄的戰爭中，李世民統軍圍攻王世充佔據的洛陽城，戰場上曾出現過一種名為「八弓弩」的床弩，射出的「箭如車輻，鏃如巨斧，射五百步」。但其具體形制不明，後人曾解釋說是「八弓共一桊，如古連弩」。如何將八張弓結合在一起？無法讓人弄清楚，因為到床弩技術更成熟的北宋時期，床弩最多也只能將三張弓結合在一起。

唐代文獻中把床弩的結構講得清清楚楚的，是杜佑《通典》中敘述的「車弩」，《太平御覽》認為它係《通典》錄於《衛公兵法．攻城戰具篇》：

作軸轉車，車上定十二石弩弓，以鐵鉤繩連，車行軸轉，引弩弓持滿弦牙上。弩為七衢。中衢大箭一，鏃刃長七寸、廣五寸，箭簳長三尺、圍五寸，以鐵葉為羽。左右各三箭，次小於中箭。其牙一發，諸箭齊起，及七百步。所中城壘，無不摧隕，樓櫓亦顛墜。謂之車弩。

大致與杜佑同時的李筌，在所著《太白陰經．攻城具篇》中，同樣列有車弩，文字基本相同，或許說明在八世紀時這種車弩曾在軍中使用過。

同時在《通典》中所錄的守城具有木弩：

木弩，以黃連桑柘為弩，弓長一丈二尺，徑七寸，兩弰三寸。絞車張之，大矢自副一發，聲如雷吼，敗隊之卒。

這種木弩，也是以絞車張發的床弩，只是它不是用於攻城而是用於守城，用以打擊攻城的敵軍，或用於摧毀來襲敵軍的攻城器械。

四、北宋的床弩

到北宋時期，綜合了兩三張弩弓合力的重型強弩，發展到它歷史上最盛的時期。它們都安裝在下有四足的巨大弩床上，分別由兩三張弩弓組合在一起，用安在弩床後部的絞車張弦，最少需用五到七個人的合力才能絞動絞車，多的需幾十人，甚至需用畜力絞張。由於力強，機牙扣住弩弦以後，戰士已無法用手力扳發，需持大錘猛力擊發。

《武經總要》可以說是中國古代第一部由中央政府編修的帶有「百科全書」性質的軍事著作，是宋仁宗為防止武備鬆懈，將帥「鮮古今之學」，不知古今戰法及兵法，命天章閣待制曾公亮、工部侍郎參知政事丁度等編纂此書。曾公亮等以五年的時間，於慶曆四年（一〇四四年）完成，仁宗親

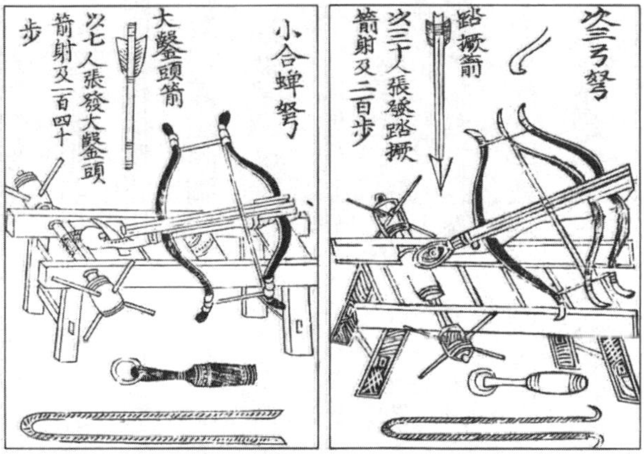

《武經總要》中的小合蟬弩和次三弓弩

自核定後，並為《武經總要》作序。該書分為前、後兩集，每集二十卷。其中前集的二十卷中詳述北宋當時的軍事制度，包括選將用兵、教育訓練、部隊編成、行軍宿營、陣法陣圖、通信偵察、城制攻防、火攻水戰、兵器裝備、軍事地理等等。後集輯錄歷代用兵故實，品評用兵得失。在前集的卷十至十三，包括〈攻城法〉、〈水攻〉、〈水戰〉、〈守城〉和〈器圖〉諸篇，詳盡記述了當時軍隊所使用的兵器和防護裝具，乃至戰船和城防工事、攻守器械，除有概要的文字敘述外，還都附有詳細的插圖。這四卷中所附的各種圖像，超過兩百五十幅以上。通過這些精緻的圖像，使人們得以形象地全面瞭解北宋的兵器和防護裝具，為研究古代兵器史提供了重要資料。

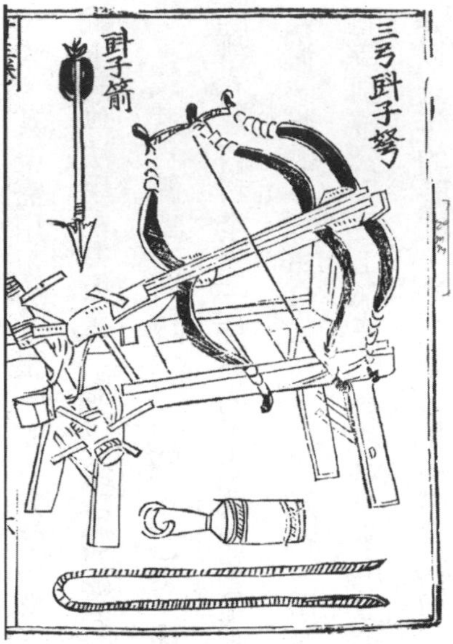

《武經總要》中的三弓㪷子弩

《武經總要》中較詳盡地記錄了北宋時期的各種床弩，並附有圖像。主要分為安有雙弓和三弓兩種。雙弓的床弩，在弩床的前後各裝一弓，又稱為「合蟬弩」。安三弓的床弩，在弩床前面安兩張弓，後面安裝一張弓，因其力強，又號「八牛弩」。一般的床弩使用大小鑿頭箭，強力的三弓床弩又用威力更大木桿鐵羽的「一槍三劍箭」。還可在弦上繫鐵㪷，㪷內放幾十枝箭，一次發射，斗內的幾十枝箭一齊射出，似烏鴉紛飛，所以叫「㪷子箭」，又叫「寒鴉箭」。如果在箭上綁上火藥筒，也可作為火藥火箭使用。同時三弓床弩發射的一槍三劍箭等威力強大的弩箭，又可射入城牆特別是夯土城牆內，士兵可以踏著露出的箭桿登上城頭，故又名「踏橛箭」。

《武經總要》記錄了四種雙弓床弩和四種三弓床弩，其性能和所需射手人數等表列如下：

雙弓床弩

斗子弩　張發人數四人　小鑿頭箭　射程一百五十步

小合蟬弩　張發人數七人　大鑿頭箭　射程一百四十步

大合蟬弩　張發人數七人　鐵羽大鑿頭箭　射程一百五十步

三弓床弩

三弓斗子弩　？　斗子箭　射程二百步

手射弩　張發人數二十人　踏橛箭　射程二百五十步

次三弓弩　張發人數三十人　踏橛箭　射程二百步

三弓弩　張發人數七十人　一槍三劍箭　射程三百步

由以上四種雙弓床弩和四種三弓床弩相比較，可知雙弓床弩發射時需戰士四至七人，發射大、小鑿頭箭，射程一百四十至一百五十步。三弓床弩的射程比雙弓床弩大三分之一至一倍，使用威力更大的踏橛箭或一槍三劍箭，摧毀設防堡壘的威力更強，是攻城的利器，但所需戰士的數量也更多，超過雙弓床弩所需戰士五倍至十倍。

形體笨重、發射遲緩的重型床弩，不利於野戰運動，只能用於陣地相對固定的攻、守城使用。但是床弩雖然用於攻城具有相當威力，發射的踏橛箭、一槍三箭劍雖可摧毀樓櫓或讓戰士踏橛登城，但難以摧毀厚厚的夯土城牆，更不用說攻擊牢固的磚城了。因此在攻守城的戰鬥中，還需要有比它威力更大的另一種重型投射兵器，那就是拋石機——砲（礮）。

五、魏武霹靂車

在中國古代的著名戰爭中，明確記錄有使用拋石機——砲（礮）的最早實例，是發生於東漢獻帝建安五年（二〇〇年）的曹袁「官渡之戰」。當時曹操在誅袁紹騎將文醜後，還軍官渡。袁紹的大軍隨即抵達，連營東西數十里，曹操只得分營與之相當，但合戰不利，退守營壁。袁軍進臨官渡，進攻曹營，「紹為高櫓，起土山」，形成控制曹營的制高點。袁軍居高臨下，隨意俯射曹營中，使得曹操的將士在自己營中走動，都暴露在敵軍弓箭射程之中，毫無安全可言，必須蒙在大楯下方能行動，恐慌情緒蔓延軍中，士氣受到極大影響。曹操為了挽回頹勢，就製造了「發石車」，拋射巨石，將袁紹樹立的高大樓櫓一一摧毀，變被動為主動。由於發石車威力巨大，「紹眾號曰霹靂車」。

談到曹操所製發石車的源頭時，《魏氏春秋》說是曹操「以古有矢石，又《傳》言『旝動而鼓』，《說文》曰『旝，發石也』，於是造發石車」。

六、旝動而鼓

「旝動而鼓」的典故，見於《左傳》桓公五年（前七〇八年），當時周王率蔡、衛、陳等諸侯的軍隊攻打鄭國，在繻葛地方兩軍交戰。鄭伯命令二拒（指左拒、右拒，即位於中軍左、右兩翼的軍隊）「旝動而鼓」，也就是說一看到中軍處的旝動了，就擊鼓出擊。東漢許慎《說文》，將「旝」字解為「建大木，置石其上，發為機，以追敵也」。「《春秋傳》曰：會旝動而鼓。《詩》曰：其旝如林。」因此後人常常相信許慎的解釋，認為在春秋初期中國古代的車戰中就已經使用發石機。

但是歷史上專門注疏《左傳》的學者，並不採用許慎的解釋。近世奉為經典的晉杜預注、唐孔穎達疏的《春秋左傳正義》即不採許慎說，杜注：「旝，旃也。通帛為之。蓋今大將之麾也，執以為號令。」孔疏更指出《說文》將「旝」字「載㫃之部，而以飛石解之為不類矣。」

故此一九八一年中華書局出版的楊伯峻的

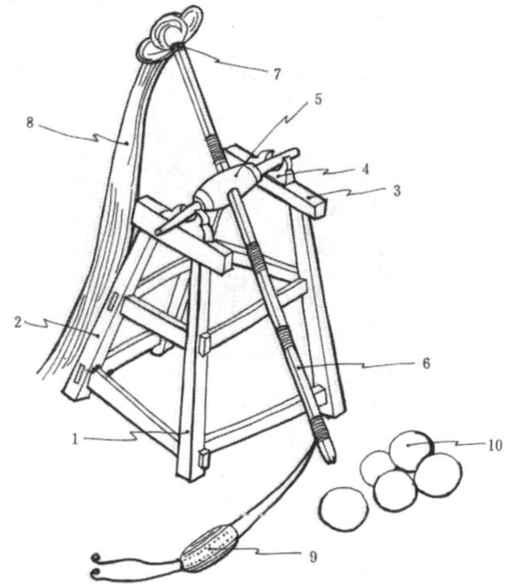

砲各部位名稱（1.前腳柱 2.後腳柱 3.頭木 4.鹿耳 5.軸 6.梢 7.扎索 8.拽索 9.皮窩 10.石彈）

《春秋左傳注》，也不採許說，注明旝為大將所用軍旗，執以號令者也。又引段玉裁《說文注》云：「飛石起於范蠡《兵法》，在《左傳》云『親受矢石』，恐尚非飛石。」由此看來，說發石機出現於春秋初期並不可靠。那是否始於春秋晚期的范蠡《兵法》?可惜今日范蠡《兵法》一書已佚，只在《漢書・甘延壽傳》注中留有關於「飛石」的佚文：「飛石重十二斤，為機發，行二百步。」此外，也有人認為《墨子・備城門》所述說的「籍車」就是拋石機。以上說法目前還沒有得到實證，但總可以表明中國古代製造拋石機的歷史，早在曹操以前，但目前所知用於實戰的戰例，最早的還是曹袁的「官渡之戰」。

七、發砲若雷

官渡之戰以後，曹魏時有關在戰鬥中使用拋石機的戰例，還有甘露三年（二五八年）魏軍圍諸葛誕，誕軍欲決圍而出，「圍上諸軍，臨高以發石車、火箭逆燒破其攻具，弩矢及石雨下，死傷者蔽地，血流盈塹」。充分發揮了拋石機的威力。

隨著拋石機在戰爭中較多的應用，在魏晉時期開始出現了關於拋石機名稱的新字「砲」和「礮」。「砲」字首見於魏明帝曹叡作詞的〈善哉行我徂〉：「發砲若雷，吐氣成雨。」「礮」字見於晉潘安仁（岳）〈閒居賦〉：「礮石雷駭，激矢蝱飛。」此後，發石機一般就被稱為砲或礮，直到今天傳統的中國象棋中，常常將紅黑兩方的棋子分別寫為「砲」和「礮」。

從南北朝到隋唐，拋石機不斷用於攻城戰，且規模日大。隋大業十三年（六一七年），瓦崗軍攻洛陽城，曾造「雲旝三百具，以機發石，為攻城械，號將軍礮」。後來李世民於六一二年攻打王世充把守的洛陽城時，「大礮飛石重五十斤，擲二百步」。

在《通典》所錄攻城戰具中有「拋車」，較具體地記明唐代拋石機的結構和用法：

以大木為床，下安四獨輪。上建雙陛，陛間橫檢，中立獨竿，首如桔槔狀。其竿高下長短大小以城為準。首以窠盛石，大小多少隨竿力所制。人挽其端而投之。其車推轉，逐便而用之。亦可埋腳著地，逐便而用。其旋風四腳，亦可隨事而用。謂之拋車。

說明這是一種可隨時移動的砲車，也可將獨竿固定土地上，旋轉拋射，如後來宋代的旋風砲，是較有威力的攻城具。

八、《武經總要》中記錄的砲

到了北宋時期，砲有了很大發展，品種日多，威力增大，在《武經總要》中記錄有八種砲，並有附圖，可以看清它的具體結構。基本上砲是利用槓桿的原理，在大木結構的四足床狀砲架上，橫置可轉動的軸，將梢裝在軸上，梢前端用繩索連著一個兜裝石彈的皮窩，末端繫有幾十根拽索。發射前砲梢斜置軸上，前端著地，末端高高翹昂在空中，當石彈安置在皮窩中以後，由幾十個戰士各執拽索猛然齊力下拽，使梢桿一下子反轉上彈，於是將皮窩內的石彈拋射出去。拋射出的石彈呈拋物線狀的軌跡前進，擊至敵陣。中國象棋中的砲在著子時可以縱橫行走，但是吃子時又必須中隔他棋越取敵子，正是中國古代砲石呈拋物線投射特徵的真實反映。

現將《武經總要》中記錄的八種砲其有關數據表列於下。

名稱	梢架腳柱長	砲梢		拽索數	發砲所需士兵數		砲石重	射程
	（尺）	數量	長（尺）		拽索人	定放人	（斤）	（步）
手砲	—	1	8	無	無	2	0.5	50+
單梢砲（一）	18、16	1	25	40	40	1	2	50+
單梢砲（二）	10	1	26	45	40	1	2	50+
旋風砲	17	1	18	40	50	1	3	50+
虎蹲砲	18、16	1	25	40	70	1	12	50+
雙梢砲	20	2	26	50	100	1	25	60+
五梢砲	10.2	3	10.5	80	157	2	70－80	50+
七梢砲	21	4	28	125	250	2	90－100	50+

注：射程欄「50+」表示超過五十步之意。

綜觀上表，砲架越高，砲梢數量越多、尺寸越長，則砲的威力越大，因之所需拽索越多、所需兵員數量也越多。

除了以上八種砲外，在《武經總要》中還有一類是旋風砲，有獨腳旋風砲、旋風五砲和旋風車砲，它們共同的特點是，將砲梢安置在可以轉動的粗大支柱上，支柱插置於砲架或車上，它可以旋轉，因此不必移動砲架或砲車的朝向，只轉動支柱，即可隨時朝四周發射，使砲彈像旋風一樣旋轉打擊敵人。旋風五砲更是將五座旋風砲並排安在同一砲架上，形成集群，可以集中火力同時發射。此外，《武經總要》中繪出圖像的還有砲車、拄腹砲、臥車砲、車行砲、合砲和火砲等。書中並總結說：「凡砲，軍中之利器也，攻守師行皆用之。守宜重，行宜輕，故旋風、單梢、虎蹲師行即用之，守則皆可設也。」至於火砲，就是用砲投擲裝有火藥的彈，主要起燃燒作用，有關火藥配方等問題，將在第十九講詳述。

九、《守城錄》中記錄的發砲新法

到北宋末年，在宋金戰爭中曾被大量用於攻城和守城的戰鬥中。靖康元年（一一二六年）宋軍堅守開封時，曾大量使用拋石機——砲，阻金兵攻城。到南宋初時，各地抗禦金兵攻城，拋石機——砲，也一直都是重要的守城器械。同時也總結出許多用守城的有效新戰術，主要反映在陳規所著《守城錄》一書中。

陳規依據他率軍先後固守德安（今湖北安陸）、順昌（今安徽阜陽）的經驗，總結了製砲和在守城時有效發揮砲的威力的經

《武經總要》中的單梢砲

《武經總要》中的七梢砲

驗。針對通常守城時多將砲安放在城牆上面，不但因城牆寬度有限，無法保障體量大的砲有充分的發射空間，而且砲暴露在城牆上頭，極易遭敵人的砲石攻擊而被摧毀。因此他指出應該利用砲彈拋射的軌跡呈拋物線行進的特點，守城時不應將砲安放城頭，而要安放在城牆後地面上，處於城外敵人難以觀察的隱蔽位置，「砲不可安在城上，只於城裡量遠近安頓，城外不可得見。可以取的，每砲於城立一人專照斜直遠近，令砲手定放。小偏則移定砲人腳，太偏則移動砲架，太遠則減拽砲人，太近則添拽砲人。三兩砲間便可中物」。這種利用觀測者指引的間接射擊方法，表現出高度的指揮藝術。同時，他還著重平時對砲手進行發射訓練，對城外敵人可能發動進攻時集結兵力的地點等處，進行拋射演習，以備敵人來襲時，能迅速準確地打擊敵人。

十、襄陽砲

與宋代軍中大量使用拋石機相比較，在當時的北方和西北方，先後出現了由古代少數民族建立的政權，不論是契丹族建立的遼、党項族建立的西夏，還是後來由女真族建立的金，軍隊中也都裝備有拋石機——砲，多用於攻城。遼並且組建有砲手軍，稱為「砲手軍詳穩司」，專掌「飛砲之事」。金軍在攻城戰中曾大量使用拋石機，在攻太原時「先列砲三十座，凡舉一砲，聽鼓聲齊發。砲石入城者，大於斗，樓櫓中砲，無不壞者」。在攻宋東京（開封）時，也使用了上百座砲，向城上守軍拋射石彈和火毬，宋軍「斃於砲者，日不下數十人」。據陳規《守城錄》中記述，當時「金

《武經總要》中的旋風砲

《武經總要》中的車行砲

人廣列壘石砲座，尋碑石、磨盤石、羊虎為砲，欲攻之。所列砲座百餘，飛石如雨，擊守城之卒，死傷日不下一二十人」。

當蒙古族崛起以後，軍中更重視拋石機——砲的使用。並組建有專門的砲手軍，鐵木真時首任砲手達魯花赤是唵木海，他死後兒子忒木台兒又任砲手總管，以後其孫忽都答兒任砲手萬戶，可算是當時砲手軍世家。元朝建立後，各路大軍都有砲手。同時還從西域招來砲手，並引進新型的以配重物拋發的大砲。據《元史・阿老瓦丁傳》，至元八年（一二七一年）「世祖遣使徵砲匠于宗王阿不哥，王以阿老瓦丁、亦思馬因應詔，二人舉家馳驛至京師，給以官舍，首造大砲豎于五門前」。至元十年（一二七三年），元軍攻襄陽，「伊斯瑪因相地勢，置砲於城東南隅，重一百五十斤，

隔城牆發砲復原示意圖，城牆上的戰士司職觀測

機發，聲震天地，所擊無不摧陷，入地七尺。宋安撫呂文煥懼，以城降。」亦思馬因以功被命為「回回砲手總管」，所用大砲被稱為「回回砲」，也稱「襄陽砲」。至元十一年（一二七四年），亦思馬因病死，他的兒子布伯繼任回回砲手總管。元兵渡長江時，「宋兵陳於南岸，擁舟師迎戰，布伯於北岸豎砲以擊之，舟悉沉沒」。能隔江以砲石擊沉敵船，足見襄陽砲之威力。

襄陽砲（回回砲）雖然也是用槓桿原理拋射的拋石機，但是與傳統的靠人力拉拽使砲梢翻轉拋射不同，而是採用新的重力下墜方式翻轉砲梢拋射。據近人復原研究，它是採用類似虎蹲砲的三角形木床架，在砲梢後尾設一石質或金屬重物，先將砲梢壓下，讓懸重物的梢尾上翹，再將其用巨鉤鉤於砲架上，再在垂至地面的砲梢前端所繫彈窩內，放置重量較梢尾重物輕的石彈，一般重物要超過彈重數倍，這樣在鬆開鉤砲梢的巨鉤，於是梢尾重物猛然下墜，使砲梢翻轉，將石彈拋擲向預定目標。與使用幾十人拽索拋射的傳統拋石機相比，其瞬時性、方向性、突發性更佳，因而拋射距離和摧毀力都可大大提高。所以在攻打襄陽城時發揮出超過傳統拋石機的巨大威力。

襄陽砲裝備元朝軍隊，它可以拋射傳統的巨大石砲彈，也可拋射新型的以火藥製作的火毬、霹靂砲等，表明拋石機砲的發展在元代達到頂峰。也正是這一時期，管形射擊火器開始登上戰爭舞臺，特別是在元末，金屬管形射擊火器——銅火銃已經出現，預示著笨重的拋石機必將退出，所以到明清時期，戰場上再也看不到拋石機——砲的身影，只有人們茶餘飯後消遣時光，對局中國象棋時，才能在雙方的棋子上看到它的名字——「砲」和「礮」。

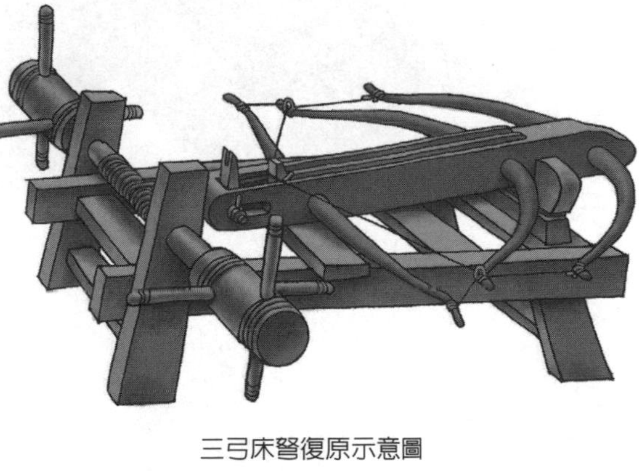

三弓床弩復原示意圖

第十七講

兵符與鼓吹——中國古代軍旅文物

兵符，是古代朝廷用以傳達命令、調兵遣將的憑證，一般用竹木或金屬製成，上書文字，剖分為二，各執其一，使用時以兩片相合為驗。因古代兵符一般做成老虎伏臥的造型，故名虎符。一符兩半，發兵時持留於王處的半符為信，與在外領兵主將手中的半符完全相合，稱為「合符」，主將方可發兵。

考古發掘已有多件虎符文物出土。先秦時期的虎符，最精緻的是一九七三年陝西西安郊區發現的秦國杜虎符；一九五五年曾在內蒙古呼和浩特美岱召北魏墓出土有虎符，為完整的兩半合成整符，形作伏虎狀，前胸左右各刻「河內太守」銘文，腹下分刻「銅虎符左」和「銅虎符右」銘文，背銘「皇帝與河內太守銅虎符第三」。

兩漢魏晉時期的軍樂隊稱為「鼓吹」，主要包括兩類樂器：「鼓」——打擊樂器；「吹」——吹奏樂器。鼓吹樂的興起，正當騎兵在中國開始盛行的西漢時期，它最早就是以馬上樂隊的形式出現的。所用樂器，包括鼓、鐃、簫、笳四種，並且有歌唱相伴隨。西晉以後，匈奴、鮮卑等少數民族相繼進入中原，在他們以騎兵為主力的部隊中，使用的軍樂主要是所謂的「胡角」橫吹。

一、從「如姬盜符」說兵符

《史記・魏公子列傳》中，記述了一個「如姬盜符」的故事，說的是戰國末年，秦國大軍圍攻趙國都城邯鄲，趙王向魏王請求救兵，魏王先已經答應了，派將軍晉鄙率十萬軍隊前去救援。秦王得知後，遣使者去威脅魏王說，如果魏敢去救趙，則秦滅趙後就去攻魏。魏王害怕，便命晉鄙援軍停止前進，留在鄴地作壁上觀。趙王弟平原君的夫人是魏公子信陵君姊，她幾度送信給信陵君，請求設法說服魏王發兵相救。信陵君勸說魏王無果，便用侯生計謀，請魏王寵愛的如姬設法（因信陵君有恩於如姬），如姬果然大膽，從魏王寢臥處盜得兵符，信陵君持兵符去見晉鄙，奪得十萬大軍，終於解邯鄲之圍。

這個故事中的一個關鍵物件，就是我們要講的兵符。符，也稱符節、符傳、兵符，是古代朝廷用以傳達命令，調兵遣將的憑證。一般用竹木或金屬製成，上書文字，剖分為二，各執其一，使用時以兩片相合為驗。因古代兵符一般做成老虎伏臥的造型，故名虎符。一符兩半，發兵時持留於王處的半符為信，與在外領兵主將手中的半符完全相合，稱為「合符」，主將方可發兵。

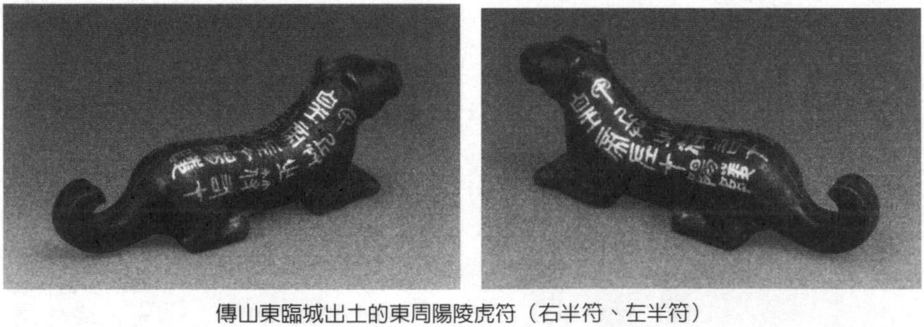

傳山東臨城出土的東周陽陵虎符（右半符、左半符）

考古發掘已有多件虎符文物出土。先秦時期的虎符，最精緻的是一九七三年陝西西安郊區發現的秦國杜虎符，虎作行走姿態，伸頸昂首，長尾捲翹，體長九・五公分，背面有用於合符的槽。虎體有錯金銘文九行共四十字：「兵甲之符，右才（在）君，左才（在）杜。凡興士披甲，用兵五十人以上，必會君符，乃敢行之。燔燧之事，雖母（毋）會符，行殹（也）。」據考證，秦代稱「君」者，只惠文君一人，他於即位十四年後更元為王，因此該符之鑄造，當在惠文君元年至十三年間（西元前三三七至西元前三二五年）。銘文字體絕大部份是小篆，錯金技藝精湛，至今金光閃熠，宛如新製。

此後，各代沿用虎符為兵符，一九五五年曾在內蒙古呼和浩特美岱召北魏墓出土有北魏時虎符，為完整的兩半合成整符，形作伏虎狀，前胸左右各刻「河內太守」銘文，腹下分刻「銅虎符左」和「銅虎符右」銘文，背銘「皇帝與河內太守銅虎符第三」，一行文字中剖為二，只有合符才能通讀。這件北魏銅虎符，虎不僅四肢伏臥，且頭部過大，造型遠不如西安發現的先秦虎符英俊生動；刻文亦拙稚，不如秦杜虎符錯金銘文精美。至於虎形銅節，以二十世紀八〇年代初在廣州象崗山西漢南越王墓出土的虎節最為精美，它被包裹於絲絹內，放置在墓內西耳室中部南牆根下。節外貌鑄成蹲踞的猛虎，張口露齒，弓腰捲尾，虎體主斑鑿在鑄出的彎葉形淺凹槽內貼以金箔片，呈現出斑斕的虎皮形貌，華美生動，器長十九公分。虎節正面有錯金銘文，為「王命＝（命）車徒」五字。從紋飾、文字等方面看，與楚文化似有淵源關係。

二、漢魏六朝的軍樂——「鼓吹」

東漢建安二十年（二一五年），孫權攻合肥未下，撤軍還吳。大軍已去，孫權與甘寧等將領還留在逍遙津北，身邊只有車下虎士千餘人。這時突遭魏將張遼大軍突襲，雙方兵力眾寡懸殊。幸虧甘寧、凌統等將領拚死力戰，孫權才得以「乘駿馬越津橋而去」。吳將甘寧在這次戰鬥中面對優勢的敵軍，「引弓射敵，與統等死戰。寧厲聲問鼓吹何以不作，壯氣毅然，權尤嘉之」。（《三國志・吳書・甘寧傳》）「鼓吹」就是當時的軍樂隊，兩軍搏鬥時軍樂隊要在陣中演奏，鼓舞士氣。將士交鋒後得勝還營時，軍樂隊更要高奏勝利樂曲。仍舉甘寧的事跡為例，西元二一三年他曾率帳下健兒百餘人，夜劫四十萬曹兵的大營，使「北軍驚駭鼓噪，舉火如星」，這時「寧已還入營，作鼓吹，稱萬歲」（同上書引《江表傳》）。由此可知，當時部隊中都配置軍樂隊。

兩漢魏晉時期的軍樂隊稱為「鼓吹」，從名稱就可以看出它的組成包括兩類樂器：「鼓」——打擊樂器；「吹」——吹奏樂器。這裡

東晉永元十三年前燕冬壽墓壁畫中的鼓吹圖像

東晉永元十三年前燕冬壽墓壁畫中的鼓吹局部圖像

陝西西安出土的東周秦杜虎符

的「鼓」，是專為演奏的樂器，與軍隊作戰指揮工具的金鼓是有區別的，它們在部隊行軍陣列中的位置也不同。東晉永和十三年（昇平元年，三五七年）冬壽墓室的壁畫中，有一幅描繪墓主人統軍出行的圖像：部隊以身著甲胄，手執盾戟的步兵為前導，主力是重鎧的騎兵——人馬均披鎧甲的甲騎具裝，手執長柄的馬矟。在軍陣中央，是坐在牛車中執羽扇指揮的墓主人冬壽。車後簇擁著手執節幢的騎吏，車前和兩側列有手執幡、弓矢、刀盾及鉞斧的衛士。在車前執幡武士的前面，排列著二鼓一鉦，上面張有四角朱傘，鼓、鉦均用二人扛抬，另隨一人執桴敲擊。這應是軍中指揮用的金鼓。在車後騎吏的後邊，又排列著一組騎馬的樂隊，樂器包括敲擊的鼓、鐃和吹奏的簫、笳；鼓為建鼓，上豎羽葆。這就是「鼓吹」。

冬壽墓壁畫中的鼓吹是騎在馬上的，這反映了早期軍樂隊的特點。因為鼓吹樂的興起，正當騎兵在中國開始盛行的西漢時期，它最早就是以馬上樂隊的形式出現的。據說鼓吹樂是北方邊地雄豪班壹所創，「始皇之末，班壹避墜於樓煩，致馬牛羊數千群。值漢初定，與民無禁，當孝惠、高后時，以財雄邊，出入弋獵，旌旗鼓吹」。（《漢書・序傳》）可知鼓吹的形成，顯然受了當時從事游牧狩獵的北方民族的影響。《樂府詩》卷十六引劉瓛定軍禮云：「鼓吹，未知其始也，漢班臺雄朔野而有之矣。鳴笳以和簫聲，非八音也。」又引蔡邕《禮樂志》曰：「漢樂四品……其短簫鐃歌，軍樂也。」可見當時鼓吹所用樂器，包括鼓、鐃、簫、笳四種，並且有歌唱相伴隨。從出土的漢畫像中看到的騎馬的軍樂隊，也正是由這幾種樂器組成的。

一九五二年，四川成都站東鄉青槓坡三號東漢墓中，出土一方畫像磚，有鼓吹的圖像。磚闊四十六・七公分，高三十八・五公分。磚上畫兩排六騎，有五人奏樂：前排居中一騎擊建鼓，右側一騎吹排簫，後排左側一騎擊鐃，中間一騎吹笳，右側一騎吹排簫。兩年以後在成都揚子山一號墓，又出土了一方表現鼓吹圖像的畫像磚，磚近似方形，闊三十三公分，高三十八・八公分。上面也畫兩排六騎，五人奏樂，僅樂工的排列位置與前磚稍有不同：前排居中一騎擊鐃，右側一騎吹排簫；後排左側一騎敲鼓，鼓為建鼓，上豎羽葆，中間一騎擊鐃，右側一騎吹排簫。

以上二例，反映了漢代鼓吹樂隊的組成，也反映出樂隊中排簫的數量較多，其次是鐃、笳，鼓係建鼓，只有一面。演奏時以吹奏的簫、笳為主，配以敲擊的鐃、鼓。簫是中原的傳統樂器，排簫

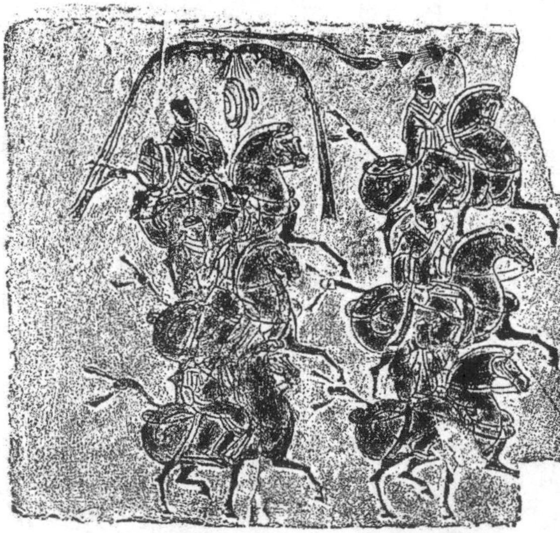

四川成都羊子山出土的漢畫像磚鼓吹圖像拓本

編竹而成，大的二十三管，小的十六管。笳則是從西北游牧民族傳入的，是一種以蘆葉捲製的直吹的管樂器。魏杜摯〈笳賦〉：「唯葭（笳）蘆之為物，諒絜勁之自然，託妙體於阿澤，歷百代而不遷。」（《藝文類聚》卷四十四）它源於「胡人卷蘆葉吹之以作樂也，故謂曰胡笳」（《太平御覽》卷五八一引晉《先蠶儀》注）。

東漢以後，歷魏晉十六國到南北朝，鼓吹樂隊的組成基本相同，仍包括上述四種樂器，而以排簫的數量最多。三國時孫權在逍遙津遭曹將張遼突襲，當時「鼓吹驚怖，不能復鳴簫唱，甘寧援刀欲斫之，於是始作之」（《太平御覽》卷五八一引《江表傳》），也正說明簫是鼓吹中最主要的樂器。冬壽墓壁畫揭示了東晉時鼓吹樂隊的圖像，樂器的組合與東漢畫像磚所表現的鼓吹樂隊是相同的。當然墓室內的畫像或壁畫，受客觀條件的限制，常常是象徵性地反映出鼓吹的組成，並不一定按真實人數繪出整個樂隊來。一部鼓吹的樂工人數各代不同，但大致在七至十六人之間。十六國後趙石虎時，據

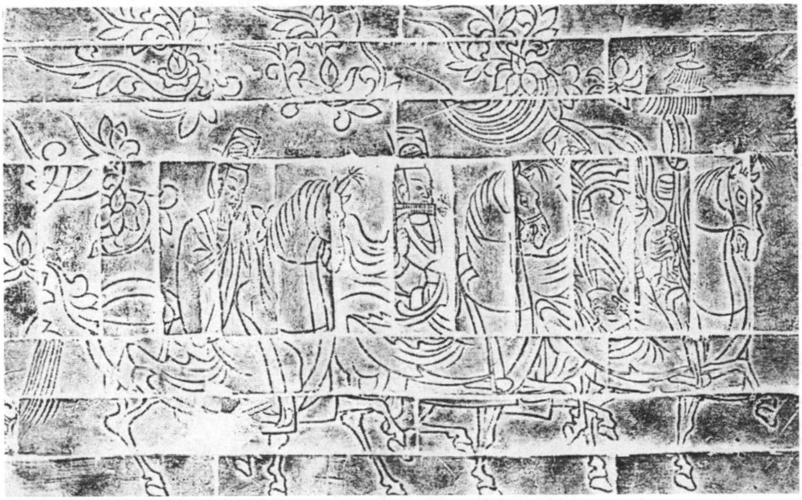

江蘇丹陽南朝墓拼鑲磚畫騎馬鼓吹圖像拓本

《鄴中記》，一部鼓吹是十二人。到南北朝末期，陳宣帝太建六年（五七四年），曾對鼓吹制度重新作出明確規定：「其制，鼓吹一部十六人，則簫十三人，笳二人，鼓一人。東宮一部，降三人，簫減二人，笳減一人。諸王一部，又降一人，減簫一。庶姓一部，又降一人，復減簫一。」（《隋書・音樂志》）從這一規定中，除了可以看出組成不同等級鼓吹的人數外，還可以看出進入南朝以後，樂器的組合有些變化，鐃逐漸失去了原有的位置，最後從樂隊中消失，敲擊的樂器只剩下建鼓。這一變化可能在南齊時已開始。考古人員曾在江蘇丹陽胡橋的仙塘灣、吳家村和建山的金家村發掘了三座南朝的大墓，墓中都有拼砌的大幅磚畫，畫上都有鼓吹的圖像。三墓的磚畫大致相同，每幅都是由三十幾塊磚組成，畫面達三千一百五十平方公分。表現的鼓吹樂隊共三騎，第一騎擊建鼓，第二騎吹排簫，第三騎吹笳。三騎樂工及三種樂器，象徵著整部鼓吹。鼓吹這種軍樂隊，一般都是騎馬的，但在曹魏時出現了步行的鼓吹。推行這種做法的是魏武帝曹操。據《太平御覽》引魏武帝令，「往者有鼓吹而使步行，為戰士愛馬也；不樂多署吏，為戰士愛糧也」。這反映了曹軍早期的艱苦情況，也顯示出曹操本人「常念增戰士忽餘事」的精神，有助於曹軍在戰鬥中不斷「以少兵敵眾」，獲取勝利。

西漢初年班壹始創鼓吹以後，被採用為軍樂，東漢時只有邊將、萬人將軍才能配有鼓吹。所以當建初八年（西元八十三年）班超赴西域時，因身非大將，僅拜為將兵長史，只能「假鼓吹幢麾」（《後漢書・班超傳》）。三國初期，配有鼓吹還是很榮耀的事情，例如東吳諸葛恪三十二歲時，孫權拜他為撫越將軍、領丹楊太守，「拜畢，命恪備威儀，作鼓吹，導引歸家」（《三國志・吳書・諸葛恪傳》），以示誇耀。稍後「魏晉世給鼓吹甚輕，牙門督將五校，悉有鼓吹」。東晉初年尤甚，安西將軍庾翼和江夏太守謝尚比射，竟以鼓吹賭賽。「翼曰：『卿若破的，當以鼓吹相賞。』尚應聲中之，翼即以其副鼓吹給之」（《宋書・樂志》）。至南朝宋、齊以後，對於鼓吹又較重視了。還應指出，鼓吹在作為軍樂的同時，也被採用於皇室儀仗和宴樂中。例如漢代有「黃門鼓吹」，魏晉以後皇帝、太子、諸王的鹵簿中都備有鼓吹，於是鼓吹成為誇示身份的工具。晉咸寧初，汝南王亮的母親伏太妃「嘗有小疾，祓於洛水。亮兄弟三人侍從，并持節鼓吹，震耀洛濱。武帝登陵雲臺望見，曰：『伏妃可謂富貴矣。』」（《晉書・汝南王亮傳》）。鼓吹足以誇耀富貴，是與軍樂無關的另一種功能。

三、胡角「橫吹」的軍樂

除了以簫鼓為主的「鼓吹」外，西漢時還出現了源於

陝西西安草廠坡十六國時期墓出土的陶騎馬橫吹俑（吹角、擊鼓）

河北磁縣灣漳北朝大墓出土的陶騎馬橫吹俑兩件

西域古樂的另一類軍樂隊——「橫吹」。晉崔豹《古今注》記：「橫吹，胡樂也。博望侯張騫入西域，傳其法於西京，唯得摩訶兜勒一曲。李延年因胡曲更進新聲二十八解，乘輿以為武樂，後漢以給邊將軍。和帝時，萬人將軍得用之。」組成這類軍樂隊的樂器，主要是鼓和角。角，源於西北游牧狩獵的古代民族，據《宋書・樂志》：「角，前世書記所不載。或云本出羌胡，吹以驚中國之馬，或云本出吳越。」《晉書・樂志》又說：「胡角者，本以應胡笳之聲，後漸用之橫吹，有雙角，即胡樂也。」因胡角橫吹，所以這類以角為主的軍樂也得此名。又因為鼓吹和橫吹都屬軍樂，所以有時也把橫吹概稱為鼓吹。至於兩者在漢魏六朝時使用上的區別，似乎是鼓吹後來進入朝堂，成為宣揚威儀的鹵簿的組成部份，而橫吹則一直用於軍樂，擁有它的都是與軍事有關的將校。

西晉以後，匈奴、鮮卑等少數民族相繼進入中

山西太原北齊婁睿墓出土的陶騎馬橫吹俑三件

原，在他們以騎兵為主力的部隊中，使用的軍樂主要是橫吹。以一九五三年在西安南郊草廠坡發掘的十六國時期墓的出土品為例，墓西側室放一組以牛車為中心的甲騎具裝俑群，伴出的有一組四件騎馬樂俑，其中兩騎吹角，另兩騎擊鼓。吹角者雙手握角，角身長而彎曲，口部上揚，即是所謂「胡角」。這正是配屬於重裝騎兵的軍樂隊——「橫吹」。一九九九年，陝西省咸陽市文林小區建築施工中發現了一批古墓，根據其中一座墓出土的前秦「建元十四年二月十二日張氏女朱杞婦」銘文磚，確認這是一處十六國時期墓地。墓中與大批甲騎具裝騎俑同時出土的，還有陶質鼓吹騎馬俑十六件。這些馬都不披甲，馬上端坐著鼓吹軍樂的騎手，有吹角者八人，擊鼓者七人，吹排簫者一人——是一支活生生的軍中橫吹樂隊。《樂府詩集》「橫吹曲辭」云：「橫吹曲，其始亦謂之鼓吹，馬上奏之，蓋軍中之樂也。」這類騎在馬上的軍樂隊，在北朝墓裡出土的俑群中也經常可以看到。洛陽北魏建義元年（五二八年）葬的元邵墓中，伴同甲騎具裝

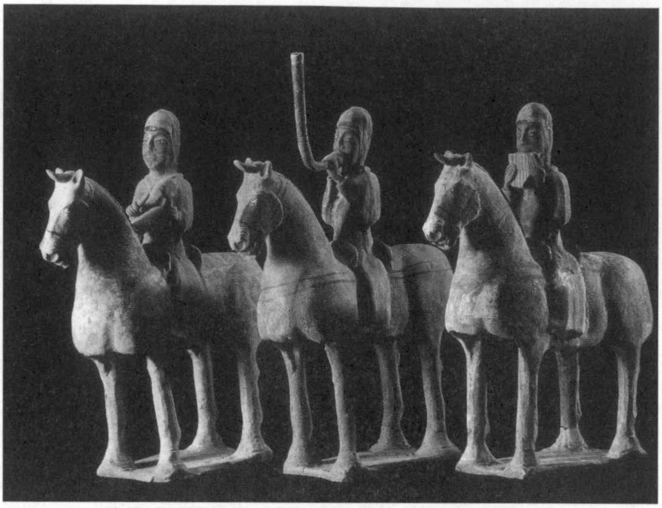
陝西咸陽平陵十六國時期墓出土的陶騎馬橫吹俑

俑出土的騎馬軍樂隊就是橫吹。樂工著袴褶，乘背鋪赤色障泥的駿馬；擊鼓者所擊的鼓不同於鼓吹樂中橫懸的建鼓，而是平置的板鼓。一九七五年在河北磁縣東槐樹村，發掘了北齊武平七年（五七六年）葬的馮翊王高潤的墳墓，墓中與甲騎具裝俑伴出的騎馬樂隊，也屬橫吹。擊鼓的樂工騎紅馬，雙手執桴，擊板鼓；吹角樂工騎白馬，雙手高擎胡角，作吹奏狀，可惜胡角均已殘失。河北磁縣灣漳大墓、山西太原婁睿墓等北齊墓中都隨葬有騎馬橫吹俑。

這一時期內，橫吹樂不僅在北方盛行，在南方同樣盛行，而且除了騎馬的樂隊外，也有徒步的。河南鄧縣彩色畫像磚墓中，墓室東壁第二柱上

河南鄧縣南朝畫像磚墓出土的橫吹畫像磚（吹角、擊鼓）

河南鄧縣南朝畫像磚

就嵌有一方徒步的橫吹畫像磚，上塑有樂工四人，戴黑帽，著袴褶，縛袴，前二人吹角，長角上昂，口端繫紅、綠二色的彩幡，彩幡隨風飄揚；後二人擊鼓，腰懸紅色板鼓，右手執桴敲擊。除了由角、鼓組成的橫吹樂外，這一時期又出現了不用打擊樂器的橫吹樂，以角為主，增添了笛、簫、笳等吹奏樂器。鄧縣彩色畫像磚墓中也有這樣的畫像磚，畫面中有五個由左向右徒步行進的樂工，從前而後順序吹奏的樂器是：橫笛一、排簫一、長角二、笳一。

到了隋代，這種以吹奏樂器組成的樂隊中，又增加了篳篥和桃皮篳篥，稱為「小橫吹」（《隋書・音樂志》），與有鼓的「大橫吹」一起，列入了皇室鹵簿之中。於是橫吹這種軍樂隊和鼓吹一樣，也成為宣揚威儀的工具了。

四、與鼓吹配合的歌曲

鼓吹和橫吹除了用於樂器演奏外，還配有歌唱。據《宋書・樂志》，漢代的鼓吹鐃歌有十八曲，是〈朱鷺〉、〈思悲翁〉、〈艾如張〉、〈上之回〉、〈翁離〉、〈戰城南〉、〈巫山

山西太原出土的北齊婁睿墓壁畫橫吹圖像（吹角）

高〉、〈上陵〉、〈將進酒〉、〈君馬黃〉、〈芳樹〉、〈有所思〉、〈雉子〉、〈聖人出〉、〈上邪〉、〈臨高台〉、〈遠如期〉、〈石留〉。

這些曲辭顯然並不是專為軍樂譜寫的，不少是採錄了當時流行的民歌，例如〈上邪〉一曲，本是指天為誓，表示愛情的堅貞和永久的情歌，把它錄入軍樂中，也許是為了安慰那些離家出征的將士，使他們相信遠在家鄉的愛人，會永遠保持著堅貞的愛情，只有「山無陵，江水為竭，冬雷震震，夏雨雪，天地合，乃敢與君絕！」至於〈戰城南〉那樣一首詛咒戰爭的歌曲如何入選為軍樂，就難以為後人弄清了。

總的來看，這種雜錄的曲辭，其內容是不合統治者要求的，所以到曹魏時期就對鼓吹曲辭進行了改造，那些民歌都被刪除了，一部份曲辭改成讚揚曹操指揮下，在歷次重大戰役中取得的功績，如〈初之平〉、〈戰滎陽〉、〈獲呂布〉、〈克官渡〉等；另一部份則是對曹魏朝廷的頌歌，例如那首〈上邪〉，改為〈太和〉，「言魏明帝繼體承統，太和改元，德澤流布」（《宋

陝西咸陽平陵十六國時期墓陶騎馬橫吹俑出土的情況

書・樂志》）。自此以後，西晉和南朝的宋、齊、梁等朝，都和曹魏一樣，根據自己的需要改寫過鼓吹曲辭。

當南方的鼓吹曲辭都成為朝廷的頌歌，失去漢代鼓吹鐃歌那種藝術的生命力的時候，在北方為另一種軍樂——橫吹配的辭卻顯示出渾厚粗獷的風格。據說漢代的橫吹曲係著名樂師李延年所作，共二十八解。但「魏晉以來，二十八解不復具存。見世用者〈黃鵠〉、〈隴頭〉、〈出關〉、〈入關〉、〈出塞〉、〈入塞〉、〈折楊柳〉、〈黃覃子〉、〈赤之陽〉、〈望行人〉十曲」（《古今注》卷中）。據《樂府解題》：「後又有〈關山月〉、〈洛陽道〉、〈長安道〉、〈梅花落〉、〈紫騮馬〉、〈驄馬〉、〈雨雪〉、〈劉生〉八曲，合十八曲。」到北朝時，伴隨著縱橫馳騁的少數民族鐵騎，橫吹辭曲也出現許多豪放粗獷的佳作，看來也是取自民歌，如〈企喻歌〉、〈琅琊王歌〉、〈紫騮馬〉、〈折楊柳〉等。這些鼓吹鐃歌和橫吹曲辭，在中國古代詩歌史上有重要的地位。在它們的影響下，唐代許多著名的詩人寫出佳作，如李白的〈戰城南〉、〈將進酒〉，杜甫的〈前出塞〉、〈後出塞〉等都是，王之渙的「黃河遠上白雲間，一片孤城萬仞山。羌笛何須怨楊柳，春風不度玉門關」，也正是一首〈出塞〉。

第十八講

直掛雲帆濟滄海——中國古代戰船

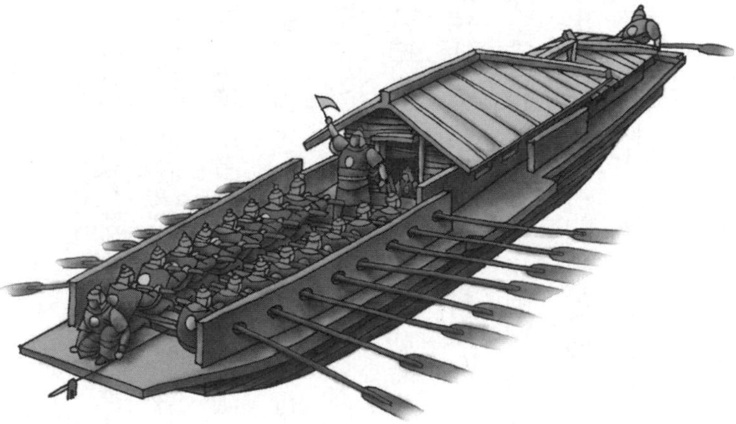

中國至遲在春秋時期，在水網縱橫的江南地區，吳越之間發生的戰爭，常常是水戰，而且已經有專為水戰而組建的水軍。在河南、四川等地戰國時期墓葬中出土的青銅器上，都發現有描繪水戰的生動而清晰的圖像。

秦王朝的軍隊編成中，已正式有了水軍，稱「樓船之士」；漢代水軍裝備的大型戰船稱「樓船」，高可達十餘丈，是水軍裝備的主力戰艦，所以水軍稱為「樓船士」或「樓船卒」，統率水軍的將領也被封為「樓船將軍」。這種大型戰船可以沿海岸遠航，曾北至朝鮮半島，南達印度支那半島。

西晉乃至唐宋，主要依靠水軍進行的戰鬥，仍主要發生於內陸江河，裝備水軍的戰船類型，仍不外樓船、艨衝、走舸、遊艇之類；兵器方面，出現了用槓桿原理可拍擊敵船的「拍竿」。到兩宋時期，更將用輪形槳的車船和拍竿結合在一起，建造出具有高速度而戰鬥力強大的戰艦。宋代海船的製造技術方面也有很大進展，出土的手持羅盤宋俑表明當時已經發明了羅盤。到明初，中國的海上戰船進行了大規模成功的遠洋航行，那就是太監鄭和統率的艦隊遠征所用的「寶船」。

一、白魚躍王舟

《史記・周本紀》中，記述了一個周武王孟津會諸侯時的傳說：「武王渡河，中流，白魚躍入王舟中，武王俯取以祭。」當時人們迷信，認為魚是「介鱗之物，兵象也」。而白色是殷商的正色，象徵殷兵眾的白魚，自投於其對手周武王所乘船上，自然是值得欣喜的吉兆。

這個故事發生於周武王即位九年時，《史記・齊太公世家》將武王孟津會諸侯的情況記述得更加具體：武王「欲修文王業，東伐以觀諸侯集否。師行，師尚父左仗黃鉞，右把白旄以誓，曰：『蒼兕蒼兕，總爾眾庶，與爾舟楫，後至者斬！』遂至盟津。諸侯不期而會者八百諸侯。」文中的「蒼兕」一詞，也有的書作「蒼雉」。東漢馬融解釋說「蒼兕，主舟楫官名」。表明至遲在殷周之交時，船舶已用於軍事用途。不過看來蒼兕只是管理船隻供軍隊渡河，當時還沒有水軍和戰船。能組織足夠多的舟船供武王大軍渡河，也說明當時內河舟船的製造和使用已達到一定水準。後來在武王十一年伐紂時，再次率大軍從孟津渡河，所率軍隊有戎車三百乘、虎賁千人、甲士四萬五千人。供這樣大規模的軍隊，包括車馬輜重橫渡黃河，被用於軍事用途的舟

浙江餘姚田螺山出土的河姆渡文化木槳

船數量應是相當可觀。

在古史傳說中，把發明造船的榮譽歸功於黃帝時的共鼓、貨狄。《世本》記曰：「共鼓、貨狄作舟。」並注：「共鼓、貨狄，黃帝二臣。」這和古史傳說中常將許多事物的發明，都歸功於黃帝或他的臣子一樣。其實中國古代先民懂得造船的時間比黃帝時更為久遠，目前所知，在田野考古發掘中獲得的有關古船的遺物，發現於新石器時代河姆渡文化的遺址中。浙江餘姚河姆渡遺址和田螺山遺址都出土有較完整的木槳，在田螺山遺址還發現有可能是河湖邊泊船的小碼頭的遺跡。表明至少在距今七千年前，居住在河網縱橫的江南水鄉的人們，已經使用槳來划船。

到了商代，造船的技術有所發展，從甲骨文中「舟」字的形態，可以推知已經不是早期「刳木為舟」的獨木舟了。但是沒有發現將舟船用於軍事的事例，直到武王伐紂時，才有了用船運載軍隊渡河的記載。至於建造作戰的戰船和組建水軍，恐怕是還要遲至東周時期的事。

二、「不龜手藥」的寓言

《莊子・逍遙遊》裡有一則寓言，比喻人們擁有同樣技術，但因為利用途徑不同，所得便有巨大的差別。那寓言講述的是，在北方的宋國，有位世代以漂洗綿絮為營生的人，掌握了一個可以在冷水中「不龜手」（能夠讓手不皸裂）的良方。一個路過的客人知道以後，提出用百金購買這個藥方。那個宋人召集家人商量，認為世代漂洗綿絮，每次所得不過數金，如果把「不龜手」藥方賣出，一下子就可以獲得百金之多，於是決定將藥方賣給來客。那個客人帶著藥方遠去南方的吳國，正趕上吳越兩國交戰，吳王命此人為將。當時正是冬天，吳越兩軍水戰，士兵的手足皮膚著水遇冷，極易「龜手」皸裂，既難使用兵器，也不方便擊棹划船，嚴重時還會產生非戰鬥減員，極大地影響水軍的戰鬥力。這次吳軍因為用了「不龜手」之藥，軍士手足健壯；而越軍卻遭遇手足皸裂的困擾，戰鬥力下降，導致戰鬥失利。因此吳軍大勝，所以吳王對那位掌握「不龜手」藥方的將軍大加封賞。

《莊子》在這則寓言的最後作結論說，雖然同樣掌握不龜手藥的配方，但是有人得以為將大得封賞，而有人幾代僅以漂洗綿絮為營生，「則所用之異也」。

這則寓言還反映了在中國古代，至遲在春秋時期，在水網縱橫的江南地區，吳越之間發生的戰爭，常常是水戰，而且已經有專為水戰而組建的水軍。

追索有關史籍，雖然缺乏有關吳越水軍的建制及水戰具體情況的紀錄，但仍能得知西元前四八五年，吳國曾經由海上進攻齊國的事實。據《史記・吳太伯世家》：「齊鮑氏弒齊悼公。吳王聞之，哭於軍門外三日，乃從海上攻齊。齊人敗吳，吳王乃引兵歸。」《春秋左傳・哀公十年》：「齊人弒悼公，赴于師。吳子三日哭於軍門之外。徐承帥舟師，將自海入齊，齊人敗之，吳師乃還。」說明當時吳國不僅擁有可在內河作戰的水軍，而且已可沿海岸航行到山東半島去攻打齊國。關於越國的水軍，《史記・越王勾踐世家》記有「習流二千人」，據《吳越春秋》徐天祜注，「此所謂習流，是即習水戰之兵」。

為了取得水戰的勝利，也出現了與水戰有關的兵法著作。《漢書・藝文志》曾錄有「《五子胥》十篇，圖一卷」，但該書已佚。《太平御覽》、《文選》李善注中都保留有一些有關《伍子胥水戰法》和《伍子胥水戰兵法內經》的佚文，其中敘述吳國的戰船已具有相當規模，如吳的「大翼」戰船，是可以承載百人的大船：「大翼一艘廣丈六尺，長十二丈，容戰士二十六人，棹五十人，舳艫三人，操長鉤矛斧者四吏，僕射長各一人，凡九十一人。當用長鉤矛長斧各四，弩各三十二，矢三千三百，甲兜鍪各三十二。」又如吳國戰船按船的大小，有「三翼」之分：「大翼一艘長十丈，中翼一艘長九丈六尺，小翼一艘長九丈。」按所記尺寸，換算成現在的尺度，大翼長約二十三公尺（或近二十八公尺），中翼長二十二公尺，小翼長二十公尺。

遺憾的是，目前還沒有發現有關吳越時期戰船的實物或圖像資料。在田野考古發掘中，雖曾在較晚的河北平山三汲縣發掘的戰國中山王陵中，發現有隨葬的葬船坑，並在葬船坑的南室發現三條木船的殘跡，又在北室發現一條飾有彩畫的大木船殘跡，但均已無法復原。只能大略測知幾條船的長度約在十一至十二・五五公尺之間。

三、青銅鑑上的「戰船」

雖然缺乏戰國時期的古船實物，但是令人欣喜的是，在河南、四川等地戰國時期墓葬中出土的青銅器上，都發現有描繪水戰的生動而清晰的圖像。

一九三五年，考古學者發掘河南汲縣山彪鎮一號墓時，出土了一對形貌相同的大銅鑑（古人用以盛水照容的大盆狀禮器），鑑的外壁佈滿精美的鑲嵌圖案，描繪出水陸攻戰的真實景象。一九六五年，又在四川成都百花潭中學十號墓中，出土一件銅壺，也裝飾有水戰的圖像。此外，北京故宮博物院也藏有一件宴樂水陸攻戰紋銅壺。這四件青銅器上的水戰圖像大致相同，都是採取正側面剪影式構圖，刻劃出左右相對攻戰的兩艘戰船，似乎出自同一底本。

現以山彪鎮的銅鑑圖像為例進行分析：圖中描繪左右船頭相向對攻的兩艘戰船，其形貌大致相同，艦體修長，首尾微微起翹，船體分為上下兩層，下層應是在艙內划槳的棹手，上層是船的甲板，站滿手持兵器和擊鼓的戰士，並插有旌旗。可以看出當時還沒有發明風帆，戰船動力全靠人力划槳，所以為了保持作戰，必須有足夠的划槳棹手，以吳國大翼戰船為例，棹手佔船上人員總數的三分之二左右，超出戰鬥人員幾近一倍。圖像中的戰船隻是象徵性地刻劃出一側的四個棹手，都是直立姿態，雙手執棹盡力划船，他們腰間都佩有短劍，表明必要時也可以投入戰鬥。上層甲板在船頭插旗，船尾設建鼓和丁寧，甲板上也刻劃出四個腰佩劍的戰士，船首一人俯身執劍，中間二人雙手執長戟或長矛，最後一人右手持戟、左手執桴擊鼓。也可看出當時兩船對戰，先是以遠射兵器弓矢互射，兩船接舷時，則以長柄的格鬥兵器戟矛互搏，最後跳到敵船上則用手握柄的格鬥兵器劍，到最後時刻，棹手也會拔劍投入戰鬥。戰船上的指揮系統，是插於船頭的標識性的旌旗，和設於船尾指揮戰鬥進退的金鼓。

但是總體來說，先秦時期的戰爭仍以陸戰為主，除吳越外，缺乏有關大規模水戰的記載，當時的軍用舟船，還主要是在內河中用於運載部隊，如蘇代引述秦王威脅魏的話說：「（秦軍）乘夏水，浮輕舟，錟弩在前，錟戈在後，決滎口，魏無大梁。」（《史記・蘇秦列傳》）又如《史記・張儀列傳》記張儀見楚王時所說：「秦西有巴蜀，大船積粟，起於汶山，浮江已下，至楚三千餘里。舫船載卒，一舫載五十人與三月之食，下水而浮，一日行三百餘里，里數雖多，然而不費牛馬之力，不至十日而距扞關。」

四、「樓船之士」和「羽林黃頭」

秦漢統一以後，為了保衛江南水鄉和漫長的海岸線，必須建立一定規模的水軍，並建造適用的戰船，所以在秦王朝的軍隊編成中，已正式有了水軍，稱「樓船之士」。到了漢代，沿襲秦代設樓船水軍，並形成制度，據《漢官儀》：「民年二十三為正，一歲以為衛士，一歲為材官（即當時的步兵）騎士，習射御騎馳戰陣。八月，太守、都尉、令、長、相、丞、

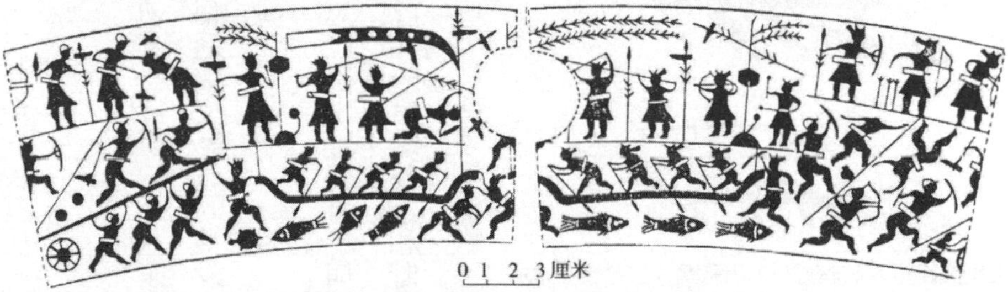

河南汲縣山彪鎮戰國墓出土的銅鑑上的水戰圖像

尉會都試，課殿最。水家為樓船，亦習戰射行船。……樓船，年五十六老衰，乃得免為民就田。」又說：「平地用車騎，山阻用材官，水泉用樓船。」

同時漢代水軍的服裝也有與材官車騎不同的特色，即頭戴黃帽，故水軍亦稱「黃頭」。究其原因，源於五行生剋，土勝水，黃色象徵土，所以水軍的帽子採用黃色。因此朝廷中央組建的精銳水軍部隊，稱為「羽林黃頭」。

漢代水軍裝備的大型戰船稱「樓船」，高可達十餘丈，據《漢書・食貨志》：「是時粵欲與漢用船戰逐，乃大修昆明池，列館環之，治樓船，高十餘丈，旗幟加其上，甚壯。」當時建造和貯存樓船的地點都在江南，《漢書・朱買臣傳》：「上拜買臣會稽太守……詔買臣到郡，治樓船，備糧食、水戰具。」又曾貯存樓船於尋陽，見《漢書・嚴助傳》。也曾在廬江郡設有「樓船官」。

因為樓船是水軍裝備的主力戰艦，所以水軍稱為「樓船士」或「樓船卒」，統率水軍的將領也被封為「樓船將軍」。這種大型戰船可以沿海岸遠航，曾北至朝鮮半

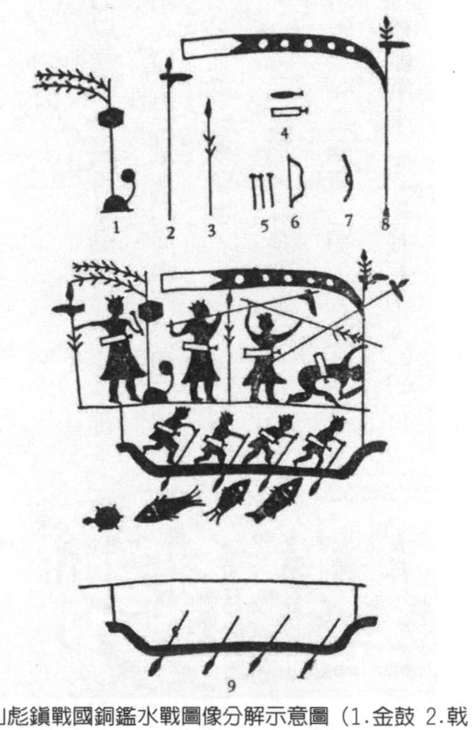

山彪鎮戰國銅鑑水戰圖像分解示意圖（1.金鼓 2.戟 3.矛 4.劍 5.箭 6.弓 7.盾 8.旗 9.戰船和槳）

島，南達印度支那半島。

漢代水軍除以樓船為主力戰船外，據《釋名》所記述，當時水軍中還裝備有各種用途不同的戰鬥艦船：

> 艨衝：狹而長曰艨衝，以衝突敵船也。
> 先登：軍行在前曰先登，登之向敵陣也。
> 赤馬：輕疾者曰赤馬舟，其體正赤，疾如馬也。
> 檻：上下重床曰艦，四方施板以禦矢石，其內如牢檻也。

此外還有「露橈」，《後漢書・岑彭傳》：「於是裝直進樓船、冒突露橈數千艘。」注：「露橈，露楫在外，人在船中。」

目前在考古發掘中，還沒有發現過有關漢代戰船的實物，因此只能依據已經獲知的漢代墓葬中隨葬的

廣東廣州西漢墓出土的陶船

陶、木船模型，以瞭解與當時艦船有關的一些情況。

西漢墓出土的木船模型，值得注意的是湖南長沙二〇三號墓出土的木船，模型全長一百五十四公分，船體平面狹長，頭部較狹，尾部稍寬。剖視斷面近圓弧形，平底。兩側各有八枝長棹，船尾有一枝槳狀尾舵，船身有三間艙房和一間爵室。可知行船動力，全靠人工划十六枝棹擊水，沒有風帆裝置。湖北江陵鳳凰山八號墓出土木船模型，形體近於長沙木船但較小，僅長七十一公分，只有一間艙房、四枝棹和一支尾舵。廣州漢墓出土陶船模型，也是平底，有三個艙室，船艙橫架八根梁擔，可以看清槳架和舵，並可看清船首裝有錨。雖然這些船的模型都沒有設置風帆，但《釋名》有「帆汎也，隨風張幔曰帆，使舟疾汎汎然也」。可證漢代確實已用風帆，但可能尚不夠普遍。這些漢船模型，模擬的都是規模較小的船，不足以反映當時大型樓船的形貌，但是從長沙二〇三號墓木船模型船舷兩側的高護板，以及板上為了伸出長棹所開的圓孔，正合於露橈船型的特徵，或許由此可推知漢代露橈的形貌。

五、赤壁之戰

在中國古代，於西元二〇八年（漢獻帝建安十三年）發生在長江的「赤壁之戰」，是舉世聞名的著名水戰。這場水戰是曹操統率的軍隊與孫權、劉備的聯軍對陣，據說曹操所統領的大軍有八十萬之眾，但據《江表傳》記周瑜對曹軍的評估：「今以實校之，彼所將中國人，不過十五六萬，且軍已久疲，所得表眾，亦極七八萬耳。」操軍的戰船，係得自劉表子劉琮的降眾，「劉表治水軍，蒙衝鬬艦，乃以千數，操悉浮以沿江，兼有步兵，水陸俱下。」而孫、劉聯軍，有周瑜統領的吳軍三萬。還有劉備部將關羽所領萬餘人，但實際參戰者不過數千人。對赤壁之戰進程的記述，《三國志》中各傳描述不一。

《三國志・吳書・周瑜傳》所記最詳：「權遂遣瑜及程普等與備并力逆曹公，遇於赤壁。時曹公軍眾已有疾病，初一交戰，公軍敗退，引次江北。瑜等在南岸。瑜部將黃蓋曰：『今寇眾我寡，難與持久。然觀操軍船艦首尾相接，可燒而走也。』乃取蒙衝鬬艦數十艘，實以薪草，膏油灌其中，裹以帷幕，上建牙旗，先書報曹公，欺以欲降。又豫備走舸，各繫大船後，因引次俱前。曹公軍吏士皆延頸觀望，指言蓋降。蓋放諸船，同時發火。時風盛猛，悉延燒岸上營落。頃之，煙炎張天，人馬燒溺死者甚眾，軍遂敗退，還保南郡。備與瑜等復共追。曹公留曹仁等守江陵城，徑自北歸。」

《三國志・蜀書・先主傳》所記較簡略：「先主遣諸葛亮自結於孫權，權遣周瑜、程普等水軍數萬，與先主并力，與曹公戰于赤壁，大破之焚其舟船。先主與吳軍水陸并進，追到南郡，時又疾疫，北軍多死，曹公引歸。」

《三國志・魏書・武帝紀》所記更簡略：「公至赤壁，與備戰，不利。於是大疫，吏士多死者，乃引軍還。備遂有荊州、江南諸郡。」司馬光撰《資治通鑑》時，敘述赤壁戰事，先說：「時操軍眾，已有疾疫。初一交戰，操軍不利，引次江北。」然後引述《周瑜傳》所記戰事經過。《江表傳》又曾引曹操與孫權書自說：「赤壁之役，值有疾病，孤燒船自退，橫使周瑜虛獲此名。」

綜上所述，赤壁之戰雖然是決定魏蜀吳天下三分的一場戰鬥，雙方都在長江中出動了水軍，但並沒有真正形成水軍主力舟船的正面戰鬥，只是以欺詐手段用火攻船突襲敵營。而導致曹軍失敗的首先是軍中瘟疫流行，其次是北人不習水戰，只能依靠投降的原劉表水軍艦船作戰。由於赤壁之戰中，並沒有在長江中展開過真正大規模的艦船水戰，或許這也從另一個角度反映出，中國古代水軍這一兵種，無法與陸軍（不論是戰車兵、騎兵還是步兵）的建設和發展相比。從現存的魏武帝曹操《船戰令》佚文：「雷鼓一通，吏士皆嚴。再通，什伍皆就舡，整持櫓棹，戰士各持兵器就船，各當其所，幢幡旗鼓，各隨將所載船。鼓三通鳴，大小戰船以次發，左不得至右，右不得至左，前後不得易。違令者斬。」可見是以陸戰的規制去指揮水軍戰船，這也是北方軍隊不解水戰規律的例證。

至於赤壁之戰中水軍裝備的戰船，從有關敘述中可以看出，大船是艨衝鬥艦，小船是輕便的走舸，並已使用了風帆。

另外，從《太平御覽》引史苓《武昌記》所述「敗舶灣」故事，可知孫權曾製造過名為「大舡」的巨艦，艦上可載三千人之眾，可惜「與群臣泛舶中流，值風起。至樊口十餘里便敗，故名其處為敗舶灣也。」或因囿於當時造船技術的局限，雖勉強造出巨艦，遇風則易傾覆。

除了在長江一線的水上戰鬥外，孫吳的水軍已有能力組織多次出海遠航。向東南方向，如黃龍二年（二三〇年）孫權派遣將軍衛溫、諸葛直率甲士萬人浮海到達夷州（今台灣）。向東北方向，則多次到達遼東半島，僅嘉禾二年（二三三年）張彌等就帶領一萬人去公孫淵處。這些可以在近海航行的船隻載重量已相當大，例如使者謝宏從高句麗返回孫吳時，因為船小，只攜回一部份受贈的駿馬。當時除了人員和裝備外，加載的駿馬即達八十匹之多，由此可以推知大船的規模。這些可供航海的船上，所設帆已不止一帆，有的已達四帆。

到了孫皓繼承帝位以後，荒淫腐敗，稱霸長江的孫吳水軍隨之衰落，戰爭的天平已經傾向取代了曹魏的晉朝，晉軍統帥王濬在長江上游建造了規模盛大的水軍艦隊，其主力戰艦「大船連舫，方百二十步，受二千餘人。以木為城，起樓櫓，開四出門，其上皆得馳馬來往。又畫鷁首怪獸於船首，以懼江神。舟棹之盛，自古未有。」孫吳水軍終至無力正面抗擊晉軍，竟採用在長江上橫攔鐵鎖以拒敵船的被動對策，結果可想而知。正如後人詩中所詠：「王濬樓船下益州，金陵王氣黯然收。千尋鐵鎖沉江底，一片降旛出石頭。」

六、車船・拍竿・指南針

西晉乃至唐宋，主要依靠水軍進行的戰鬥，如西晉滅吳之戰等，仍主要發生於內陸江河，裝備水軍的戰船類型，仍不外樓船、艨衝、走舸、遊艇之類，如唐時李筌《神機制敵太白陰經》所記述，只是增加了有左右兩舷置浮板形如鶻翅的「海鶻」。在戰船的改進上，表現在動力方面，除風帆的普及外，並創建了用人力踏轉的輪形槳為動力的「車船」；表現在兵器方面，出現了用槓桿原理可拍擊敵船的「拍竿」。

最早的車船，可能出現於晉朝，祖沖之設計的「千里船」，或許就是一種車船，可惜沒有留下詳細的紀錄。到了唐代，李皋製造成功由兩隻輪形槳驅動的車船。《舊唐書・李皋傳》說李皋「常運心巧思為戰艦，挾二輪蹈之，翔風鼓浪，疾若掛帆席，所造省易而久固」。

車輪舸

拍竿，也稱為「拍」，是利用槓桿原理製作的拍擊敵船的進攻性裝置，東晉時因其形近於提水的桔槔，也稱其為「桔槔」。在南北朝時期，拍竿已常常用於水戰。南朝陳光大元年（五六七年），湘州刺史華皎叛，淳于亮奉命平叛，水軍對陣。當時戰船已用拍竿為攻擊敵船的主要兵器，由於這種拍竿頗為笨重，運轉不靈便，拍擊一下以後，很難再次掉轉復位，無法連續戰鬥。所以淳于亮採用多賞金銀的辦法，招募軍人充當敢死隊，讓他們駕小艦先去衝擊華皎的大艦，引其拍擊。待到華皎軍中大艦「發拍皆盡」，無力還擊，淳于亮大船拍竿才發動拍擊，結果華皎船艦皆被拍碎，沒入中流，全軍大敗。

到隋朝滅陳時，楊素水軍主力戰艦是大型樓船——五牙，全艦前後左右共裝有六座高達五十尺的巨大拍竿。在滅陳戰役中，隋軍的四艘「五牙」，在荊門之延州與陳呂仲惠所率水軍遭遇，依仗大艦樓高拍長的優勢，一舉拍碎陳軍十餘艘戰船，取得了俘獲二千餘陳軍的勝利。

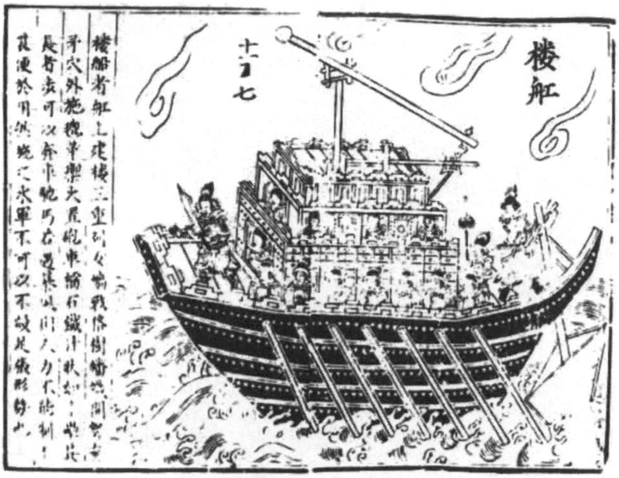

《武經總要》中的樓船

在北宋時期，仍使用裝有拍竿的樓船，《武經總要》中有圖像，在船上裝有一個巨大的拍竿。到南宋時期，更將用輪形槳的車船和拍竿結合在一起，建造出具有高速度而戰鬥力強大的戰艦。當時活躍於洞庭湖的楊么農民起義軍，俘獲了都水監都水匠高宣及所製八車船，獲得了製造車船的技藝，僅兩個月時間就造成十餘艘車船。以後不斷製造，並為楊么等首領製造了規模宏偉的大車船，多達二十二到二十四車。楊么的一艘稱為「和州載」的二十四車的大樓船，長三十六丈、寬四丈一尺，高度超過七丈，建樓五層。這些大車船「置人於前後，踏車進退，每舟載兵千餘人。又設拍竿，長十餘

福建泉州出土的宋代木船

丈，上置巨石，下作轆轤，遇官軍船近，即倒拍竿擊碎之，官軍以此輒敗。」疾駛如羽，威震洞庭，不斷給南宋官軍以致命的打擊。

除了內河的船艦外，宋代海船的製造技術方面也有很大進展。北宋徐兢《宣和奉使高麗圖經》記述了航行海上的「神舟」，是「下側如刃」的尖底船型。宣和年間建造的「神舟」，長達三十餘丈、闊七丈五尺。比神舟小的「客舟」，約為神舟的三分之二，長十餘丈、闊二丈五尺，建有高十丈的大檣和高八丈的頭檣。類似的南宋尖底海船實物，一九七四年在福建泉州被發掘出土。木船殘骸殘長二十四・二、殘寬九・一五公尺，有十三個艙，至少原來裝有兩根以上的帆檣。尾有舵孔。船底尖如刃，應用了水密艙，已是很成熟的海船。

值得注意的是，宋代海船除了依靠天文導航外，在陰天時則靠指南針分辨南北。朱彧《萍洲可談》說：「舟師識地理，夜則觀星，晝則觀日，陰晦觀指南針。」徐兢《宣和奉使高麗圖經》也說：「維視星斗前邁，若晦冥則用指南浮針以揆南北。」清楚地說明北宋時航海已普遍使用指南針指示航向，在世界航海史中處於領先地位。指南浮針在沈括

《夢溪筆談》中也曾述及。據考證宋時指南浮針，是在盛水的碗中，將磁針穿於數根橫置的燈芯草中，藉以浮於水面，則針指南北，但指南外略向東斜，因有磁偏角的緣故。到元代還使用指南浮針，專用於浮針的瓷碗，已有出土，碗底有為測量浮針偏轉方向的標記。從出土的手持羅盤宋俑，表明當時已經發明了羅盤，但有關文獻中沒有記述羅盤是否已用於航海。指南針在航海中的應用，為以後明代戰船大規模的遠洋航行，創造了條件。

七、越洋「寶船」

到元明時期，中國已有可以越海攻擊的遠洋艦隊。元代至元十一年（一二七四年）和至元十八年（一二八一年），元軍曾使用大量海船越洋進攻日本，但遭遇颱風而失敗。在日本的古畫中曾繪出元軍戰船的圖像。

到明初，中國的武裝海船進行了大規模成功的遠洋航行，那就是太監鄭和統率的艦隊的遠征，所謂「鄭和下西洋」。第一次是在永樂三年（一四〇五年），先後七次。鄭和艦隊中裝備的大型海船，稱為「寶船」。《明史・鄭和傳》記所造大舶「修四十四丈、廣十八丈」。按這樣的尺寸，似乎長寬比過小，船型過於肥短，曾引起人們的懷疑，但是看到泉州發掘出的宋代海船的長寬比是一：二・五四以後，就可以相信寶船的肥短船型，還是符合中國古船的實際情況的。

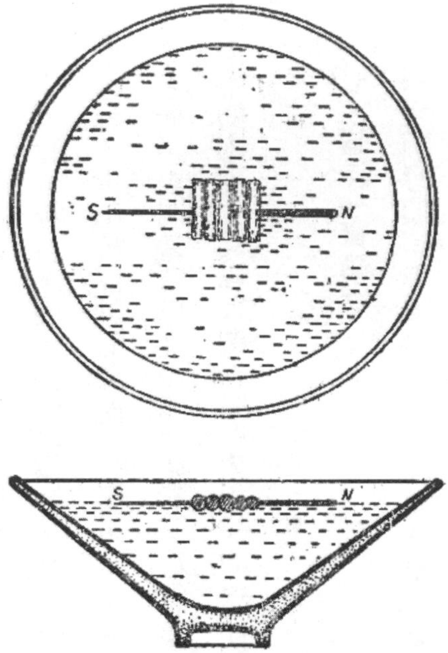

指南浮針復原示意圖

江西宋墓出土的持羅盤陶俑

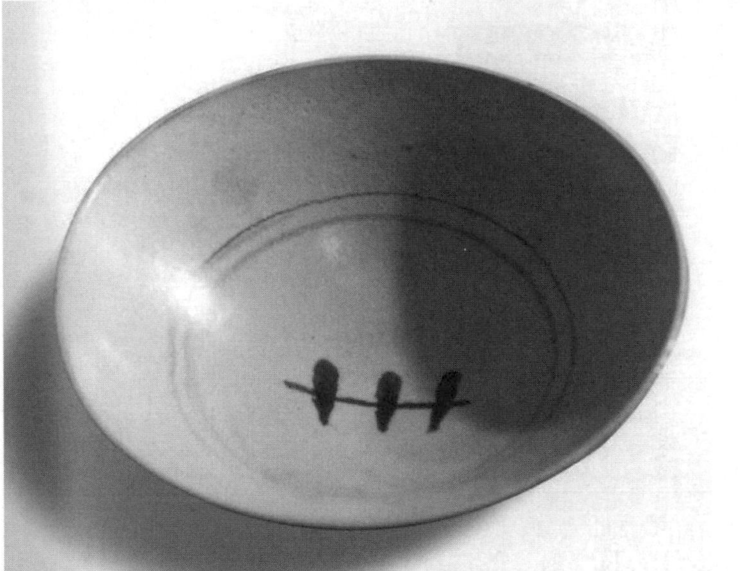

元代指南浮針用瓷碗

日本「蒙古襲來繪詞」所繪元代戰船

鄭和寶船復原模型

南京中保村明寶船廠六作塘遺址

鄭和寶船當時是在南京附近的寶船廠製造的，其遺址在今南京中保村。一九五七年曾在寶船廠遺址發現過長達十一・〇七公尺的鐵力木大舵桿，現藏中國國家博物館。有人依據這件巨大的舵桿，將寶船復原為船體肥短的九檣十二帆的大型平底沙船，也有人將其復原為尖底福船。

二〇〇三至二〇〇四年又對位於南京中保村的明代寶船廠遺址進行發掘，清理出現存的六作塘（船塢）遺址，長四百二十一公尺、寬約四十一公尺，出土了大量的造船設施及造船工具，對研究鄭和寶船的建造提供了珍貴的資料。

據《明史・鄭和

廣東船

《金湯十二籌》中的沙船

南京中保村明寶船廠出土木舵桿

傳》，鄭和下西洋的目的是「成祖疑惠帝亡海外，欲蹤跡之，且欲耀兵異域，示中國富強」。第一次在永樂三年（一四〇五年）六月，出動大船六十二艘，「將士卒二萬七千八百餘人，多賚金幣……自蘇州劉家河泛海至福建，復自福建五虎門揚帆，首達占城，以次遍歷諸番國，宣天子詔，因給賜其君長，不服則以武懾之」。浩大的遠洋艦隊，依靠指南針等先進技術，遍歷東南亞各地，最遠達到非洲。結果「所取無名寶物，不可勝計，而中國耗廢亦不貲」。最後只得停止這種耗費巨資的遠征。

山東蓬萊出土的海船一號

除了鄭和的遠征船隊外，明代保衛海疆的主力戰船的船型，主要有廣東船、福船和沙船，配合以一些較小的船型，如蒼山船、艟船，以及多槳的蜈蚣船、機動的車輪舸等。特別是為了抗擊倭寇，戚繼光組建的水兵營，下轄兩哨，每哨各裝備

山東蓬萊出土的海船二號

大型福船四艘、海滄船兩艘、蒼山船四艘，另外編配開浪船、八槳船、艟船、漁船、網梭船、鳥嘴船等輔助性戰船，大中小型結合，既能海戰，又能轉戰內河，取得抗倭的勝利。戰船上的人員和裝備以大福船為例，船上裝備大發貢（艦首砲）一門、大佛郎機六門、碗口砲三門、鳥銃十枝、噴筒六十個、火磚一百塊、火砲（火毬）二十個、煙罐一百個、粗火藥四百斤、鳥銃火藥一百斤、大小鉛彈三百斤、火繩六十根。冷兵器有弩箭五百枝、藥弩十張、弩藥一瓶、寧波弓五張、鐵箭三百枝、標槍一百枝、過船釘槍二十枝、鉤鐮及砍刀各十把、籐牌二十面、灰罐一百個。船上人員共六十四人，除船工與雜役九人外，戰士計五十五人，分為五甲，分工各有不同。第一甲為佛郎機甲，由甲長指揮，負責重火器大發貢、佛郎機的發射，及至接舷近戰時向敵船投擲火磚、煙罐等火器。第二甲為鳥銃甲，待敵船進入鳥銃射程時，負責發射鳥銃殺敵。第三甲和第四甲為標槍雜藝甲，待敵船接近時，以標槍等冷兵器擲擊敵人。第五甲為火弩甲，由一半戰士射弩，另一半戰士射箭，及至接舷搏鬥時以冷兵器近戰拚殺。可以看出這時已擺脫冷兵器階段中國古戰船火攻、拍擊、

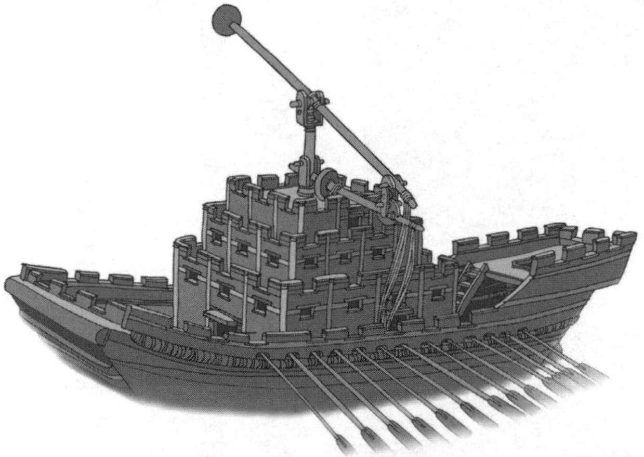
《武經總要》中的樓船復原示意圖

接舷格鬥的舊模式，過渡到火器與冷兵器相結合的多層次攻擊，傳遞出向以火砲為主要裝備的近代戰艦過渡的訊息。

山東蓬萊水城於一九八四年和二〇〇五年先後發掘了三艘保存較為完整的明初木船，還在一號船下淤泥中出土有殘銅砲。三艘船中一號船和二號船形體較狹長，三號船為寬肥船型。一號船殘長二十八公尺、最寬處五・六公尺，頭尖尾方，底部兩端上翹，有十四個艙位。經復原是平底沙船型，設有高度約十七公尺的頭桅和高約二十五公尺的主桅，還在首端、尾梢和操舵處分設前桅、尾桅和小桅，估計載重量八十七噸、排水量一百八十九噸。二號船殘長二十一・七公尺、殘寬五・二公尺，留存有十四個水密艙。三號船殘長十七・一公尺、殘寬六・一公尺，留有八個水密艙。此外還發現有四號船，但保存情況極差，只存四塊船板。由蓬萊水城出土的木船，使我們可以大致瞭解當時海上戰船的形貌。

第十九講

火藥和火器走上戰爭舞臺

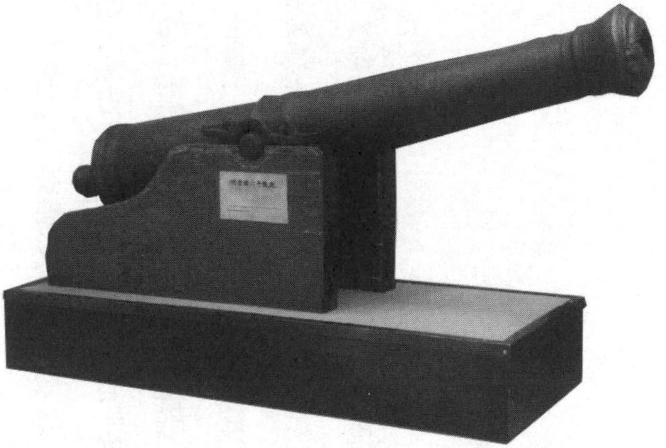

火藥是人類掌握的第一種爆炸物，是中國古代的四大發明之一，而且被認為是對人類歷史所起作用最大的發明，它起源於中國古代的煉丹術。火藥三種主要成份中的硝石、硫磺以及硫磺中的鉀化物，都是古代煉丹術中常用的藥物。歷代帝王熱中於祈求長生不老，推動了煉丹術的發展，並直接促成了火藥的問世。將火藥用於兵器製造並投入實戰，在中國約開始於唐代末年。史書中有關於製造火藥兵器的最早紀錄，見於北宋初年官修的大型軍事百科全書《武經總要》。當時火藥和火藥兵器的生產已經具有相當的規模，建有專門的生產作坊，並設有專職的管理機構。

元明時期，火器實現了新的革新和發展，出現了具有現代槍械意義雛形的新式管狀兵器——火銃，又逐漸分化為槍、砲兩個系列。十五至十六世紀，歐洲許多國家在學習了中國火藥和火藥兵器的基礎上，製造出各式不同種類的火器，葡萄牙人製造的佛郎機就是其中的一種。後來西方的火槍、火砲在新興資本主義制度刺激下得到較快的發展，而中國的火器仍在很大程度上沿襲祖制，因陷於傳統經濟的泥淖而停滯不前。

北宋靖康元年（一一二六年），金軍大舉南下，越過黃河天險後直逼宋國都汴梁（今河南開封），宋徽宗見形勢危急，竟傳皇位於太子（即宋欽宗）後南逃。宋欽宗起初也想逃跑，但被兵部侍郎李綱力阻。欽宗升李綱為尚書右丞，東京留守，在金軍六萬大軍兵臨城下的緊急關頭，李綱親自指揮，並發動全城兵民齊上陣，使用了當時最先進的火箭、霹靂砲等火器，並同時與刀槍等冷兵器相結合，終於打退了金軍的一次次進攻。

李綱領導的這次汴梁城保衛戰，是宋金戰爭史上的一次著名戰役。特別是宋軍使用的火箭和火砲，對於來自東北的游牧民族武裝金軍，完全是聞所未聞，見所未見的威力強大的新式兵器。它們標誌著中國古代以火藥爆炸的殺傷力而起主要作用的火器，即火藥兵器——在西元十二世紀上半葉，走上了人類戰爭的舞臺。

一、起源於中國古代煉丹術的火藥

火藥是人類掌握的第一種爆炸物，是中國古代的四大發明之一，而且被認為是對人類歷史所起作用最大的發明，是中國人民對世界文明的一個偉大貢獻。英國著名科學史專家李約瑟曾指出：「《武經總要》中，記載著三種關於火藥的配方，它們是所有文明國家中最古老的配方。」他還指出：「我們現在則認為，大量無可辯駁的事實證明：中世紀早期的中國人就首先用硝（硝酸鉀）、硫磺和碳源之一如木炭，製成了這種獨特的混合物。弗朗西斯・培根（一五六一—

一六二六）在西元一六〇〇年左右曾說過，在火藥、印刷術和指南針這三項發明中，火藥的發明對於人類歷史所起的影響最大。儘管他本人始終不知道這三者都起源於中國。」

火藥起源於中國古代的煉丹術，其三種主要成份中的硝石、硫磺以及硫磺中的鉀化物，都是古代煉丹術中常用藥物。秦漢時期，專制帝王為祈求長生不老，都崇信方士，四處尋求長生不老之藥，秦始皇和漢武帝是其中最熱中者。在他們的提倡下，煉製所謂長生不老之藥的方術——煉丹術日漸發展，後經兩晉南北朝至唐代，煉丹家的活動方興未艾。雖然成仙的幻想終成泡影，但在實驗化學方面卻作出了一定貢獻。如南朝時的陶弘景，已經總結出以火焰實驗法來鑑別硝石（硝酸鉀）與芒硝（硫酸鈉），其方法已近似現代分析化學所用以鑑別鉀鹽和鈉鹽的火焰實驗法。後來又有了使硫磺「伏火」，以摸索各種藥物成份而掌握火藥配方的試驗。這種約始於唐代的試驗在進行時，如稍有不慎，便可引起爆炸乃至丹房失火等事故。因為這些藥料配合起來易點火，能猛烈燃燒並發生爆炸，所以被人們稱作「火藥」。唐元和三年（八〇八年）煉丹家清虛子在其所著《太上聖祖金丹秘訣》「伏火礬法」中，記載有將硫磺伏火的方法，表明煉丹家通過長期實踐，已發現硝石、硫磺和木炭等混合物的爆炸性能，因此至遲在西元八〇八年以前，含硝、硫、炭三種主要成份的火藥已經在中國誕生。

二、北宋初年的三種火藥配方

，將火藥用於兵器製造並投入實戰，在中國約開始於唐代末年。唐哀宗天祐四年（九〇七年），鄭王番攻打豫章城（今江西南昌）時，曾利用「發機飛火」，燒燬該城的龍沙門。這一戰例一般被認為是火藥兵器出現的最早戰例。史書中有關於製造火藥兵器的最早紀錄，還是北宋初年官修大型軍事百科全書《武經總要》關於火藥和火器製造的記載。

《武經總要》中記載的，被李約瑟博士稱之為「最古老的配方」的三種火藥兵器配方包括：一、火砲火藥法；二、毒藥煙毬火藥法；三、蒺藜火毬火藥法。其中第二種「毒藥煙毬」的配方是「毬重五斤，用硫黃一十五兩，草烏頭五兩，焰硝一斤十四兩，芭豆五兩，狼毒五兩，桐油二兩半，小油二兩半，木炭末五兩，瀝青二兩半，砒霜二兩，黃蠟一兩，竹茹一兩一分，麻茹一兩一分，搗合為毬，貫之以麻繩一條，長一丈二尺，重半斤，為弦子。更以故紙一十二兩半，麻皮十兩，瀝青二兩半，黃蠟二兩半，黃丹一兩一分，炭末半斤，搗合塗傅於外。若其氣熏人，則口鼻血出。二物（按，指毒藥煙毬與煙毬）並以砲放之，害攻城者」。

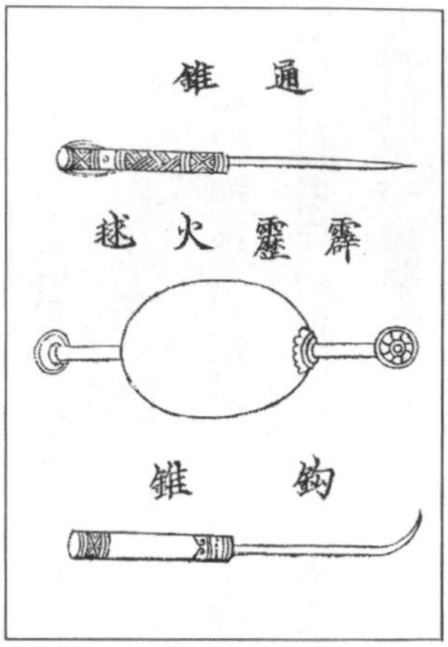

《武經總要》中的霹靂火毬

《武經總要》中的蒺藜火毬

綜觀這三種火藥配方，我們可以發現它們的主要成份仍是硫磺、硝和木炭，其中硝所佔的比例最大，比另外兩種成份的總和還多些。三種成份中硝是氧化劑，加熱時釋放出氧氣；另兩種成份（硫磺和木炭）則是極易氧化的還原劑。將以上三種成份混合在一起燃燒，可使氧化還原反應迅猛進行，立即釋放出高熱，而且體積突然膨脹，迅速突破外殼發生爆炸，並繼續蔓延燃燒。同時也可以看出，北宋時已懂得在火藥三種主要成份的基礎上，為達到不同的軍事目的而增減配方中的其他成份，製作出作用不同的火藥兵器。「毒藥煙毬」爆炸後，球內毒劑發煙起毒氣彈的作用；蒺藜火毬是利用爆炸的強大推力，把毬內的鐵蒺藜撒放開來，藉以殺傷敵人；火砲火藥法主要是爆炸後起燃燒作用。用砲（發石機）拋射的火毬，正是因為改用裝有火藥的彈丸來代替石頭，於是「砲」字偏旁部首才從「石」改為從「火」了。

《武經總要》中記載的火砲、毒藥煙毬和蒺藜火毬這三種火藥配方，是世界上最早冠以火藥名稱，並直接用於三種實戰兵器的火藥。但這些火藥通常只能速燃，在戰爭中主要作用是縱火、發煙和散毒，還屬於傳統火攻戰術的手段，是火藥兵器的低級階段。

三、宋代火藥兵器的生產和應用

從西元十至十四世紀，由於宋遼戰爭、遼金戰爭、宋金戰爭的頻繁進行，火藥兵器的發展加速進行，火藥性能不斷提高，技術不斷改進。

北宋時期，火藥和火藥兵器的生產已經具有相當的規模，建有專門的生產作坊，並設有專職的管理機構。當時的火藥生產，是由設在首都汴梁的「廣備攻城作」負責的，這一機構到神宗時期改由軍器監統一管理。廣備攻城作下設二十一個作坊，其中有專門生產火藥的「火藥作」。因為這是當時軍事工業中的尖端產品，所以北宋政府對有關工藝技術採取了嚴格的保密措施，對於有關火藥生產的配方和工藝，只准工匠誦習，嚴禁外傳。而這些兵器工業作坊的工匠，一旦進入就必須終生服役。工匠如有逃亡者，政府方面便竭盡全力緝拿，唯恐逃亡工匠把兵器生產的技術洩露出去。後來到南宋時，火藥兵器的製造技術比北宋又有了很大提高。生產規模進一步擴大，產量日益增加。據《景定建康志》記載，建康府在兩年三個月內，製造、添修的火器就達六萬三千多件，其中大量是六斤、七斤、十斤重的重鐵砲殼、霹靂火砲殼、突火筒、火藥弄　槍頭等。火藥兵器的性能也有很大的提高，主要表現為爆炸力增強、噴火兵器的改進和出現了原始的管形射擊火器。

火藥兵器在宋金戰爭時期才大量用於實戰，最初仍主要用於攻堅或守城，除在前面提到的汴梁守城戰中發揮作用外，在保衛陝州、蘇州、襄陽等城市時，也廣泛使用了金汁砲、火藥砲、弩火箭、弓火箭、蒺藜火砲和霹靂火砲等。特別在西元一一六一年宋金采石之戰中，宋軍發射了一種其聲如雷的「霹靂砲」，其中裝有石灰，爆炸後石灰散作煙霧，迷住金兵的視線，對面看不見人，宋軍艦船乘機發動進攻，金兵無法招架，紛紛落水，大敗後北撤。但是，自從金兵攻克汴梁後，獲得了有關火藥生產技術的材料和工匠，也開始製造火藥兵器來裝備自己，並提高了火器的殺傷力，主要是將火砲改為鐵殼，從而增強了爆炸時的威力。一二二一年金兵攻打蘇州時，從城外向城內拋射

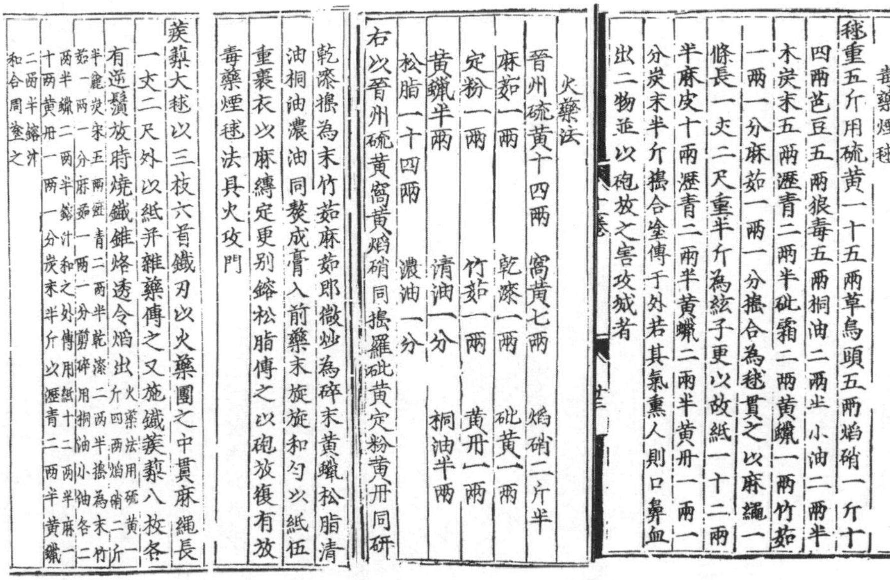
毒藥煙毬
毬重五斤用硫黃一十五兩草烏頭五兩焰硝一斤十
四兩芭豆五兩狼毒五兩桐油二兩半小油二兩半
木炭末五兩瀝青二兩半砒霜二兩黃蠟一兩竹茹
一兩一分麻茹一兩一分擣合為毬貫之以麻繩一
條長一丈二尺重半斤為弦子更以故紙一十二兩
半麻皮十兩瀝青二兩半黃蠟二兩半黃丹一兩一
分炭末半斤擣合塗傅于外若其氣熏人則口鼻血
出二物並以砲放之害攻城者

火藥法
晉州硫黃十四兩　窩黃七兩　焰硝二斤半
麻茹一兩　乾漆一兩　砒黃一兩
定粉一兩　竹茹一兩　黃丹一兩
黃蠟半兩　清油一分　桐油半兩
松脂一十四兩　濃油一分
右以晉州硫黃窩黃焰硝同擣羅砒黃定粉黃丹同研
乾漆擣為末竹茹麻茹即微炒為碎末黃蠟松脂清
油桐油濃油同熬成膏入前藥末旋旋和勻以紙五
重裹衣以麻縛定更別鎔松脂傅之以砲放復有放
毒藥煙毬法具火攻門

蒺藜火毬以三枝六首鐵刃以火藥團之中貫麻繩長
一丈二尺外以紙并雜藥傅之又施鐵蒺藜八枚各
有逆鬚放時燒鐵錐烙透令焰出火藥法用硫黃一斤四兩焰硝二斤半麄炭末五兩瀝青二兩半乾漆二兩半擣為末竹茹一兩一分麻茹一兩一分剪碎用桐油小油各二兩半蠟二兩半鎔汁和之外傅用紙十二兩半麻一十兩黃丹一兩一分炭末半斤以瀝青二兩半黃蠟二兩半鎔汁和合周塗之

《武經總要》中三種火藥配方

了大量「鐵火砲」，這是一種用生鐵鑄成瓠形外殼的火砲，口小身粗，安有引線，按發射目標的遠近可選用長短不同的引線，以確保適時引爆。發砲時先將引線點燃，然後用砲拋射出去，到達目標或其附近時，引線正好燃著火藥而引爆，達到殺傷敵兵和炸毀防禦工事的目的。

根據當時文獻記載，宋、金、元戰爭時期的鐵火砲，爆炸時產生的威力能將生鐵外殼炸成碎片，打穿鐵甲。一枚鐵火砲爆炸後，曾使城土崩塌，二百五十口人死亡，其中許多人是嚇死的。而在一次意外的砲庫火災事故中，整座砲房猛烈爆炸，形成深一丈多的彈坑，炸聲如「山崩海嘯，傾城駭恐，……遠至百里外，屋瓦皆震。……」甚至附近的房屋梁架，有被「砲風」搧出數里的。這些記載充分說明當時火藥的威力之大。所謂「驚死」和「砲風」，應是對爆炸時形成的空氣衝擊波作用的描述。這時的火藥兵器顯然比北宋初年《武經總要》中記錄的火攻兵器又向前跨進了一大步。鐵火砲等火器的作用如此之大，不但宋軍、金軍和蒙古元軍都爭相學習仿製。後來蒙古元軍在攻陷宋、金的城池後，也特別注意收羅這方面的技術工匠，為他們製造火箭、火砲、火槍等火器。這時期火器雖然在軍隊裝備中仍不佔主要地位，但也已成為不可或缺的兵器。

火藥兵器的出現，揭開了中國兵器發展史上的新篇章，從此冷兵器時代過渡為火器和冷兵器並用的時代。火藥兵器登上戰爭舞臺，預示著將導致軍事史上的一系列變革，終將使戰爭的面貌徹底改觀。

四、元明火銃——槍械的最初形態

從西元十至十三世紀的近四百年間，中國大陸，特別是北中國大地上，宋、遼、金、元等幾個王朝為爭奪生存空間和統治權力，先後或交叉進行著對峙和廝殺。在血與火的洗禮中，人們爭相將最先進的科學技術和生產力，運用到製造消滅對手的兵器上，火器也在此時實現了新的革新和發展，出現了具有現代槍械意義雛形的新式兵器——火銃。火銃的製作和應用原理，是將火藥裝填在管形金屬器具內，利用火藥點燃後產生的氣體爆炸力射擊彈丸，它具有比以往任何兵器大得多的殺傷力，實際上正是後代槍械的最初形態。

元至順三年銅火銃

元大德二年銅火銃（上：火銃 下：火銃上大德二年銘文）

中國的火銃創製於元代。南宋後期，由於火藥的性能已有很大提高，可在大竹筒內以火藥為能源發射彈丸，並掌握了銅鐵管鑄造技術，從而使元朝具備了製造金屬管形射擊火器的技術基礎。元朝至元十六年（一二七九年），政府集中各地工匠到元大都（今北京市），利用南宋原有的冶金、火藥和兵器製造業的基礎研製新兵器。至元二十年，又將軍器監改為武備監，統一掌管兵器製造。目前所知中國乃至世界現存有明確紀年最早的銅火銃，發現於內蒙古，上有八思巴字銘文，紀年為大德二年（一二九八年）。中國國家博物館也藏有一件元代銅火銃，紀年為至順三年（一三三二年）。這兩件早期的元代火銃以青銅鑄造管壁，能耐較大膛壓，可裝填較多的火藥和較重的彈丸，已具有相當的威力。

由於火銃能反覆裝填發射，使用壽命長，因此在發明不久便成為軍隊的重要兵器裝備。到元朝末年，火銃已被元朝軍隊甚至農民起義軍使用。《元史・達禮麻識理傳》中，就有至正二十四年（一三六四年）元軍使用火銃作戰的記載。但據出土物和文獻記載，元代火銃的品種和數量都還不多，火銃的最終完善和大量使用，則是明朝初年的事情。

明朝以武功定天下，開國之初，便十分重視兵器的製造，特別是火銃的製造在此時達到了鼎盛時期，後來又逐漸分化為槍、砲兩個系列。現在已知明代最早紀年的火銃，是洪武五年（一三七二年）的四件製品，都用青銅鑄造，形態比較稚拙。它們器身鑄刻的銘文字數相近，款式相同，均包括衛所名稱、編號、銃名、重量、製造年月和製造機構。這四件洪武火銃可分為兩類：一類為手銃，是單兵手持的輕型火器；一類為碗口銃，因銃口似碗而得名，據考證，這種銃是架在其他依憑物上發射的，是一種較重型的火器。手銃和碗口銃是明初火銃的兩種主要代表，它們直接繼承了元代火銃的形制，而在體積、口徑、重量和使用方法上又有了明顯的進步，並很快發展成槍、砲兩個系列。現藏於山西省博物館的明洪武十年（一三七七年）造的三門大鐵砲（明初較大型的銃已被稱為砲），砲管長達一百公分、口徑二十一公分，管壁厚，裝填量大，其射程和殺傷力均大大超過銅火銃。這初具規模的火砲，標誌著明初火砲製造的較高水準。

洪武初年的火銃原由各衛所製造，如山西現存的這三件洪武十年鐵砲，就是平陽衛（治在今山西臨汾）鑄造的。到明成祖朱棣稱帝後，為加強中央集權和對武備的控制，將火銃的製造重新改歸朝廷統一製造。早在洪武十三年（一三八〇年），明朝已成立了專門製造兵器的軍器局，洪武末年又成立了兵仗局，永樂年間的火銃也正是由這兩個局主持製造的。永樂年間的火銃數量和品種，也都較洪武時有了很大的增加，並提高了品質，改進了結構，使之更利於實戰。永樂七年（一四〇九年）開始，火銃的銘文只保留兩個內容：編號和製造時間。據出土和現藏國內外博物館的實物，「天」字號的手銃從永樂七年開始製造，到正統元年（一四三六年）的二十七年間，編號近十萬件，其中僅永樂七年就有二萬三千多號。此外還生產其他編號（如「奇」、「武」、「功」、「勝」、「烈」、「神」、「電」字等編號）的火銃，計達六萬五千多號，與「天」字號的十萬號相

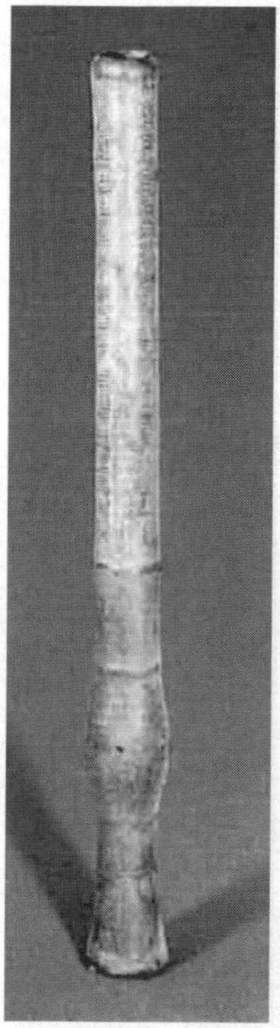

左：明洪武五年「勝」字銅火銃
右：明銅大碗口統

加，共有十六萬多號之巨。當然，這些編號是否即表示實際生產的火銃件數，還可再考，但實際生產和應用數量之大是可以想見的。

終明一代，軍隊普遍裝備和使用各式火銃鐵砲。但火銃還存在著裝填費時、發射速度慢、射擊不準確等明顯的缺陷，因此它只能部份取代冷兵器。在整個軍隊的裝備中，冷兵器依然佔主要地位。

綜上所述，中國元末明初火器的發展，特別是明初火銃的製作和應用，在當時世界兵器領域內，無疑處於絕對的領先地位。但從明代中葉以後，陷於發展遲緩狀態的中國傳統經濟，以及統治階級的禁海鎖國政策，使元末明初金屬管形射擊兵器發展的勢頭停滯下來。十五世紀中葉以後，西方的火槍、火砲得到較快的發展，而中國的火器仍在很大程度上沿襲

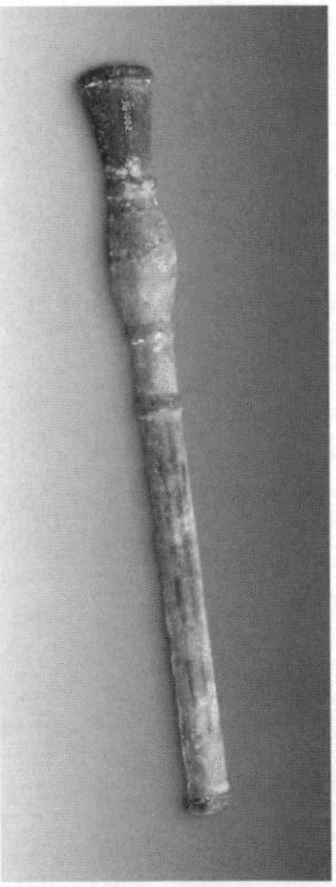

明洪武十一年銅火銃

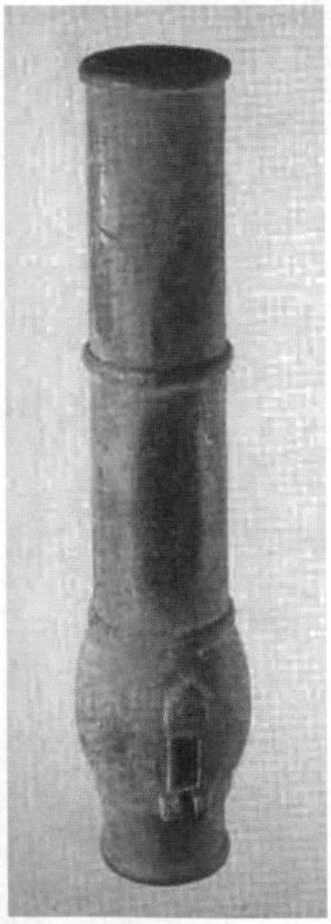

明永樂十三年「奇」字銅火銃

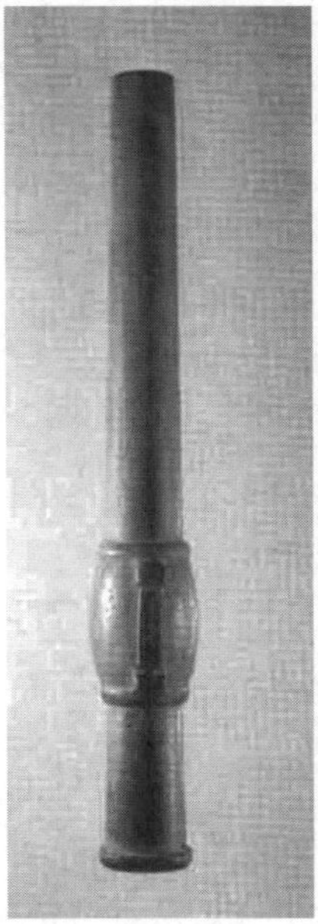

明永樂十九年「天」字銅火銃

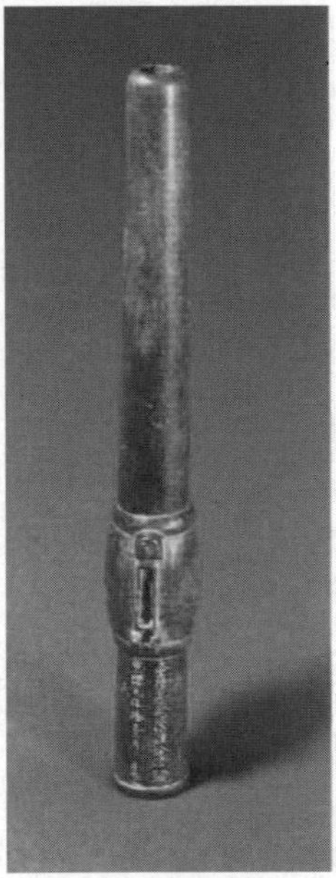

明宣德元年「天」字銅火銃

祖制，有些手銃的形制甚至百年一貫。火藥兵器沒能在自己的故鄉引起革命的變革，而當它傳到歐洲時，資本主義新型生產關係的興起，卻使它發揮了革命的作用。資本主義制度的勝利，更促進了槍砲的改進和擴大生產，到明中期，發明了火銃的中國不得不從國外舶來品中汲取養分，仿製了比火銃先進的「佛郎機」和「紅夷砲」，以及單兵使用的鳥銃等，並製造了威力較大的「大將軍」等大口徑火砲。中國火器的製造進入了一新階段。

五、火器的外傳與「佛郎機」的引進

明正德十二年（一五一七年），廣州城外海面上突然出現了兩艘外國駛來的大海船，它們在廣州城外錨泊，並派員前往廣州招待外國使臣的驛站——懷遠驛，自稱是葡萄牙國前來朝貢的使臣。明朝人鄭若曾在他所著的《籌海圖編》中記述了這一史實，並把葡萄牙稱作「佛郎機國」。「佛郎機」，是當時土耳其人、阿拉伯人對歐洲人的泛稱，中國明代也這樣稱呼歐洲人。鄭若曾還記述說：明朝官員在上船與葡萄牙人交往中，第一次看到了他們船上安裝的艦砲：「其銃以鐵為之，長五六尺，巨腹長頸，腹有長孔，以小銃五個，輪流貯藥，安入腹中放之，銃外又以木包鐵箍，以防決裂。海船舷下，每邊置四五個，於船艙內暗放之。他船相近，經其一彈，則船板打碎，水進船漏。以此橫行海上，他國無敵。」後來，當時人就依其國名，將這種威力巨大的火砲稱為「佛郎機」。其實如果追根溯源，這種所謂「佛郎機」的故鄉和原產地，正是中國。

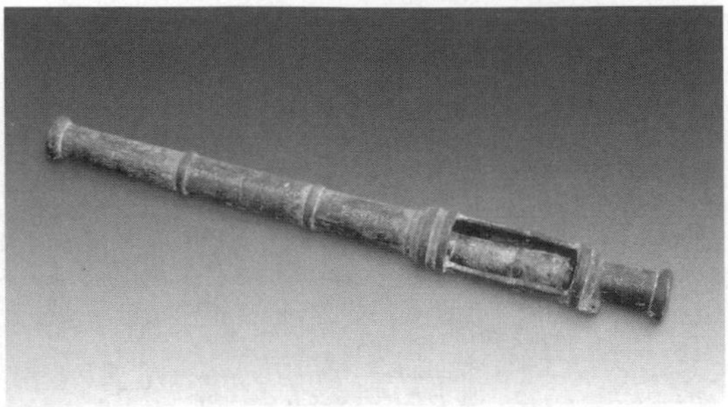
明嘉靖二十四年子母銅火銃

原來，當西元十一世紀火藥兵器在中國宋金戰場上雷鳴般轟響的時候，西方還不知道關於火藥的知識。過了二百年，歐洲的學者，首先是西班牙人，通過翻譯阿拉伯人的著作，才知道了火藥。至於火藥兵器在歐洲戰場上的出現，則已經是十四世紀的事了。據一種阿拉伯文兵書的抄本說，當時所能製造和使用的兩種火器，一種叫「契丹火箭」，是在遠射時用的；一種叫「契丹火槍」，是和敵人交手時用的。

而「契丹」，正是十三四世紀時西方對中國的稱呼，直到《馬可・波羅》遊記裡，還把中國稱為「契丹」。所以，所謂「契丹火箭」、「契丹火槍」，其實就是「中國火箭」和「中國火槍」。歐洲人從阿拉伯文著作中知道了火藥，但火藥兵器則是通過戰爭傳入歐洲的。十三到十四世紀，阿拉伯人和歐洲的一些國家進行了長期的戰爭，在戰鬥中阿拉伯人使用過各種火藥兵器，如一三二五年阿拉伯人攻擊西班牙的八沙城時，使用過「火球」，它可以發出雷一般的聲響，是一種燃燒彈。就在與阿拉伯人的戰爭中，歐洲國家接觸到火藥兵器，開始學習製造火藥和火藥兵器。

十五至十六世紀，歐洲許多國家已在學習了中國火藥和火藥兵器的基礎上，製造出各式不同種類的火器，葡萄牙人製造的佛郎機就是其中的一種。當時佛郎機多數是安裝在艦船上的，今天葡萄牙里斯本軍事博物館中的達・伽馬陳列室內，還展出有葡萄牙人於一四九二年東來印度時，艦船上安裝的各型佛郎機。後來，德國、義大利、西班牙、美國等，也都競相仿製和使用了佛郎機。各國所製佛郎機的原理和構造大致相同，但也有一些差異，有的細長，有的短粗；有的形體較重，有的較輕便。

佛郎機與其在中國故鄉的原型，即所謂的「契丹火槍」，也就是明初著名的火銃相比，在構造上有了根本性的改進，主要具有了以下幾點優越性：一、採取了母銃和子銃的結構。母銃是砲筒，大型佛郎機的砲筒長達五至六尺，便是明人記載的「長頸」。砲筒長度大的優點是彈丸射出的初速大，射程遠，具有較大的殺傷力。子銃實際上就是一枚小火銃，類似定裝式砲彈，每門母銃配備四至九枚子銃，事先或輪流裝填彈藥備用。使用時，先把一枚子銃裝入母銃的裝彈室中，發射完後便把空子銃退出，換裝另一枚子銃。因為子銃能夠輪流裝換，減少了現場裝填彈藥的時間，因而提高了發射速度。二、裝彈室加大，也就是明人記載的「巨腹」。佛郎機的裝彈室一般佔母銃全長的四分之一，寬度相當於口徑的二至三倍，敞口較大，便於子銃的安放。三、管壁厚，能承受較大的壓力和彈度，確保了火砲發射時的自身安全。四、安裝有瞄準具。佛郎機為增加射程，提高命中率而都配有準星、照門等瞄準裝置，能對遠距離的目標進行瞄準射擊。五、增設了兩側的砲耳。佛郎機的後部都加設了砲耳，從而可以將砲身置放於座架上。砲耳可以轉動，使火砲的射擊角度得以俯仰調整，控制射程並提高命中率。也有的佛郎機是在砲身下部安一個尖長的插銷，或是在尾部安有導向桿和尾柄，通過插銷可以將砲身安裝在砲架上；控制導向桿或尾柄，能將砲身左右旋轉，調整射擊角度，擴大射擊範圍。六、基本解決了閉氣問題。因佛郎機子砲與母砲相互貼嵌，所以子砲發射時火藥燃燒所產生的氣體不會外洩，從而確保了發射的威力。

六、明代仿製的佛郎機

佛郎機的作用和威力如此之大，且明顯優越於中國傳統的洪武火銃，這些情況引起了明朝官員和政府的高度重視。嘉靖元年（一五二二年），葡萄牙派五艘武裝艦船駛至廣東珠江口外，企圖以武力為後盾，佔據我廣東一島嶼，遭拒絕後竟悍然開砲轟擊守軍。當葡艦侵入廣東新會西草灣時，被當地守軍擊敗，繳獲兩艘艦船和船上火砲二十餘門，按其國名稱之為佛郎機，並將其進獻明朝政府。一些官員同時上書朝廷，建議仿製佛郎機，改善明軍兵器裝備。當時的明世宗立刻同意了，要求馬上組織力量進行仿製。

嘉靖二年，原擔任過廣東白沙巡檢，與葡萄牙人有過多次接觸，熟知葡人佛郎機性能和新型火藥配製技術的明朝地方官員何儒，帶領有豐富經驗的廣東工匠奉詔到南京，在當時設備精良、製

清鳥槍

造火器能力較大的操江衙門開始了佛郎機的仿製嘉靖三年四月，第一批三十二門大樣佛郎機仿製成功。《大明會典・火器》中詳細記載了這批佛郎機的情況，它們全部用黃銅鑄成，重約三百斤，母銃長二點八五尺，另配子銃四個，可分別裝火藥，輪流發射。這是中國仿製外國製成的第一批佛郎機，因至今未見出土實物，所以具體形制不詳，但從長度和重量看，應是一種短粗型的火砲。它們立刻被分發到各處邊城使用，發揮了巨大的威力。

嘉靖八年（一五二九年），因指揮明軍兩次擊退葡萄牙軍進犯和繳獲進獻佛郎機有功的都察院御史汪鋐，又一次上疏朝廷，要求仿製數量更大，形制更多的佛郎機。他說，過去明朝的北部防禦要地甘肅、延綏、寧夏、大同、宣府各鎮，雖然駐軍多有六七萬人，又有墩台城堡等堅固的防守設施，但還是不能抵禦蒙古騎兵的南侵，其主要原因之一就是兵器落後，不

《武備志》中的「混江龍」

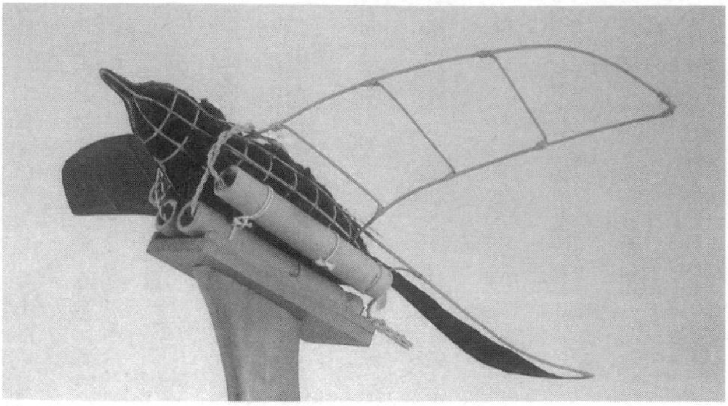

《武備志》中的火龍出水復原模型

能遠射。他還具體建議說：「為今之計，當用臣所進佛郎機銃。小如二十斤以下，遠可六百步者，則用之墩台，每墩一銃，以三人守之。大如七十斤以上，遠可五六里者，則用之城堡，每堡三銃，以十人守之。五里一墩，十里一堡，大小相依，遠近相應，星列棋布，無有空闕，賊將無所容足，可以收不戰之功。」（《明世宗實錄》卷一百一十七）汪鋐還認為，在守軍中大量配備佛郎機，依托長城堅固的墩堡進行防守，可以減少相當一部份守邊的兵力，從而減輕國家養兵的開支，是戰備的上策。汪的看法和主張得到了朝廷的認可，從此明朝大量仿製了型號大小不同的佛郎機，裝備北方長城沿線的關口要隘，使明朝守邊的戰鬥力大大加強。

明代仿製佛郎機的機構主要是軍器局和兵仗局。他們在組織工匠仿製過程中，除保留和吸收國外佛郎機的優點外，還作了許多新的革新和改進，使之更適於各種條件下實戰的需要。明代仿製的各類佛郎機情況，在《大明會典・火器》和戚繼光兵書《紀效新書》、《練兵實紀》中有詳細的記載。如《大明會典・火器》中記，兩局製造的佛郎機主要有大樣、中樣、小樣三種。前面提到的嘉靖二年生產的第一批重約三百斤一件的佛郎機，就屬大樣佛郎機。從嘉靖二十二年開始，

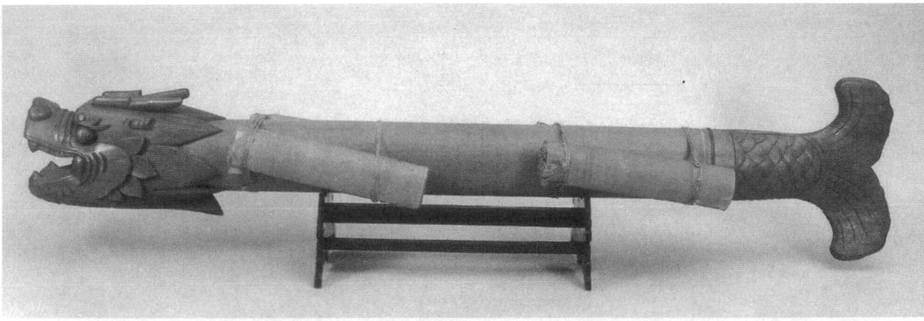

明《武備志》中的「火龍出水」（上：火龍出水復原模型 下：《武備志》火龍出水圖像）

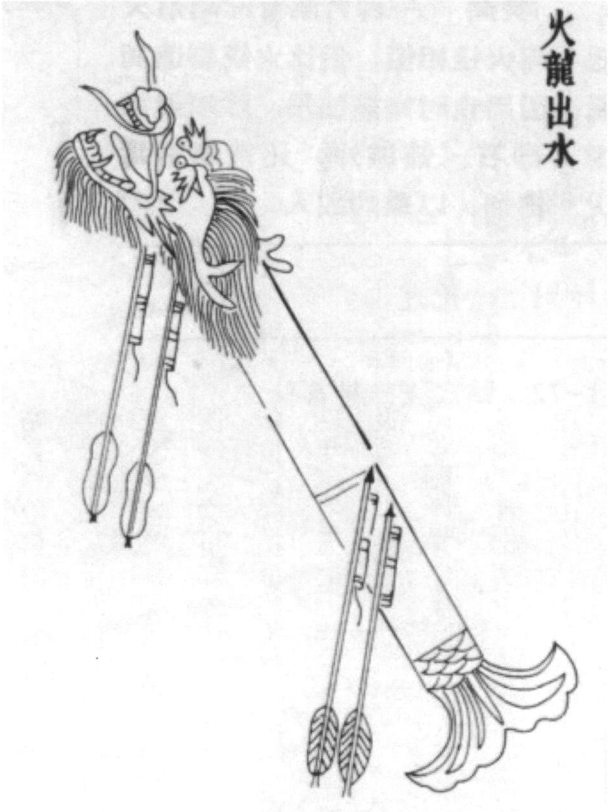

軍器局每年將一百零五門手把銅銃改為中樣佛郎機，出土實物中已見五件中樣佛郎機，多重在十斤以內，長兩百九十三公釐至兩百九十五公釐，口徑二十六公釐至二十七公釐，顯然是按照嚴密的統一規格製造的，且精密度已相當高。小樣佛郎機的製品較多，出土實物也很豐

清威遠將軍砲

富，一九八四年河北省撫寧縣城子峪長城敵樓內，發現小樣佛郎機三件母銃和二十四件子銃，可以組成三套完整的銅製佛郎機子母銃。從器身銘文可知，它們是嘉靖二十四年按統一標準和規格造出，於隆慶四年（一五七〇年）運至城子峪段長城，供守城士兵使用的。

戚繼光所著的《紀效新書》和《練兵實紀》中，記載了他的部隊使用的由大到小共六種型號的佛郎機，約可對應為《大明會典・火器》所記的大、中、小樣佛郎機。此外，明代還製造了「馬上佛郎機」、「百出佛郎機」、「連珠佛郎機」、「萬勝佛郎機」等，它們與後來外國傳入和仿製的鳥槍、紅夷砲一起，成為明代中後期明軍兵器裝備的主要輕重型火砲和單兵槍，並可視作這一時期火器製造的躍變和裝備更新的重要標誌，在中國火器發展史上有著重要意義。

七、原始火箭

明代的《武備志》中，還記述了許多設計思想先進的火藥兵器，如用於水戰的水雷——混江龍。值得注意的是眾多的火箭類兵器，如用於縱火的「神火飛鴉」。特別是有用於攻擊敵方戰船的「火龍出水」，這是目前所知最早的二級火箭。還出現了有關最早的載人火箭的記載，就是萬虎在椅子上綁縛了多枝火箭，準備嘗試乘坐飛行的故事。

第二十講

考古發現的古代兵書與地圖——從出土竹簡本《孫臏兵法》談起

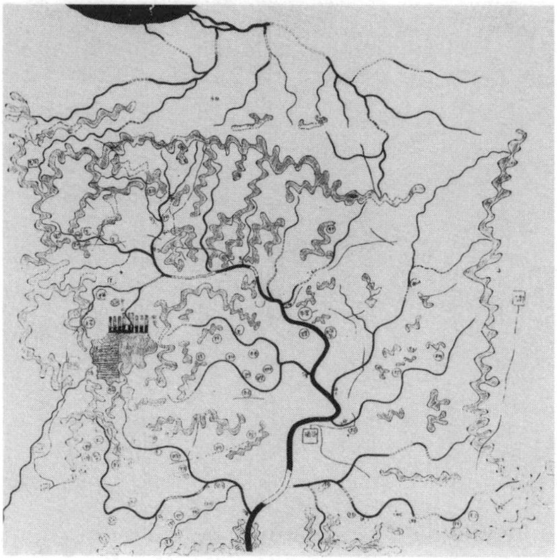

在田野考古勘察、發掘工作中，不斷有關於中國古代兵書和兵器的簡冊、地圖等的新發現，為古兵研究提供了極為珍貴的新鮮資料。山東臨沂銀雀山西漢墓出土的竹簡本《孫臏兵法》，解決了原來籠罩在歷史上有無祖孫兩位孫子和有無兩部兵法的疑雲；雄辯地說明歷史上確有前後兩位孫子，並均有兵法傳世：孫武所著為《孫子兵法》，即《吳孫子兵法》；而其後裔孫臏所著《孫臏兵法》，即《漢書・藝文志》記錄的《齊孫子》。

田野考古發掘至今還沒有發現過先秦時期的地圖實物，但曾在河北平山戰國時期中山王的陵墓槨室中，出土有一件青銅「兆域圖」版，被地圖史家視為中國現存最早的建築平面地圖，表明當時人們已掌握了按比例尺繪製地圖的方法。

目前時代最早的標有軍事要素的地圖，是甘肅天水放馬灘秦墓出土的木板畫地圖，為已知世界上最早的木版軍事地圖。真正在地圖上標明有部隊名稱和其具體位置的軍事地圖，乃是一九七三年在馬王堆西漢墓地發現的，墓中出土的帛畫中有「地形圖」、「駐軍圖」和「小城圖」等地圖，特別是「地形圖」和「駐軍圖」，更被認為是世界上現存最古老的繪於帛上的彩色軍事地圖。

楚霸王項羽兵敗烏江自刎，漢高祖劉邦奪了天下。「漢興，韓信、張良序之兵法，凡百八十二家，刪取要用，定著三十五家。」到成帝時又「命任宏論次兵書為四種」，即權謀、形勢、陰陽和技巧。以上記載見於《漢書・藝文志》。又說在兵權謀十三家中，首推「《吳孫子兵法》八十二篇，圖九卷」和「《齊孫子》八十九篇，圖四卷」。據唐顏師古所作注：這裡所說的吳孫子，就是臣於吳王闔廬的孫武；齊孫子，就是孫臏。他們的事跡太史公司馬遷早已記在《史記・孫子吳起列傳》之中。

歲月流逝，《齊孫子》最遲到隋朝已佚，在《隋書・經籍志》中尋找不到它的蹤跡。到了宋代，一方面皇帝頒佈《孫子》為《武經七書》之首，成為武人學兵的經典；另一方面，以葉適為代表，開始懷疑歷史上是否真有孫武其人。學者們認為，孫武在《左傳》、《國語》中均沒有出現過，懷疑其人其事其書皆屬先秦縱橫家作偽。直到近代，懷疑之風仍然不斷，錢穆《先秦諸子繫年考辨》就認為：孫武「其人與書，皆出後人偽托」。有人還認為孫武和孫臏同是一人，《孫子兵法》是孫臏所著；更有甚者，認為兵書十三篇是伍子胥所作，而孫臏是伍子胥的後代。

這種種疑團，最終在二十世紀七〇年代，才因一項考古新發現而得以破解，使孫武和《孫子兵法》、孫臏和《孫臏兵法》呈現出歷史原貌。不僅是對《孫子兵法》的研究，二十世紀以來，在田野考古勘察、發掘工作中，還不斷有關於古代兵書和兵器的簡冊、地圖等的新發現，為古兵研究提供了極為珍貴的新鮮資料，不但能夠破解過去研究中的一些聚訟紛紜的難題，還揭示出許多遭歷史遺忘的往事。

一、山東臨沂銀雀山漢墓的發掘

一九七二年，在山東省臨沂縣城南面的一座小山崗——銀雀山，發現有古代墓葬遺存。四月間，山東省博物館和臨沂文物組進行了清理發掘，共發掘了兩座西漢時期的長方形豎穴木槨墓。這本是兩座規模不大的漢墓，隨葬的物品只有少量的陶器、漆木器，還有一面小銅鏡和三十六枚銅錢，不見什麼珍貴文物。但令人驚喜的是一號墓內，出土了一些隨葬的抄寫在竹簡上的書籍。遺憾的是因墓室長期浸泡在泥水中，原來將竹簡編聯成冊的繩索早已腐朽，出土時又受了一些損傷，所有竹簡均已散亂無序。據出土後整理，完整的簡和殘斷的簡總計有四千九百四十二枚。

面對這近五千枚雜亂且殘整不一的漢代竹簡，整理者進

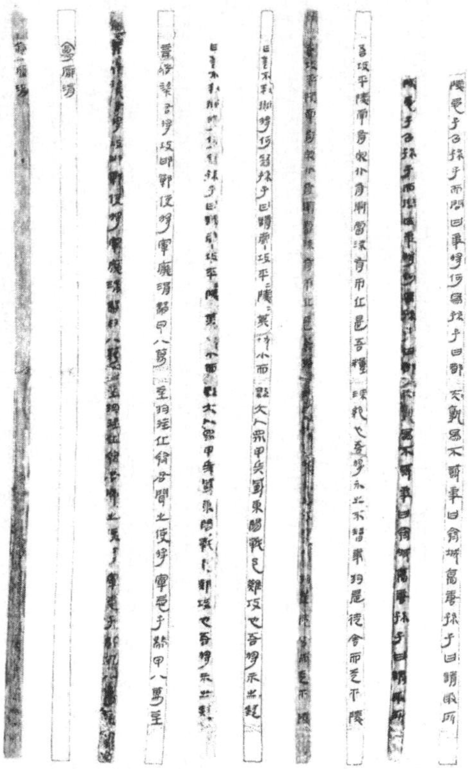

1　2　3　4　5

山東臨沂銀雀山西漢墓出土的竹簡及摹本

行了極為繁縟的艱苦工作，透過長期仔細觀察，分析其書寫格式、文字風格和文義，依據出土木牘上的篇題，進行比較分類、綴聯，終於對這批漢簡的內容有了較清楚的瞭解。可知這批隨葬的竹簡本書籍，多是與軍事有關的古代兵書，其中有的今天還有傳本，也有的今天已經沒有傳本，是失傳的古佚書。在其中兩種書體不同的簡文中都出現有「孫子」。在第〇二三三號簡文中有「吳王問孫子曰……」，它是「吳問」篇首簡。

另在第〇一〇八號簡文中，則有「齊威王問用兵孫子曰……」，它是「威王問」篇首簡。這一發現一下子廓清了多年籠罩孫子研究問題的迷霧，證實了司馬遷在《史記・孫子吳起列傳》中的記述：孫武活動於吳王闔廬時期，而其後世子孫孫臏則活動於齊威王時期，他們祖孫二人分別有兵法傳世，孫武所著兵法是《孫子十三篇》（《漢書・藝文志》稱《吳孫子兵法》），而孫臏所著則為《孫臏兵法》（《漢書・藝文志》稱《齊孫子》）。

除了《孫子兵法》和《孫臏兵法》外，銀雀山竹簡中整理出的今日有傳本的書籍，還有《六韜》、《尉繚子》和《晏子》，古佚書有《守法守令十三篇》十篇、《論政論兵之類》五十篇、《陰陽時令占候之類》十二篇和《其他之類》十三篇，以及許多尚難以釐清的殘簡。

銀雀山一號墓中為什麼會隨葬有這許多與兵事有關的竹簡書籍呢？

在墓中出土有兩件漆耳杯底刻有「司馬」二字銘文，應該是使用這些耳杯的主人所刻的標記。發掘者據此推斷「司馬」應是死者的姓氏，又據漢代有以官為姓的風尚，推測墓內死者或其家族是長年歷任司馬軍職的軍官。這或許就是在墓裡隨葬這許多兵書的原因。

二、《孫臏兵法》重現人間

《史記・孫子吳起列傳》說齊軍在馬陵大敗魏軍、迫使魏軍主將龐涓自殺以後，孫臏因此名顯天下，「世傳其兵法」。所傳兵法應即《漢書・藝文志》所收《齊孫子》，當時有八十九篇之多，還附有四卷圖，其篇幅甚至超過《吳孫子兵法》。但是至遲在隋朝以前，這部兵法就已佚失，所以《隋書・經籍志》中就已失載。世人雖讀《史記》，但仍產生許多疑問，如前所述，甚至認為沒有孫武其人，《孫子十三篇》就是傳世的孫臏所著兵法。現在通過對銀雀山一號墓出土西漢竹簡的整理，終於使湮沒千餘年的《孫臏兵法》重現人間。

竹簡本《孫臏兵法》被發現，解決了原來籠罩在歷史上有無祖孫兩位孫子和有無兩部兵法的疑雲。雄辯地說明歷史上確有前後兩位孫子，並均有兵法傳世，孫武所著為《孫子兵法》，即《吳孫子兵法》，而其後裔孫臏所著《孫臏兵法》，即《漢書・藝文志》記錄的《齊孫子》。

竹簡本《孫臏兵法》出土時本已散亂，是經現代人整理才成今日的流行本。開始時整理者將其分為上、下兩編，上編包括十六個篇目，被排列的順序是禽（擒）龐涓、〔見威王〕、威王問、陳忌問壘、篡卒、月戰、八陣、地葆、勢備、〔兵情〕、行篡、殺士、延氣、官一、五教法、〔強兵〕。下編列入十陣等另十五個篇目，後來又認為下編並不是《孫臏兵法》，又把它們分別改列入《守法守令十三篇》及所謂論政論兵之類之中。按理說東周時的一些書流行的編法，都以某人見某王為開篇，經書如《孟子》，以「孟子見梁惠王」開篇；兵書如今本《吳子》以吳「起見魏文侯」開篇。再如《韓非子》以〈初見秦〉為首篇。這也是當時最通常流行的模式。那麼《孫臏兵法》竹簡出土時原已散亂，整理時正值全民「批林批孔」高潮期間，本應按東周時習慣以〈孫子見威王〉開篇，誰知孫子說威王的一席話，卻與孔子的主張相同，招致了當時的政治忌諱，那就是：「夫兵者，非士恆勢也。此先王之傳道也。戰勝，則所以在亡國而繼絕世也。」當時報紙書刊正連篇累牘批判孔丘復辟奴隸制的反動綱領「興滅國，繼絕世」。已被戴上「法家」桂冠的孫臏總得與之劃清界限。除了在整理稿注文中強調「孫臏這句話的意思是說戰爭的勝負關係到國家的興亡，與孔丘復辟奴隸制的反動綱領『興滅國，繼絕世』的涵義不同」。再於篇目的編排上將〈禽龐涓〉列為首篇，見威王

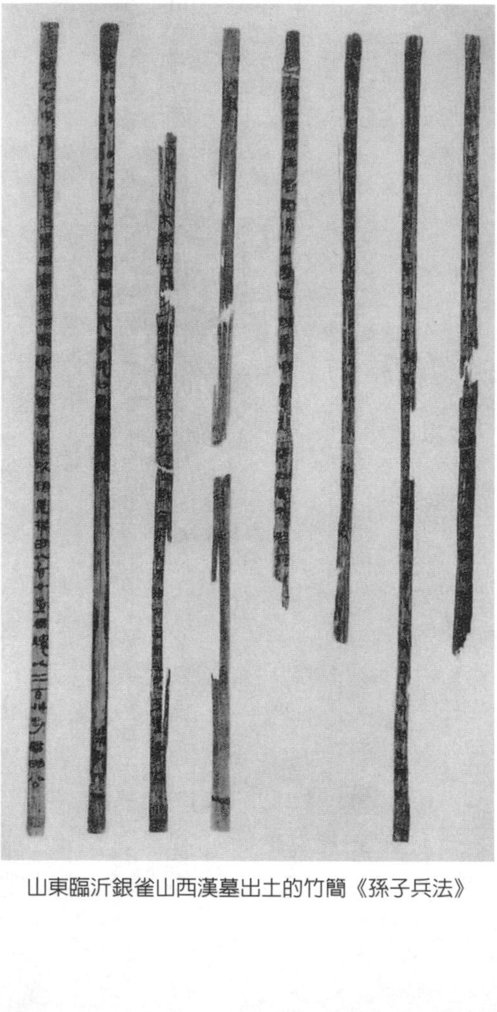
山東臨沂銀雀山西漢墓出土的竹簡《孫子兵法》

列在其後，以不引起人們的注意。今日看來整理已亂簡的古書，還是應與今人的想法特別是現實的政治糾葛遠離為好。

《孫臏兵法》再現人間，也引起另一個疑問，那就是西漢初同時流行的《齊孫子》和《吳孫子兵法》，為什麼後來一個淪為佚書，而另一個卻歷經千載長盛不衰？其實只要將竹簡本《孫臏兵法》和現存《孫子兵法》十三篇的主要內容加以比較，就可以看出，前者與戰國前後出現的通常的「兵法」著述相近，多談具體的戰術戰法，或是當時論兵論將的一般說辭，隨著時代的變遷、技術的進步和軍隊編制的改變，其原有的實用指導功能逐漸消退，最終被湮沒在歷史的塵埃之中。後者的十三篇並不著重具體的戰術戰法，而是從軍事理論的探索，深入到軍事哲學甚至人生哲學的層面，所以直到今日其合理之內核依然閃爍著真理的光芒，被視為中國優秀傳統文化的重要組成部份。

但是《孫臏兵法》簡文也在人們面前展現了一些新的疑問。當在竹簡中出現擒龐涓是在桂陵之戰而不是司馬遷在《史記》中馬陵之戰的記述時，人們又紛紛作出各自的猜測，因為據《史記》所記那是齊魏之間相隔十二年的兩次大戰，太史公當年寫時難道就弄不清楚嗎？還是在西漢時就存在有兩種記述不同的史料，因而各有取捨。如果按通常人們非得說誰對誰錯，只能說桂陵、馬陵兩次大戰過程相似！因而桂陵之戰的事件到西漢時被誤認為馬陵之戰的事件是有可能的，竹簡絕不會抄錯，於是只有說司馬遷錯了才能自圓其說。不過，誰又能保證博覽群書的太史公就沒有看過到東漢時還流傳的《吳孫子》和《齊孫子》呢？但是他還是選取馬陵之戰時擒龐涓的史實。其實這些歷史疑難問題，還是存疑有待獲得確實可信的新史料時再作結論為好。

三、竹簡本《孫子》、《六韜》及其他

銀雀山漢墓竹簡本《孫子兵法》的出土，對從唐代以來人們懷疑的一些問題，確實給出了答案。用最簡單的話來說，第一是說明到西漢初年，人們認為歷史上曾經有吳孫子和齊孫子兩個人，而且各自有過兵法傳世。第二是從墓中出土的《孫子兵法》篇題木牘，以及對應的各篇文字，可以大致看出今日傳本對應各篇的文字近同，表明今本十三篇的文字，起碼在西漢前已大致形成。第三是依據上述發現，弄清了今日傳本孫子十三篇，並不是如唐杜牧《樊川文集注孫子序》所云，係三國時期「魏武削其繁剩，筆其精粹，成此書云」。

第四竹簡中還有許多與吳孫子有關的篇節，是今本十三篇所無，現被整理者列為竹簡本《孫子兵法》的下篇，這也可與《漢書・藝文志》中所列《吳孫子兵法》長達八十二篇相對應。或許當年魏武帝曹操「削其繁剩」，是只留下了其中閃爍著哲學光彩的十三篇，而把其餘繁冗諸篇一概斧削，留其精粹，才使其留傳至今，光彩永存。但是西漢初傳抄的《孫子兵法》文本的發現，並沒有解決其餘籠罩孫武其人和成書時間等問題的疑雲，也許只有期望今後的考古新發現，能夠在出土東周時的簡書中找到真實的答案。

《隋書・經籍志》錄有《太公六韜》五卷，謂周文王師姜望撰，至今有傳本傳世。過去學者因「其辭俚鄙」，認為是偽托之書。這次在銀雀山竹簡中整理出《六韜》十四組，文字大致與今傳本相對應，也表明這部兵法起碼成書於西漢以前，並非漢代以後的偽托之書，因此對其內容相應予以適當評價，也是有必要的。此外，對竹簡本《尉繚子》、《晏子》等的整理，同樣對西漢初流行的有關兵書的瞭解，都有一定用處。

四、墓葬裡的兵器簿

西元前一九九年，蕭何開始營作長安未央宮，在營建未央宮前殿同時，即修建了武庫和太倉，也就是中央的兵器庫和糧庫，這是維持都城正常運轉必不可少的重要設施。以後在全國的戰略要地，也設有地方性的武庫，以維護西漢帝國的統治。武帝時戾太子亂，發兵誅江充時，即先奪取武庫兵。當吳楚七國叛亂時，吳少將恆將軍即主張「疾西據雒陽武庫，食敖倉粟，阻山河之險以令諸侯，雖毋入關，天下固已定矣」。足見各地武庫之重要。漢長安城中的武庫遺址，已作考古發掘，清理出多座庫房的殘基，有些庫房中原設陳放兵器架子的殘跡還有保留。在遺址中遺留有許多鋼鐵兵器，如戟、矛、劍、刀，還有數量過千的鐵箭鏃，以及大量鏽結成塊的鐵鎧甲。可惜因在王莽時毀於戰火，記錄武庫儲存兵器的兵器簿沒能保存下來，所以無法瞭解當年西漢王朝中央兵器庫中所藏的兵器裝備的具體情況。

江蘇連雲港尹灣西漢墓出土的木牘

雖然西漢長安、雒陽兩京武庫的兵器簿沒能保存下來，但是一九九三年在江蘇連雲港東海縣溫泉鎮尹灣村發掘的東海郡功曹史師饒的墳墓中，發現隨葬的木簡牘內有一枚木牘，兩面書寫，正面首行所書標題為《武庫永始四年兵車器集簿》，永始為漢成帝年號，四年為西元前十三年。因所葬死者師饒生前任東海郡功曹史，墓中隨葬的木牘如《集簿》、《東海郡吏員簿》、《東海郡下轄長吏名籍》、《東海郡下轄長吏不在署、未到官者名籍》、《東海郡屬吏設置簿》等，均係東海郡行政文書檔案，故武庫兵車器集簿也應為東海郡武庫的兵器簿，這也是迄今所知僅存的西漢時郡級武庫所儲兵器裝備具體完整的紀錄。

兵器簿所記兵車器物分為乘輿兵車器與庫兵兩大類，前一類應屬為漢帝中央所存儲，後一類應為東海郡地方庫兵。其中「乘輿兵車器五十八物十一萬四千六百九十三」，庫兵「百八十二物二千三百一十五萬三千七百九十四」。總計有兵車等器兩百四十種，總數達兩千三百二十六萬八千四百八十七件之多。據《漢書・地理志》，東海郡有「戶三十五萬八千四百一十四，口百五十五萬九千三百五十七」。按上述戶口將武庫藏兵分攤，人均庫兵十五件，戶均六十件。足見當時地方武庫所貯兵器數量之巨大。可想而知，西漢王朝都城的中央兵器庫中，所儲藏兵器的數量將更為驚人。

從「永始四年兵車器集簿」所記庫藏兵車器，除一些儀仗器和各種車器以外，所儲進攻性兵器中的遠射兵器是弓和弩，同時還將一些與弩有關的部件如弩檗、弩弦、弩系緯、弩緹幡、弩犢丸、弩蘭等單獨存儲統計。進攻性兵器中的格鬥兵器有裝長柄的戟、矛、鈹、鎩和「有方」，還有銅戈，前幾種兵器均未注質地，只戈標明銅戈，表明當時主要格鬥兵器皆用鋼鐵，只戈特殊須注明仍用銅製。手握柄格鬥兵器主要是刀，還有劍，衛體兵器有「涇路匕首」。防護裝具是盾和鎧甲，按漢代的習慣用法，鋼鐵製作的稱「鎧」，皮革製作的稱「甲」。僅牘上第四欄所記即有「甲十四萬二千三百廿二，鎧六萬三千三百廿四，鞮瞀九萬七千五百八十四」。除整領的鎧甲外，庫兵中也存儲大量未編成的甲札，有「鐵甲札五十八萬七千二百九十九、革甲十四斤」。如按滿城西漢墓出土鐵鎧用甲札兩千八百五十九片計，這些甲札至少可編綴成兩百零五領鐵鎧。可見東海郡武庫中儲存的鎧甲，至少可裝備一支二十萬兵員的大軍。

五、圖窮而匕首見

西元前二二七年，燕太子丹遣刺客荊軻，攜燕督亢之地圖及秦叛將樊於期之頭赴秦。秦王聞之，大喜。召見荊軻，軻「取圖奏之，秦王發圖，圖窮而匕首見」。演出了荊軻刺秦王未成的精彩一幕。為什麼秦王聞荊軻送來燕督亢之地圖，立即大喜呢？原來當時認為獻出地圖就是獻出了那部份領土。所以《韓非子・五蠹》說：「獻圖則地削，效璽則名卑。」因此秦王知道燕太子丹派人來獻圖，才會大喜。這一歷史事件還說明，先秦時期中國古代的地圖繪製已具有一定的水準。

關於地圖在軍事方面的作用，在《管子・地圖篇》已有論述，指出將領在行軍作戰前要審知地圖，以瞭解名山、通谷、經川、陵陸、丘阜之所在，苴草、林木、蒲葦之所茂，道里之遠近，城郭之大小。不但說明軍事與地圖的關係，也說明當時已經掌握了在平面地圖上繪製山川陵陸、平原沼澤、林木草葦、城市集鎮等自然地理、人文地理要素的技能。

目前在田野考古發掘中還沒有發現過先秦時期的地圖實物，

漢畫像石中的荊軻刺秦王圖像拓本

但是曾在河北平城戰國時期中山王的陵墓槨室中，出土有一件青銅「兆域圖」版，長方形，長九十六公分、寬四十八公分、厚〇・八公分，重達三十二・一公斤。正面用金銀片、條鑲嵌出兆域圖形，在中宮垣、內宮垣圍護的「丘隴」（封土）上有五座堂，居中為王堂，其左右兩側是後堂，再兩邊是夫人堂等，並以文字注明各部位名稱、大小、間距位置和國王的詔命，都為寬四至五公釐的金條嵌錯而成，工巧精密，是比例很準確的建築平面圖，也被地圖史家視為中國現存最早的建築平面地圖。表明當時人們已掌握了按比例尺繪製地圖的方法。

甘肅放馬灘秦墓出土木地圖（一）

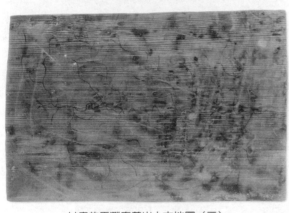

甘肅放馬灘秦墓出土木地圖（二）

目前時代最早的標有軍事要素的地圖，是甘肅天水放馬灘秦墓出土的木板上畫的地圖，共有七幅。其中五幅被認為屬軍事地形圖，繪出山、水系、溝溪、關隘等，居民地注有地名，居民地與關隘之間的道路部份地段注有里程，且與今日里程大體相符，《中國軍事百科全書》中稱其為目前世界上發現最早的木版軍事地圖。

六、馬王堆漢墓軍事地圖

甘肅天水放馬灘秦墓出土的木板上畫的地圖，雖然可以被視為最早的木版軍事地圖，但是真正在地圖上標明有部隊名稱和其具體位置的軍事地圖，仍是一九七三年在馬王堆西漢墓地發現的。在湖南長沙馬王堆西漢墓地，最早發掘的一號墓，所葬死者是西漢初軑侯夫人辛追，她的屍體還保存完好，墓中出土了大量珍貴的絲綢衣物、漆器和帛畫。其後又對二號墓和三號墓進行了發掘。二號墓保存情況不太好，但出土有三枚印章，印文分別為「長沙丞相」、「軑侯之印」

湖南長沙馬王堆三號西漢墓出土的帛地形圖

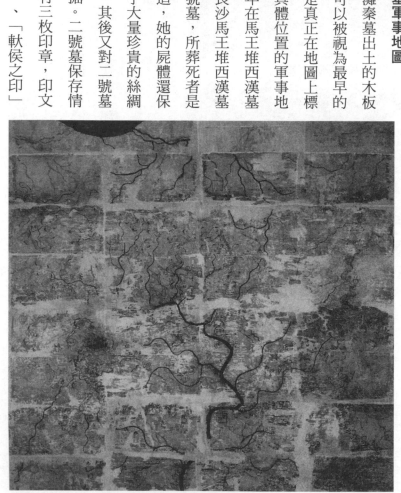

和「利蒼」，證明墓內所葬死者為呂后二年（前一八六年）去世的軑侯利蒼。三號墓中屍體雖然未能保存，但從遺骨可知死者為三十至四十歲的男性，隨葬遺物大致保存完好，從出土紀年木牘，埋葬於漢文帝初元十二年（前一六八年）。推測死者應是利蒼和辛追諸子之一。

由墓內棺室西壁懸掛的帛畫繪有盛大的兵車軍陣出行場景，隨葬有較多的象徵性的兵器，帛書中《老子》甲本卷後第三篇是關於戰爭守禦的書，天文書、曆法、五行、雜占等也屬於兵書範圍，說明死者生前曾是長沙國中分管軍事的將領。更可喜的是墓中出土的帛畫中有「地形圖」、「駐軍圖」和「小城圖」等地圖，特別是「地形圖」和「駐軍圖」，更被認為是世界上現存最古老的繪於帛上的彩色軍事地圖。

「地形圖」又被稱為「西漢初期

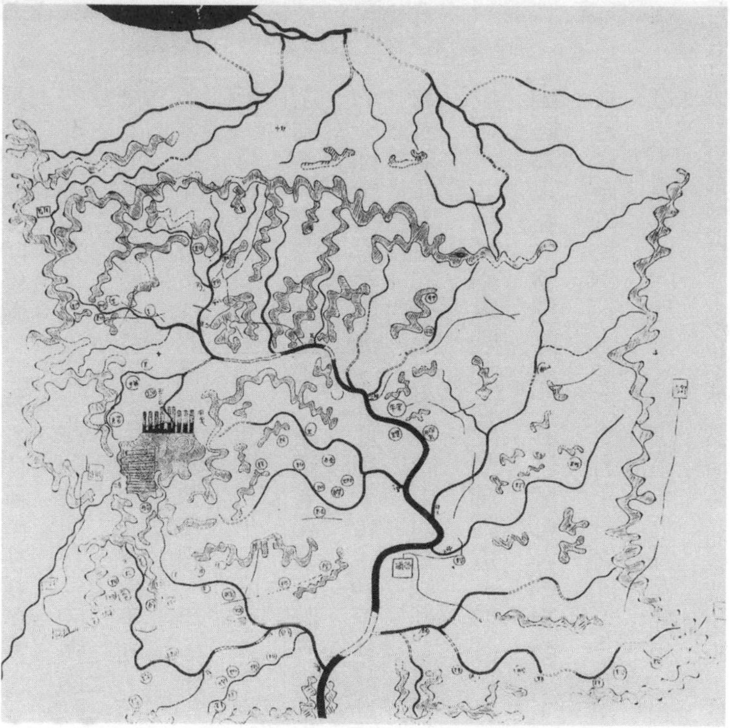

湖南長沙馬王堆三號西漢墓出土的帛地形圖復原圖

湖南長沙馬王堆三號西漢墓出土的帛駐軍圖

長沙國深平防區圖」，繪於由兩幅拼接的帛上，正方形，邊長九十六公分。該圖繪出長沙國與南越國交界地區，方位與今日習用的上北下南不同，而為上南下北。所包括的地區大致為東經一百一十一度至一百一十二度三十分，北緯二十三度至二十六度之間。地跨今日湖南省、廣東省和廣西壯族自治區的一部份，南至南海、珠江口一帶，西至桂林地區的大溶江以東的靈渠，東至廣東連縣和湖南嘉禾縣以東，北至湖南零陵地區的雙簰附近。該圖以九嶷山區為主區，繪製詳細，其餘諸鄰區則粗略。主區與近鄰區的比例尺大致為十五萬分之一至十九萬分之一，遠鄰區的比例尺較主區和近鄰區都小。圖中繪有河流、山脈、居民點、道路、海及名勝古蹟。河流繪製得比較準確，與現代地形圖比較，其分佈、流向及主要彎曲情況大體相同。圖中繪出居民點八十餘個，其中縣級居民點八個，鄉里居民點可辨識出七十四個。可以說現代地形圖的四大基本要素，水系、山脈、居民點和道路，在圖中都表現得相當詳確。它是當時為了防禦南越，由於軍事佈防需要而測量繪製的。

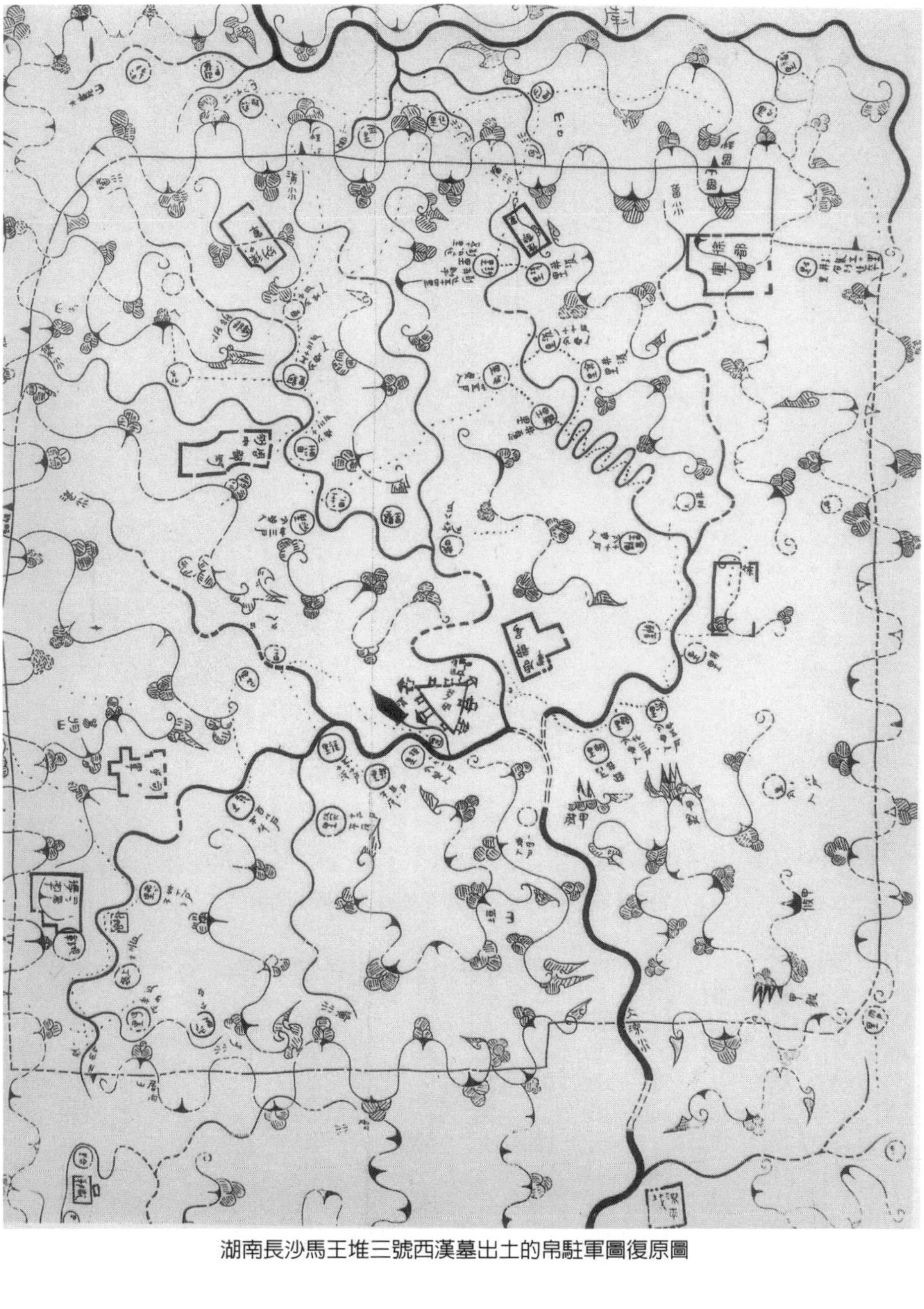

湖南長沙馬王堆三號西漢墓出土的帛駐軍圖復原圖

湖南長沙馬王堆三號西漢墓出土的帛小城圖

「駐軍圖」是一幅彩繪於帛上的軍事地圖，用黑、紅、田青三色繪成，橫長方形，縱九十八公分，橫七十八公分。是一幅西漢初期漢朝中央和長沙地方部隊為防禦南越國的駐軍圖。該圖主區比例尺約為八萬分之一至十萬分之一之間。圖中防區界線、駐軍或具有軍事意義的村莊、烽隧、關隘等繪以朱紅色，河流、水池用藍色，水壩和四十九處居民點則用墨色繪出，道路用點線繪出並且標注有里程數。在圖中央部位繪有用紅黑兩色勾成的三角形城堡，設有五個箭樓和四個望台，應是軍事指揮的大本營，在其東、南、西三面有用黑、紅雙線勾成的矩形或凸形營壘，並標注其中駐防的軍隊名稱，分別為「周都尉軍」、「周都尉別軍」、「徐都尉軍」（兩處）、「徐都尉別軍」、「徐軍」、「司馬得軍」（兩處）和「桂陽郡軍」共九支軍隊。其中周都尉軍和徐都尉軍應是漢朝的中央部隊，司馬得軍可能是屬於長沙國的部隊，桂陽郡軍是長沙國所轄桂陽郡的地方部隊。可以看出九支部隊面對敵方作梯次布列，最前線一線排開的主力部隊是徐都尉的三支部隊，第二線是周都尉的別軍和另一支徐都尉的部隊。後方是周都尉軍拱衛軍事指揮的大本營。側旁的司馬得軍和桂陽郡軍是輔助部隊。駐軍的配置反映出當時指揮軍隊的將領的戰鬥部署和作戰意圖。

「駐軍圖」和「地形圖」被認為是世界地圖史上罕見的重大發現，也是世界現存年代最早繪在帛上的多色高水準地圖，對古地理學研究和古代軍事地圖研究具有重要價值。

後記

本書由楊泓與李力合著。其中第二、三、六、七、十一、十二、十四、十六、十八、二十各講為楊泓執筆；第一、四、五、八、九、十、十三、十五、十七、十九各講為李力執筆。各講前的提要由李力執筆，全書寫成後二人進行通讀修改而定稿。

國家圖書館出版品預行編目（CIP）資料

圖解中國古代兵器 / 楊泓, 李力作. -- 第一版. -- 臺北市 : 風格司藝術創作坊, 2017.04

面； 公分

ISBN 978-986-92919-9-6(平裝)

1.古兵器 2.中國

793.62　　105005325

圖解中國古代兵器

作　者 / 楊泓、李力

編　輯 / 苗龍

出　版 / 風格司藝術創作坊

106 台北市大安區安居街 118 巷 17 號

Tel：（02）8732-0530　Fax：（02）8732-0531

經　銷 / 紅螞蟻圖書有限公司

Tel：（02）2795-3656 Fax：（02）2795-4100

地址：台北市內湖區舊宗路二段121巷19號

http://www.e-redant.com

出版日期 / 2017年04月 第一版第一刷

定　價 / 450元

ISBN 978-986-92919-9-6

Printed in Taiwan

Knowledge House & Walnut Tree Publishing

Knowledge House & Walnut Tree Publishing